A Guide to

建築模型をつくろう
遠藤義則

Making and Using Architectural Design Model

井上書院

まえがき

「模型」という言葉を辞書で調べてみると,「実物の形に似せてつくったもの」と記されている。建築設計業務における「模型」の位置づけは,この辞書に記されているような意味に変わりはないが,実際にはもう少し広範な意味で使われているように思われる。

建築設計とは,頭の中で考えた構想を視覚化し,これを検証しながらさらに構想を深めていくことの繰り返しによって,徐々に完成形が姿を現してくる。このようなプロセスを「スタディ」と呼んでいる。手っ取り早くスタディするためには,日常生活で馴染みのある紙と鉛筆を用いた「スケッチ」を描くが,これはあくまでも2次元の世界である。建築をつくるということは,最終的に3次元空間をつくることであり,その空間を包摂するための形態をまとうことになる。最終的にできあがる3次元立体の形態と空間のありようを事前に検証するためには,やはり3次元的な検証が必要である。そのために,「模型」がつくられるのである。つまり,建築設計の場面で用いられる模型とは,「3次元的なスケッチ」と考えることができる。もちろん,最終的にできあがった建築物の全体像を俯瞰してみるという目的に模型が用いられることも多い。しかし,建築設計という業務の中で用いられる模型は,スタディのためが大半である。

本書の解説における一貫した立場は,上記で述べたように,模型を「3次元的なスケッチ」と位置づけている点である。言い換えれば,実践として用いられている模型のつくり方を解説するということである。そのため,「正しい」模型のつくり方だけを指向するのではなく,設計の道具として利用できる模型のつくり方を解説している。また,読者対象を建築系・住居系の学校で学ぶ高学年の学生から,設計事務所や建設会社などに就職してまだ間もない若い層に設定しており,どちらも模型づくりだけを依頼されるような人たちではなく,建築設計を行いながら,そのスタディとして模型を利用することができるようになってきた人たち,あるいは,社内でそのようなことを要求される立場にいる人たちである。

これだけ読者対象を限定しても,実際には,経験と立場の違うさまざまな人たちがいて,同じような仕事を任されているにもかかわらず,会社に入るまで一度も模型をつくったことのないという人,逆に基本的な模型のつくり方は学生時代に十分に学んできた,という人もいる。このような状況に対応するため,本書はひとつのエピソードを読み切りの形式として,なかば事典のような構成になっている。これは,以下の二つのコンセプトを具現化したシステムによるものである。

① 建築模型をつくるための基本テクニックから,建築設計の場面で必要とされる模型のつくり方まで,基本と応用を網羅する。

② 模型をつくる読者のレベルに合わせて,全章通して読むことで基本から応用までが無理なく学べ,また,必要項目だけの拾い読みをしても知識が身につく構成とする。

本書を土台にして,読者自身がオリジナルの模型表現を編み出してくれたら,著者の目的は達せられたといえよう。

2010年6月　遠藤義則

CONTENTS

1 建築模型の概要

建築模型の基本
- 10 建築模型って何だろう
- 12 さまざまな建築模型の種類
- 14 建築模型の変遷

2 模型製作の道具

切る
- 16 カッターナイフの各部名称・特徴
- 18 カッターナイフの種類
- 20 カッターナイフの使い方
- 22 ヒートカッターの各部名称
- 23 ヒートカッターの準備
- 24 ヒートカッターの使い方
- 25 ヒートカッターで平行に切る
- 26 ヒートカッターの便利な使い方
- 28 小型電動のこぎり
- 29 挟む・切る道具

測る・引く
- 30 直定規
- 32 三角定規
- 33 ノギス
- 34 スコヤ

接着する
- 36 接着の道具の種類
- 38 接着剤と接着のしくみ
- 40 スプレーのり
- 42 スチのり
- 43 木工用接着剤
- 44 ペーパーセメント
- 45 アクリサンデー、サンデーシート
- 46 両面テープ
- 47 ラインテープ
- 48 メンディングテープ
- 49 仮止め用粘着テープ

着色する

- 50 着色の道具
- 52 アクリル樹脂塗料
- 53 スプレー塗料
- 54 オイルステイン
- 55 補助塗材
- 56 アクリル樹脂絵具
- 57 アクリル樹脂絵具用地塗り・下地剤
- 58 筆、刷毛、ナイフ
- 59 エアブラシ

その他

- 60 穴をあける道具
- 61 ピンセット
- 62 磨く道具
- 63 サンドペーパー
- 64 固定する道具
- 65 カッターマット

3 模型材料

紙　類

- 66 紙
- 68 模型の骨組に用いる紙
- 70 色紙

発泡スチロール系

- 72 スタイロフォーム
- 74 スチレンボード
- 75 スチレンペーパー

木材類

- 76 バルサ材
- 77 航空ベニヤ
- 78 ヒノキ角材

金属類

- 80 金属板
- 81 金属棒

プラスチック系

- 82 プラスチック系板素材
- 83 プラスチック系線状素材

その他

- 84 段ボールシート
- 85 コルクシート
- 86 鋳型素材／石膏
- 87 鋳型素材／合成樹脂
- 88 添景素材

4 材料別テクニック

スタイロフォーム

- 90 スタイロフォームを直角に切ろう
- 92 スタイロフォームを斜めに切ろう(1)
- 93 スタイロフォームを斜めに切ろう(2)
- 94 スタイロフォームを円形に切ろう
- 95 スタイロフォームでドーム形を作ろう
- 96 スタイロフォームに凹みを作ろう
- 98 型紙でスタイロフォームを切ろう
- 100 スタイロフォームで複雑な形を切り出そう

スチレンボード

- 102 スチレンボードの特性を理解しよう
- 103 スチレンボードを切ろう
- 104 スチレンボードを直角に切ろう
- 105 スチレンボードの小口を直角に切ろう
- 106 同じ幅のスチレンボードを切り出そう(1)
- 107 同じ幅のスチレンボードを切り出そう(2)
- 108 CAD図面を使って同じ幅に切ろう
- 109 スチレンボードで簡単なコーナーを作ろう
- 110 スチレンボードの小口を斜めに切ろう(1)
- 111 スチレンボードの小口を斜めに切ろう(2)
- 112 「うす皮1枚残し加工」を身につけよう
- 114 スチレンボードで曲面を作ろう

木材類

- 116 のこぎりを使った切断方法を理解しよう
- 117 角材切断用の架台を作ろう
- 118 斜めカット定規を作ろう
- 120 紙ヤスリ定規を作ろう
- 121 角材に欠き込みを作る方法を覚えよう

その他

- 122 塩ビ板の加工方法を覚えよう
- 123 アクリル板の加工方法を覚えよう
- 124 レジンを使って模型を作ろう

土台作り

- 128 水張りの方法を覚えよう
- 130 簡単な土台を作ろう

5 模型種類別テクニック

敷地模型

- 132 街区模型を作ろう
- 134 近隣建物を作ろう
- 136 コンター（等高線）模型を作ろう

ボリューム模型

- 138 ボリューム模型を作ろう
- 140 容積率検討ボリューム模型を作ろう

スタディ模型

- 142 立面検討のためのスタディ模型を作ろう

断面模型

- 148 断面模型を作ろう
- 152 断面模型の敷地を作ろう

レリーフ模型

- 154 スケルトンの床を作ろう
- 156 スケルトン部分を組み立てよう
- 158 インフィル部分を作ろう
- 160 インフィルの外壁を作ろう
- 162 スケルトンの天井を作ろう

6 建築構造別テクニック

RC壁構造

- 164　RC壁構造の住宅完成模型を作ろう
- 166　バルサ材に塗装をしよう
- 167　「打放し紙」を作ろう
- 168　土台と敷地を作ろう
- 172　1、2階の床を作ろう
- 174　各階の壁部材を作ろう
- 176　壁や床の細かい部分を作ろう
- 178　壁を組み立てよう
- 180　外構を作って建物を完成させよう
- 184　模型製作図面

S 造

- 190　鉄骨造(S造)の模型を作ろう
- 192　鉄骨部材(H形鋼)を作ろう
- 194　各階の床を作ろう
- 196　間仕切り壁を作ろう
- 197　各階の床、壁を組み立てよう
- 198　外壁を作ろう
- 200　建物を組み立てよう
- 203　外構を作ろう
- 204　模型製作図面

木 造

- 210　軸組各部を理解し、軸組模型を作ろう
- 212　材料の「刻み」をしよう
- 216　軸組模型の基礎を作ろう
- 220　軸組を組み立てよう
- 224　模型製作図面

7 模型写真

撮 影
- 230 写真撮影の道具
- 234 被写界深度
- 235 色温度とホワイトバランス（WB）
- 236 焦点距離と画角
- 237 構図の設定
- 238 露出設定
- 239 露出補正
- 240 ライティング

編 集
- 242 フォトレタッチ
- 244 遠近法の修正
- 246 デジタル写真の解像度
- 248 写真データの挿入

8 模型と3D CAD

CADデータの利用
- 250 PCによる３Ｄ造形
- 252 RP機器による３Ｄ造形
- 254 ３Ｄプリンター

索引 ………………………………… 256
参考文献 …………………………… 268

建築模型って何だろう

「模型」という言葉を辞書で引くと、「実物の形に似せて作ったもの」とある。建築を設計する際、模型は頻繁に作られるが、このような意味だけで作られているのだろうか。ここでは、「建築模型」がもつ意味について考えてみよう。

完成模型
北九州メディアドーム（設計：菊竹清訓建築設計事務所）①

法規制の範囲内で建築可能範囲を割り出すためのスタディ模型 ②

ラフなスタディ模型によるコンセプトと空間の検討 ③

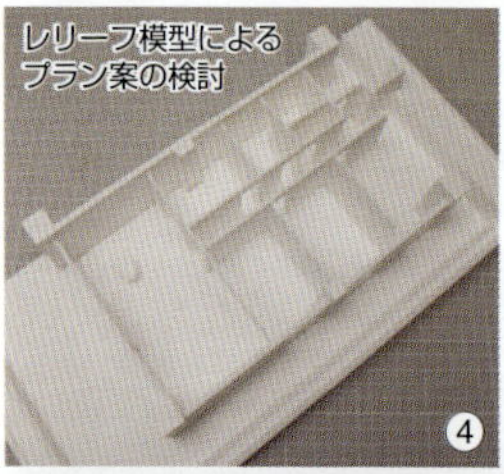

レリーフ模型によるプラン案の検討 ④

フラーのテンセグリティの構造検討模型 ⑤

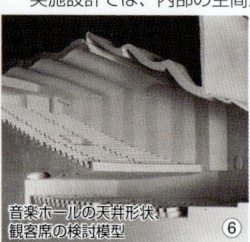

音楽ホールの天井形状・観客席の検討模型 ⑥

❶建築を設計し、工事を行って竣工するまでには、図面と平行して模型が作られることが多い。各々の設計段階で作られる模型はまちまちだが、「模型」とはどのような意味をもっているのだろうか。あるいは、どのような目的で作られるのだろうか。この項目では、一般的な設計プロセスを追いながら、「建築模型」に対する私なりの解答を導き出したい。

❷❸設計が始まった当初は、ボリューム模型を使って、法規制の検討や、設計可能範囲のアタリ、形態など、その方向性について検討を行う。

❹そこから基本設計の方向性を見出し、レリーフ模型を作ったりしながらプランを煮詰め、基本設計を固めていく。

❺❻❼基本設計がある程度確定すると、実施設計が行われる。実施設計では、内部の空間がわかる模型が作られたり、場合によっては、架構方式の検討模型、ホールの音響シミュレーション模型、使用する予定の仕上材を模した模型材料を使った完成模型が作られることもある。

❽❾超高層ビルなどでは、1つのビルが建つだけで周辺地域の環境は大きく変わる。

撮影：①川澄建築写真事務所　模型製作：①植野石膏模型製作所
写真提供：③近藤潤、⑤⑥⑦植野石膏模型製作所、⑧⑨清水建設

建築模型の基本

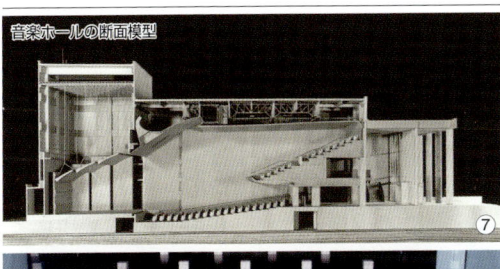
音楽ホールの断面模型 ⑦

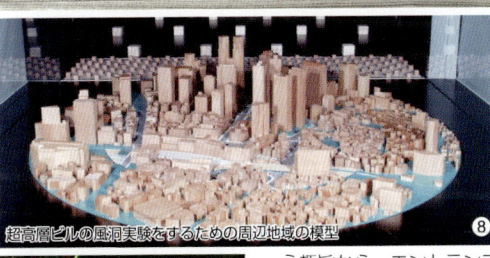
超高層ビルの風洞実験をするための周辺地域の模型 ⑧

なかでも、ビル風と呼ばれるビル周辺に起きる風は、周辺地域に大きな影響を及ぼすため、風洞実験などにより、その風の流れをとらえ、周囲の街に影響の少ない形態を探し出すということが行われる。

⑩設計が終わり、現場（工事）が始まると、各部のディテールを検討するため、より詳細な模型が作られる。場合によっては、原寸（実寸、または、その1/2、1/3程度の大きさ）模型が作られることもある。

⑪竣工後、公共建築などでは、納税者への施設の周知という趣旨から、エントランスホールに完成模型が展示されることもある。

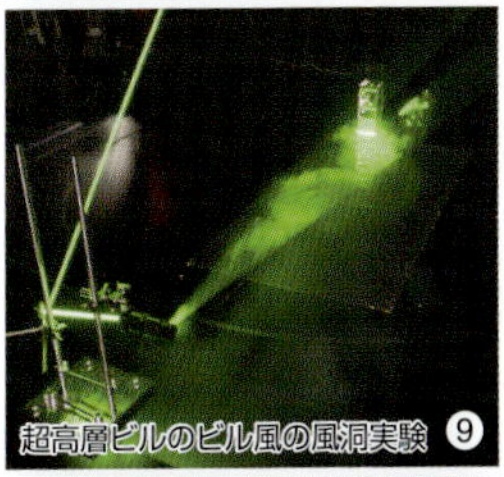

超高層ビルのビル風の風洞実験 ⑨

構造方式を検討するために作られた模型 ⑩ ／ 音楽ホールの客席と舞台の関係を検討するための断面模型 ⑪

⑫こうして見てくると、「模型」は常に設計の進行とリンクしながら作られていることがわかる。設計説明のために作られる模型もあるが、大半は、設計案を確かめるために作られていることがわかるだろう。ここに、「建築模型」のもつ意味が現れているのではないだろうか。つまり、図面やスケッチ、あるいは頭の中にイメージとして導き出した回答や回答群について、その妥当性を3次元的に確認するために用いているのが模型といえるであろう。このような模型の使われ方、意義をひとつの言葉で要約するならば、「シミュレーション」という言葉が適切なのではないかと考えている。仮に、模型のもつ意味が設計案の「シミュレーション」にあるとするならば、その趣旨を最も反映している模型はスタディ模型といえるのではないか。私の独断であるが、あえて、言い切ってしまうとするならば、「建築模型＝スタディ模型」といっても過言ではないのではないか。

豊田市美術館（設計：谷口建築設計研究所）／施設のエントランスに展示された完成模型 ⑫

模型・写真：⑩⑪植野石膏模型製作所　協力：⑫豊田市美術館

さまざまな建築模型の種類

建築を設計する場合や設計内容をクライアントに説明する場合などに建築模型を作る。実用されている建築模型にはさまざまなものがあるが、本書では建築を設計する場合に作られる模型を主として取り上げる。ここでは、建築模型の概要を解説しよう。

建築模型の概要

一般的なホワイト模型／木造の構造の検討時に作る軸組模型／スタディ模型の例①

客席と舞台の関係を検討するためのホールのスタディ模型②

プレゼンテーション模型 東京都江戸東京博物館（設計：菊竹清訓建築設計事務所）③

公共建築に展示されたプレゼンテーション模型 豊田市美術館（設計：谷口建築設計研究所）④

❶一口に建築模型といっても、模型が作られる状況や目的によって、その作り方も用い方も異なる。そのため、ここでは、一般的に設計事務所や建築系の学校で作られる模型を対象に模型の分類をしてみよう。

❷❸用途別に分類すると、建築模型はスタディ模型とプレゼンテーション模型とに大別できる。

❹❺「プレゼンテーション模型」とは、設計案がまとまった段階や建築が竣工した場合に作られる模型である。おもに建築主（クライアント）へ設計内容を説明するのに用いることが多いが、公共建築のエントランスホールに展示してある模型のように、広く大衆に建築物の概要を周知することを目的に作られることもある。

❻❼「スタディ模型」とは、設計の途中段階でその都度設計案を確認したり、問題

撮影：③川澄建築写真事務所　模型製作：③植野石膏模型製作所　協力：④豊田市美術館

建築模型の基本

クライアントへの説明のために作られた住宅のプレゼンテーション模型 ⑤

スタディ模型の例 ⑥

スタディ模型の例（ホール）⑦

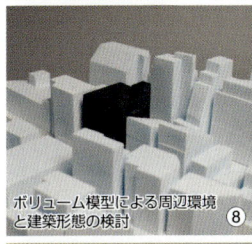
ボリューム模型による周辺環境と建築形態の検討 ⑧

空間模型の例 ⑨

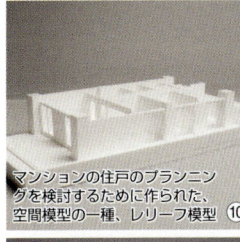
マンションの住戸のプランニングを検討するために作られた、空間模型の一種、レリーフ模型 ⑩

住宅の縦動線と空間のつながりを検討するために作られた断面模型 ⑪

立面を検討するため、模型に図面を貼った模型 ⑫

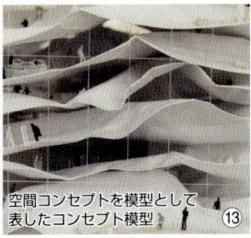
空間コンセプトを模型として表したコンセプト模型 ⑬

点を明らかにするために作られる模型である。

❽また、建築模型の作り方で分類してみると、ボリューム模型と空間模型とに大別できるだろう。「ボリューム模型」とは、マス（塊）で作る模型のことをいう。法規のチェックや、建築物の形態、周辺環境との関係などを検討する場合に、ひとまず中の空間については保留にし、外側だけを検討対象とする場合に作る模型のことである。

❾「空間模型」とは、ボリューム模型とは逆に、中の空間についても検討対象として作る模型のことをいう。

❿⓫ボリューム模型と空間模型との間に、そのときどきのスタディ項目や製作時間などを考慮しながら、設計事務所個々に工夫したさまざまな模型（レリーフ模型、断面模型）が作られている。

⓬⓭筆者は、ボリューム模型でどれだけスタディするかが設計の効率化になると考えている。例えば、計画建物の窓の位置や大きさは、かなり重要な設計要因である。これを空間模型で壁に窓をあけて作るのは結構労力がかかるので、ほぼ案がまとまったときにしたい。そこでよく取られる方法が、立面図を模型と同じ縮尺にコピーまたは印刷し、それをボリューム模型やスタディ模型に貼る方法である。この方法だと、建築物の形態と窓の大きさ、形までは非常に短時間でスタディすることが可能である。

写真提供：⑥近藤潤、⑬水野悠一

建築模型の変遷

建築模型を作る際に模型材料として使われる素材は、時代とともに変わってきている。それはとりもなおさず、材料の技術革新によるものだといってもよいだろう。模型を作ることに直接関係しないが、ここでは、模型材料の変遷について概説しよう。

宮大工によって製作された模型 ①

法隆寺金堂と五重塔の模型 ②

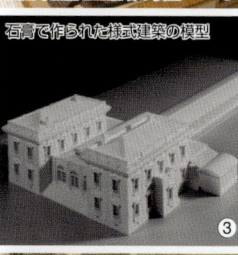

石膏で作られた様式建築の模型 ③

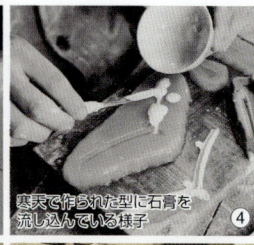

寒天で作られた型に石膏を流し込んでいる様子 ④

石膏で五重塔の模型を作っている様子 ⑤

流し込まれた石膏を「型で引く」ことで部材を作っている様子 ⑥

❶❷古来から、建築工事を行うにあたっては、模型を作り、事前に問題点や組立て手順などの確認をすることが行われてきた。わが国の伝統的な構造、構法は、ご存じのように木造であり、軸組模型のような模型を必要としたため、古くは大工が模型を作ってきた。

❸本書で紹介する、現代の私たちに馴染みの建築模型は、基本的には壁状、板状材料で組み立てる方法で、それは現代建築の構法にも合致しているといえる。明治期に西洋建築様式が輸入されるのと時を同じくして、彫刻の技術の一つとして石膏による造形技術も輸入された。その技術は、建築模型材料、とりわけ石膏による壁状、板状材料へと改良されていった。

❹❺石膏は、デッサンのための石膏モデルに見られるように、マス（塊）として使われるのが一般的で、寒天を石膏型にすることで3次元形状の模型部材を作るということが行われた。

❻職人たちが知恵を絞るなか、コンクリートの壁を作る要領で、型枠に石膏を流し込んだり、型で石膏を引くことで板状材料を得、水で溶いた石膏を接着剤にして組

模型製作：①②鵤工舎・小川三夫　撮影協力：①②栃木県さくら市ミュージアム
写真提供：③④⑤⑥⑦⑧植野石膏模型製作所

建築模型の基本

み立てていく模型製作法が確立されるのである。

❼石膏は、型を工夫すれば、コンクリートと同じように板状部材以外にどんな形でも作れ、建築模型以外の分野では、現代でも石膏模型が使われているところが多くある。しかし、石膏を使った模型は、型を作る必要があるため手間と時間がかかる。また、石膏が硬化するのにも時間がかかり、高度な技術を要するなどの難点もある。

石膏で様式建築の柱を造形している様子 ⑦

❽一方、建築材料としては長い歴史をもつ木であるが、現代建築の模型を作る場合に利用される桂や朴（ほお）の木など、これらを模型材料として用いるには、専門工具と熟練技を必要とし、素人が簡単に思い通りに加工するのは、容易ではなかった。

木を使って作られた模型 ⑧

❾バルサ材は、それまで建築資材、映画の大道具、小道具の材料として利用されていたが、1930年頃より、軽いのと加工が容易なことから航空機の模型に使われ、これが始まりとなって、模型材料として普及し始める。
戦後、バルサ材は日本でも普及し始めるが、容易に加工でき、テーブルの上での作業が可能であったため、建築模型においては、設計事務所で作られる模型の材料として用いられるようになった。

バルサ、木で作られた構造模型 ⑨

❿発泡スチロールを板状に成型する技術が確立されると、スチレンボードが製品化される。表面が白く、バルサ板よりも気軽にカッターナイフで切断できるため、設計事務所で作られる模型の材料は、バルサ板からスチレンボードへと移行する。

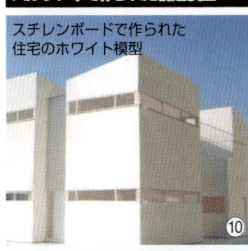
スチレンボードで作られた住宅のホワイト模型 ⑩

3Dプリンターで出力された模型 ⑫

⓫現在、板状や壁状の模型材料として利用可能な素材は、プラスチックやアクリル*1、金属板*2など非常に多く入手も可能で、それらを加工する道具も普及している。

北九州メディアドーム（設計：菊竹清訓建築設計事務所）
アクリルで作られた完成模型 ⑪

⓬長らく、建築模型はスチレンボードで作られてきたが、その間、設計環境がコンピューターとCADに変わった。昨今では3DCADのデータをそのまま出力できる3Dプリンター*3が普及し始め、機械が模型を作る時代が到来しようとしている。

写真提供：⑨東海大学　模型製作：⑪植野石膏模型製作所　取材協力：⑫Zコーポレーション
*1：82ページ参照　*2：80ページ参照　*3：254ページ参照

カッターナイフの各部名称・特徴

建築模型を作る場合、最も多用する道具がカッターナイフである。そのため、その成り立ちも含めて、カッターナイフの各部名称や特徴、さらには安全で正しい使い方について理解しておこう。

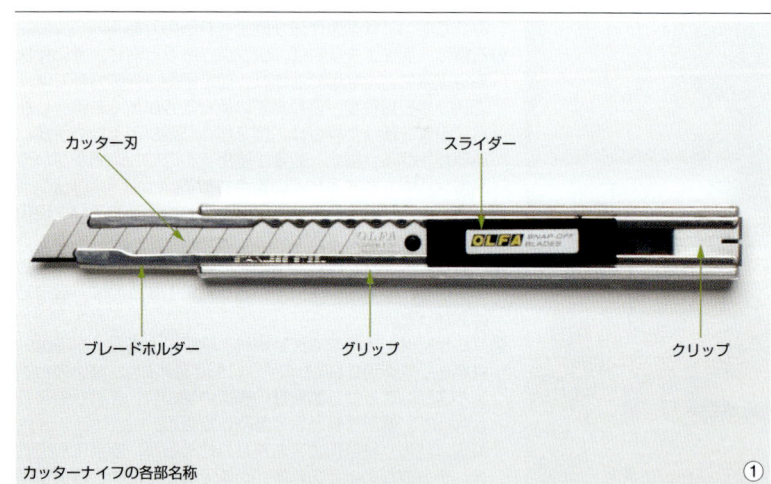

カッターナイフの各部名称　①

30°のカッター刃　②

初代のオルファ社製カッターナイフ　③

2種類あるカッター刃（建築模型では30°の刃を用いると便利である）　④

❶カッターナイフとは、紙や布などを切るために用いられる刃物のことで、図のような各部で構成されている。英語のcutter（裁断器（の刃））とknife（小刀、包丁）を組み合わせたカッターナイフという和製英語が正式名称である。英語では、retractable knife（伸縮自在ナイフ）と呼んでいる。

❷鋼製の刃にあらかじめ付けられた折り筋に沿って刃を折ることで、切れ味を刷新できるところが特徴である。

❸岡田良男（のちにオルファ株式会社を創業）は、靴磨きがピンを割って刃を新しくしていることにヒントを得て、板チョコのように刃を折れるナイフを考案し、「折る刃式カッターナイフ」として1956年、世に送り出した。「オルファ」という社名は「折る刃」という言葉が元になっている。現在では、一般用のカッターナ

写真提供：③オルファ

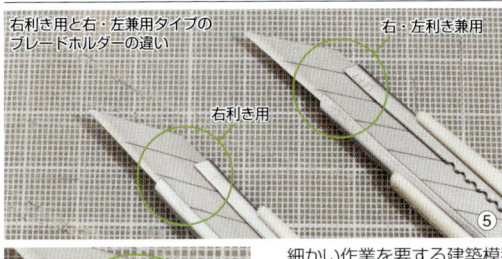

右利き用と右・左兼用タイプのブレードホルダーの違い
右・左利き兼用
右利き用
右利き用のブレードホルダー先端部分

イフの多くがこの方式を採っており、大型刃、小型刃などオルファ社のサイズが世界標準となっている。カッターナイフは日本の発明品といってもいいだろう。

❹カッターナイフの小型刃は、刃先が30°のものと60°(58°)のものが、市販されている。細かい作業を要する建築模型では、刃先が鋭角な30°の刃の方が何かと便利なので、こちらを用いるようにしよう。

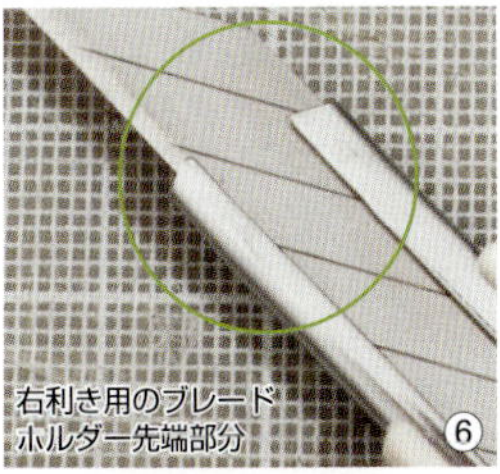

❺カッターナイフは、おもに右利きの人の利用を想定して作られている。左利きの人用には、ブレードホルダーの先端が改良された左右両用タイプが用意されている。左利きの人はこれを利用するとよいだろう。

❻❼ブレードホルダー先端には遊びが設けてあり、刃ががたつくようにできている。事務作業などに用いる場合には、ある程度遊びがあったほうが安全でよいのだが、建築模型を作る場合は正確な作業が求められるので、ペンチなどで先端をかしめ、遊びをなくしておくほうがよい。しかし、力を入れ過ぎて強くかしめてしまうと刃をスムーズに出し入れできなくなってしまうので、気をつけよう。

ブレードホルダー先端をペンチでかしめて遊びをなくす

❽カッター刃を折る場合は、ペンチなどを用いよう。折った刃が飛散してしまうのを防ぐことができる。

刃はペンチなどで折るようにする

専用の折刃入れ

❾折った後の刃は、専用の折刃入れに入れ、適切に廃棄しよう。金属缶などを利用してもよいだろう。

❿⓫カッターナイフのお尻にはクリップが付いていて、刃を折るための切込みが入れてある。これを使って刃を折るように考えられているのだが、折れた刃が飛散したり、ブレードホルダー先端を変形させてしまうことがあるので、できれば使わないほうがよいだろう。

クリップ
クリップに設けられた刃を折るための切込み

ブレードホルダー先端を変形させてしまうことがある

切る ・ 測る・引く ・ 接着する ・ 着色する ・ その他

17

カッターナイフの種類

使用用途、材料別などに応じて、とても多くのカッターナイフが市販されている。なかには建築現場で用いられるようなものまである。ここでは、とりわけ建築模型でよく使うカッターナイフについて詳しく見てみよう。

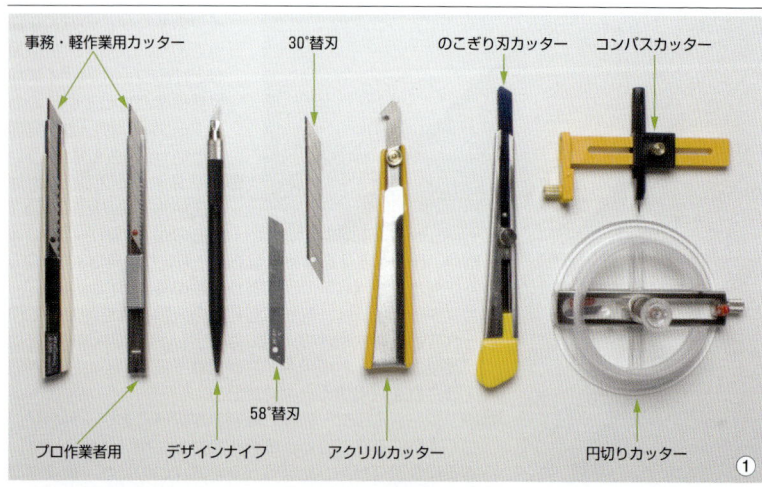

①

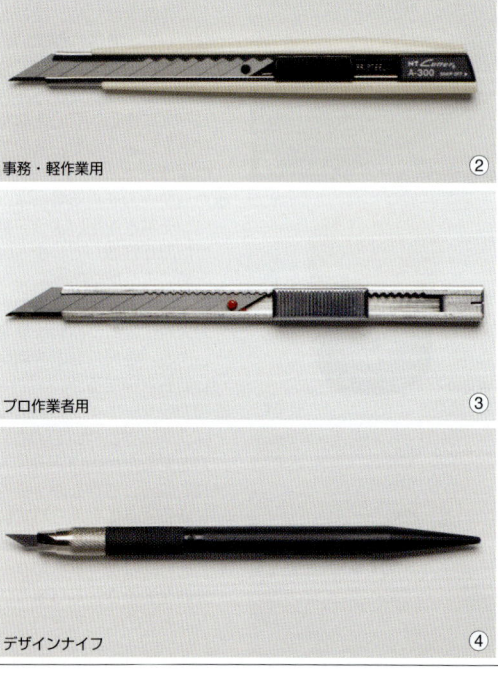

❶使用用途、材料別に多くの種類のカッターナイフが市販されている。建設現場でも使用可能なプロ用のカッターナイフも多く存在している。ここでは特に、建築模型に用いられることが多いカッターナイフを取り上げ、詳述しよう。

❷高さ9mmの小型刃を使用した事務・軽作業用カッターナイフである。建築模型を作る場合、最も多用するカッターナイフである。

❸軽作業用のカッターナイフと同じ9mmの小型刃を使用するが、プロ作業者の使用を前提に、堅牢で耐薬品性に優れたアルミ、ステンレス材のボディを有している。軽作業用と同様、建築模型では多用される。

❹小型刃の1筋分(折刃1枚分)を先端に差し込み使用する。また、専用替刃として45°のものもある。おもに写植、製版、切り絵など

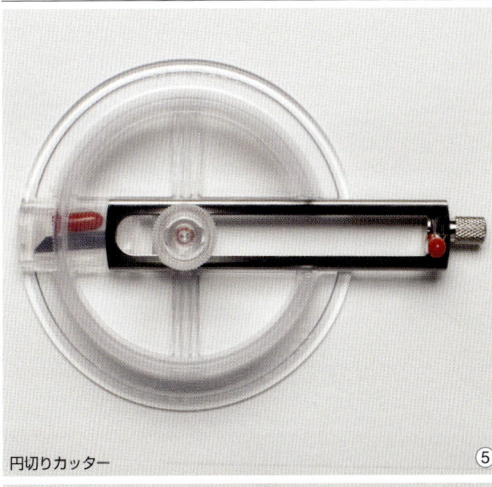

円切りカッター ⑤

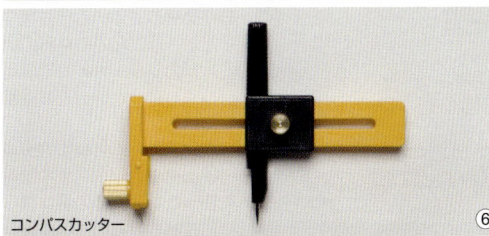

コンパスカッター ⑥

アクリルカッター ⑦

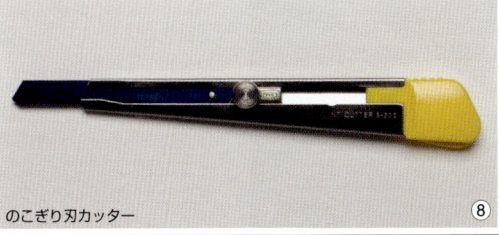

のこぎり刃カッター ⑧

のアートワークに用いられるが、建築模型ではスクリントーンを切ったり、貼ったりする場合などに便利である。刃の切れ味が悪くなると、刃を取り替えることになる。

❺円形を切る場合に用いるカッターで、刃が取り付いている部分を伸縮させて円の半径を決める。直径1.8cm～17cmまでの円を切ることができ、別売りのビームスライドを用いると直径40cmの円まで切ることができる。デザインナイフと同様、先端部分にカッター刃の1筋分（折刃1枚分）を差し込み、本体の中心部分を下に押さえつけながら刃を回転させて切る。中心合せのセンターゲージが付属しているので、これを使えば部材の中心に穴があくことがない。

❻コンパスと同じ機構をもつコンパスカッターというものも用意されている。コンパス同様、針を円の中心に置き、中心軸を持って回転させると切ることができる。

❼アクリル板や塩ビ板を切るためのカッターナイフである。塩ビ板は比較的簡単に切れるが、アクリル板を切る場合は、引っかきながら何回も筋目を入れ、最後は割って切ることになる。

❽木材を使用した模型（軸組模型など）を作る場合に、角材の切断で用いる。刃がのこぎりの刃と同じようになっているので、基本的な使い方は、大工道具ののこぎりと同じである。

カッターナイフの使い方

ここでは、カッターナイフを用いて切断加工する場合の基本的なテクニックを解説しよう。基本中の基本であるが、案外、建築模型の出来、不出来に影響するので、練習して身につけておこう。

カッターナイフでボードを切るときの基本姿勢 ①

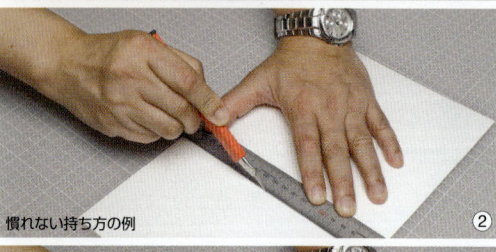
慣れない持ち方の例 ②

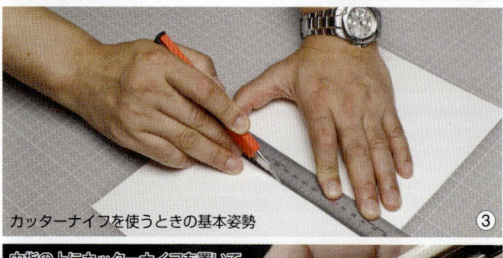
カッターナイフを使うときの基本姿勢 ③

中指の上にカッターナイフを置いて3本の指でカッターを持ち、残りの2本はボードに置く ④

❶ 建築模型で用いる材料程度だと、ほとんどの材料の切断がカッターナイフで事足りてしまうといっても過言ではない。このことを逆に考えると、建築模型の出来、不出来はカッターナイフを使った切断加工の善し悪しに左右されるともいえる。こうしたことから、カッターナイフを使った切断の基本を十分身につけておくことが重要だといえる。

❷ 初心者がカッターを持つ場合、写真のような持ち方をすることが多い。このような持ち方だと、刃先が左右にぶれてしまって安定しない。そのため、底面に対して直角に切るというのは難しくなってしまう。

❸ カッターナイフを用いてボード類を切断するときの基本姿勢である。右利きの場合は左手でステンレス定規を押さえ、右手でカッターナイフを持つ。

適度な刃の出は折り筋1〜2枚 ⑤

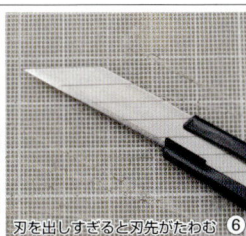
刃を出しすぎると刃先がたわむ ⑥

❹右手は親指、人差し指、中指でカッターナイフを持ち、薬指、小指をボードに置く。人指し指と中指でカッターナイフを挟むように支える。薬指と小指がカッターナイフの上下動に対し、人差し指と中指は左右の動きに対し、それぞれがガイドの役割を果たし、カッターナイフがぶれるのを防いでくれる。この方法だと、慣れないうちは不自由かもしれないが、癖のようなものなので、練習を積んで体で覚えよう。

❺カッターの刃は、長く出すのではなく、折り筋の1枚から2枚を出すようにする。

❻刃を長く出すと刃先がたわみ、ちょっとした力で折れてしまうので非常に危険だ。そのうえ、カッターナイフの動きも安定せず、正確に切ることもできない。

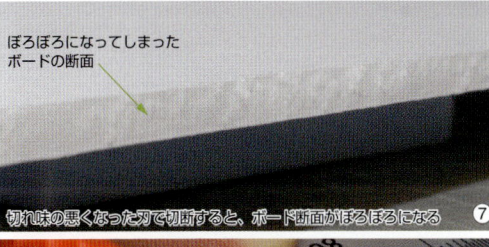
ぼろぼろになってしまったボードの断面
切れ味の悪くなった刃で切断すると、ボード断面がぼろぼろになる ⑦

❼カッターを使っているときにけがをする原因の一つが、切れ味が悪くなってしまった刃先を使っている場合である。切れ味が悪いため強引に切ろうとし、勢い余ってけがをしてしまう。切断面もぼろぼろになるので、刃先は惜しまず頻繁に折るようにしよう。

一度で切るのではなく、同じところに3、4回切込みを入れて切る ⑧

❽カッターで板材を切る場合のコツは、一度で切ろうとしないことである。一度で切ろうとすると余計な力がかかってしまい、切断面(小口)が汚くなってしまう。30〜40%の力で3、4回同じ切断線に切込みを入れて切るようにする。

❾カッターを引く速度も、躊躇したり、遅かったりすると切断面はシャープでなくなってしまう。素早くカッターを引いて切るようにする。

カッターを素早く引いて切る ⑨

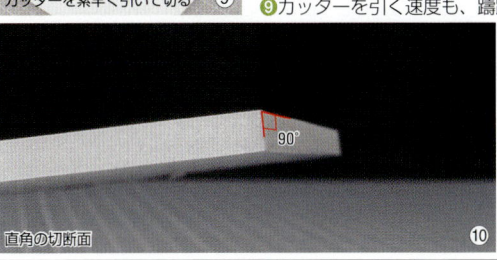
直角の切断面 ⑩

❿板材にもよるが、スチレンボードであれば5mm程度の厚さまでは、慣れれば、底面に対してきれいに直角に切れるようになる。頑張って練習しよう。

ヒートカッターの各部名称

ニクロム線の熱を利用して、スタイロフォームを溶かしながら切る道具のことを「ヒートカッター」と呼んでいる。スタイロフォームの模型を作る場合には必須の道具なので、その各部の成り立ちから理解していこう。

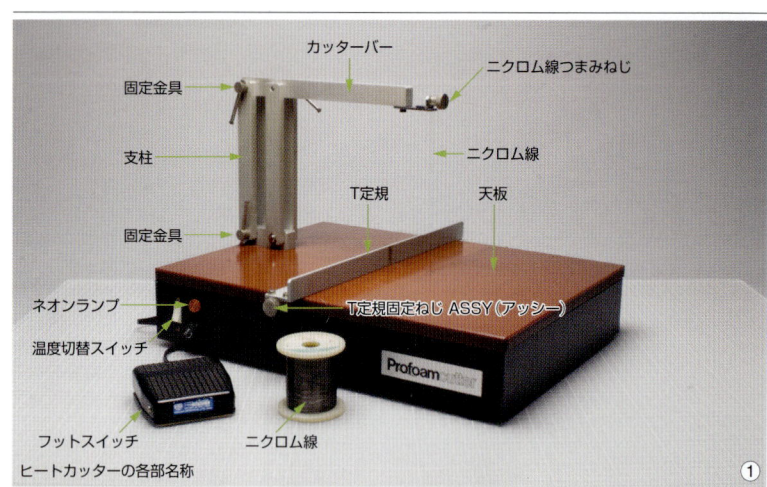

ヒートカッターの各部名称 ①

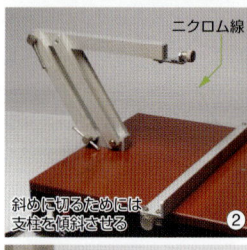

斜めに切るためには支柱を傾斜させる ②

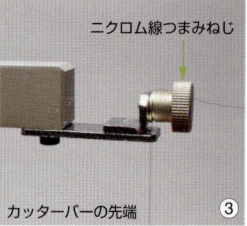

カッターバーの先端 ③

T定規の取付け方 ④

フットスイッチ ⑤

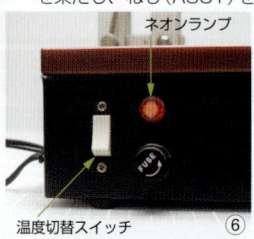

温度切替スイッチ ⑥

❶ニクロム線の熱でスタイロフォームを溶かしながら切る装置を「ヒートカッター」と称しており、写真に示す各部で構成されている。電源をONにするとニクロム線が熱くなり、スタイロフォームが溶けて切れる。カッターナイフなどと異なる点は、道具ではなく材料のほうを動かすという点だろう。

❷支柱とカッターバーには合計3箇所の固定金具が取り付けられている。これらの金具を緩めると、支柱とカッターバーの関節部分が回転し、ニクロム線が斜めに傾斜する。この状態で切ると、斜めの部材を切り出すことができる。

❸カッターバーの先端には、ニクロム線つまみねじが取り付けられている。このねじでニクロム線を固定する。

❹T定規は、スタイロフォームを加工する際のガイドの役割を果たし、ねじ（ASSY）を緩めると可動できる。ニクロム線の左側、ASSYが手前になるように取り付ける。

❺フットスイッチは、足で踏み込んだり、離したりして電源をON、OFFする。

❻温度切替スイッチを切り替えると、ニクロム線の温度が変わり、切るときの速度が変えられる。

ヒートカッターの準備

ヒートカッターをカッターとして使うためには、ニクロム線を取り付けなければならない。また、ニクロム線はとても細く切れやすいので、頻繁に交換しなければならない。そのようなときのために、ここではニクロム線の取付け方を覚えよう。

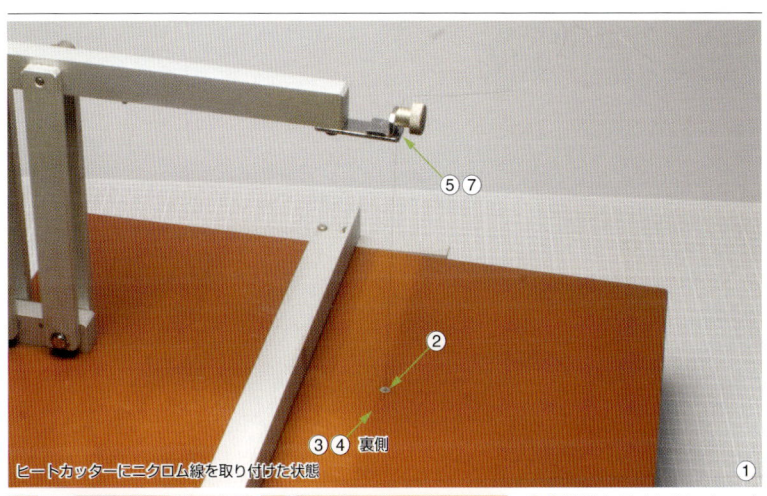

ヒートカッターにニクロム線を取り付けた状態 ①

ニクロム線を裏側へ通す
天板中央の穴(表側) ②

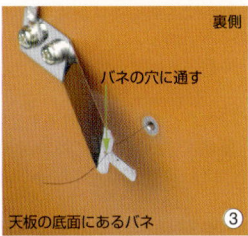

裏側
バネの穴に通す
天板の底面にあるバネ ③

裏側
2、3回巻く
ニクロム線をバネに巻き付けた状態 ④

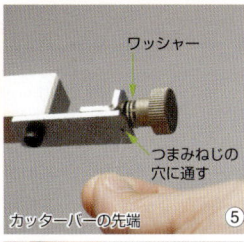

ワッシャー
つまみねじの穴に通す
カッターバーの先端 ⑤

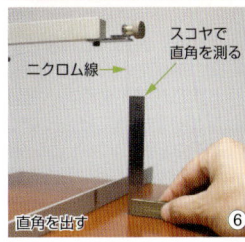

ニクロム線
スコヤで直角を測る
直角を出す ⑥

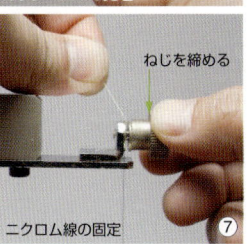

ねじを締める
ニクロム線の固定 ⑦

❶❷適当な長さに切ったニクロム線を、天板にあけられた穴に表面から通す。

❸❹ヒートカッターを裏返し、表面から通されたニクロム線を天板裏側のバネの穴に通す。バネの穴を通したら、先端部分に2、3回巻きつける。きつく巻く必要はない。巻きつけたら、ヒートカッターを表に戻す。

❺❻ニクロム線つまみねじ部分にもニクロム線を通す穴があるので、ここにニクロム線のもう一方の端を下側から通す。通したらワッシャーの間に挟み、ねじを少し締めて固定する。スコヤ*で直角を測りながら支柱を動かし、ニクロム線を天板に対して直角にする。

❼直角になったら、ニクロム線を引っ張りながらねじを締める。ねじにニクロム線を巻き付けてしまうと、ニクロム線が引っ張られて切れるので、巻き付けない。

＊：34ページ参照

ヒートカッターの使い方

ヒートカッターの準備ができたら、実際にスタイロフォームを切ってみよう。簡単に使うことができる道具なのだが、模型を作るとなると、正確な加工が必要になってくる。ここでは、正確な寸法で切るための各部の調整方法を解説しよう。

ヒートカッターを使うときの基本姿勢 ❶

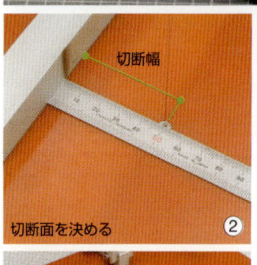

切断幅／切断面を決める ❷

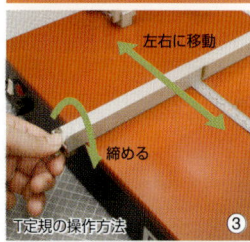

左右に移動／締める／T定規の操作方法 ❸

スイッチを踏み込む／フットスイッチで電源のON/OFF ❹

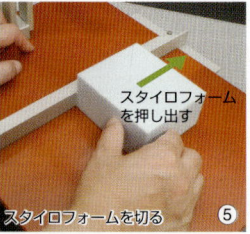

スタイロフォームを押し出す／スタイロフォームを切る ❺

❶ヒートカッターを使ってスタイロフォームを切る方法をここで解説しよう。ニクロム線の手前にスタイロフォームを置き、スイッチをONにすると同時に、スタイロフォームをT定規に沿って前に押し出してやると切ることができる。これらの一連の動作をもう少し詳しく見てみよう。

❷❸まず最初に、切断幅を決めないといけない。T定規とニクロム線との間の距離が切断幅になるので、T定規を左右に動かして切断幅を決める。T定規のねじを緩め、左右に動く状態にする。ステンレス定規(先端から目盛りが始まっているもの)の先端をT定規に当て、ニクロム線の位置で定規の目盛りを読む。目盛りが所定の寸法になるように、T定規とステンレス定規を左右に動かす(写真では、ニクロム線の位置で目盛りが50mmを指している)。目盛りが所定の寸法を指すようになったら、T定規のねじを締める。

❹❺スタイロフォームをニクロム線の手前に置き、フットスイッチを足で踏み込む。スイッチを踏み込むと同時にニクロム線は熱くなるので、スタイロフォームを前に押し出してやる。スタイロフォームは溶けながら前に進み、ニクロム線の位置で切込みが入っていく。躊躇していると、同じ箇所でどんどん溶けてしまうので、溶け具合を見ながら常に前に押し出してやらないといけないが、あまり強く押すとニクロム線が切れてしまうので加減が必要である。

ヒートカッターで平行に切る

スタイロフォームをT定規と平行に切るというのが、ヒートカッターを使ううえでの基本テクニックになる。それほど難しくはないのだが、直角に切ったりするための基礎になるので、十分に練習をしよう。

スタイロフォームをT定規と平行に切る ①

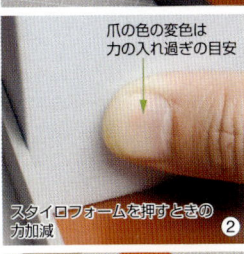
爪の色の変色は力の入れ過ぎの目安
スタイロフォームを押すときの力加減 ②

T定規から離れてしまっている
横向きに力がかかった場合 ③

前：80%
T定規：10〜20%
天板：0〜10%
押し出すときの力加減の目安 ④

❶スタイロフォームをT定規に押し当てながら前に押し出すことで、平行に切ることができる。とても簡単なことなのだが、初めてやってみると、その力加減に少々とまどってしまう。ここでは、その力加減の目安を解説しよう。スタイロフォームを上手に切るためには、基本的に余分な力をかけないということである。あくまでも、スタイロフォームの動きを少し手助けしてやる程度と考えるのがよいだろう。

❷力のかけ過ぎを判断するひとつの目安として、かつて教わったことを紹介しておこう。スタイロフォームを押し出している手（右手）の親指の爪の色が変色している場合には、力のかけ過ぎであるため注意しよう。

❸力をかける際の、力の割り振りも重要だ。スタイロフォームがT定規から離れないようにと、T定規に押し当てる力を強くかけてしまうと、T定規に引っかかってしまい、がたがたと動いてしまう。天板に押し付ける力が強過ぎるときも同じである。逆に、T定規に押し当てる力が弱いと、スタイロフォームはT定規から離れてしまい、平行に切れない。

❹経験的な目安では、前に押し出す力が8割、T定規に押し当てる力が1〜2割、天板に押し付ける力が0〜1割位の感覚である。下に押し付ける力を0としたが、場合によっては、スタイロフォームが宙に浮いているときもある。それでも平行に切ることはできるので心配はいらない。

ヒートカッターの便利な使い方

前項までで、ヒートカッターの使い方は解説した。あとは、それに読者のアイデアを織り交ぜてもらい、もっと広がりのある使い方をしてほしい。ここでは、ほんのちょっとしたことで、建築模型の作り方がうまくなるコツを紹介しよう。

模型製作の道具

波打ってしまった切断面 ①

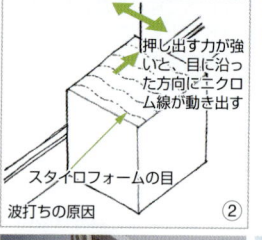

押し出す力が強いと、目に沿った方向にニクロム線が動き出す
スタイロフォームの目
波打ちの原因 ②

スタイロフォームをきれいに切る

❶❷スタイロフォームを切ったとき、切断面が波打ってしまうことがある。これは力のかけ具合、すなわち材料の送り出しの速度によることが多い。押し出しの力を強くすると、強引に押した力がスタイロフォームの目に沿った横方向の分力になり、ニクロム線が左右方向に動き始める。そうした場合は、押し出し速度を調整するか、部材の向きを変えることで対処する。押し出し速度が遅すぎても材料が多く溶けてしまうので、適正な速度で切るしかないが、溶け具合に応じて補助をする程度の力加減がよいだろう。

材料の近くでフットスイッチをONにする

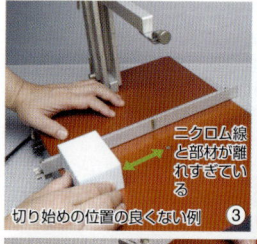

ニクロム線と部材が離れすぎている
切り始めの位置の良くない例 ③

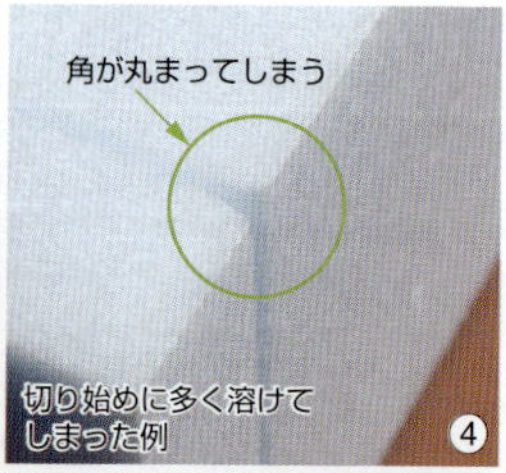

角が丸まってしまう
切り始めに多く溶けてしまった例 ④

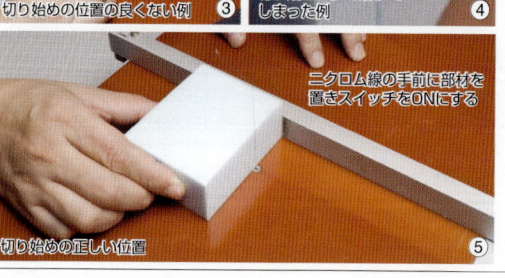

ニクロム線の手前に部材を置きスイッチをONにする
切り始めの正しい位置 ⑤

❸❹ニクロム線から離れて部材を置き、フットスイッチをONにすると、切り出し始めまでにニクロム線が高温になってしまっているため、切出し始めの部分が多く溶け、小さくなったり、角が丸くなったりしてしまう。

❺部材はニクロム線のぎりぎり手前に持ってゆき、それからフットスイッチをONにすると、ニクロム線温度が比較的低い状態で切り出し始められる。

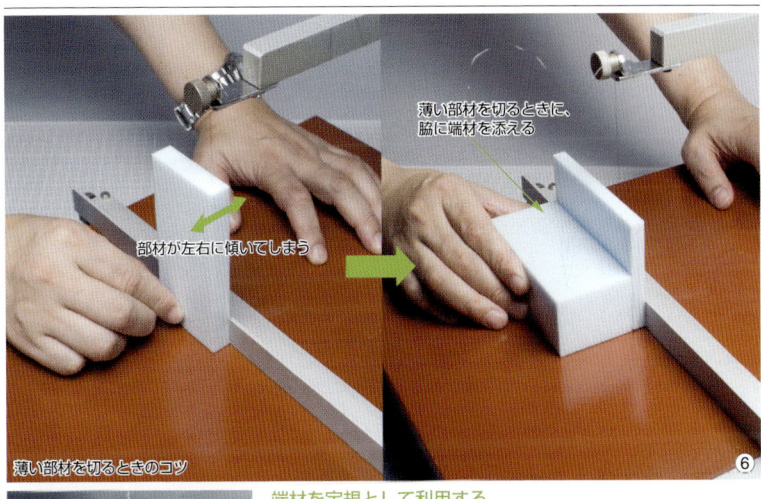

薄い部材を切るときに、脇に端材を添える

部材が左右に傾いてしまう

薄い部材を切るときのコツ ⑥

端材を定規として利用する

❻薄い部材、つまり底辺の長さが短く、高さが高いものを切り出す場合、T定規にぴったり合わせているつもりでも、上部のほうでは部材が傾いてしまい、底面と上面で厚さが異なる台形状に切り出されてしまう。このようなときは、切り出そうとする部材の脇に端材を添え、部材と端材の両方を押し出せば、薄い部材の動きが安定する。

ニクロム線の掃除を心がける

ニクロム線にカスが付着した様子 ⑦

❼スタイロフォームを何回も切断していると、ニクロム線に溶けカスが付着してくる。溶けカスの上に溶けカスが上積みされると、徐々にニクロム線の表面が凸凹してくるため、切断面がだんだんシャープではなくなってくる。

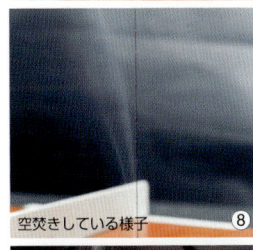

空焚きしている様子 ⑧

❽そのため、ときどきニクロム線の掃除をしよう。掃除方法は、空焚き（部材がない状態でニクロム線のスイッチをONにする）や、空焚きしながらニクロム線表面をステンレス定規でこするなどである。ただ、完全な清掃は無理なので、ニクロム線はこまめに交換したほうがよいだろう。

パタパタ踏みを使う

パタパタ踏みで速度を調整 ⑨

❾ヒートカッターは、フットスイッチを踏み込んだONの状態でニクロム線が熱くなり、足を離してOFFにするとまた元の温度に戻る。この原理をうまく利用すると、ニクロム線の温度を調節することができる。車のアクセルを踏み込んだり緩めたりするときのような足の動作を素早く繰り返すと、ONの時間が短くなり、ニクロム線の温度を下げられる。つまり、ニクロム線の押し出し速度を遅くすることができるのだ。このテクニックを使って、凹みを作ったり、型紙を使った加工ができるようになる。

小型電動のこぎり

木製やアクリル製の模型を作る場合、材料の切断に電動工具を用いると効率、精度ともによい。ドイツの工具メーカーであるプロクソン社から小型の電動のこぎりが販売されている。ここでは、電動のこぎりの使い方について理解しよう。

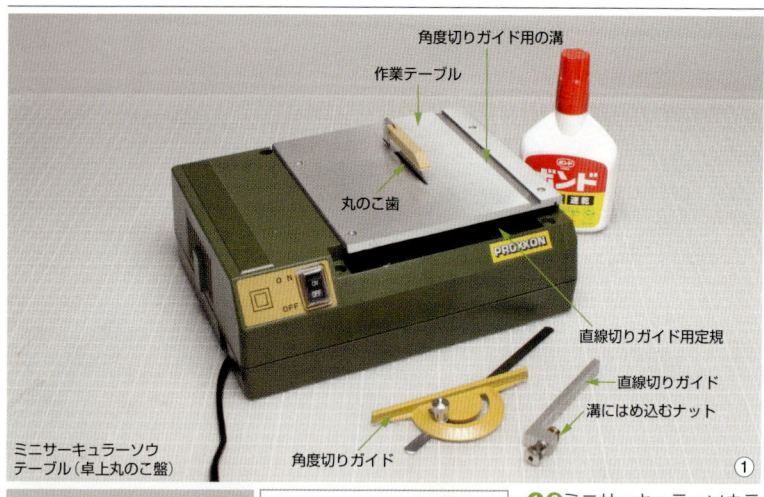

角度切りガイド用の溝
作業テーブル
丸のこ歯
直線切りガイド用定規
直線切りガイド
溝にはめ込むナット
角度切りガイド
ミニサーキュラーソウ
テーブル（卓上丸のこ盤） ①

丸のこ歯・荒目
（細目、超硬歯などに交換可能）②

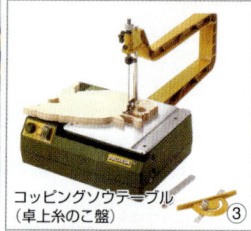

コッピングソウテーブル
（卓上糸のこ盤）③

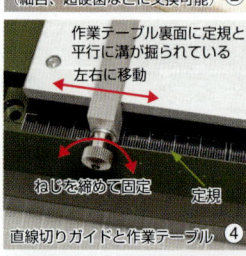

作業テーブル裏面に定規と平行に溝が掘られている
左右に移動
ねじを締めて固定　定規
直線切りガイドと作業テーブル ④

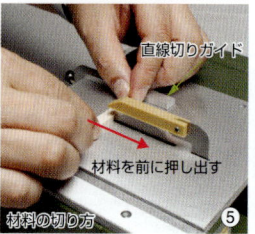

直線切りガイド
材料を前に押し出す
材料の切り方 ⑤

丸のこ歯
材料とガイドを一緒に奥に押し出す
角度切りガイド
ガイドを回転させ角度を決めたらねじを締めて固定する ⑥

❶❷ミニサーキュラーソウテーブルと呼ばれる卓上丸のこ盤が、木材やアクリル板などの直線切りに便利な電動のこぎりである。

❸電動のこぎりには、糸のこと丸のことがある。大半が直線切りの場合は丸のこ盤でよいが、曲線切りが必要な場合は糸のこ盤のほうがよい。用途に応じて選択するようにしよう。

❹卓上丸のこ盤には直線切りガイドと角度切りガイドが付いている。歯に対して平行、直角に切るときは直線切りガイド、斜めに切るときは角度切りガイドを使う。直線切りガイドは作業テーブル裏面に掘られた溝にガイドのナットをはめ、左右に動かす。作業テーブル手前の定規で切断幅を決め、ねじを締めてガイドを固定する。

❺スイッチをONにすると丸のこが回り出すので、ヒートカッターと同じ要領で、材料をガイドに沿わせながら前に押し出して切る。指が歯に当たらないように注意しよう。

❻斜めに切るときは、切断角度を決めた角度切りガイドを、丸のこ歯と平行に掘られた作業テーブル表面の溝にはめ込み、材料とガイドを一緒に前に押し出して切る。

挟む・切る道具

建築模型を作るうえで、切る道具としてここまで解説してきたもの以外にも、はさみ、ニッパー、ペンチなどがある。ここでは、これらの道具の種類や使い方について理解しよう。

挟んだり、切ったりするさまざまな道具　①

❶❷はさみには、一般的な紙などを切る事務・軽作業用はさみと、板金などで用いられる金切りばさみとがある。紙を切る場合、カッターナイフで切ればよいように思うが、大判の紙から必要分を小分けにするときのように、ラフに切るには、カッターナイフよりもはさみを使ったほうが、簡単で速い。はさみも1つ用意しておくことをお勧めする。

❸建築模型を作るうえで、針金や金属板など金属を切ることが必要な場合がある。ところが、板金工事で用いられるほど厚い金属板を切るわけではないので、万能はさみと呼ばれる、普通に紙なども切れ、薄い金属板やペットボトルくらいなら切ることができるはさみが市販されている。これを用いるとよいだろう。

はさみを使って紙をラフに切る　②

万能はさみを使えばペット材も切れる　③

ニッパーでプラスチック部品を切り出す　④

❹針金、銅線、真ちゅう線などの金属線を切る場合は、ニッパー、あるいはペンチと呼ばれる道具もあり、線材を切る場合はむしろ、はさみよりもこちらを用いたほうがよいだろう。ニッパー(nipper)は切る専用の道具だが、ペンチは金属線の折り曲げ、切断の両方に使える。

❺ペンチとはpincher(挟むもの)という英語が語源だが、英語でペンチのことはpliers(プライヤー)という。ペンチには、電気工作用に先端部が細くなったラジオペンチと呼ばれるものがある。ラジオペンチは先が細いため、金属線を曲げるのにも便利であり、建築模型は細かい作業が多いので、ラジオペンチも用意しておくとよいだろう。

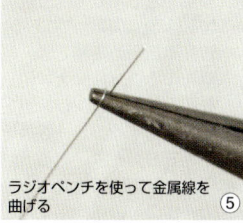

ラジオペンチを使って金属線を曲げる　⑤

直定規

直線状の定規を「直定規」というが、一言で直定規といってもさまざまなタイプのものが市販されている。ここでは、建築模型を作るうえで、測ったり、切ったりする場合に欠かせないステンレス製、アクリル製直定規の使い方について解説しよう。

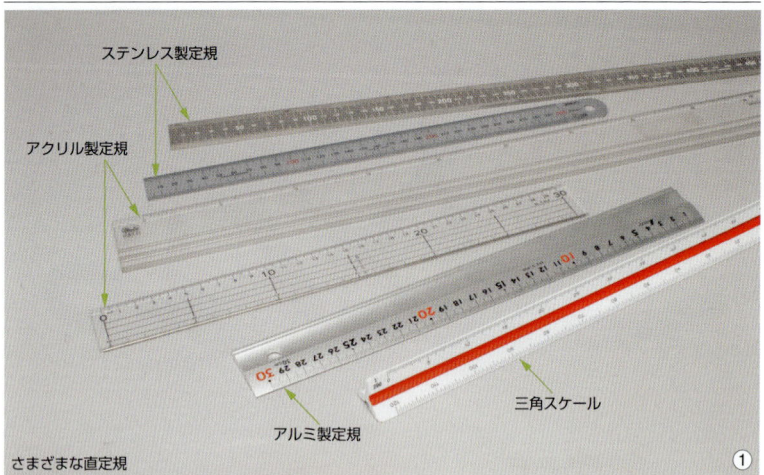

さまざまな直定規 ①

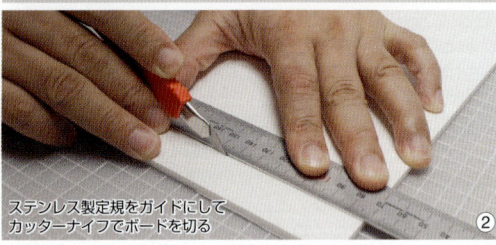

ステンレス製定規をガイドにしてカッターナイフでボードを切る ②

ステンレス定規のJIS規格 ③

規格項目	製品規格　JIS 1級　B7516-2005					
材料	JIS G 4305のSUS420J₂またはこれと品質が同等以上のもの					
材料の硬さ	Hv400以上					
寸法	呼び寸法	全長(L)		厚さ(T)		幅(W)
		寸法	許容差	寸法	許容差	寸法	許容差
	150	175	±5mm	0.5	±10%	15	±2%
	300	335		1.0		25	
	600	640		1.2		30	
	1,000	1,050		1.5		35	
	1,500	1,565		2.0		40	
	2,000	2,065		2.0		40	
目盛り面の平たん度	測定に支障がない程度に平たんであること。					
目盛り側面の真直度 (単位mm)	呼び寸法	真直度		呼び寸法		真直度
	150	0.23以下		1,000		0.40以下
	300	0.26以下		1,500		0.50以下
	600	0.32以下		2,000		0.60以下
目盛り側面の直角度	目盛り端面(基点部)の長さ10mmにつき0.035mm以下					
長さの許容差 (単位mm) *温度20℃を基準とする	長さ			許容差		
	500以下			±0.15		
	500を越え1,000以下			±0.20		
	1,000を越え1,500以下			±0.25		
	1,500を越え2,000以下			±0.30		

材質／2,000mm以下：ステンレスSUS420J₂　3,000以上：ステンレスSUS304
JIS B 7516 (抜粋) 150〜2,000mm　2009年3月現在

❶建築模型を作る場合、直定規はカッターナイフを使うときのガイドとして用い、素材別にステンレス製、アクリル製、アルミ製などがある。長さを測る際には三角スケールなども用いる。

❷材料を切るときには、カッターナイフのガイドとするため、カッターの刃で切れてしまわない素材であるステンレス製、アルミ製がよい。特に、ステンレス製は重みもあり、切断時に滑りにくく使い勝手がよい。

❸ステンレス製定規は、JIS 1級で規格が定められており、15cm〜2mの長さのものが用意されている（市販の製品は5mの長さまである）。設計事務所の業務では、模型を作る以外に、大判用紙を切るなどステンレス製定規を多用するので、数種そろえておくとよいだろう。

❹模型作業では15cm、30cmの長さのものを使用するこ

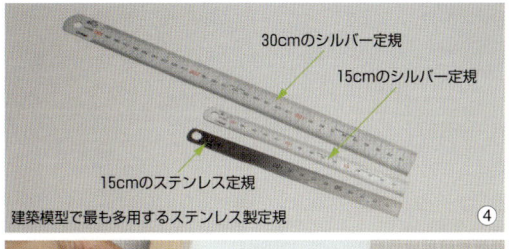

30cmのシルバー定規
15cmのシルバー定規
15cmのステンレス定規
建築模型で最も多用するステンレス製定規 ④

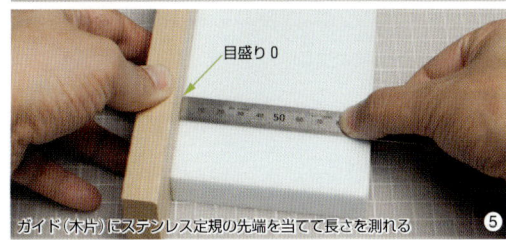

目盛り0
ガイド（木片）にステンレス定規の先端を当てて長さを測れる ⑤

定規の下敷きになっている図面の様子が見える
アクリル定規をガイドにしてカッターナイフでボードを切っている様子 ⑥

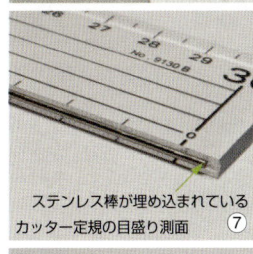

ステンレス棒が埋め込まれている
カッター定規の目盛り測面 ⑦

カッター定規をガイドにして切る ⑧

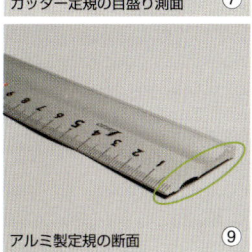

アルミ製定規の断面 ⑨

アルミ製定規の裏面にコルクシートを貼って使う ⑩

とが多い。本書では、「ステンレス製定規」と総称しているが、実際にはステンレス定規とシルバー定規の2種類が市販されている。ステンレス定規は表面がステンレスのままで、シルバー定規は表面にメッキが施され、少しマットな（光沢のない）表情をしている。

❺ステンレス製定規のもう一つの特徴は、目盛りが定規の先端から始まっていることである。そのため、材料に定規の先端を突き当てて長さを測ることができる。両端とも目盛りが先端から始まっているものもある。

❻アクリル製定規は、ステンレス製に比べて軽く、切断作業中に定規が滑ることがある。一方で、定規が透明なため、材料が隠れることがなく、切る位置を常に確認しながら作業ができる。アクリル製定規も1本用意しておくと便利である。

❼❽アクリル製定規は、カッターナイフを使うと目盛り測面が刃で削れてしまうことがある。そのため、カッター作業を行う目盛り測面にステンレス板やステンレス棒を取り付けた「カッター定規」が市販されている。

❾❿アルミ製定規も、カッターで切るときに使える。ただし、アルミは軽いので、切るときに使うと位置がすぐにずれてしまう。それを防ぐために、定規自身がかなり厚く作られており、かつ、定規裏面に両面テープでコルクシートを貼って使うようになっている。

三角定規

材料を直角に切り出すとき、スコヤとともに三角定規を使うことが多い。三角定規はスコヤに比べて1辺が長く、アクリル製であれば定規の下になる材料の状態を目視しながら切り出せるメリットがある。ここでは、三角定規の使い方について理解しよう。

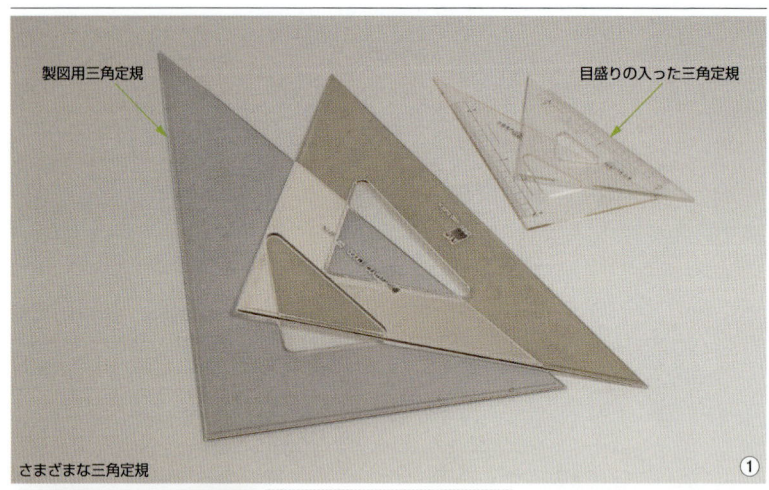

さまざまな三角定規 ①
製図用三角定規
目盛りの入った三角定規

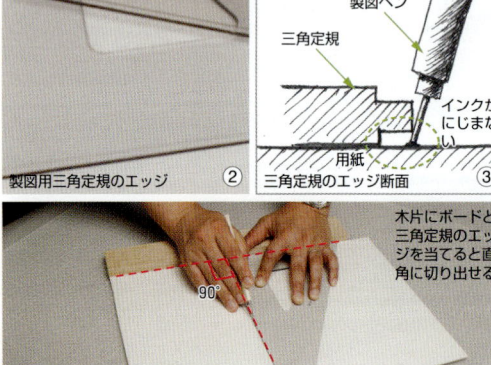

製図用三角定規のエッジ ②
三角定規のエッジ断面 ③
製図ペン / 三角定規 / インクがにじまない / 用紙
木片にボードと三角定規のエッジを当てると直角に切り出せる
三角定規を使って、底辺に直角な部材を切り出す ④
固定する / スライドさせる
1組の三角定規を使って平行線を引くことができる ⑤

❶三角定規は、小学生の頃から使っているものなので馴染みがあると思うが、一般的には、直角を挟んだ2つの頂角の角度が45°の直角2等辺三角形と、60°、30°になった直角三角形の2つの定規がセットになって市販されている。材質はアクリル製が一般的だが、木製もある。また、ものさしとしても使えるように目盛りが刻まれたものもある。

❷❸建築模型を作るうえで、三角定規は、線を引いたり直行線を引いたり、部材を切ったりする場合に用いるが、製図用の三角定規では、製図ペンで線を引いたときにインクのにじみが生じないよう、エッジにくり型が施されている。

❹三角定規は、スコヤでは長さが足りないような直角部材を切り出したい場合や、アクリル製の定規であれば切っている部分を目視できるため、切る箇所を間違えられないような場合などに用いると便利である。

❺三角定規を使って直交線を引く場合、あるいは、平行定規の代わりに平行線を引くような場合は、2枚(1組)の三角定規を組み合わせて用いる。

ノギス

長さを測るために用いる定規の一つに、精密測定器具の「ノギス」と呼ばれる道具がある。測定物をはさみ状の部分で外側から挟んだり、内側から押し出すことで厚さや径を測ることができる。建築模型を作る場合にも一つ用意しておくと便利である。

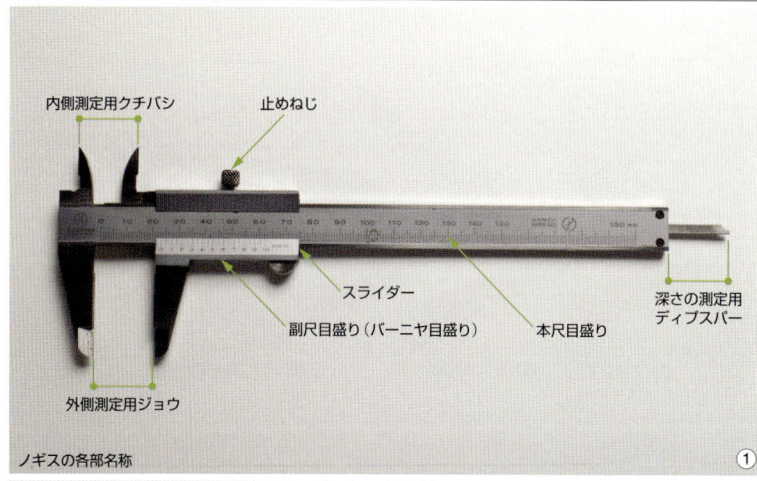

内側測定用クチバシ
止めねじ
スライダー
副尺目盛り（バーニヤ目盛り）
本尺目盛り
深さの測定用ディプスバー
外側測定用ジョウ
ノギスの各部名称 ①

17.**
本尺目盛り
10
7
20
30
40
副尺目盛り
0 1 2 3 4 5 6 7 8 9 10
0.05mm
**：0.55
目盛り測定値 17+0.55=17.55mm
ノギスの目盛りの読み方 ②

❶ノギスという言葉はドイツ語の nonius（副尺）がなまったもので、英語では vernier calipers という。本尺（主尺）と副尺（バーニヤ目盛り）の 2 つの目盛りがあることが特徴である。バーニヤ（副尺、バーニア、バーニヤスケール、vernier scale）は、フランスの数学者ピエール・ヴェルニエ（Pierre Vernier、1580-1637）による発明とされ、名称はその名の英語読みに由来している。

❷ノギスは、1mm以下の値を、本尺と副尺の目盛りが一直線上になる数値を読むことで測定する。0.05mmまで測れるノギス（精度0.05mm）の場合は、本尺の1目盛りが1mm幅、副尺の1目盛りが0.95mm幅で刻まれている。1目盛りにつき0.05mmの差があり、その差が埋まるところで本尺と副尺の目盛りが一直線になる。

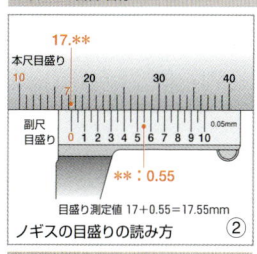

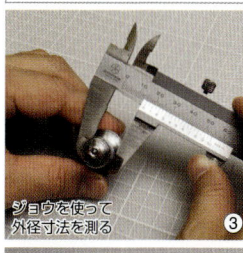

ジョウを使って外径寸法を測る ③

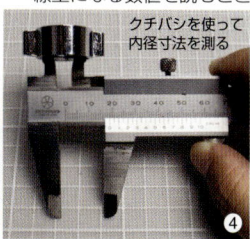

クチバシを使って内径寸法を測る ④

❸❹❺ジョウで外径、クチバシで内径寸法を測る。ジョウとクチバシを組み合わせると、段差寸法が測れる。

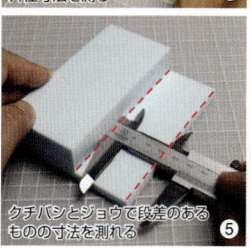

クチバシとジョウで段差のあるものの寸法を測れる ⑤

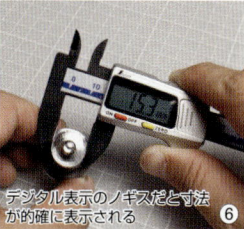

デジタル表示のノギスだと寸法が的確に表示される ⑥

❻最近は、デジタルのノギスが市販されている。従来のものに比べ、表示寸法読み取り時の誤差がなく、とても便利である。建築模型を作る際にも用意しておこう。

スコヤ

建築模型を作る場合、ボードや板類を直角に切るために必要な道具が「スコヤ」である。ステンレス製定規とともに、切るという作業には欠かせない道具なので、その取扱い方などをここで覚えよう。

模型製作の道具

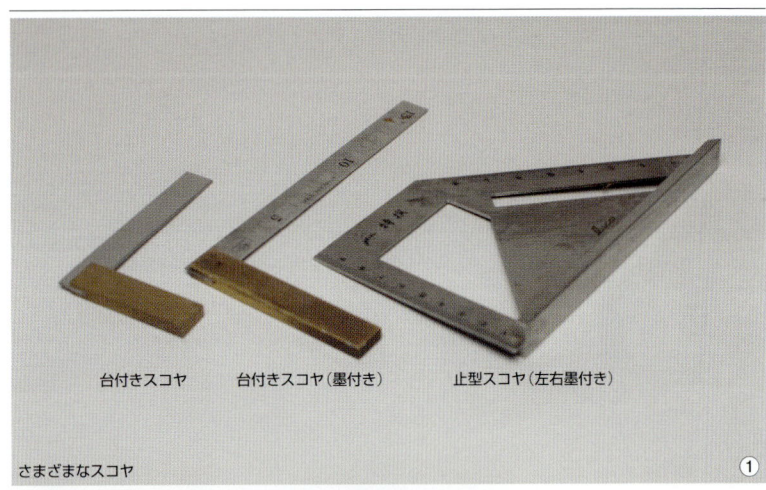

台付きスコヤ　　台付きスコヤ（墨付き）　　止型スコヤ（左右墨付き）

さまざまなスコヤ　①

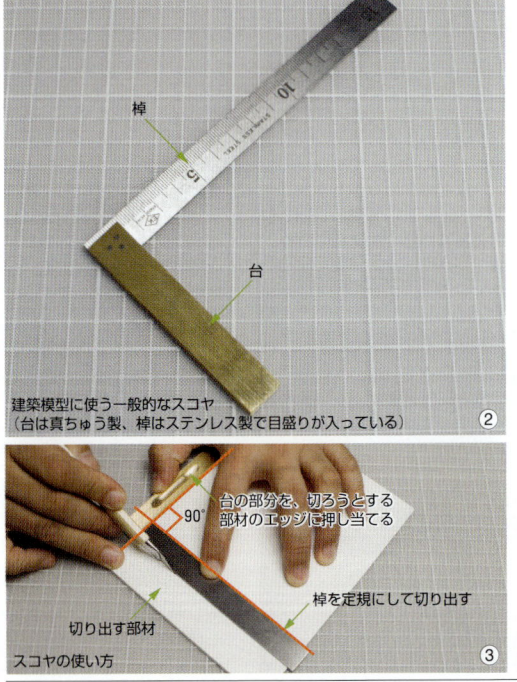

棹／台

建築模型に使う一般的なスコヤ
（台は真ちゅう製、棹はステンレス製で目盛りが入っている）　②

台の部分を、切ろうとする部材のエッジに押し当てる
棹を定規にして切り出す
切り出す部材
スコヤの使い方　③

❶スコヤは、曲尺（かねじゃく）と同じように、長さ・角度（直角）を測ったり、線を引いたりする場合に使用する定規の一種で、L字型をしている。スコヤの語源は英語のsquareがなまったものといわれている。一般的には、曲尺より小さく（目盛りが15〜18cm程度）、丈夫で、曲尺のように曲げたり湾曲させて使用することがないものをいう。多くはステンレス製（一辺が真ちゅう製のものもある）で、表裏ともに目盛りが付いている。スチレンボードやバルサ板などの板材を直角に切るためには欠かせない道具なので、建築模型を作る場合には必ず用意しよう。

❷❸建築模型で一般的に用いられるスコヤは、写真のような「台付きスコヤ」と呼ばれるものである。ステンレス製で、目盛りが付いている部分を「棹（さお）」、

切る

測る・引く

接着する

着色する

その他

スコヤの台を使って、部材のエッジに定規端部をぴったり合わせられる ④

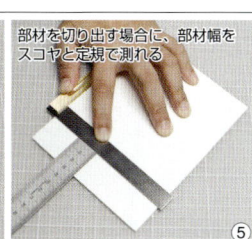

部材を切り出す場合に、部材幅をスコヤと定規で測れる ⑤

スコヤを2本使えばノギスの代わりになり、立体物の直径や全長を測ることができる ⑥

台を左側にして、棹を定規にして線を引く ⑦

台をひっくり返して右側にし、棹を定規にして線を引く ⑧

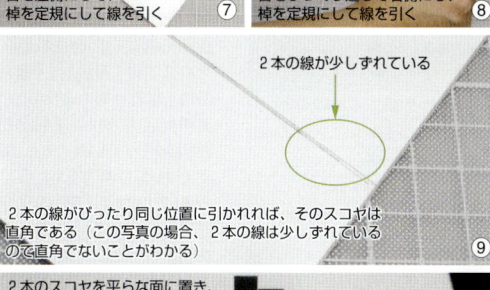

2本の線が少しずれている

2本の線がぴったり同じ位置に引かれれば、そのスコヤは直角である（この写真の場合、2本の線は少しずれているので直角でないことがわかる）⑨

2本のスコヤを平らな面に置き、棹の部分をすり合わせてみる。この時、隙間やひっかかりができなければ、それぞれ直角であろう ⑩

真ちゅう製で棹を固定している部分を「台」と呼んでいる。大工道具店やホームセンターなどには多くの種類のスコヤが置かれているが、測定器としてのスコヤと、工具としてのスコヤに大別できる。建築模型に用いるものは後者になり、正確であるとともに、線を引いたりカッターで切ったりできる。

❹❺❻スコヤは、直角に切る以外にもいくつか使い方がある。長さを測るときの定規の起点にしたり、2本のスコヤでノギスの代わりに立体物の全長を測ったりすることができる。

❼スコヤの直角は、購入する時点で狂っていたり、落としたりぶつけたりなど、長年の使用で狂っていることもある。定期的にスコヤの直角が正確かどうかを調べるように心がけよう。調べる方法は簡単である。まず、台を左側にして線を引く。

❽台をひっくり返して右側にし、もう一度線を引く。

❾2本の線が一致すれば正しく直角であるが、ずれていると直角ではない。

❿購入時に、店頭でここまで調べられない場合は、2本のスコヤを並列に立てて、定規（棹）部分をすり合わせてみる。棹が重なったり隙間があいたりしなければほぼ直角といえるだろう。この方法は、2本のスコヤが両方とも直角でないと、直角かどうか断定できないので、補助的な手段と考えたほうがよい。

接着の道具の種類

ホームセンターなどに行くと、非常に多くの接着の道具が市販されている。万能な接着の道具というものはなく、接着する材料に応じて接着剤を選択する必要がある。ここでは、一般的な分類にしたがって、接着の道具の種類について概説しよう。

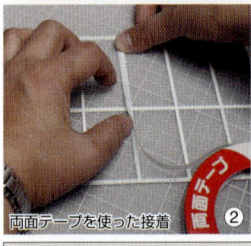

さまざまな接着の道具 ❶

両面テープを使った接着 ❷　　スプレーのりを使った接着 ❸

接着のしかたによる「接着の道具」の分類 ❹

接着のしかた	接着剤の形	接着剤例
溶剤揮発形	溶剤形	クロロプレン系、ポリ酢酸ビニル溶剤形など
	エマルジョン形	酢酸ビニルエマルジョン、合成ゴムラテックスなど
	再湿形	アラビアゴム、ポリビニルアルコールなど
化学反応形	反応形	エポキシ系、シアノアクリレート系など
熱溶融形	ホットメルト形	エチレン―酢酸ビニル系、ポリアミド系など
感圧形	感圧形	天然ゴム系、アクリル系など

粘着テープ ❺

❶建築模型の場合、材料と材料の接合には「接着」を用いるのが大半である。ボルトや釘、あるいは溶接などの接合方法を用いることはほとんどないといっていいだろう。「接着剤」という名称は、セメダイン社の社長であった今村善次郎が大正期に考案したとされる。それまでは「接合材」「強力のり」などと呼んでいたが、文房具店のほかに薬局とも取引を行っていたため、薬局でも売りやすいように「材」ではなく「剤」の文字を使うようになったそうである。

❷❸「接着」というと、液体状の接着剤で接合することを思い浮かべがちであるが、セロハンテープなど、のりの付いたテープで固定したり、スプレーのりのようにスプレーを噴いて固定することもある。建築模型を作る場合も、これらの接着方法を取り交ぜて使うことになるので、これらを「接着の道具」として分類し、解説することにする。

❹❺「接着の道具」を接着のしかたで分類すると、いわゆる接着剤と呼ばれているものと、感圧形接着剤とに大きく分けることができる。感圧形接着剤は、一般に「粘着剤」、ある

粘着剤の種類と特徴 ⑥

種類	エラストマー（弾性体）	特徴
ゴム系	天然ゴム SBR ブロックSIS	・天然ゴムは価格が安い。 ・被着体の選択性が小さい。 ・一般に極性基がないので、粘着力の上昇性が小さい。 ・耐熱、耐候性に劣る。
アクリル系	アクリル酸エステル共重合体	・それ自体で粘着性がある。 ・ゴム系に比べて耐熱、耐候性に優れる。 ・被着体の選択性がある。
シリコーン系	シリコーンゴム	・適用温度範囲が広い。 ・耐熱、耐寒性に優れる。 ・耐薬品性、耐候性に優れる。 ・価格が高い。

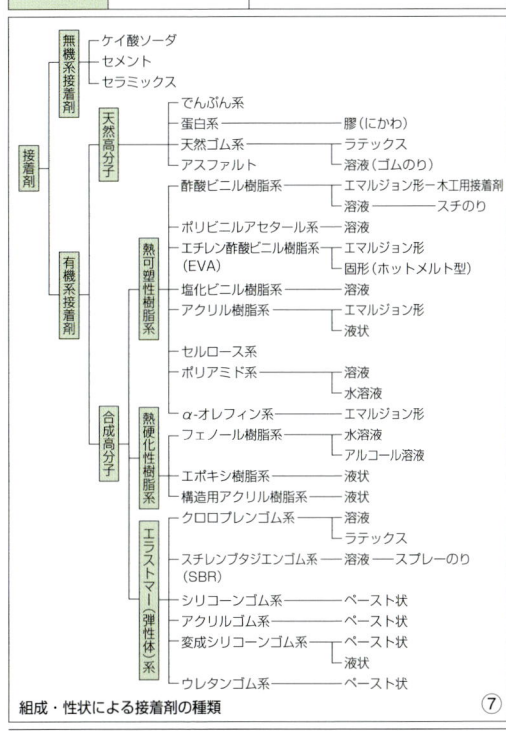

組成・性状による接着剤の種類 ⑦

接着剤
- 無機系接着剤
  - ケイ酸ソーダ
  - セメント
  - セラミックス
- 有機系接着剤
  - 天然高分子
    - でんぷん系
    - 蛋白系 ── 膠（にかわ）
    - 天然ゴム系 ── ラテックス
    - アスファルト ── 溶液（ゴムのり）
  - 合成高分子
    - 熱可塑性樹脂系
      - 酢酸ビニル樹脂系 ── エマルジョン形 ── 木工用接着剤
      - 　　　　　　　　　　 溶液 ── スチのり
      - ポリビニルアセタール系 ── 溶液
      - エチレン酢酸ビニル樹脂系（EVA） ── エマルジョン形
      - 　　　　　　　　　　　 固形（ホットメルト型）
      - 塩化ビニル樹脂系 ── 溶液
      - アクリル樹脂系 ── エマルジョン形
      - 　　　　　　　　 液状
      - セルロース系
      - ポリアミド系 ── 溶液
      - 　　　　　　　 水溶液
      - α-オレフィン系 ── エマルジョン形
    - 熱硬化性樹脂系
      - フェノール樹脂系 ── 水溶液
      - 　　　　　　　　　 アルコール溶液
      - エポキシ樹脂系 ── 液状
      - 構造用アクリル樹脂系 ── 液状
    - エラストマー（弾性体）系
      - クロロプレンゴム系 ── 溶液
      - 　　　　　　　　　　 ラテックス
      - スチレンブタジエンゴム系（SBR） ── 溶液 ── スプレーのり
      - シリコーンゴム系 ── ペースト状
      - アクリルゴム系 ── ペースト状
      - 変成シリコーンゴム系 ── ペースト状
      - 　　　　　　　　　　　 液状
      - ウレタンゴム系 ── ペースト状

いは「粘着テープ」と呼ばれているもので、両面テープやセロハンテープなどのことである。単に接着剤と呼んでいるものはさらに3つに分類され、建築模型で使う接着剤は、ほとんどが溶剤揮発形に該当する。熱溶融形は、熱でいったん接着剤を溶かし、冷却して固体に戻すと接着するタイプであり、再湿形は、切手ののりなど、水に濡らして接着性を発現させるタイプの接着剤である。

❻粘着剤は、セロハンテープに見られるように、必ずといっていいほどセロハンなどの支持体（基材）に薄く塗り付けられて供給される。粘着剤を大別すると、ゴム系、アクリル系、シリコーン系に分類できる。建築模型に用いられる粘着テープ類は、合成ゴム系、アクリル系の粘着剤が多い。また、粘着剤には、被着体に濡れていくための流動性と、はく離に対する固体の性質（凝集力（保持力））という相反する性質が要求され、それはテープを引きはがす際の力（粘着力）と、一定荷重におけるクリープ（保持力）によって、性能を測れる。

❼接着剤の種類は非常に多いが、組成・性状によって分類すると、今日、私たちが接着剤と呼んでいるものの多くは、合成系接着剤に該当している。本書の模型製作で用いる「木工用接着剤」や「スチのり」なども、酢酸ビニル樹脂系接着剤で、合成系接着剤に該当する。

接着剤と接着のしくみ

建築模型を作る際、それほど特殊な接着剤を用いるわけではない。しかし、丈夫できれいな模型を作るためには、「接着」の原理についてある程度理解し、接着剤を適切に用いることが重要である。ここでは、接着のしくみについて理解しよう。

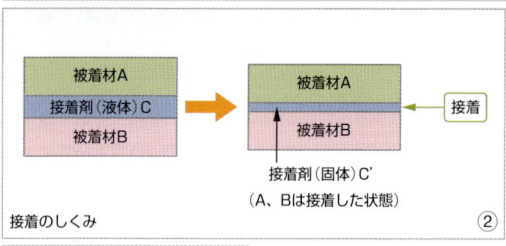

さまざまな接着剤 ①

接着のしくみ ②

面接合の例 ③

「ぬれ」た状態 ④

❶❷接着とは「接着剤を媒介とし、化学的もしくは物理的な力またはその両者によって2つの面が結合した状態」と定義される。つまり、被着材の両面が接着界面を介してほぼ一体になったような状態をいっている。❸ボルトやリベット、ホチキスなどの接合に比べると、接着は「面接合」による接合になるため、応力が接合面全体に分散され、接合点への応力集中が起きにくく、安定した接合形態となる接合方法である。❹接着剤は、被着材の表面を濡らして広がった後、溶剤や水が蒸発、吸収、拡散することで固化または硬化し、接着が完了する。被着材を濡らすために、接着剤は溶剤で希釈された液体状か、それに近い流体状で供給されることが多い。❺❻ボンド木工用の商品名で知られている酢酸樹脂系エマルジョン形接着剤で木やバルサなどを接合した場合の接着面付近は、接着剤成分が木の表面にある無数の気孔の中に浸透した後、固化あるいは硬化して接着が完了している。木材表面の気孔に浸透した接着剤成分が、多くの小さな釘を打って接合したような状態で接着力を発揮しているのである。この

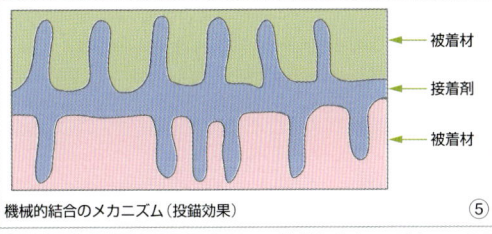

機械的結合のメカニズム（投錨効果）

- 被着材
- 接着剤
- 被着材

状態を「投錨（とうびょう）効果」または「アンカー効果」といい、その結合メカニズムを「機械的結合」という。

❼建築模型で用いる木、紙、スチレンボードなど、多孔質材料の接着は、いずれも投錨効果による接着になる。

接着にあたっては、このことを前提に被着材の確実な表面処理を行うことが肝要である。建築模型では接着面の汚れが影響するということは比較的少ないものの、接着面が手の油で汚れていたり、サンダー掛けをした際の粉で、接着力が弱まってしまうというような経験は多い。表面に付着したゴミや水分はブラシや布などで取り除き、汗などの油分はシンナーなどを使って拭き取っておくように心がけよう。

❽塗工した接着剤が被着材の気孔内部へ浸透しやすくするには、接着剤が流動性をもっていることが重要である。接着剤の保管時に溶剤が揮発し、粘度が高くなってしまった場合は、必要に応じて、溶剤で適度に希釈することが必要である。

接着剤の塗工

アルコールで塩ビ板の接着面を清掃する

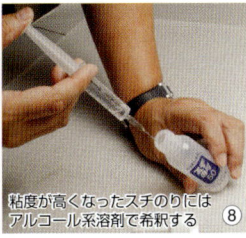

粘度が高くなったスチのりにはアルコール系溶剤で希釈する

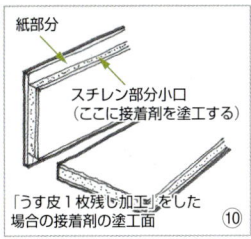

紙部分
スチレン部分小口（ここに接着剤を塗工する）
「うす皮1枚残し加工」をした場合の接着剤の塗工面

うす皮1枚残し加工

❾接着剤の塗工は、材料の状態によって考えるが、均一な塗工とできるだけ広い面への塗工が可能なように、道具の選択と接着面の加工を考える。例えば、スチレンボードの「うす皮1枚残し加工」*を行った場合、加工なしの接着に比べ、スチレン部分の接着面が1面多くなり、塗工面積が増える。これにより接着剤の浸透機会が増えて接着力が強くなる。また、模型もきれいに仕上がる。

❿接着剤の塗工箇所にも注意が必要である。紙の面に塗工するのではなく、スチレン部分小口に塗工することで、スチレンの気孔部分に浸透する機会を与え、接着力が強くなる。

⓫接着剤の除去は、接着剤の種類によって異なる。溶剤で溶かすのが一般的であるが、酢酸樹脂系エマルジョン形接着剤のように、硬化後には溶剤に溶けないタイプの接着剤もある。このような場合は、溶剤を含ませた布などで、塗工後直ちに拭き取るのがよい。

塩ビ板に付着した接着剤の除去

*：112ページ参照

切る　測る・引く　接着する　着色する　その他

スプレーのり

プリントアウトやコピーした図面をスチレンボードなどの材料に仮止めして切り出せば、採寸の手間が省け、製作時間の短縮になる。このような仮止めの際によく用いられるのがスプレーのりである。ここでは、スプレーのりについて概説しよう。

強度別に各種スプレーのりとクリーナー ①

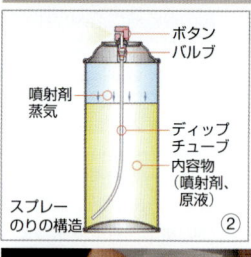

スプレーのりの構造 ②

図面にスプレーのりを噴く様子 ③

スプレーのりでスチレンペーパーを貼り合わせる ⑤

スプレーのり（3M製品）で接着可能な材料 ④

	紙	布	木	金属
紙	55/77	55/77	55/77	55/77
布	55/77	55/77	77	77
木	55/77	77	99	99
金属	55/77	77	99	99

❶建築模型の製作で多用する接着剤の一つが「スプレーのり」である。スプレーのりは、一般的な接着剤のように、部材と部材を接合するという場合だけでなく、図面を仮止めするための補助接着剤としてよく用いる。スプレーのりが登場してからは、建築模型の製作時間が飛躍的にスピードアップした。

❷❸スプレーのりは、その名前からある程度想像されるように、エアゾール方式の接着剤である。噴霧することで面的に接着剤を塗布することが可能で、塗工は接着面にスプレー（噴く）するだけでよい。

❹各社から強度別に数種類が市販されている。低強度（55）のものは、おもに仮止めに使用することが多く、高強度（99、111）のものはプラスチックも接着できる。

❺紙どうしの接着に優れているが、スチレンなどの発泡系材料や木なども接着可能である。

❻合成ゴムを基剤（接着成分）とし、イソヘキサンやアセトンなどを溶剤、ジメチルエーテルを噴射剤として構成されている。ジメチルエーテルは代替フロンとして使用されている噴射剤であ

スプレーのりの仕様（3M製品）

製品名	スプレーのり 55	スプレーのり 77	スプレーのり 88	スプレーのり 99	スプレーのり 111
基剤	アクリルゴム	S.B.R	S.B.R	S.B.R	C.R
主溶剤	イソヘキサン アセトン	イソヘキサン シクロヘキサン	ノルマルペンタン アセトン	ノルマルペンタン アセトン トルエン	イソヘキサン シクロヘキサン メチルエチルケトン
噴射剤	ジメチルエーテル	LPG ジメチルエーテル	ジメチルエーテル	ジメチルエーテル	ジメチルエーテル
接着力の特徴	粘着	早い接着	早い接着	強力接着	強力接着
その他の特徴	貼ってはがせる。細かい霧状スプレー。	早い立ち上がり。接着強さ、幅広い素材に適する。	フォームを破断するほどの接着力。柔らかく、接着面にくぼみができない。	幅広い素材に適する。	スプレーのりシリーズ中、最高強度、最高耐熱。
貼合せ可能時間（片面）	10秒〜1日	15秒〜1分	（片面塗布は向かない）	30秒〜1分	（片面塗布は向かない）
貼合せ可能時間（両面）	30秒〜7日	30秒〜10分	30秒〜15分	30秒〜5分	1分〜30分
標準塗布可能面積	約12m²	約10m²	約12m²	約4m²	約2m²
標準重ね塗り回数	1回	1〜2回	1〜2回	2〜3回	1〜3回

❻ るが、可燃性であるため、火に向かってスプレーしないように注意が必要である。

❼ イソヘキサン、アセトンなどの溶剤はアルコールやソルベント*に溶けやすい。仮止めの紙をはがすときなど、接着成分を溶解させるためにはアルコールやソルベントを用いればよい。

❽ 接着面以外に付着したのり成分を清掃するために専用のクリーナーが用意されているが、クリーナーの主成分もアルコールである。スプレーのりと同様、クリーナーもエアゾール式（スプレー）で提供されている。汚れた面に噴霧し、しばらく放置してのり成分を溶解させ、乾いた布で拭き取る。

❾❿ スプレーのりの欠点は、スプレーしたのりが部材の周辺に飛び散り、机や床をのりで汚してしまう点である。この点をカバーするため、専用のスプレーブースが市販されている。Ａ４サイズ程度までの小さな部材に噴く場合は、これを利用するとよい。大判のボードに噴くような場合は、新聞紙などで厳重に下敷きを作っておく必要がある。

⓫ 図面などを仮止めする場合、最も低強度のスプレーのりを用いても、仮止めした図面などをはがした後に、部材であるボードにのりが残ってしまうことがある。これを避けるためには少々テクニックを要する。スプレーはほんのひと噴きでよい。ひと噴きのつもりでも、のりが残ってしまうことが多いので、スプレーのりを噴いた後、のり面をいらない紙に貼ってははがしという作業を数回繰り返し、接着力を弱めるとよい。または、スプレーのりを噴いた後、所定のオープンタイムをとったうえで接着するという方法でもよい。

ソルベント
スプレーのりで仮止めした図面をソルベントを使ってはがす ❼

スプレーのり用クリーナー ❽

クリーナーを使って清掃する ❾

スプレーブース ❿

いらない紙に貼ってははがしを繰り返して粘着力を弱める ⓫

*：44ページ参照

スチのり

建築模型を作る場合、最も多用する材料がスチレンボードやスタイロフォームである。これらスチロール系の材料を接着するのに最も得意な接着剤が「スチのり」である。ここでは、スチのりについて理解しよう。

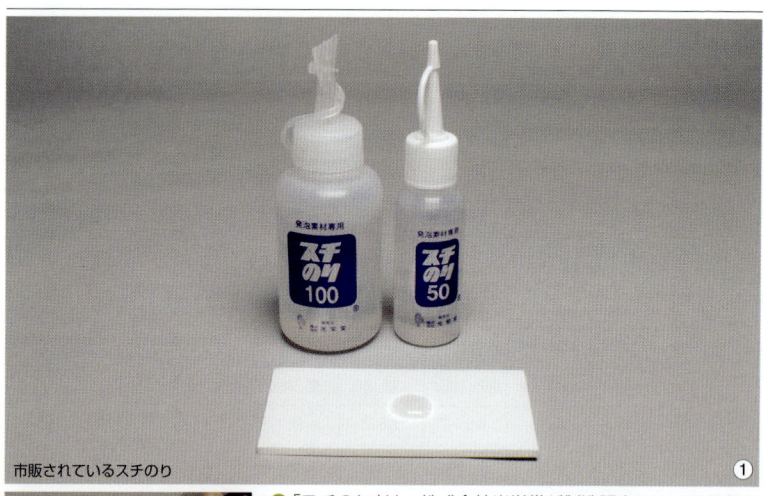

市販されているスチのり ①

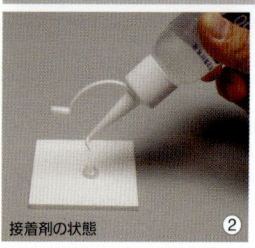

接着剤の状態 ②

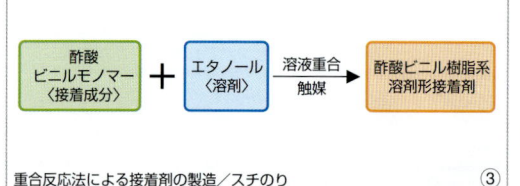

重合反応法による接着剤の製造／スチのり ③

酢酸ビニルモノマー〈接着成分〉 + エタノール〈溶剤〉 → 溶液重合 触媒 → 酢酸ビニル樹脂系溶剤形接着剤

エタノール　注射器 ④

エタノールを注入すると、接着した部材をはがすことができる ⑤

❶「スチのり」は、株式会社光栄堂が製造販売している接着剤の商品名である。建築模型では、接着剤の代名詞として使われるほど定着した名称でもある。これほど定着しているのは、建築模型の材料として最も多用されるスチロール系材料や紙などの接着が、これ1本で対応可能なためである。木や塩ビ板なども、接着力は劣るが接着可能である。

❷接着剤は無色透明で、硬化後も同様である。溶剤がエタノール（アルコール）なので、かすかにアルコール臭がする。

❸「スチのり」を接着剤の分類に位置づけると「酢酸ビニル樹脂系溶剤形接着剤」に該当する。酢酸ビニルモノマーを溶剤とともに重合反応させて作られる。引火性があるため、火気には十分な注意が必要である。

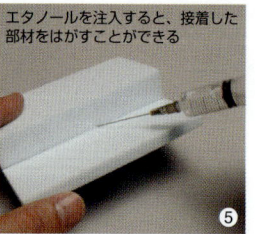

❹エタノールは薬局で購入可能なので、接着剤を薄めたいときや、硬化した接着剤を溶かしたいときなどに利用する。

❺画材店などでは模型用の注射器が売られている。これにエタノールを入れ、接着面に針を差し込んでエタノールを注入すると、スチのりが溶けて模型をばらすことができる。

木工用接着剤

木工用接着剤は、バルサ材やヒノキ材などの接着には特に強力な接着力を発揮するが、スチロール系材料や紙なども接着可能なため、スチのりと並んで汎用性がある。ここでは、木工用接着剤について理解しよう。

市販されている木工用接着剤 ①
（速乾タイプ、携帯容器）

接着剤の状態 ②

重合反応法による接着剤の製造／木工用接着剤 ③

酢酸ビニルモノマー〈接着成分〉 ＋ 水〈溶剤〉 ＋ ポリビニルアルコール〈乳化剤〉 → 乳化重合 触媒（過酸化物） → 酢酸ビニル樹脂系エマルジョン形接着剤

水で薄めた接着剤の使用例 ④
水で薄めた接着剤を振りかけて使う ⑤

❶スチのりとともに建築模型で多用される接着剤が「ボンド木工用」である。「ボンド」という名称は、株式会社コニシが自社の接着剤に付けた商品名であるが、今では接着剤の代名詞にまでなっている。「木工用」という名称が付いているものの、木、紙、スチロールなど、建築模型で多用する材料も接着可能なため、スチのりと同様の汎用性をもつ。通常の硬化時間のタイプと速乾タイプの2種類があり、建築模型を作る際には速乾タイプを使うと便利である。

❷接着剤は水溶性で乳白色である。水の蒸発により樹脂の粒子が融着し、透明な皮膜状に硬化・接着する。耐熱性、耐水性、耐溶剤性は劣る。

❸木工用接着剤を接着剤の分類に位置づけると「酢酸ビニル樹脂系エマルジョン形接着剤」に該当する。接着成分が酢酸ビニル樹脂であることはスチのりと変わらないが、溶剤が水であり、酢酸ビニルモノマーがエマルジョン化（乳化）されている点が異なる。

❹❺取扱いは、水溶性なので簡単である。水で薄めれば刷毛で塗るなどの塗布方法も可能であるため、広い面積に塗ることができる。

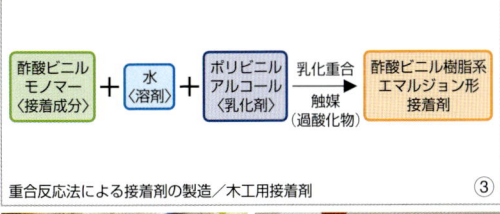

ペーパーセメント

図面などをボードに仮止めするような場合、スプレーのりが登場するまではペーパーセメントを用いていた。片面用と両面用があるが、仮止めには片面用を用いる。ここでは、ペーパーセメント（片面用）について概説しよう。

模型製作の道具

ソルベント（溶解液）
ペーパーセメントディスペンサー
ラバークリーナー
ソルベントディスペンサ-S
ペーパーセメントW-コート（両面用）
ペーパーセメントS-コート（片面用）
ペーパーセメントとその関連製品 ①

図面の裏面に片面用のペーパーセメントを塗る ②

部材に接着剤が残らない
部材を切り出した後、図面をはがす ③

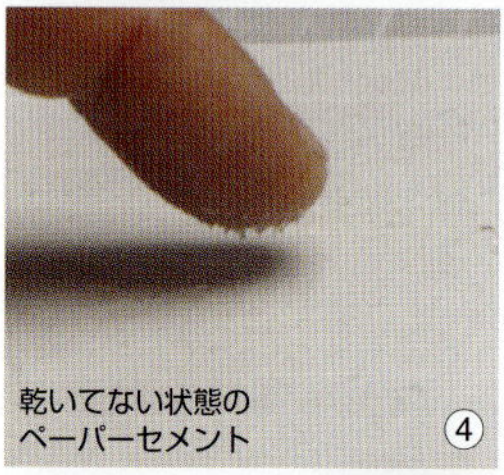

乾いてない状態のペーパーセメント ④

はがしにくい場合はソルベントを使って図面をはがす ⑤

❶ペーパーセメントには両面用と片面用があり、缶がそれぞれ、青、緑に色分けされている。その他、溶解液のソルベント（オレンジ色の缶）や、はみ出したペーパーセメントを消しゴムのように除去するためのラバークリーナー（黄色い箱）、混合容器などが用意されている。ペーパーセメントは天然ゴムを基材（接着成分）とし、n-ヘキサンを溶剤とする接着剤で、成分的にはスプレーのりとほぼ同じである。

❷❸ペーパーセメント片面用は、図面に塗ってボードに貼り、その後、図面をはがしてもボードのほうには接着剤が残らないので、図面などを仮止めする際に用いる。片面用であっても、接着剤が乾かないうちに貼ってしまうと、他方の被着材に接着剤が残ってしまうので、所要のオープンタイムをとってから貼り付けるようにする。

❹ソルベントは、接着剤を薄めたり、接着した紙をはがすために用いる。接着剤を塗りすぎたり、オープンタイムをとらずに接着した際、ソルベントを塗布した後に紙をはがすと、他方の被着材に接着剤を残さずにはがすことができる。また、ソルベントで紙を濡らしても、水で濡らしたときのように紙にしわが寄ることがない。

❺ソルベントを使って紙をはがす方法は、スプレーのりを使って貼った紙や、スチレンボードの紙をはがす場合にも利用できる。

アクリサンデー、サンデーシート

アクリル板や塩ビ板など透明な板材は、建築模型においてはガラスの代用として多用する。これらの材料どうしを接着する際には、専用の接着剤を用いる。ここでは、アクリル専用、塩ビ専用の接着剤について概説しよう。

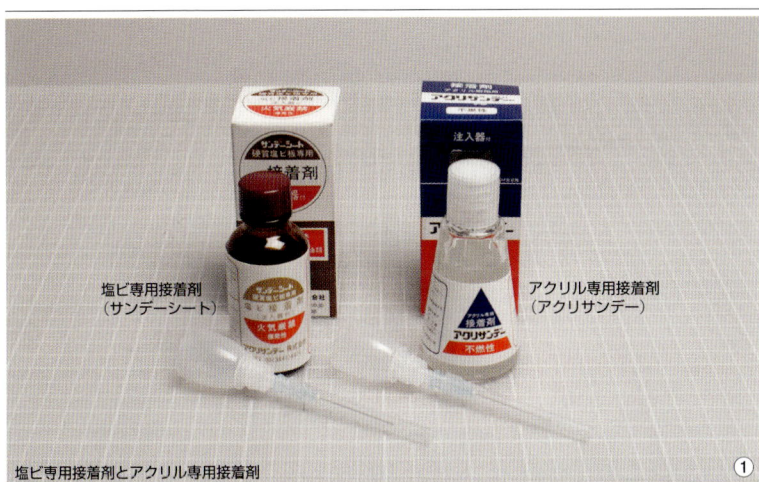

塩ビ専用接着剤とアクリル専用接着剤 ①

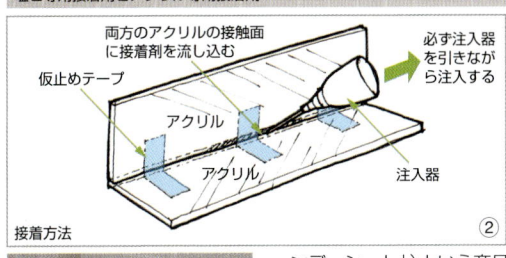

接着方法 ②

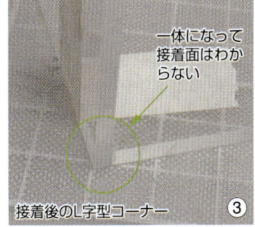

接着後のL字型コーナー ③

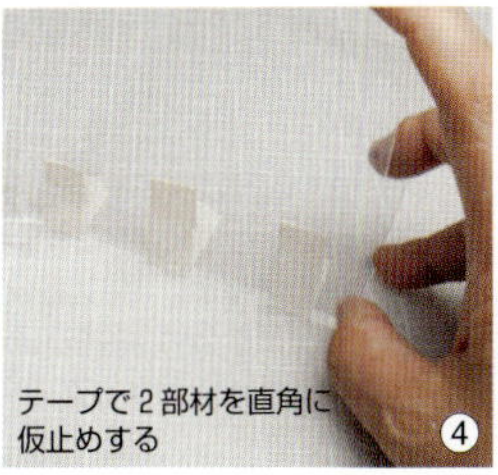

テープで2部材を直角に仮止めする ④

2部材の接合面に注入器で接着剤を流し込む ⑤

❶建築模型を作る際、アクリル板や塩ビ板などの透明素材も多用することになる。その際、アクリルどうし(塩ビどうし)の接着には、専用接着剤を用いると効果的である。アクリルどうしを接着するには、「アクリサンデー」(塩ビどうしは「サンデーシート」)という商品名の接着剤を用いる。アクリサンデー(サンデーシート)は、一般的な接着剤とは異なり、溶剤(二塩化メチル)が主成分の溶剤接着剤である。

❷❸溶剤接着剤は、溶剤の毛細管現象を利用して被着材(アクリルや塩ビ)を溶かし、溶けた被着材が硬化することで接着する。そのため、上手に接着すると被着材が一体になり、接着面はわからなくなる。硬化後、被着材どうしをはがすことはできず、切断する以外にない。

❹アクリル板をL字型に接着するような場合、2枚の部材をあらかじめL字型に仮組し、外側をテープで固定する。

❺接着剤を入れた注入器で、L字型コーナー部分に内側から接着剤を流し込む。このとき、気泡を入れないように流し込むのがきれいに仕上げるコツである。接着剤は瞬間に硬化する。

両面テープ

建築模型を作る場合、粘着テープのなかでもとりわけ両面粘着テープ(以下、「両面テープ」)は使う機会が多い。その用途も一時的な固定ではなく、接着剤と同様、部材どうしの永久接着の目的で用いている。ここでは、両面テープについて概説しよう。

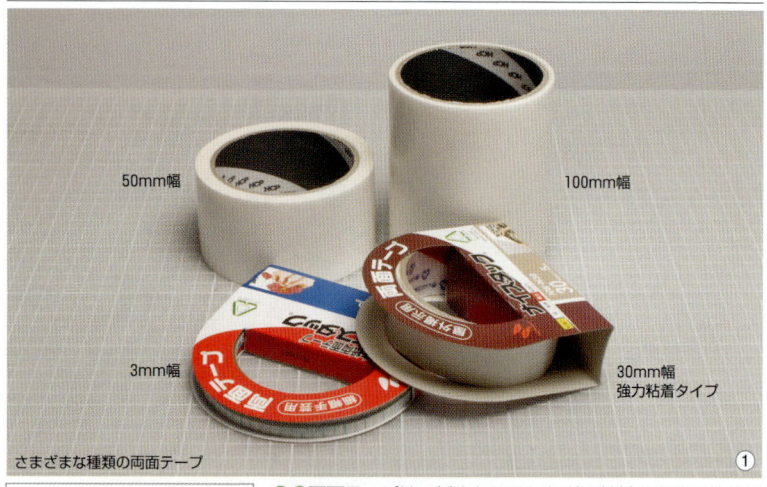

さまざまな種類の両面テープ ①

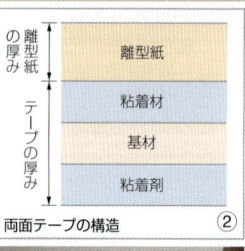

両テープの構造 ②
- 離型紙の厚み：離型紙
- テープの厚み：粘着材／基材／粘着剤

幅広の両面テープは、シート状のものを貼り合わせる場合に用いる ③

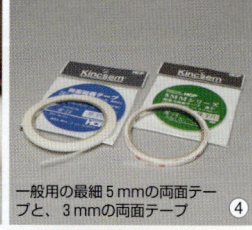

一般用の最細5mmの両面テープと、3mmの両面テープ ④

両面テープで透明な塩ビ板をスチレンボードのサッシ枠に貼る（はみ出した接着剤で塩ビ板が汚れるのを防げる）⑤

❶❷両面テープは、紙やセロハンなどの基材の両面に粘着剤を塗った粘着テープで、巻物状で市販されていることが多い。巻物状の場合、一番外側の一枚だけがはがせるように、粘着剤表面に離型紙（はく離紙）が貼られている。最近では、基材や離型紙のないものもあり、基材のないものを「基材なし」「基材レス」と呼んだりする。

❸❹非常に多くの両面テープが市販されており、なかには特殊な機能や特別な粘着強度をもったものもある。建築模型で用いる場合、粘着力は一般用として市販されているものでよいだろう。しかし、サイズ、特にテープ幅については数種類を取りそろえておくとよい。なかでも、画材店などの専門店でしか置いてない2mm、3mm幅の両面テープは重宝する。

❺両面テープと接着剤の使い分けの基準は、人によって違うだろうが、建築模型で使うような一般用の両面テープでは、接着剤に比べるとやはり粘着力が劣る。そのため、仮止めや汚れが目立つ透明な材料、広い面積の材料などの永久接着に両面テープを用いるとよいだろう。

ラインテープ

「ラインテープ」「カラーテープ」などの商品名で市販されている粘着テープは、基材が着色されているため、材料を接合するという用途ではなく、線を引く代わりにテープを貼るといった目的で用いる。ここでは、ラインテープについて概説しよう。

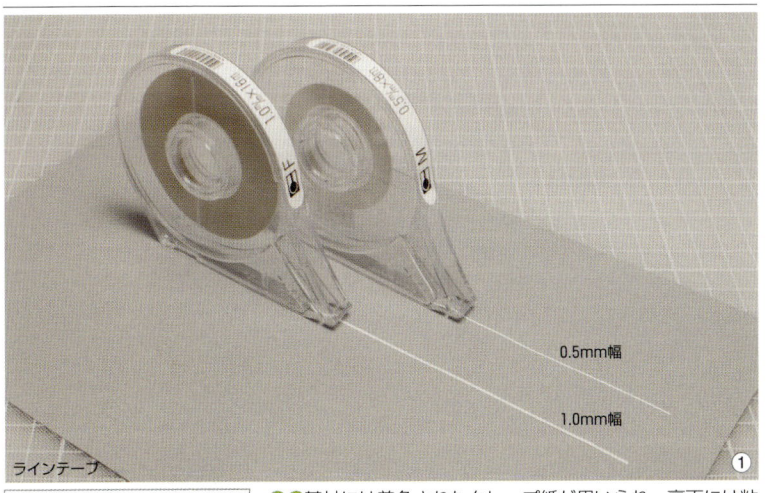

0.5mm幅
1.0mm幅
ラインテープ ①

0.5mm×16m巻	3.0mm×16m巻
1.0mm×16m巻	4.0mm×16m巻
1.5mm×16m巻	5.0mm×16m巻
2.0mm×16m巻	
2.5mm×16m巻	

ラインテープのテープ幅 ②

表面のしわ加工
クレープ紙の裏面(拡大) ③
ラインテープで描いた曲線 ④
塩ビ板にラインテープを貼ってルーバーを表現 ⑤
テープを紙からはがすときは注意が必要 ⑥

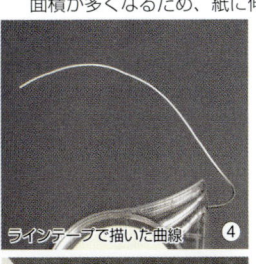

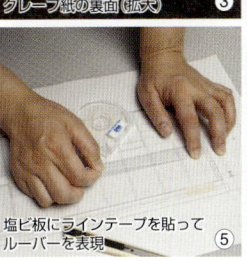

❶❷基材には着色されたクレープ紙が用いられ、裏面には粘着剤が塗工されている。写真からわかるように、巻物状になったテープがディスペンサーの形状をした透明アクリルケースに入った形で売られており、画材店で入手可能である。線幅は0.5mm〜5mmまであり、色は9色そろっている。

❸クレープ紙とは、表面にしわ加工が施された紙をいう。紙の抄紙(しょうし)工程で紙に刃を当て、紙の一部を削り取ることで紙にしわが寄るようにする。しわ加工をすると表面積が多くなるため、紙に伸縮性や耐衝撃性をもたせることができる。クレープ紙は伸びが8〜16%もある。

❹❺ラインテープは、クレープ紙のもつ伸縮性を利用し、直線だけでなく曲線も描け、曲線を描いた際に、テープにしわが寄って一部が浮いたりすることがないようになっている。まさに線を描くようにテープを貼ることができる。

❻粘着剤の粘着力も弱く、塩ビ板に貼った場合などは、失敗すればはがすことができる。紙に貼った場合は、紙質にもよるが、うまくはがせる場合とそうでない場合があるので気をつけよう。

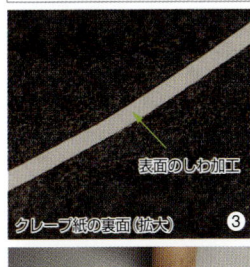

メンディングテープ

文具としてよく使う粘着テープがセロハンテープとメンディングテープである。とりわけメンディングテープは劣化が少なく、表面がマットな艶消しであることから、工夫しだいで模型にも利用できる。ここでは、メンディングテープについて理解しよう。

メンディングテープ ①

セロハンテープ ②

メンディングテープで図面を貼り合わせると、テープはほとんど見えなくなる ③

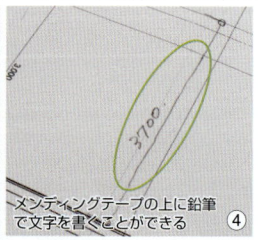

メンディングテープの上に鉛筆で文字を書くことができる ④

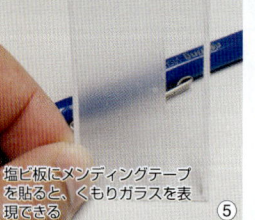

塩ビ板にメンディングテープを貼ると、くもりガラスを表現できる ⑤

❶❷図面を貼り合わせたり、何かをクリップのように留めるときにセロハンテープを使うということは多いだろう。セロハンを基材とし、それに天然ゴム系粘着剤が塗工されているのがセロハンテープであるが、天然ゴム系粘着剤は耐老化性に劣り、時間が経つと粘着剤が軟化してしまう。そのため、セロハンテープは長時間経つと黄変したり、粘着剤がテープの脇からはみ出たりなどの劣化を生じる。このような劣化が少なく、セロハンテープと同じような使い方ができる粘着テープに「メンディングテープ」がある。

❸メンディングテープはアセテートフィルムを基材とし、アクリル樹脂系粘着剤を用いている。アクリル樹脂は、重合体に不飽和結合がないため耐久性がよく、耐老化性に優れている。

❹基材であるアセテートフィルムにはマット艶消し加工が施されているため、トレーシングペーパーのように半透明状で艶がない。紙などに貼るとテープが目立たず、コピーを撮ってもテープの影が写らない。また、アセテートフィルムの上には、鉛筆や水性ペンで字を書くこともできる。

❺建築模型を作る際にメンディングテープを使うというと、仮止めをしたり、図面を貼り合わせるなど補助的な用途が多いが、メンディングテープには最大で76mm幅という幅広の製品が用意されているので、塩ビ板や塗装面に貼って、艶消しの表現にも利用する。

仮止め用粘着テープ

ドラフティングテープとマスキングテープは、どちらも仮止め用に用いる粘着テープで、使用中はある程度の粘着力がいるが、はがす際には被着材を傷めることなくはがせる必要がある。ここでは、これら仮止めに用いる粘着テープについて理解しよう。

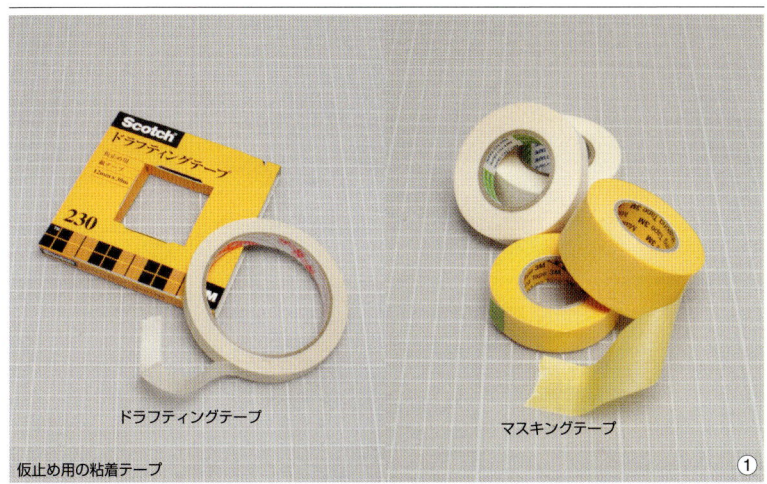

仮止め用の粘着テープ ①

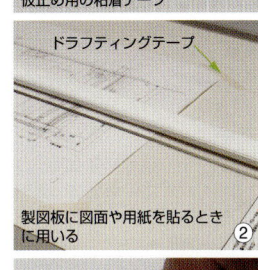

ドラフティングテープ / マスキングテープ

製図板に図面や用紙を貼るときに用いる ②

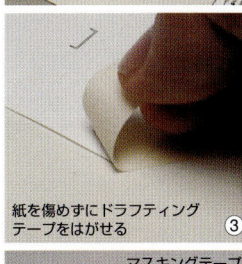

紙を傷めずにドラフティングテープをはがせる ③

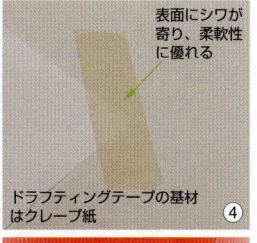

表面にシワが寄り、柔軟性に優れる

ドラフティングテープの基材はクレープ紙 ④

マスキングテープ

塗らない箇所が広い場合は、紙やマスキングシートで覆う

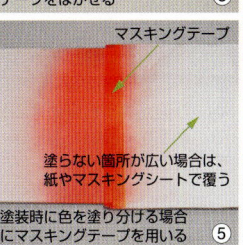

塗装時に色を塗り分ける場合にマスキングテープを用いる ⑤

塗料が乾いたら、マスキングテープ（シート）をはがす ⑥

❶❷製図板に製図用紙を一時的に留めるために用いられる粘着テープが「ドラフティングテープ」である。

❸図面を描いている最中は、定規が移動しても用紙が動かないように固定しておき、はがす際には製図用紙を傷めずにテープをはがせるという、相反する粘着力が要求される。

❹基材はクレープ紙、粘着剤は低粘着度の特殊ゴム系粘着剤が用いられている。建築模型では、部材の接着時に、接着剤が硬化するまで部材を固定しておく場合などに用いる。

❺ドラフティングテープと同じような相反する性能で、おもに塗装時の仮止め用に用いる粘着テープが「マスキングテープ」である。塗装箇所と塗装しない箇所との境界線に貼り、塗装しない場所に間違って塗料が塗られることを防ぐ。まさに、塗りたくない場所を「マスク」するテープである。

❻マスキングテープの基材は、紙製やフィルム製など多くの種類があり、粘着力も低粘着力から強粘着力まで用意されている。建築模型では、エアブラシ用などとして市販されている低粘着力で、基材がクレープ紙のものを用いるとよいだろう。

切る / 測る・引く / 接着する / 着色する / その他

着色の道具

完成模型やプレゼンテーション模型では、実際の建築物で使用されている材料の色や質感を表現することがある。このようなときに、塗料や絵具など、「着色の道具」を使って着色を行う。ここでは、「着色の道具」について理解しよう。

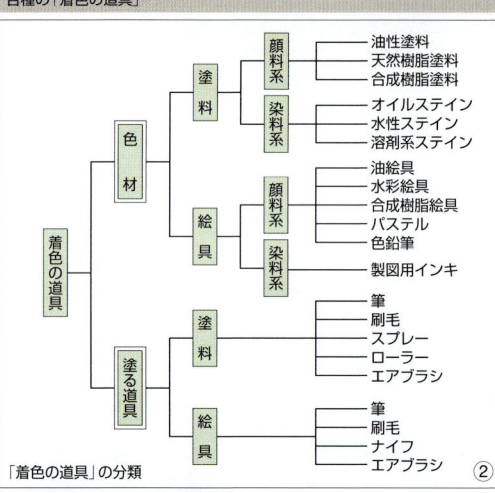

各種の「着色の道具」 ①

「着色の道具」の分類 ②

左が水彩絵具(顔料)、右がインク(染料)で、それぞれ水で薄めたもの。顔料は後ろの文字が見えないが、染料は見える ③

❶模型の着色に用いる色材として思い浮かぶのは、絵具、塗料、インキなどであろう。また、これらを塗るための道具としては、筆、刷毛、スプレーなどになるだろう。これらを用いる場合に最も重要なことは、被塗物に適した色材を選択することである。それには、塗料の種類や基礎的な事柄について理解しておく必要がある。

❷本書で「着色の道具」と呼んでいるものを分類・整理してみよう。まず、色材と、それを模型に塗るための道具に大きく分かれる。色材は、一般には塗料と絵具になる。そのほか印刷用インキなどもあるが、ここでは割愛する。塗料も絵具も、色の成分には顔料と染料がある。顔料系塗料は油性塗料、天然樹脂塗料、合成樹脂塗料に大別され、顔料系絵具は油絵具、水彩絵具、合成樹脂絵具に分類される。色を塗る道具は、筆、刷毛が一般的であるが、そのほか、エアブラシ*やナイフなどもある。

❸塗料や絵具の構成要素の一つが色の成分(呈色成分)で、それには顔料と染料がある。顔料と染料の違いは、粒子の大きさにある。顔料は粉末粒子($\mu m = 10^{-6}m$レベル)で、水、

*:59ページ参照

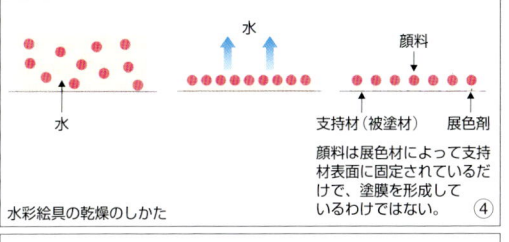

水彩絵具の乾燥のしかた ④

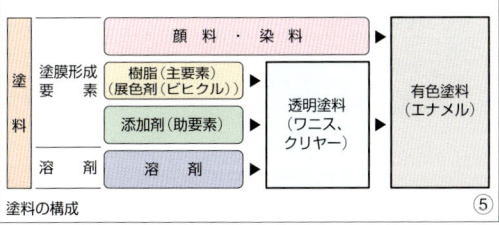

顔料は展色材によって支持材表面に固定されているだけで、塗膜を形成しているわけではない。

塗料の構成 ⑤

塗料
- 塗膜形成要素
  - 顔料・染料
  - 樹脂（主要素）（展色剤（ビヒクル））
  - 添加剤（助要素）
- 溶剤
  - 溶　剤

透明塗料（ワニス、クリヤー）→ 有色塗料（エナメル）

樹脂別クリヤーと性能 ⑥

種類（JIS規格）	外部耐久性	内部耐久性	耐候性	耐水性	乾燥性
ラッカークリヤー (5531)	×	○	△	△	◎
フタル酸樹脂クリヤー (5562)	△	○	○	△	△
塩化ビニル樹脂クリヤー (5581)	△	○	○	○	△
カシュー樹脂クリヤー (5641)	△	○	△	○	△
アクリル樹脂クリヤー (5653)	○	○	○	○	◎
ポリウレタンクリヤー	◎	◎	◎	◎	○
アクリルシリコン樹脂クリヤー	◎	○	◎	◎	○
フッ素樹脂クリヤー	◎	○	◎	◎	○

人工顔料（呈色成分）⑦

水彩絵具の展色剤
油絵具の展色剤
顔料
アクリル絵具の展色剤 ⑧
油絵具の展色剤（乾性油）⑨

アルコール、油などに不溶なため、粒子状で分散している。それに対し、染料は分子（Å＝10^{-10}mレベル）の大きさで、水、油などに溶かすことができる。このため、染料を用いた色材は素地着色に用いられ、顔料を用いた色材は、被塗物表面に塗膜を形成することで着色を行っている。

❹塗料のもつ機能の一つに、「被塗物の保護」がある。これは、被塗物表面に塗膜を形成することで可能になる。水彩絵具を考えてみた場合、顔料そのものが被塗材表面に載っているだけで、保護機能を有していない。ここに塗料と絵具の違いがある。

❺❻塗料は、樹脂＋添加剤＋溶剤から構成され、このままだとワニスやクリヤーと呼ばれる透明塗料になる。これに呈色成分である顔料を加えると、有色塗料（エナメル）になる。溶剤が揮発後、樹脂と顔料が一体となって塗膜面を形成する。塗膜面がもつ耐候性や防錆性など、種々の性能は樹脂のもつ性能といってもよく、使用目的、被塗物に応じた塗料の選択は、ほぼこの樹脂を選んでいるといえる。

❼❽絵具は、色の成分（呈色成分）＋展色剤から構成され、それに絵具を安定させるための助剤がいくつか添加される。顔料には、画面への定着や保存の機能がなく、定着のための接着剤として展色剤（媒材、バインダー（binder）、ビヒクル（Vehicle）ともいう）が用いられる。

❾同じ顔料に異なった展色剤を使うことで絵具の違いが生じている。つまり、展色剤の違いが絵具の種類になっているのである。油絵具は乾性油（空気に触れて乾燥・固化する植物油）、アクリル絵具はアクリル樹脂、水彩絵具はアラビアガム水溶液という具合である。

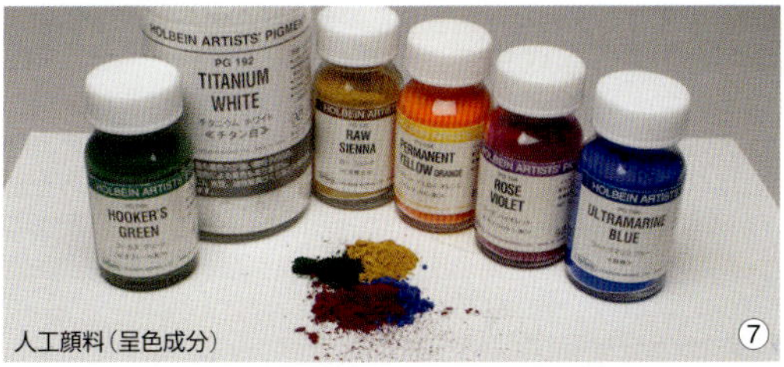

アクリル樹脂塗料

樹脂のもつ性能が塗料の性能を形成していると前項(「着色の道具」)で述べたが、では、建築模型で用いる場合はどのような樹脂がよいのか。結果からいえば、発色が良くて入手もしやすいアクリル樹脂塗料である。ここでは、塗料について理解しよう。

各社のアクリル樹脂塗料 ①

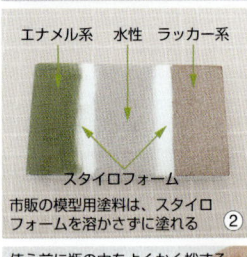

市販の模型用塗料は、スタイロフォームを溶かさずに塗れる ②

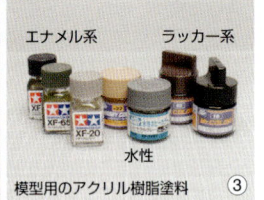

模型用のアクリル樹脂塗料 ③

使う前に瓶の中をよくかく拌する ④

塗料の混色や希釈は必ず別の容器で行う ⑤

❶スーパーマーケットのDIYコーナーなどにも置いてあって入手しやすく、発色も良く、また被塗材を比較的選ばないという点でも、アクリル樹脂の塗料は使いやすい。プラモデルの塗装用に市販されている模型用塗料も、アクリル樹脂の塗料である。建築模型で塗装する場合も、これらアクリル樹脂塗料を使うとよいだろう。

❷ただし、建築模型では、スタイロフォームやスチレンボードなど、発泡系の材料を使うことが多いので、材料を溶かしてしまう有機溶剤を使った塗料には注意が必要である。水性の塗料を使えば問題はないのだが、例えば模型用塗料のように、有機溶剤を使っていても、スチロールを溶かさないように工夫されているものもある。

❸プラモデル用の模型塗料には、ラッカー系、エナメル系、水性の3種類がある。いずれも樹脂はアルカリ樹脂だが、ラッカー系は有機溶剤、エナメル系は油、水性は水が溶剤である。水性は取扱いが簡単だが塗料の伸びが悪く、ラッカー系は乾燥が非常に速い。エナメル系は塗料の伸びは良いが、乾燥が非常に遅いなど、それぞれに長短がある。

❹塗料を使う場合は、顔料と溶剤が瓶の中で分離してしまっているので、まず瓶の中をよくかく拌する必要がある。

❺塗料を希釈したり混色する場合は、必ず別の容器で行う。このとき、塗料皿や調合皿と呼ばれる皿を使うとよい。

スプレー塗料

広い面積を均質に同じ色で塗りたい場合には、スプレータイプの塗料を用いるとよい。建築模型では、頻繁に塗装することは少ないので、エアブラシよりもスプレー塗料を用いたほうが便利かもしれない。ここでは、スプレー塗料について理解しよう。

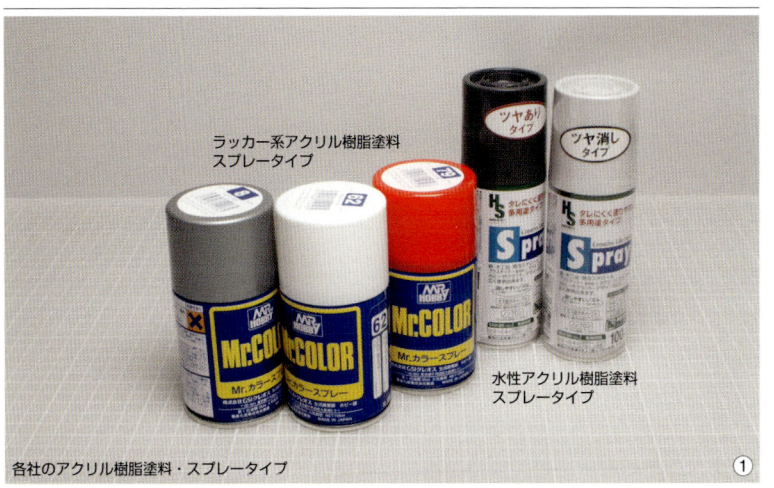

各社のアクリル樹脂塗料・スプレータイプ ①

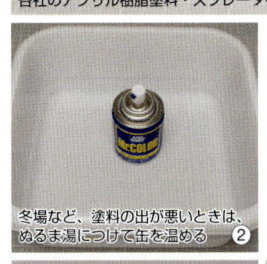

ラッカー系アクリル樹脂塗料スプレータイプ

水性アクリル樹脂塗料スプレータイプ

冬場など、塗料の出が悪いときは、ぬるま湯につけて缶を温める ②

塗料が付着し、出が悪くなったスプレーノズル ③

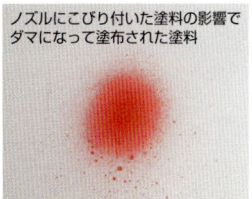

ノズルにこびり付いた塗料の影響でダマになって塗布された塗料 ④

被塗材 約20cm
20cmほど放し、一定のスピードで左から右へ移動させて噴く ⑤

❶❷プラモデル用の塗料として市販されている塗料のうち、ラッカー系の塗料はスプレー缶としても販売されていて、広い塗装面に塗装したい場合には便利である。本格的に塗装する場合は、エアブラシ*を用いると便利だが、エアブラシの唯一の欠点は、色を変えるときにはノズルの清掃が必要なことである。建築模型では、その手間をかけてまでエアブラシを使用するほど、塗装の頻度は高くない。そう考えると、市販のスプレー缶での塗装で十分事足りるともいえるだろう。

❸缶の中では、顔料と溶剤が分離しているので、使う前には必ず缶を振ってかく拌する。また、冬場で気温が低いときなどは、ぬるま湯につけて缶を温めると、中の圧力が増し、通常通り噴くことができる。決して、缶自身を直接熱しないこと。

❹また、長時間連続して噴くと、ノズルに塗料が付着してくる。これをそのままにしておくと、噴いた塗料が細かい霧状ではなく、大きな粒になってしまう。さらにひどくなると、ノズル先端で塗料が固まってしまい、塗料が噴けなくなってしまう。そのため、ラッカー系のうすめ液を使ってノズルを清掃するように心がけよう。

❺スプレーを噴く場合は、被塗材から20cmほど放し、薄く均一に噴くようにする。それを数回繰り返すことで、色に覆われた塗膜面を形成するようにする。

*：59ページ参照

オイルステイン

木材など多孔質な材料の場合、その表面状態を生かした塗装がよく行われる。このとき用いるのが染料系塗料である。木部への染料系塗料として古くから使われているのがオイルステインである。ここではオイルステインの特徴について理解しよう。

オイルステイン ①

バルサ材にインクを垂らした様子 ②

バルサ材にオイルステインを塗る ③

布でオイルステインを拭き取る ④

拭き取っていない状態（刷毛ムラが見られる）
拭き取った状態 ⑤

オイルステインの乾燥後、上からニスを塗る ⑥

❶❷バルサ材表面に万年筆のインクを垂らすと、インクはバルサの木目に浸透し、木目を残したまま、インクの色に染まる。このように材料のもつ繊維・気孔などに浸透し、着色する塗料を染料系塗料といい、塗膜を形成しないことが顔料系塗料との大きな違いである。実際の建築工事において、木部への塗料としてよく用いられるのがオイルステインだが、バルサ材やヒノキ材など木材を使った建築模型を作る場合にも、木目を生かした着色が可能である。オイルステインは、油性の染料をボイル油、乾性油に溶かしたもので、現在は、油性だけでなく水性のものもある。ただ、水性のものは木材表面の毛羽立ちを起こしやすい。

❸オイルステインを塗装するには、刷毛や筆がよいだろう。ただ、どう塗っても刷毛ムラが生じてしまう。

❹❺そのため、いったん塗ったものを布で拭き取るという方法がある。刷毛ムラが消え、木目が鮮明になる。

❻染料系塗料は乾燥が遅い。その上にクリヤーやニスを塗って着色面を保護する場合、2〜3日乾燥させたほうがよい。

補助塗材

仕上げ塗装を行う前に、塗装面の材質、状態などに応じて、下地面の修正などが必要になる。また、塗料を希釈するためには、それぞれの塗料専用のうすめ液を用いる必要がある。ここでは、これら補助的に用いる塗材の使い方について理解しよう。

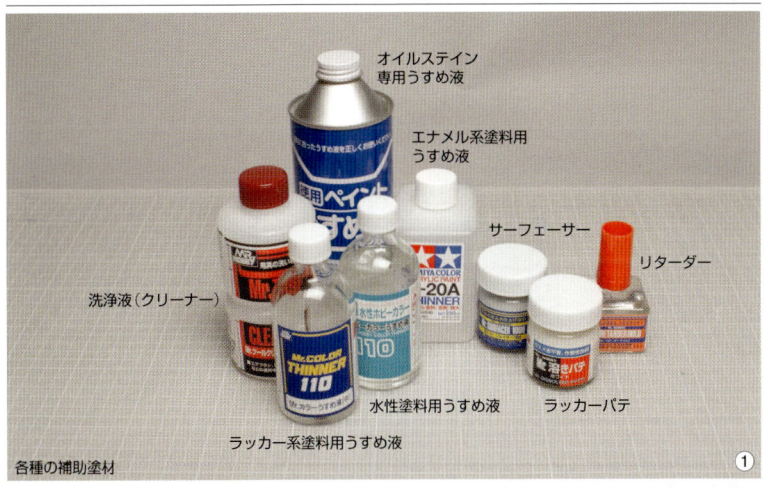

各種の補助塗材 ①

- オイルステイン専用うすめ液
- エナメル系塗料用うすめ液
- サーフェーサー
- リターダー
- 洗浄液（クリーナー）
- 水性塗料用うすめ液
- ラッカーパテ
- ラッカー系塗料用うすめ液

洗浄液（クリーナー） ②

❶ シンナー（thinner）という言葉はよく耳にするが、一般的には少々誤解されている。シンナーとは、ある特定の溶剤のことではなく、うすめ液のことである。したがって、その成分は塗料別に種々存在する。前に述べた、3種類あるプラモデル用の塗料（52ページ③参照）も、それぞれ溶剤が異なっているため、うすめ液（シンナー）も異なる。

❷ 塗装に使った筆やエアブラシ*、塗料皿などもうすめ液で洗浄することになるのだが、案外値段が高く、洗浄用にクリーナーと呼ばれる溶剤が市販されている場合もある。

スタイロフォーム表面に付いた凹みをラッカーパテで埋める ③

スタイロフォーム表面にサーフェーサーを塗る ④

❸ 塗装面の下地調整材にはパテ、プライマー、サーフェーサーなどがある。パテには、ラッカーパテ、エポキシパテ、ポリパテがある。ラッカーパテは有機溶剤を使っており、粘度が低く、乾燥が速い。塗装面の細かな傷を埋めるのに用いる。エポキシパテ、ポリパテは、一般のDIY用にも多くの種類が市販されており、盛り上げたり、穴などに充填し、硬化した後切削して造形するというような使い方をする。

❹ プライマーは塗料の定着を良くするための下地塗装剤であり、サーフェーサーは、プライマーの役割をもちつつ、細かな穴埋め、目止めも可能な下地塗材である。

リターダー ⑤

❺ ラッカー系の塗料は乾燥が非常に速いので、乾燥を遅らせるための添加剤が用意されており、これをリターダーという。筆塗りの場合、塗料に10％ほど加えるとよいだろう。

＊：59ページ参照

切る ・ 測る・引く ・ 接着する ・ 着色する ・ その他

55

アクリル樹脂絵具

絵具は、絵の着彩を目的としたものであるため、模型への着色には不向きなことが多い。そのなかで、アクリル樹脂絵具は比較的使いやすく、道具によっては塗料と同じような使い方ができる。ここでは、アクリル樹脂絵具について理解しよう。

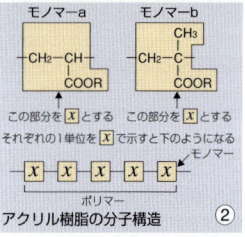

アクリル樹脂絵具 ①

アクリル樹脂の分子構造 ②

❶❷アクリル樹脂絵具の素材であるアクリル樹脂は、2種類か3種類のアクリル酸、またはメタアクリル酸エステルのモノマーのポリマー（共重合体（高分子化合物））である。この樹脂を溶剤に溶かすのではなく、界面活性剤やコロイド粒子などを加え、水の中に粒子のまま分散（エマルジョン化）させることで、刷毛や筆で塗りやすいようにしたものがアクリル樹脂絵具である。アクリル樹脂絵具の大半が水溶性であるが、溶剤形のものもある。

❸アクリル樹脂絵具の顔料である合成有機顔料は、無機顔料に比べて粒子が細かく、着色力が良い。色数も豊富で鮮明である。このため、アクリル絵具は非常に発色が良いのが特徴である。また、展色剤であるアクリル樹脂は非常に付着性が良いため、紙、布、木工をはじめとして、プラスチックなどのツルツルした表面にも塗ることができる。

アクリル樹脂絵具の付着性 ③

支持体の素材		プライマー		種類
		なし	あり	
石膏板		×	○	セラミックプライマー
ガラス		×	○	ガラスプライマー
金属類	鉄	×	△	メタルプライマー
	アルミ	×	○	
	ステンレス	×	○	
プラスチック類	アクリル	○	○	
	硬質塩化ビニル	○	○	
	FRP	○	×	

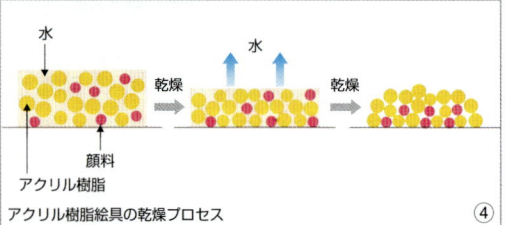

アクリル樹脂絵具の乾燥プロセス ④

❹アクリル樹脂絵具は、乾くまでの間は水で自由に薄めて使えるが、一度乾燥すると水には溶けなくなる。筆やナイフなどは、使用後速やかに水洗いしておく必要がある。

アクリル樹脂絵具用地塗り・下地剤

アクリル樹脂絵具には、「メディウム」と呼ばれる地塗り、下地剤が各種用意されている。なかでも、アクリル樹脂に体質顔料を加えたジェッソは簡単に使えるため、建築模型でもよく使う。ここでは、地塗り・下地剤について理解しよう。

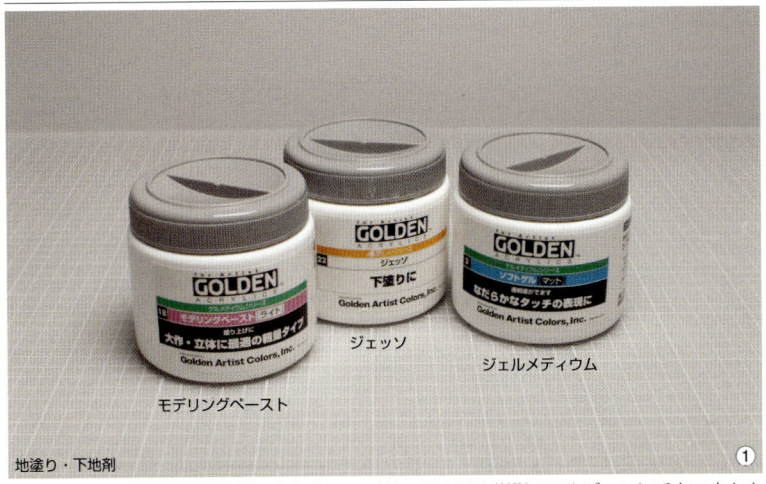

モデリングペースト　ジェッソ　ジェルメディウム

地塗り・下地剤 ①

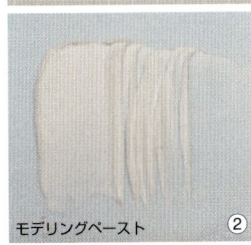

モデリングペースト ②

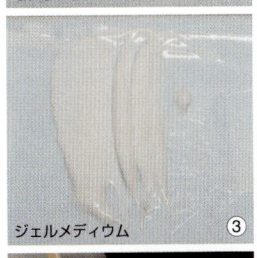

ジェルメディウム ③

❶「ジェッソ」は、アクリル樹脂エマルジョンにチタニウムホワイトや炭酸カルシウムなどの体質顔料を加えたもので、白色の乳液状である。アクリル樹脂絵具に比べ、粘度や隠ぺい力が高いため、支持体の目止めや絵具の定着など、地塗り剤として用いられる。ジェッソを塗った上には、アクリル絵具のほか、油絵具、水彩絵具での着色も可能である。

❷アクリル樹脂エマルジョンに大理石の粉を含ませて固く練ったものは、「モデリングペースト」と呼ばれ、これも地塗り剤として使用される。ジェッソよりもさらに粘度が高いので、下地を盛り上げたり、起伏を付けたりできる。

❸アクリル樹脂絵具の展色剤であるアクリル樹脂そのものも用意されており、これを「ジェルメディウム」という。アクリル樹脂絵具に加えることで絵具が増粘され、着色時に凸凹を付けることができる。接着力が強いので、木材や紙、発泡スチロールなども接着でき、これらを貼り合わせたコラージュ作品を作ることも可能である。

❹❺ジェッソを模型に塗る場合は、刷毛や筆を使う。原液のまま使ってもよいし、水で薄めてもよい。使い方は表現次第である。ジェッソをスタイロフォームに塗ると、単なるボリューム模型として見えていた模型に、石膏モデルのような風合いを付けることができるし、ジェッソを下地として、アクリル樹脂絵具での着色も可能になる。

スタイロフォームにジェッソを塗っているところ ④

ジェッソを塗ったスタイロフォームの表面 ⑤

57

筆、刷毛、ナイフ

模型や材料に着色するための道具として、ここでは、特に筆、刷毛、ナイフについて概説する。本格的な絵を描くというわけではないので、各道具の種類について概略を理解し、自分にあったものを用意するとよいだろう。

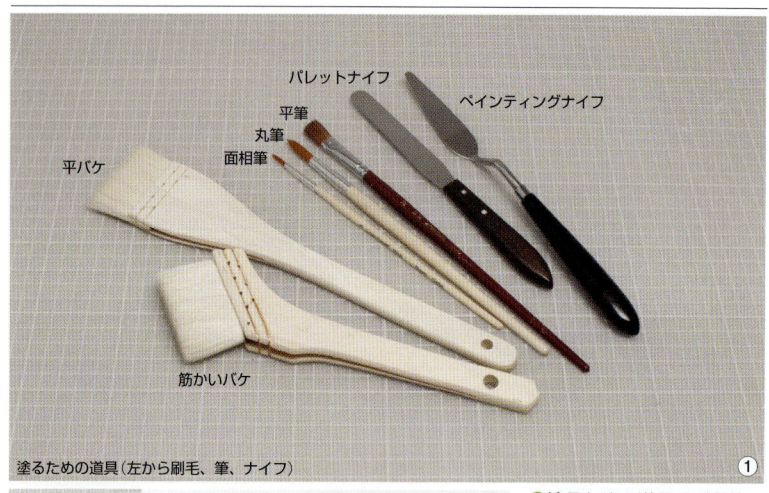

塗るための道具(左から刷毛、筆、ナイフ) ①

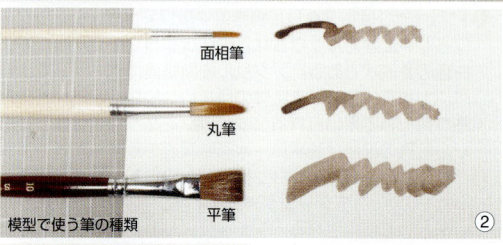

模型で使う筆の種類 ②
面相筆 / 丸筆 / 平筆

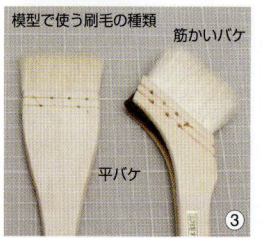

模型で使う刷毛の種類 ③
筋かいバケ / 平バケ

模型で使うナイフの種類 ④
パレットナイフ / ペインティングナイフ

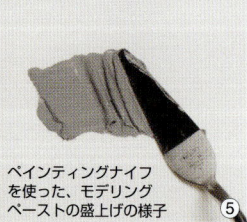

ペインティングナイフを使った、モデリングペーストの盛上げの様子 ⑤

❶ 塗るための道具で毛を使ったものには筆、刷毛があり、例外はあるものの、前者は絵を描く場合に用い、後者は塗料を塗る場合に用いるのが一般的だろう。建築模型では、筆と刷毛を塗る面積で使い分ければよいだろう。細かいところは筆で、広いところは刷毛でという具合にである。

❷ 筆は、絵具の種類別に水彩画用、油画用、アクリル画用があり、毛の種類では天然毛と樹脂毛がある。天然毛には硬毛の豚、中硬毛のマングース、軟毛には狸、牛、イタチ系、馬、リス、鹿などがある。筆の形は、洋画用では平筆と丸筆があり、日本画用では彩色筆、削用筆、則妙(そくみょう)筆、面相筆などがある。建築模型では、イタチ系の柔らかくて腰がある毛を使った平筆と面相筆(細い筆)があれば、たいていの作業に対応できるだろう。

❸ 刷毛の種類には、平バケ、寸胴バケ、筋かいバケなどがある。

❹❺ ペインティングナイフは油絵を描く際に用いるものだが、ジェッソやモデリングペースト*などを使って、模型表面に凹凸を付けたい場合に用いると便利である。

*：57ページ参照

エアブラシ

模型に塗装をする場合、ムラなく均質な塗膜面を形成するには、スプレーやエアブラシを使うことになる。とりわけ、エアブラシは自分の好みの色を調色でき、噴射圧力も調整できるという点で便利である。ここでは、エアブラシについて理解しよう。

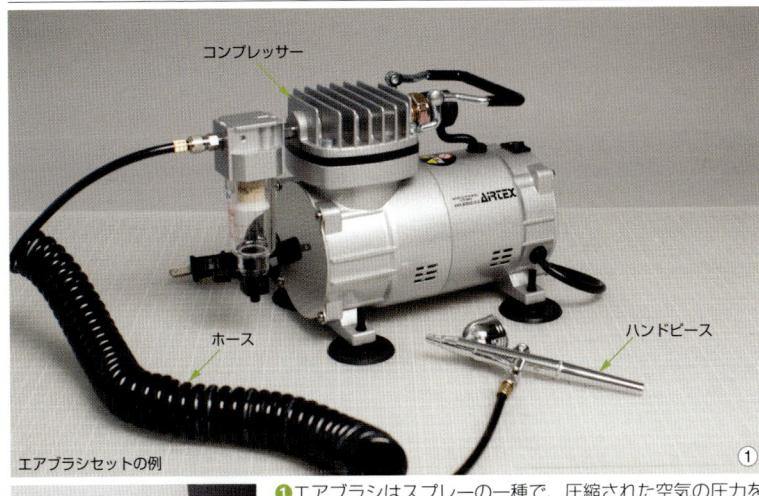

エアブラシセットの例 ①
(コンプレッサー、ホース、ハンドピース)

エアブラシで水性アクリル樹脂塗料を噴いてみる ②

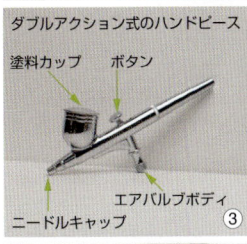

ダブルアクション式のハンドピース ③
(塗料カップ、ボタン、ニードルキャップ、エアバルブボディ)

ボタンの後ろに溝があるのがダブルアクション式の特徴 ④

ボタンを引いて塗料の量を調整
ボタンを押してエア圧調整 ⑤

エアブラシ用のエア缶 ⑥

❶エアブラシはスプレーの一種で、圧縮された空気の圧力を利用して塗料や絵具を霧状に噴射する器具である。塗料、絵具を噴射する器具を「ハンドピース」といい、これに圧縮空気を作って送り出す器具を「コンプレッサー」という。これら2つの器具をホースでつなぎ、組み合わせたものを「エアブラシ」と呼んでいる。

❷エアブラシにはさまざまな塗料を用いることができるが、被塗物にあたる建築模型に使われる材料を考えると、本書で紹介しているアクリル樹脂絵具、アクリル樹脂塗料を用いるのがよいだろう。

❸❹❺ハンドピースには、シングル、ダブルアクション式、トリガー式などがある。シングルアクション式は、あらかじめ塗料の量をダイヤルで設定しておき、ボタンでエアの噴出圧力だけを調整しながら塗装を行うのに対して、ダブルアクション式は、1つのボタンで塗料の量と噴出圧力の両方を調整しながら塗装する。

❻圧縮空気を作る器具には、コンプレッサーとエア缶がある。圧縮空気を缶に詰めたものがエア缶で、缶の中の圧縮空気に限りがある。

穴をあける道具

建築模型では、穴をあける作業は比較的少ないが、例えば立木を敷地模型に取り付けたり、手すりなどを模型に固定したりするときに穴を補助的にあける。ここでは、そのような場合に用いる、穴をあける道具の使い方について理解しよう。

さまざまな種類の穴をあける道具　①

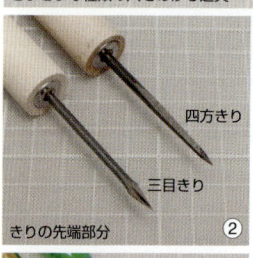

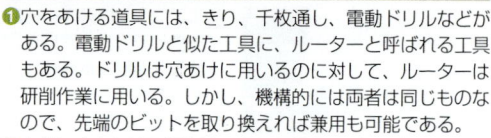

小型ルーター
千枚通し
きり

きりの先端部分　②
四方きり
三目きり

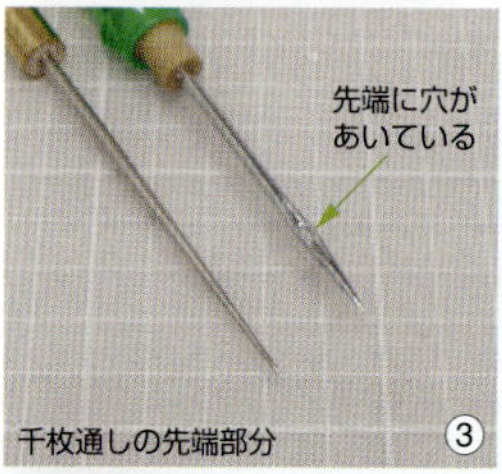

千枚通しの先端部分　③
先端に穴があいている

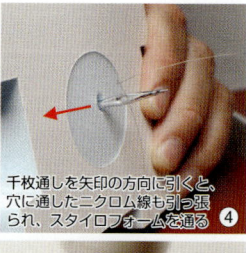

千枚通しを矢印の方向に引くと、穴に通したニクロム線も引っ張られ、スタイロフォームを通る　④

先端に小径丸のこ歯を取り付け、電動のこぎりとした使用例　⑤

ドリルの先端ビットを取り付け、金属棒に穴をあける　⑥

❶穴をあける道具には、きり、千枚通し、電動ドリルなどがある。電動ドリルと似た工具に、ルーターと呼ばれる工具もある。ドリルは穴あけに用いるのに対して、ルーターは研削作業に用いる。しかし、機構的には両者は同じものなので、先端のビットを取り換えれば兼用も可能である。

❷木材に穴をあける場合は、きりを使う。バルサ板などの薄いものは、千枚通しでも可能である。きりには、先端形状の違いから三目きりと四方きりなどがある。

❸❹スタイロフォームに穴をあけたい場合、薄いものであれば千枚通しを使うと比較的きれいに穴をあけることができる。千枚通しには先端に穴があいたものもあり、それを使えば、千枚通しであけた穴に糸やひもなどを通すことができる。建築模型では、ヒートカッターのニクロム線をスタイロフォームの真ん中に通したいときに使う。

❺❻ルーターは先端ビットを交換すれば、電気ドリルやドラムサンダー、電動のこぎりにもなるが、基本的には削ったり磨くための道具で、ハードな加工には向かない。

ピンセット

細かい部材や、指の入らない箇所に接着する場合にはピンセットを用いる。細幅の両面テープやシール状のものを貼る場合などにも用いる。このように細かい作業で、手の延長となる道具がピンセットであり、ここでは、その使い方について理解しよう。

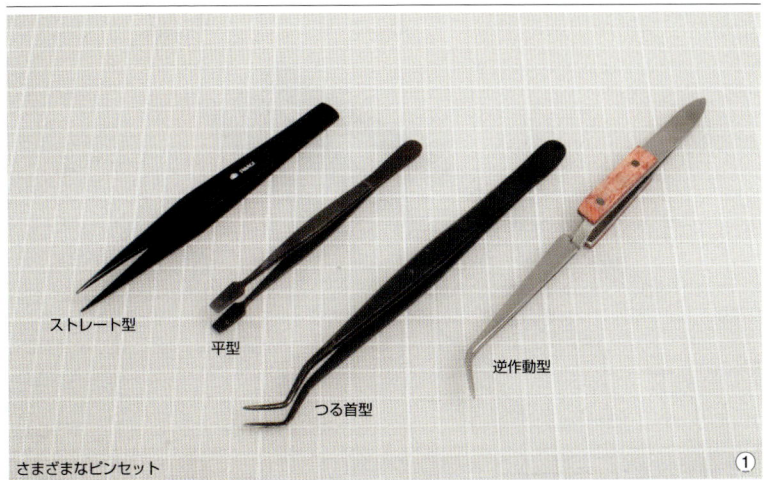

さまざまなピンセット ①
（ストレート型／平型／つる首型／逆作動型）

ピンセットの先端形状 ②
（ストレート型／つる首型／平型）

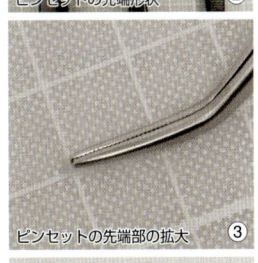

ピンセットの先端部の拡大 ③

逆作動ピンセットを指で押すと、先端の挟み口が開く ④

指を離した状態で口は閉じ、物をは挟んだままになる ⑤

❶ピンセットは、オランダ語のPincetが語源で、江戸中期に医学とともにオランダから入ってきたものと考えられる。英語ではtweezersという。ピンセットは医療用、工業用、理化学用などさまざまな分野で用いられているため、非常に多くの種類がある。材質的にはステンレス製が最も一般的で、その他特殊な用途向けにチタン製や、セラミック製、竹製などがある。表面にフッ素樹脂加工がされているものは、接着剤が付きにくく、模型作業には便利である。

❷ピンセットの先端形状には一般的なストレート型、先が曲がったつる首型、シート状のものをつかみやすくした平型などがある。建築模型を作る場合、いずれのタイプも使うことがあるので、それぞれ用意しておくとよいだろう。

❸ピンセットは100円ショップでも手に入るほど手軽な道具であるが、値段の安いものは全体がしなってしまい作業性に劣る。多少値は張るが、模型用、精密作業用に作られている、先端部分の噛み合わせ部分がそろっていて、硬いところとしなる部分ののめりはりの利くものを選ぶとよい。

❹❺特殊なピンセットに逆作動型と呼ばれるものがある。通常、ピンセットは指で押して物を挟んだり、つかんだりするが、逆作動型は指で押すと先端部が開き、離すと先端部が閉じて物をつかんだままにできる。狭い箇所への接着作業では、位置を合わせることに集中できるのでとても便利である。

磨く道具

木材で模型を作ったり、スタイロフォームで地形や、有機的な形状の模型を作ったりする場合には、切削、研磨という作業が必要になる。この両方の作業に用いられるのが金ヤスリである。ここでは、金ヤスリの使い方について理解しよう。

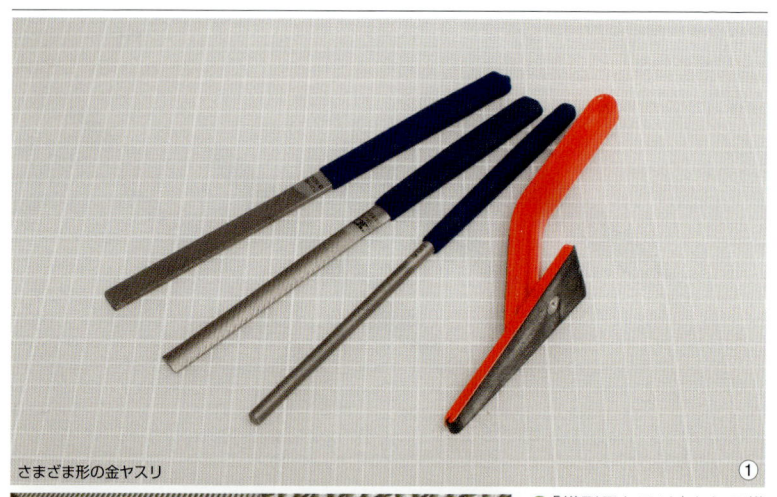

さまざま形の金ヤスリ ①

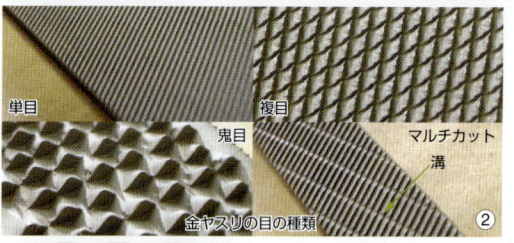

単目／複目／鬼目／マルチカット 溝
金ヤスリの目の種類 ②

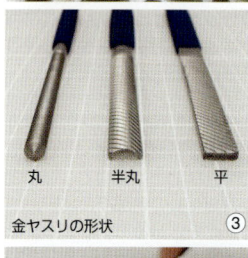

丸／半丸／平
金ヤスリの形状 ③

カッターで粗削りをした後、ヤスリで形を整える ④

❶「模型用ヤスリ」として模型店などで入手できる金ヤスリは、大工道具一般の分類にしたがうと、小型ヤスリ、精密ヤスリと呼ばれるものに該当する。長さは10〜15cm、幅3〜10mmくらいで、目が細かい。DIYショップなどで金ヤスリを購入する場合には、この点を目安にするとよいだろう。

❷金ヤスリの目には、単目、複目、マルチカット、鬼目などがある。単目は目が一方向に入り、おもに仕上げ工程で使う。複目は目並みが交差してひし形の形状をしている。鉄工用ヤスリとして市販されており、切削性が良い。マルチカットは、単目に交差するように数本の溝が入ったもので、単目と複目の長所を併せもった感じである。鬼目はおろし金のように目が立っており、粗削りの切削用に用いる。

❸金ヤスリの形状には、平、半丸、丸などがある。切削面の形状に応じてこれらを使い分ける。そのため、平、半丸、丸の3タイプくらいをそろえておくとよいだろう。

❹建築模型では、金ヤスリは軸組模型のように木材を使った模型を作る場合や、スタイロフォームで有機的な形態の模型を作ったりする場合に用いる。実際の大工工事では、かんながけにより木材表面の平滑化、仕上げ、微調整を行うが、建築模型では、かんながけと同じ意味合いでヤスリを使う。金ヤスリで形状を整えながら削り、最後にサンドペーパーを使って表面を均すというような工程になる。

サンドペーパー

サンドペーパーとは、台紙となるシートに研磨用の砥粒(金属や砥石の粒)を定着させたもので、材料を削ったり磨いたりするために用いる。自由な大きさに切って使えるのでとても便利である。ここでは、サンドペーパーの使い方について理解しよう。

紙ヤスリ（たいていは研磨剤が茶色）
耐水ペーパー（たいていは研磨剤が黒色）
紙ヤスリと耐水ペーパー ①

番手の目安表 ②

番手	40	60	80	100	120	150	180	240	320	400	600	800	1000	1200	1500	2000
用途	粗削り					成形				表面処理				磨き			

ハレパネのはく離紙中央に切込みを入れ、両側に少しはがす ③
はく離紙をはがしながら、サンドペーパーを貼っていく ④
使うときには、ハレパネに貼ったサンドペーパーを適当な大きさに切る ⑤

❶サンドペーパーには、空砥ぎ用と水砥ぎ用があり、一般には、前者を「紙ヤスリ」、後者を「耐水ペーパー」と呼んでいる。耐水ペーパーは、研磨時の摩擦熱による目詰まりを防ぐため、水で冷却しながら研磨する。そのため、耐水性のある基材が用いられている。それに対し、紙ヤスリはそのまま使うので基材は紙である。
❷サンドペーパーは番号別(これを「番手」という)に市販されている。番手は研磨剤の目の大きさを示しており、数字が大きくなるほど目が細かく、仕上げ用途となる。用途別に数種類用意しておくとよいだろう。
❸❹❺サンドペーパーは木片などの台に巻き付けて使用する。専用の台も市販されているが、ハレパネ(硬質スチレンペーパー表面に接着剤が塗られたボード)を使えば、簡単に台付きサンドペーパーが作れる。サンドペーパーより少し大きめに切ったハレパネのはく離紙中央にカッターで切込みを入れ、両側に少しはがす。そこにサンドペーパーを貼り、片方ずつはく離紙をはがしながら、サンドペーパーを全面に貼る。後は、使うときに適当な大きさに切ればよい。

切る　測る・引く　接着する　着色する　その他

固定する道具

部材を切断したり磨いたりする場合の材料の固定や、接着剤が硬化するまでの部材どうしの固定に、C型クランプやハタガネなどの工具を使う。ここでは、実際の建築工事でも使用されるこれらの道具類の使い方について理解しよう。

模型製作の道具

固定するための各種道具 ①

- 模型用のプラスチック製クランプ
- プラスチック製バイス
- ハタガネ
- C型クランプ

② バルサ板を角材のフレームに接着。接着剤が硬化するまでクランプで固定する
（クランプ／端材）

③ ヤスリを使って木材小口を研磨する場合などに便利なバイス

④ レバーを倒すと底面が真空になり、テーブルに固定される

⑤ 接着する部材の大きさに合わせてハタガネの留め具を固定する（留め具）

⑥ ねじを締めると留め具間の距離が縮まり、部材が固定される（前に移動／ねじを締める／もう一方の留め具）

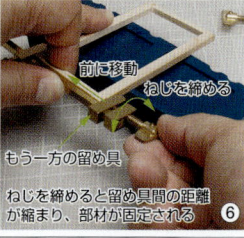

❶ 固定するための道具は、おもにホームセンターで入手可能である。模型用途で購入する場合は、サイズの小さなもの、あるいは模型用とうたわれている製品を購入するとよいだろう。最近は100円ショップで購入できるものもある。

❷ これらの道具類は、強く締め付けると工具のあとが材料に付いてしまう。そのため、用いるときは必ず端材で材料を挟んでから締め付けるようにしよう。

❸❹ 木材を使った模型では、木材の切断、研磨の際、材料の固定が必要になる。このようなとき便利なのがバイスと呼ばれる道具である。ここで使っているものは100円ショップで購入したものだが、模型用途には大きさ、使い勝手がちょうどよい。テーブルへの固定も、底面のゴムを真空にする方法なので、テーブルを傷めない。

❺ ハタガネは接着剤が硬化するまでの間、材料を固定するのに便利である。部材がハタガネの留め具の間にちょうど入るように位置を決め、留め具を固定する。

❻ もう一方の留め具のねじを締めていくと、少しずつ留め具間の距離が縮まり、部材を固定することができる。

カッターマット

カッターナイフを使って切断作業を行う場合、作業台であるテーブルなどがカッターナイフの刃で傷つかないよう、カッターマット、あるいはカッティングマットと呼ばれるシートを敷いて作業を行う。ここでは、カッターマットの使い方を理解しよう。

種々のサイズのカッターマット ①

カッターナイフを使った作業はカッターマットを敷いて行う ②

軟質樹脂
硬質樹脂
カッターマットの断面 ③

浮いた棒の隙間にカッターの刃が入り込んでしまう
薄い紙を切るとき、スコヤの台のほうが厚い ④

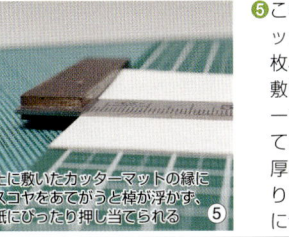

上に敷いたカッターマットの縁にスコヤをあてがうと棒が浮かず、紙にぴったり押し当てられる ⑤

❶❷カッターマットは種々の大きさ、色のものが用意されている。経験では、テーブルのサイズに合わせてできるだけ大きなもの1枚と、取扱いが容易な小さなものを1枚用意しておくと便利である。段ボール板などが代用できそうだが、カッターナイフの歯が段ボールの中に深く入り込んでしまったり、使っているうちに、段ボールに刻まれた切込みに沿ってカッターの刃が動いてしまったりと、正確な作業ができなくなってしまう。やはりカッターマットを使って作業するのがよい。

❸カッターマットの材質は、塩化ビニル樹脂、またはオレフィン系樹脂である。塩化ビニルは硬質にも軟質にもでき、耐水性、耐溶剤性に優れ、難燃性で電気絶縁性もあるため素材として適している。硬質樹脂を芯にし、両側から軟質樹脂でサンドイッチすることで、カッターの刃を適度に食い込ませながら、貫通させないという特性を得ている。

❹スコヤを使って紙等の薄いものを切るとき、スコヤの台のほうが紙より厚いため、棒の根元が浮き、そこにカッター刃の先端が入り込み、湾曲して切れてしまうことがある。

❺これを防ぐには、大きいカッターマットの上にもう一枚小さいカッターマットを敷いて、上に敷いたカッターマットの縁にスコヤをあてがう。カッターマットの厚みのほうがスコヤの台よりも厚いので、棒が浮かずに切ることができる。

紙

建築模型で使用する紙は、多くの場合、絵を描くときの画材用紙を用いる。画材用紙の中の「洋紙」には、水彩紙、版下用紙、製図用紙などがあり、それぞれの用途に応じて作られている。ここでは、紙の概略について理解しよう。

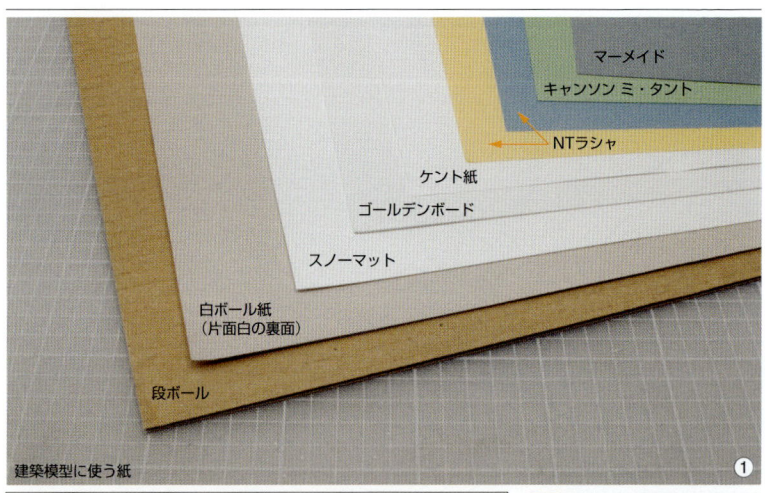

建築模型に使う紙 ①

- マーメイド
- キャンソン ミ・タント
- NTラシャ
- ケント紙
- ゴールデンボード
- スノーマット
- 白ボール紙(片面白の裏面)
- 段ボール

原紙の寸法 ②

名　称	サイズ(mm)
四六判	788×1,091
菊判	636×939
A列本判	625×880
B列本判	765×1,085
ハトロン判	900×1,200

原紙の規格寸法 ③

- ハトロン判(900×1,200)
- 四六判(788×1,091)
- B列本判(765×1,085)
- 菊判(636×939)
- A列本判(625×880)
- A4サイズ(210×297)
- ハガキ(100×148)

❶❷画材として用いられる紙は、和紙と洋紙に分けられ、さらに洋紙は水彩紙、版下用紙、製図用紙などに分けられる。原紙とは、仕上がり寸法に裁つ前の、紙のもともとの大きさをいう。

❸JIS規格では、原紙寸法としてA列本判、B列本判、四六判、菊判、ハトロン判の5種類を定めている。

❹機械で洋紙が抄かれる際、繊維が流れ方向に並ぶことを繊維配列というが、このことによって、紙には繊維の方向性ができる。これを「紙の目」と呼んでいる。

❺この流れに対して、縦目に仕上げるか、横目に仕上げるかで、縦目の紙、横目の紙ができ上がる。

❻縦目の紙を「T」、横目の紙を「Y」で表記するとともに、紙の寸法表記もT目の場合は短手×長手、Y目の場合は長手×短手で表す。
紙の目の方向を見分けるに

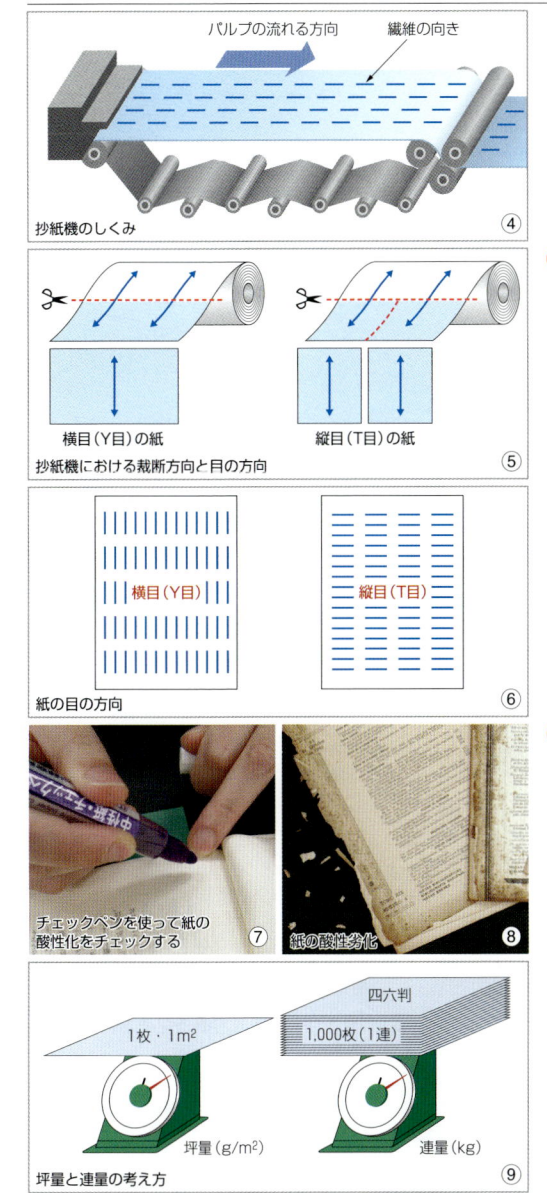

抄紙機のしくみ ④
パルプの流れる方向／繊維の向き

抄紙機における裁断方向と目の方向 ⑤
横目（Y目）の紙／縦目（T目）の紙

紙の目の方向 ⑥
横目（Y目）／縦目（T目）

チェックペンを使って紙の酸性化をチェックする ⑦

紙の酸性劣化 ⑧

坪量と連量の考え方 ⑨
1枚・1m² 坪量（g/m²）／四六判 1,000枚（1連） 連量（kg）

写真提供：⑦⑧国立国会図書館

は、紙を折り曲げたり、水に浮かしたりするとわかる。素直に折り曲げられたり、濡れたときにくるっとまるまる方向が、目に並行な方向である。模型を作る際に紙を折り曲げる場合は、紙の目の方向を意識して使う必要がある。

❼❽近代の抄紙方法で作られた紙は、インクのにじみ止めに、ロジン（まつヤニ）と、それを定着するための硫酸アルミニウムが添加された、pH5〜6の酸性を示す酸性紙である。硫酸アルミニウムは時間経過とともに加水分解して硫酸を発生させ、紙を酸性にする。これが紙の劣化の要因である。最近では、劣化を防ぐために、中性のにじみ止め剤と大気中の酸を中和する炭酸カルシウムを含んだ紙が一般的になっており、これを「中性紙」という。模型に紙を用いるときは注意しよう。

❾紙は、厚さを表す場合に重さを用いる。表示方法には「坪量」と「連量」とがある。「坪量」とは、単位面積当たりの重量で、1平方メートル当たりの重さで表し、単位はg/m²。「連量」は連という単位で重さを考える。連とは規定寸法に仕上げた紙1,000枚を基準とする単位で、紙1,000枚を1連（R）として表し、単位はkgである。坪量表示の場合は、大きさが違っても、同じ厚さの紙は同じg/m²で表される。一方、連量表示の場合は、同じ厚さの紙でも大きさが違えばkg数は異なる。

模型の骨組に用いる紙

スチレンボードやバルサ材などに代わって模型の骨組に用いる紙には、ゴールデンボード、スノーマット、ケント紙などがある。ここでは、これらの骨組に用いる紙について理解しよう。

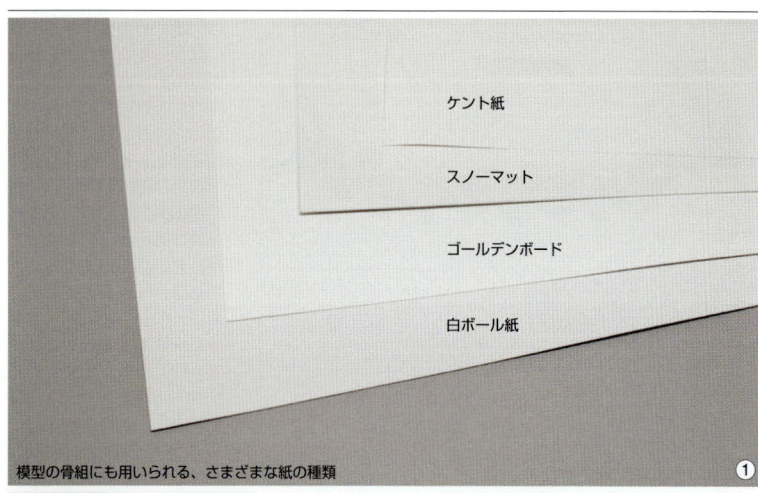

模型の骨組にも用いられる、さまざまな紙の種類 ①

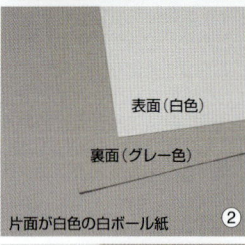

片面が白色の白ボール紙 ②

白ボール紙の紙厚 ③

白ボール紙の小口(切り口) ④

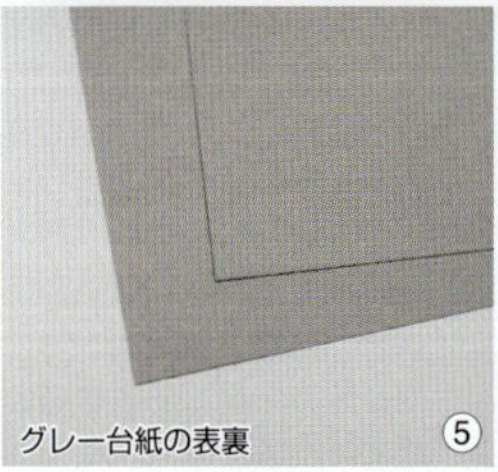

グレー台紙の表裏 ⑤

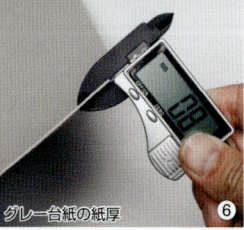

グレー台紙の紙厚 ⑥

❶スチレンボードで模型を作る場合、最薄でも1mmになる。縮尺率が高い模型では、壁の表現など、1mmのボードでは厚すぎることがある。その場合は、1mmよりも薄く、強度のある紙で代用することになる。このような用途で用いられる紙には、白ボール紙、グレー台紙、ゴールデンボード、スノーマット、ケント紙などがある。

❷❸「白ボール紙」には、両面白色のものと、片面白色・裏面グレー色のものとがあり、厚みは約0.6mmである。

❹強度があるため、建築模型用の紙として用いることができる。ただし、小口がグレー色をしているので、使い方には工夫が必要である。

❺「グレー台紙」は、台紙と呼ばれることからもわかるように、強度はあるものの表面がグレー色で、毛羽立っており、芯材として使われることが多い紙である。

❻厚みは約0.8mmある。建築模型で使用するには、表面に色紙を貼るなど、工夫が必要だろう。

❼堅い紙として建築模型によく用いられる紙に、ゴールデンボード、スノーマットがある。どちらの紙も表面、切り口ともに純白で、反り

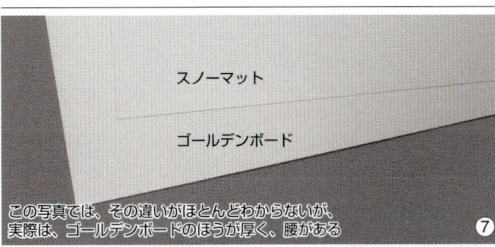

紙類

発泡スチロール系

この写真では、その違いがほとんどわからないが、実際は、ゴールデンボードのほうが厚く、腰がある ⑦

ゴールデンボードの紙厚 ⑧ 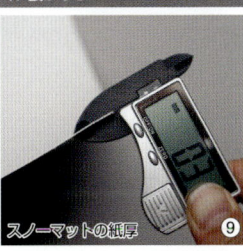　スノーマットの紙厚 ⑨

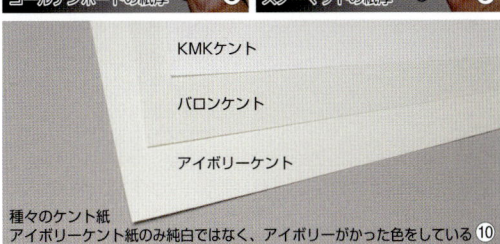

種々のケント紙
アイボリーケント紙のみ純白ではなく、アイボリーがかった色をしている ⑩

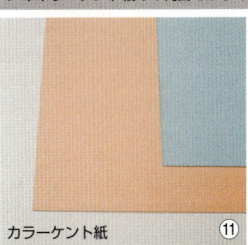

カラーケント紙 ⑪

アイボリーケントの紙厚 ⑫ 　KMKケントの透かし文字　正しく読めるほうが表面 ⑬

木材類

金属類

プラスチック系

その他

がなく平滑であるため、使いやすい。見た目だけでは両者の紙の判別はつかない。

❽「ゴールデンボード」は、高級白板紙を貼り合わせた紙で、厚さは約0.6mm。最薄のスチレンボードに比べて若干薄いが、非常に強度があり、堅い紙である。切るときに少し苦労する。

❾「スノーマット」は版下用の紙で、厚さは、重さ#400のもので約0.3mmある。ゴールデンボードに比べると切りやすいので、模型を作るには使いやすい。

❿「ケント紙」は、化学パルプ100%を原料とする紙で、イギリスのケント州で最初に製造されたことから、その名が付いている。平滑性が高く、消しゴムを使ったときの毛羽立ちが少ないため、製図用紙として多用される。色が白い（なかにはアイボリーがかったものもある）こともあり、建築模型を製作する場合にも何かと重宝する紙である。種類、厚さも豊富で、KMKケント、アイボリーケント、バロンケント、BBケント、ホワイトピーチケントなどがある。

⓫ケント紙には、「カラーケント紙」と呼ばれる色の付いたものも用意されている。表面の均質性が高いため、建築物の仕上材を表現するという用途で用いるには、ブラシで塗装するなどの一工夫が必要かもしれない。むしろ、コンセプト模型などで利用するとおもしろいだろう。

⓬ケント紙の厚さは、#300の最も厚みのあるもので約0.4mmある。縮尺率が高い模型で骨組として用いるほか、他の紙の表面に貼って用いることも多い。

⓭ケント紙には、透かしや刻印で製品名などの文字が入っているものがある。その場合は、文字が正しく読める面が、紙の表面になる。

69

色紙

建築模型の表面仕上げをする場合、色紙を貼ったり、色紙に塗装することがある。その場合に用いる紙も、絵などを描く場合に用いられる紙を利用することが多い。ここでは、色紙の種類と特徴について理解しよう。

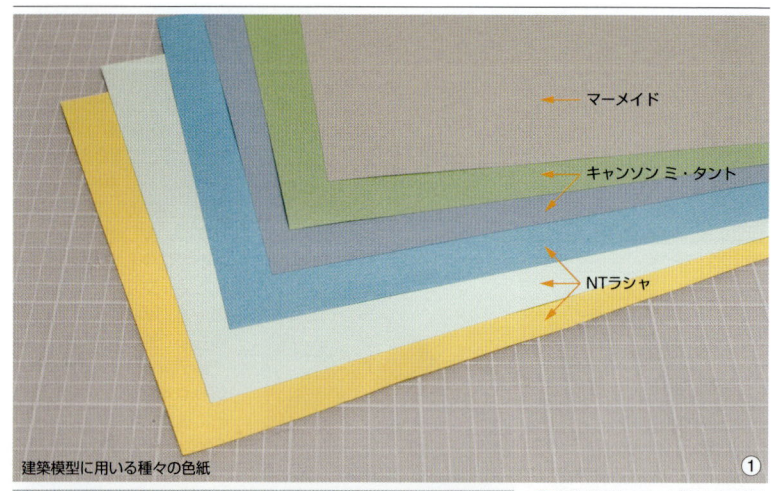

建築模型に用いる種々の色紙 ①

NTラシャ紙の紙肌 ②

NTラシャ紙と色鉛筆のタッチ ③

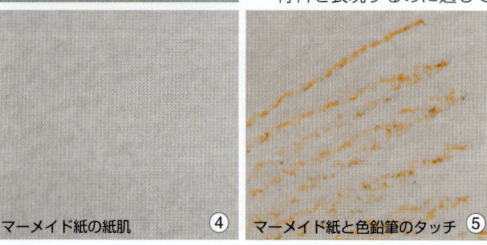

マーメイド紙の紙肌 ④

マーメイド紙と色鉛筆のタッチ ⑤

❶建築模型でよく使う色紙は、どこの画材店でも置いてあって入手しやすく、色数も豊富な紙ということになる。そのような紙には、NTラシャ紙、マーメイド紙、カラーケント紙、キャンソンミ・タント紙、ミューズコットン紙などがある。

❷❸NTラシャ紙は、弾力と通気性に富む紙で、折曲げにも強いため、ペーパークラフトによく用いられる。色数も豊富で、全119色が市販されている。表面に凹凸もなく中性的で、くせがないので、建築模型では塗装の代わりに用いることが多い。

❹❺マーメイド紙は、表面に斑点のようなかすかな凹凸をもった水彩画用の紙である。建築模型に使う場合、コンクリートや吹付けタイルなど、表面に微細な起伏をもった建築材料を表現するのに適している。

適度な厚みをもち、硬質で強度がある。表面の毛羽立ちもなく、インクによるにじみがないので、製図用ペンや水性ペンなどを使って目地を描くことができる。色数も豊富なため、建築模型では使いやすく、多用する紙である。

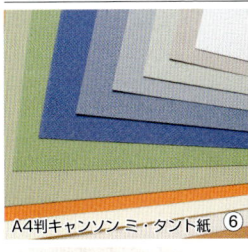

❻❼❽❾紙質がマーメイド紙によく似た紙にキャンソン ミ・タント紙がある。フランスの製紙会社であるキャンソン社が製造している。木材パルプとコットン（60％）を主原料とする中性紙で、表面にはキャンソン ミ・タントの透かし文字が入っている。この文字が正しく読めるほうが表である。色数はＡ４サイズで32色、半切、ポストカードサイズでは50色ある。

表面にはマーメイド紙と同じような凹凸加工が施されている。坪量で160g/m²であるため、適度な厚みをもっており、水分にも強く、紙質は丈夫である。水彩画によく用いられるが、パステルやマーカーを用いても表情のあるタッチが得られる。建築パース画にもよく用いられる。また、インクジェットプリンタにも対応している。マーメイド紙と同様、表面に微細な起伏をもった建築材料を表現する場合に用いるとよいだろう。

❿⓫カラーケント紙は、ケント紙に色が付いたものと考えればよく、紙表面はケント紙と同じく、つるつるとしていて強度があり、毛羽立ちもなく、若干艶もある。製図ペンなどのインクの乗りが良いので、目地なども描きやすい。建築模型では、敷地模型の台紙などとして用いる。

⓬⓭⓮ミューズコットンは、日本の王子製紙が製造している紙である。原材料は木材パルプ100％で、柔らかい紙質である。色数は豊富で、全131色ある。

ミューズコットン紙は、表面の凹凸がストライプ状であるところが特徴で、この凹凸を利用してサイディング材やコロニアルなどの屋根材の表現に用いると、雰囲気を出すことができる。

Ａ４判キャンソン ミ・タント紙 ⑥

キャンソン ミ・タント紙の透かし文字(正しく読めるほうが表) ⑦

キャンソン ミ・タント紙と水彩絵の具のタッチ ⑧

キャンソン ミ・タント紙とコンテのタッチ ⑨

カラーケント紙 ⑩

ケント紙とコンテのタッチ ⑪

ミューズコットン紙 ⑫

ミューズコットン紙の紙肌 ⑬

ミューズコットン紙とコンテのタッチ ⑭

紙類

発泡スチロール系

木材類

金属類

プラスチック系

その他

71

スタイロフォーム

スタイロフォームとは、一般に発泡スチロールと呼んでいるものと相同で、加工が容易で軽いことから模型材料として多用されている。ここでは、スタイロフォームについて詳しく解説するので、模型材料としての利用範囲を広げてほしい。

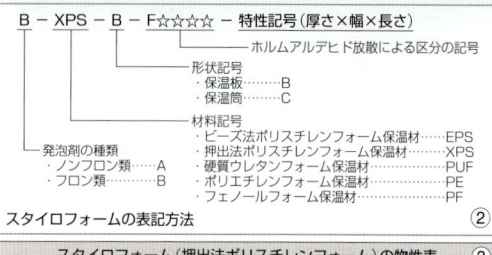

模型で使うスタイロフォーム（押出法ポリスチレンフォーム） ①

```
B－XPS－B－F☆☆☆☆ ― 特性記号（厚さ×幅×長さ）
│   │   │   └─── ホルムアルデヒド放散による区分の記号
│   │   └─ 形状記号
│   │       ・保温板………B
│   │       ・保温筒………C
│   └─ 材料記号
│       ・ビーズ法ポリスチレンフォーム保温材……EPS
│       ・押出法ポリスチレンフォーム保温材……XPS
│       ・硬質ウレタンフォーム保温材……………PUF
│       ・ポリエチレンフォーム保温材……………PE
│       ・フェノールフォーム保温材………………PF
└─ 発泡剤の種類
    ・ノンフロン類……A
    ・フロン類…………B
```
スタイロフォームの表記方法 ②

スタイロフォーム（押出法ポリスチレンフォーム）の物性表 ③

項目	単位	JIS規格（種類・記号／用途）				試験法
		〔1種b〕A-XPS-B-1b	〔2種b〕A-XPS-B-2b	〔3種b〕A-XPS-B-3b	〔3種b〕A-XPS-B-3b	
		一般建築用			一般建築用 断熱防水用	
密度	kg/m³	20以上	25以上	25以上	25以上	JIS A 9511
熱伝導率	W/m·K	0.040以下	0.034以下	0.028以下	0.028以下	JIS A 9511
透湿係数 (t=25mm当たり)	ng/m²·s·Pa	145以下	145以下	145以下	55以下	JIS A 9511
圧縮強さ	N/cm²	16以上	18以上	20以上	20以上	JIS A 9511
曲げ強さ	N/cm²	20以上	20以上	25以上	25以上	JIS A 9511
燃焼性	ー	3秒以内に炎が消えて残じんが残らない／合格				JIS A 9511
吸水量 （アルコール法）	g/100cm²	0.01以下	0.01以下	0.01以下	0.01以下	JIS A 9511
加熱変形温度	℃	80	80	80	80	DOW法

❶「スタイロフォーム」は、ザ・ダウ・ケミカル・カンパニー／ダウ化工株式会社の商標名（Styrofoam）であり、正式には「押出法ポリスチレンフォーム」という。一般に、「発泡スチロール（foamed styrol）」と呼ばれているものの一種で、気泡を含ませたポリスチレンのことである。合成樹脂素材の一種で、JIS（日本工業規格）では、発泡プラスチック保温材のうちの一つとして規定されている。建築の断熱材として用いられることが多い。

❷ポリスチレンの製法には、ビーズ法と押出法の2つがある。ビーズ法による製法が先に普及したため、ビーズ法によるポリスチレンを発泡スチロールと呼ぶことが広まった。押出法は、液化した原料と発泡剤、難燃剤を高温・高圧下でよく混ぜて、通常気圧・温度の環

境に一気に吹き出させることで連続的に発泡・硬化させ、必要な大きさ（およそ厚さ10cm、幅1m、長さ2mほど）の板に切断する。連続的に製造する方法から「押出法」と呼ばれている。

❸スタイロフォームは軽量で、断熱性、耐衝撃性、耐水性が高いなどの特徴をもつが、一方で、耐熱性が低いため火気には弱いという欠点がある。火気に弱い点は、建築物に用いる場合に致命的である。そのため、製造過程で燃焼遅延剤を添加し、微少火源では着火しにくいよう難燃性を確保してある。

スタイロフォームをヒートカッターで切る（熱の利用） ④

❹❺スタイロフォームのもつさまざまな特徴は、そのまま模型材料として用いる場合の特徴にもなっている。耐熱性の低さは、逆にいうと熱による加工性の高さを示しており、ヒートカッターのように、電熱線に電流を流して発生させた熱（ジュール熱）を使って、小さな力で切断することができる*。また、ポリスチレンは炭化水素なので、燃やすと水と二酸化炭素になるが、常温の大気中で燃焼させると不完全燃焼を起こし、大量のススを発生させる。

スタイロフォームの表面（拡大）⑤

❻有機溶剤を含む接着剤や油性塗料では簡単に溶け、また体積の大部分が気体であるため、侵食されたようになってしまう。

有機溶剤で溶けたスタイロフォーム ⑥

❼そこで、接着には有機溶剤を使っていない粘着性の接着剤を使う。広い面積どうしでは木工用接着剤、スチのりなど、酢酸ビニル系接着剤がよいだろう。

❽また、多孔質で木材に性質がよく似ている（ただし浸透性はない）。塗装は、水溶性樹脂塗料との馴染みが良いが、水性の塗料でも一定の粘度があれば、表面を紙ヤスリなどで削り、その上から塗装するなどの方法が可能である。

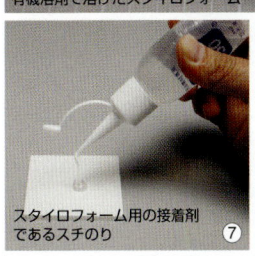

スタイロフォーム用の接着剤であるスチのり ⑦

水性塗料のスプレーを使って塗装した例 ⑧

＊：90～101ページ参照

紙類

発泡スチロール系

木材類

金属類

プラスチック系

その他

スチレンボード

スチレンボードは、目の細かい発泡スチロール板の両面に白色上質紙を貼ってサンドイッチにした発泡ボードである。建築模型では定番と呼べる材料である。ここでは、スチレンボードの特徴について理解しよう。

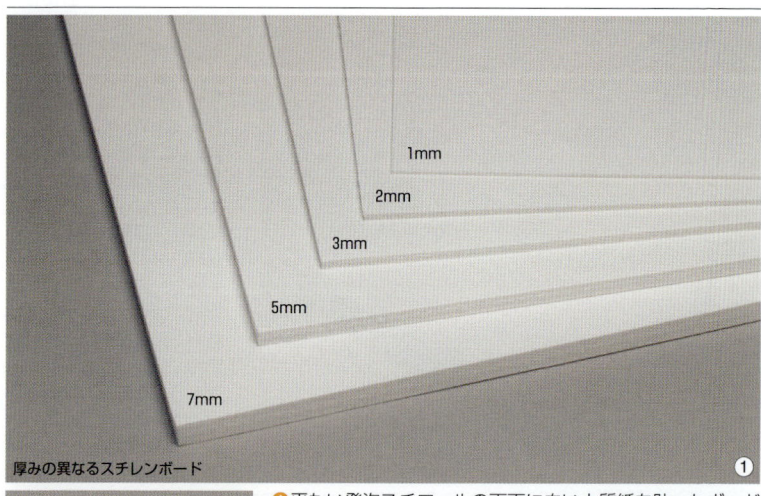

厚みの異なるスチレンボード ①

片側の紙をはがし、スチレンボードが丸まった状態 ②

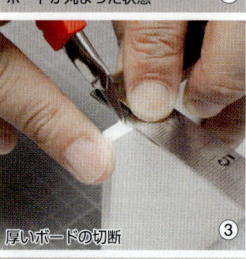

厚いボードの切断 ③

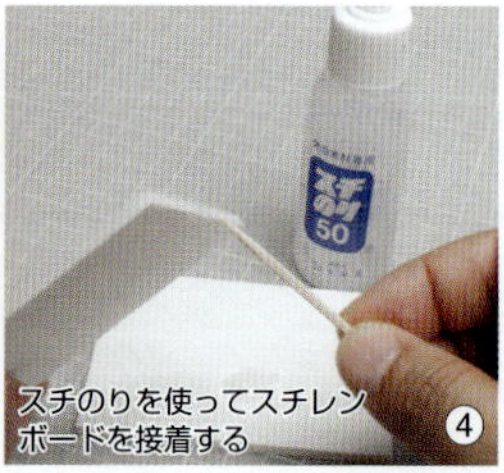

スチのりを使ってスチレンボードを接着する ④

デジタルノギスによるスチレンボードの厚みの測定 ⑤

❶ 平たい発泡スチロールの両面に白い上質紙を貼ったボードをスチレンボードといい、一般的な建築模型では定番材料といえる。ボードの厚さは1mm、2mm、3mm、5mm、7mm、10mmがある。

❷ 発泡スチロール板は非常に軟らかく、また簡単に丸まってしまう。ボード材としての剛性を付与しているのは、両面に貼られた紙である。紙そのものに剛性はないが、両面に紙が接着されることで、剛性が生じている。つまり、お互いの材料の弱点を補い合った材料といえる。

❸ 切断は、最も厚い10mmのボードであってもカッターナイフで可能である。ただ、直角に切るのは、厚くなると難しくなり、少々テクニックを要する*。

❹ 接着には、スチのりなど、発泡スチロール用の接着剤を用いる。また、アクリル樹脂系の塗料、絵具を使った塗装が可能である。

❺ 画材店に置いてあるボードは、すでに反ってしまっていることがある。少々の反りは、部材として切ってしまえば、気にならなくなりそうだが、最後まで影響してしまうことが多いので、購入時から気をつけるようにしよう。また、ボードの厚みも、メーカー、製品によって若干の誤差がある。購入時に確かめることは難しいが、少なくとも、模型を作り始める前には厚みを確認しよう。厚みを確認するには、デジタルノギスを使うと便利である。

*：102～105ページ参照

スチレンペーパー

スチレンボード両面に紙が貼られていないボード、つまり発泡体だけのボードのことをスチレンペーパーという。表面には自分で選んだ紙を貼れるので、完成模型などに使う。ここでは、スチレンペーパーの特徴について理解しよう。

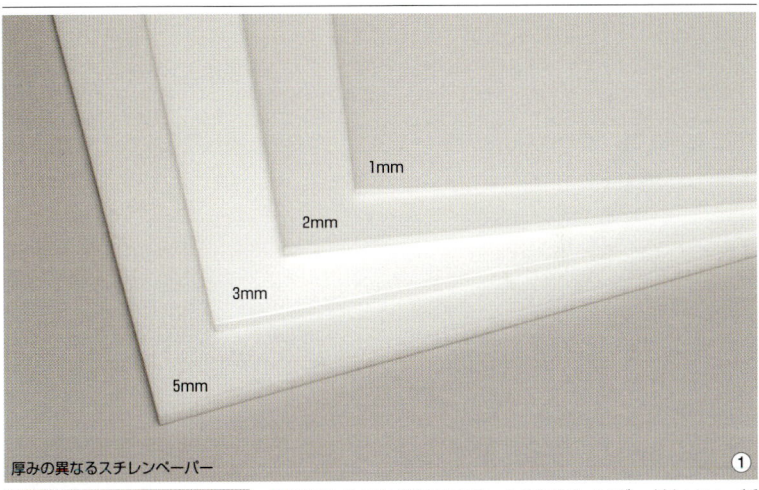

1mm
2mm
3mm
5mm

厚みの異なるスチレンペーパー ①

スチレンペーパー表面に付いた傷 ②

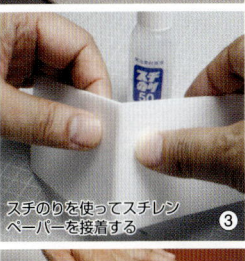

スチのりを使ってスチレンペーパーを接着する ③

キャンソンミ・タント紙などの紙を表面に貼る ④

ヒートカッターによるスチレンペーパーの切断 ⑤

❶紙が貼られた発泡スチロールをスチレンボードといい、紙が貼られていないものをスチレンペーパーというので、名前を間違えないようにしよう。市販されているボードの厚みには、1mm、2mm、3mm、5mm、7mmがある。加工方法は、スチレンボードとほぼ同じである。

❷スチレン発泡体は非常に軟らかく、爪の跡や細かい傷、凹みなどが付きやすい。そのため、上に紙を貼ったり、塗装して使うことが多い。

❸接着は、スチのりなど発泡スチロール用接着剤を用いる。ボードどうしを貼り合わせる場合は、スプレーのりを用いる。

❹スチレンペーパーは、その表面に貼る紙を自由に選べるので、いろんな表情をもったボードに作りあげることが可能である。キャンソンミ・タント紙やマーメイド紙などの紙を貼れば、コンクリートや石などの表現ができ、プレゼンテーション模型や完成模型に利用できる。

❺スチレンペーパーの切断加工は、スチレンボードと同じくカッターナイフを用いる。場合によってヒートカッターを使える点は、スチレンボードと異なる。ヒートカッターを用いると、直角に切ったり、切断面をそろえたりすることが容易にできるので便利である。また、コンター（等高線）模型のように、スチレンペーパーを複数枚積み重ね、そのボードのエッジを直角に切断することも簡単にできる。

紙類　発泡スチロール系　木材類　金属類　プラスチック系　その他

バルサ材

バルサは、南米の熱帯地域からメキシコ南部にかけて原産の樹木で、非常に軽いことから、おもに模型飛行機の材料として用いられることが多い。建築模型においても、よく用いられる。ここでは、バルサ材の特徴について理解しよう。

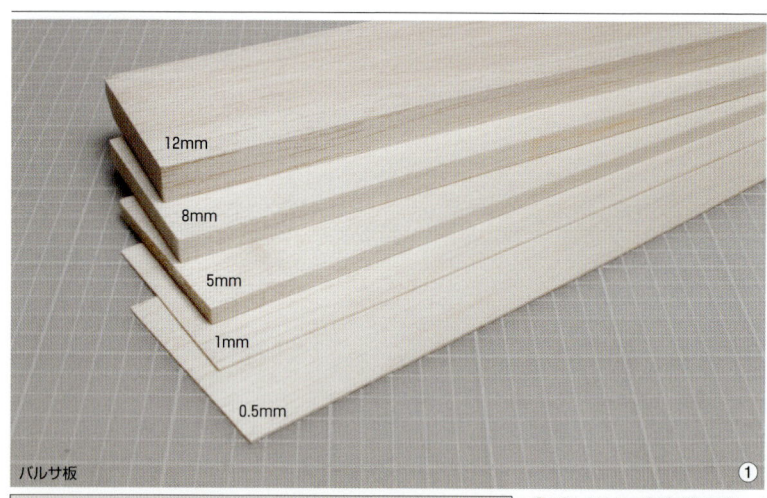

バルサ板 ①

市販のバルサ板の材寸表 ②

サイズ	600mmシート	900mmシート
	0.5×80×600	0.5×80×900
	0.8×80×600	0.8×80×900
	1×80×600	1×80×900
	1.5×80×600	1.5×80×900
	2×80×600	2×80×900
	2.5×80×600	2.5×80×900
	3×80×600	3×80×900
	4×80×600	4×80×900
	5×80×600	5×80×900
	6×80×600	6×80×900
	7×80×600	7×80×900
	8×80×600	8×80×900
	9×80×600	9×80×900
	10×80×600	10×80×900
	12×80×600	12×80×900
	15×80×600	15×80×900
	20×80×600	20×80×900

繊維に直角に切った場合の小口 ③

バルサ板へのオイルステイン塗装 ④

❶バルサは、密度が140kg/m^2と、非常に軽く軟らかい。また、板状で加工がしやすいため、建築模型でよく用いられる。

❷バルサ材は、バルサ板、バルサ角棒、バルサブロックなどの形で販売されている。バルサ板は厚さが0.5〜20mmまであり、大きさは80×600、80×900mmなどがある。

❸切断する場合、薄板ではカッターナイフ、厚板になると工作用のこぎりを用いる。繊維に平行に切る場合と、直角に切る場合とでは、切れ方が異なる。直角に切る場合、切れ味の悪い刃で切ると、小口がつぶれるので注意しよう[*1]。
接着には木工用接着剤を用いる。

❹木目が粗いので、オイルステインなど、着色系塗料を用いると木目を生かした塗装が可能である[*2]。

[*1]:116ページ参照　[*2]:54、166ページ参照

航空ベニヤ

航空ベニヤは、おもに模型飛行機に用いられる、厚さが非常に薄いベニヤ板のことである。一般的なベニヤ板だと最薄で2mm、バルサ板でも0.5mmである。それよりも薄い板が必要な場合に用いる。ここでは、航空ベニヤの特徴について理解しよう。

航空ベニヤ ①

市販の航空ベニヤの材寸表 ②

厚さ(mm)	大きさ(mm)
0.4	
0.6	300× 300
0.8	300× 600
1.0	300×1,200
1.2	600×1,200
1.5	1,200×1,200
2.0	
2.5	
3.0	

航空ベニヤの表面 ③

カッターナイフによる切断（板厚が薄い場合は、スチレンボードを切る要領で切れる）④

航空ベニヤの接着 ⑤

❶航空ベニヤは、英語でFinnish Birch Air-craft Plywoodという。Finnishが頭についているとおり、フィンランド産である。Plywoodとは日本語でベニヤと称している、繊維方向が互いに直交するように単板を積層させ圧着した板状木質系材料のことである。積層の元になっている単板のことを英語ではVeneerと呼んでいる。Plywoodは、使用目的、部位別に細かい規格があり、なかでもAircraftは航空機用の合板を意味し、最も基準が厳しい規格の合板のことである。

❷輸入、市販されている航空ベニヤは厚さが0.4mmから3mmまであり、大きさも、300×300mmから1,200×1,200mmまである。

❸表面にはBirch（カバ）材が貼り合わせてあるため、非常に細密で、シナ合板と同じような表情をもっている。高強度に加えて耐水性も有している。

❹❺板厚0.6mmまではカッターナイフで切断可能だが、1mm以上になると糸のこを使用し、接着は木工用接着剤を用いる。

ヒノキ角材

DIYショップや画材店に行くとヒノキの小角材が売られている。軸組模型など、木で模型を作る場合には、これを利用する。小角材とはいえ、実際の大工工事と同じような加工が必要である。ここでは、ヒノキ角材の特徴について理解しよう。

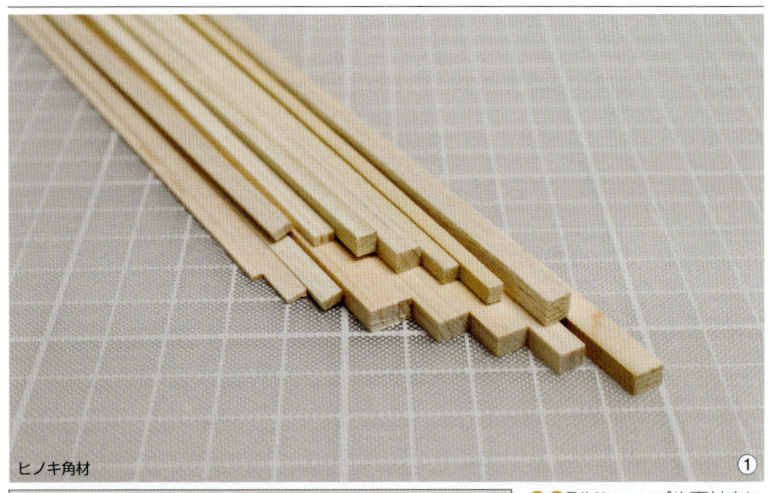

ヒノキ角材 ①

市販のヒノキ角材の材寸表(mm)／抜粋 ②

1×1×900	2×3×900	3×5×900	4×20×900
1×2×900	2×4×900	3×6×900	5×5×900
1×3×900	2×5×900	3×8×900	5×6×900
1×5×900	2×6×900	3×10×900	5×8×900
1×8×900	2×8×900	3×15×900	5×10×900
1×10×900	2×10×900	3×20×900	5×15×900
1×12×900	2×12×900	3×25×900	5×20×900
1×15×900	2×15×900	3×30×900	5×30×900
1×20×900	2×20×900	4×4×900	6×6×900
1×30×900	2×25×900	4×5×900	6×8×900
1×40×900	2×30×900	4×6×900	6×10×900
1×50×900	2×40×900	4×7×900	6×12×900
1.5×1.5×900	2×50×900	4×8×900	6×15×900
1.5×3×900	3×3×900	4×10×900	6×20×900
2×2×900	3×4×900	4×15×900	6×30×900

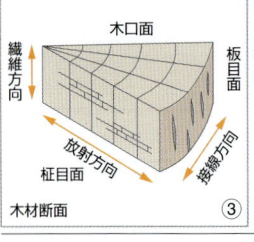

木材断面 ③

ヒノキ角材の小口(拡大) ④

❶❷DIYショップや画材店には、工作用材料としてヒノキ角材が用意されている。木造建築の軸組模型を作る場合などに利用する。断面寸法は多くの種類が用意されているので、プレカットのままかなりの寸法に対応可能である。材料の長さは、900〜910mm(3尺)で統一されている。小角材ではあるが、本物のヒノキ材なので、加工していると、ヒノキ独特の香りがする。

❸❹小角材ではあっても、本物の木材なので、実際の建築工事に用いられる木材と同様の物理的性状を示す。つまり、繊維方向の圧縮、引張りには強く、次に繊維に直角方向のせん断、曲げに強い。繊維方向のせん断には弱いので材が繊維方向に沿って割れるというような性状を示す。これら木のもつ特徴を利用して加工することがコツである。

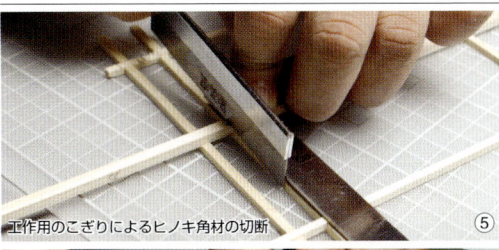

❺小角材を材寸にカットするには、工作用のこぎり、のこぎり刃のカッターナイフ、または、模型用の小型電動のこぎりを用いる。小角材であるとはいえ、ヒノキなので、カッターナイフでの切断は無理と考えたほうがよいだろう。また、断面寸法が大きくなると、手動で切断するのはなかなか骨が折れる。工作用の小型のこぎりやのこぎり刃のカッターナイフは多くの製品が市販されているので、ヒノキ角材を加工する場合には、1本用意しておくとよい。

工作用のこぎりによるヒノキ角材の切断 ⑤

小型電動丸のこによるヒノキ角材の切断 ⑥

❻ヒノキ角材を使った軸組模型は、角材を材寸に切断したときに生じる小口のわずかな誤差が、組み立てていく段階で模型全体に影響してくる。そのため、正確な切断が必要になる。手動で切断する場合は、市販の定規や、自作の定規[*1]を使って切断するとよいだろう。

❼ヒノキ角材を加工する場合、重宝するのがヤスリやサンドペーパーである。実際の大工工事では、かんながけをして材表面を平らにしたり、材寸の微調整を行うが、材が小さいので、ヤスリで表面を磨くことで、かんなと同様の効果が得られる。したがって、ヤスリは表面の凸凹を平らにしたり、小口を直角にしたりすることがおもな目的になる。

ヤスリによる小口の磨き ⑦

ハレパネに貼ったサンドペーパー ⑧

サンドペーパーによる小口の磨き ⑨

❽❾サンドペーパーを用いる場合、台となるものに巻いて使用する。台となる工具も市販されているが、スチレンボードやハレパネを使って自作するとよい[*2]。

❿接着する場合には、木工用接着剤や、木工用の瞬間接着剤を用いる。

⓫塗装する場合は、オイルステインなど染料系塗料を用いると、木目を生かした塗装ができる[*3]。

木工用接着剤を使っての接着 ⑩

オイルステインを使っての着色 ⑪

＊1：118ページ参照　＊2：63、120ページ参照　＊3：54、166ページ参照

金属板

金属素材は平板、網、穴孔き板(パンチングメタル)などの形で、DIYショップやホームセンターなどで市販されており、模型を組み立てる際や、スチレンボードなどの表面に貼って質感を増す目的で用いる。ここでは、金属板の特徴と使い方を理解しよう。

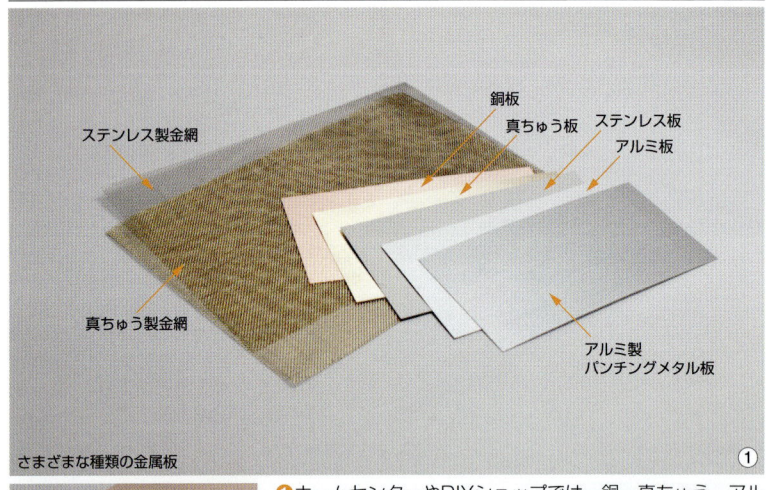

さまざまな種類の金属板
- ステンレス製金網
- 真ちゅう製金網
- 銅板
- 真ちゅう板
- ステンレス板
- アルミ板
- アルミ製パンチングメタル板

② 万能はさみで銅板を切断
③ 小型電動丸のこで金属板を切断
④ エポキシ系の瞬間接着剤で金属棒を接着
⑤ 金属板のパンチングメタル
⑥ パンチングシート

❶ ホームセンターやDIYショップでは、銅、真ちゅう、アルミ、ステンレスなどの金属素材が、平板、網、穴孔き板(パンチングメタル)などの形で市販されている。厚みや大きさもさまざまなものが用意されている。金属は切断、接着などの加工が面倒で、一般的な建築模型を作るには手間と時間がかかる。そのため、スチレンボードの模型に金属板を貼って質感やリアリティを増すというのが最も実用的な使い方になるだろう。

❷❸ 金属板を切るには、金切りばさみや金工用糸のこ、あるいは小型電動丸のこを用いる。薄板の場合は、金切りばさみや小型電動丸のこで切断可能だが、厚板の場合は糸のこを用いる。

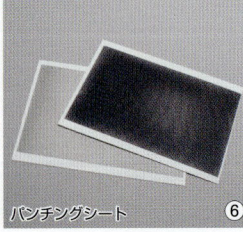

❹ 金属板の接着には、金属用のエポキシ系接着剤を用いる。

❺❻ 実際の建築工事では、パンチングメタルと称している穴孔き金属板を用いることがある。これを模型で表現するには、パンチングメタルの金属板かパンチングシートを用いる。パンチングシートは、金属ではなく紙製の穴孔きシートなので、取扱いが容易である。

金属棒

金属素材には、板状のものと線状のものとがある。線状のものも、DIYショップやホームセンターなどで入手可能で、手すりや鉄骨柱の表現などに用いることができる。ここでは、線状の金属素材の特徴と使い方について理解しよう。

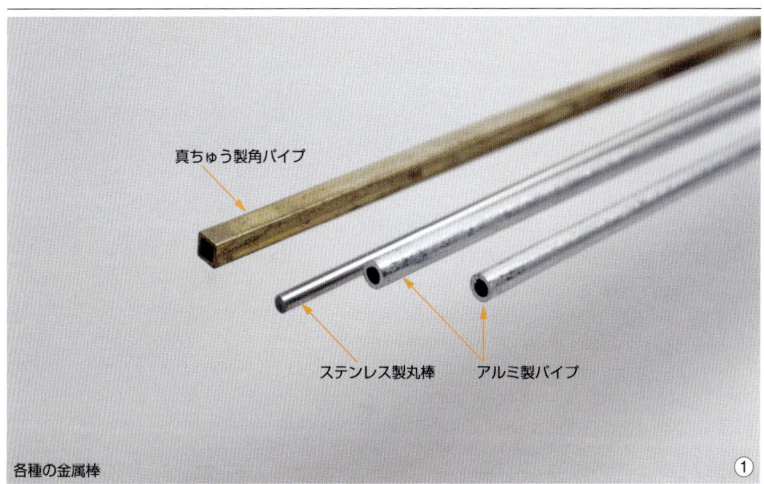

各種の金属棒 ①
（真ちゅう製角パイプ／ステンレス製丸棒／アルミ製パイプ）

金属板のパンチングメタル、真ちゅう製角パイプを使った手すり ②

替刃式の金工用のこぎり ③

金工用のこぎりによる真ちゅう製パイプの切断 ④

エポキシ系接着剤を使った真ちゅう製パイプの接着 ⑤

❶ DIYショップやホームセンターなどで購入できる金属棒の材質には、アルミ、ステンレス、真ちゅう、銅などがあり、径の大きさも各種そろっている。金属棒は中が空洞になったパイプ状のものと、中が詰まって無垢状になったものとがあるので、使用目的に合わせて選ぶようにしよう。

❷ 金属棒は金属板同様、加工がたいへんなので、模型材料として気軽に使うわけにはいかない。建築模型で金属棒を使う例としては、プレゼンテーション模型での手すりなどでリアリティを高めたい場合や、塗装をして鉄骨柱の表現などに使う場合など、特殊な場合に限られるだろう。

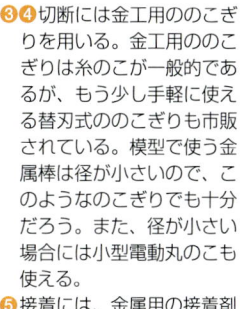

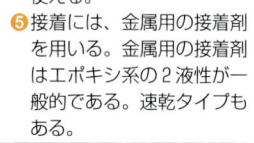

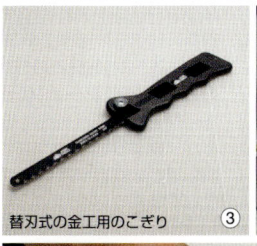

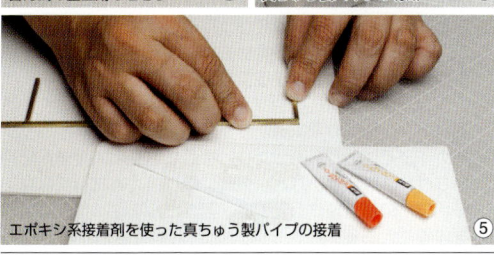

❸❹ 切断には金工用ののこぎりを用いる。金工用ののこぎりは糸のこが一般的であるが、もう少し手軽に使える替刃式ののこぎりも市販されている。模型で使う金属棒は径が小さいので、このようなのこぎりでも十分だろう。また、径が小さい場合には小型電動丸のこも使える。

❺ 接着には、金属用の接着剤を用いる。金属用の接着剤はエポキシ系の2液性が一般的である。速乾タイプもある。

プラスチック系板素材

プラモデルに使用されている素材と同じ、スチロール樹脂を使い、さまざまな成型部材が市販されている。それらを本書ではプラスチック系素材と呼ぶ。ここでは、プラスチック系板素材の特徴と加工方法について理解しよう。

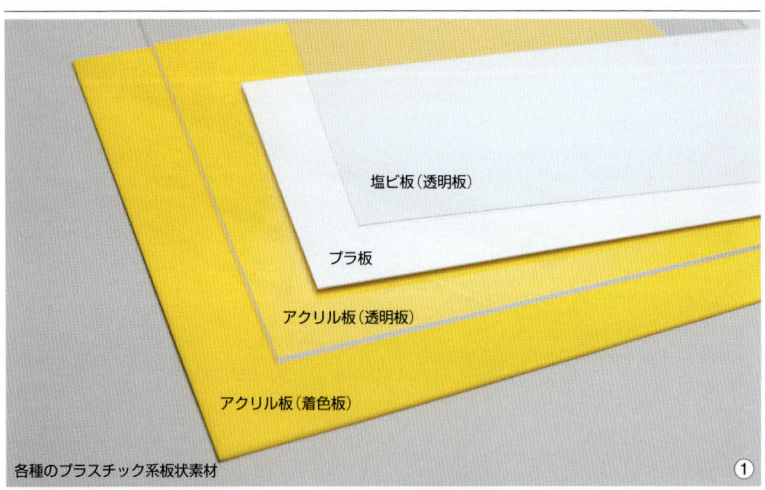

各種のプラスチック系板状素材 ①

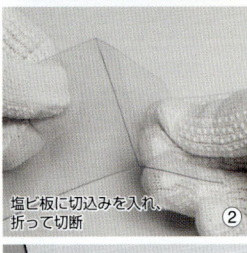

塩ビ板（透明板）
プラ板
アクリル板（透明板）
アクリル板（着色板）

塩ビ板に切込みを入れ、折って切断 ②

塩ビ板
塩ビ板の加工（窓ガラスの例） ③

米国エバーグリーン社の目地入りプラスチック成型板 ④

小型電動丸のこによるアクリル板の切断 ⑤

❶建築模型で用いるプラスチック系の板状素材には、プラ板、塩ビ板、アクリル板などがある。

❷❸模型用途で用いられる塩ビ板は0.3〜0.5mm程度で、アクリル板やプラ板に比べると軟らかく、加工がしやすい。切断は、カッターナイフで切込みを入れた後、切込みに沿って両側に折ると切れる*1。接着は塩ビ用の接着剤や両面テープなどを用いる。着色板も数色あるが、建築模型では特に透明の塩ビ板がガラスの表現として多用される。

❹プラ板は、プラモデルの素材と同じスチロール樹脂を使った板状部材である。米国のエバーグリーン社は、外壁材や屋根材を模した、表面に目地の入ったプラスチック成型板を製造している。

❺アクリル板は、塩ビ板やプラ板に比べると非常に硬く、透明なアクリルは非常に透明度が高い。切断加工*2がカッターナイフでは無理であったり、接着には専用の接着剤を用いなければならないなど、気軽に取り扱える材料ではないが、プロの模型製作会社では、アクリルを使った建築模型を作ることも多い。

*1：122ページ参照　　*2：123ページ参照

プラスチック系線状素材

プラスチック系の線状部材には、一般的な丸棒、角棒などの形状のほか、米国のメーカーのものには、H形鋼やアングル材など、建築の鉄鋼部材を成型したものもある。ここでは、プラスチック系の線状部材の特徴と加工方法について理解しよう。

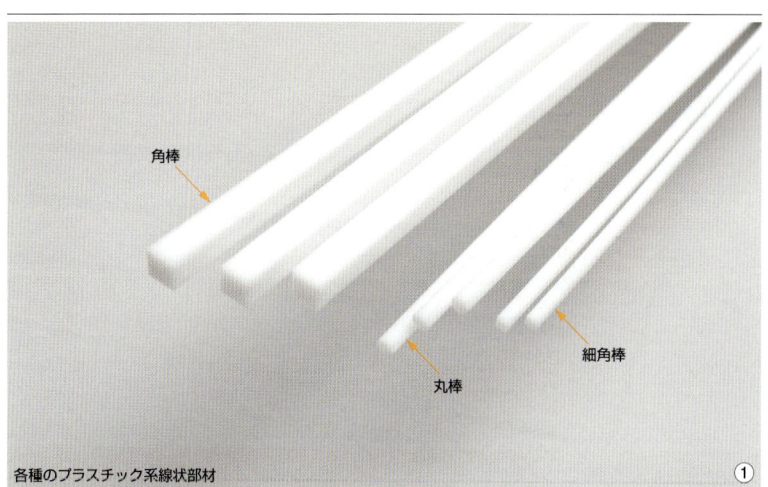

各種のプラスチック系線状部材 ①

工作用のこぎりによる線状部材の切断 ②

プラスチック用接着剤によるプラスチック部材の接着 ③

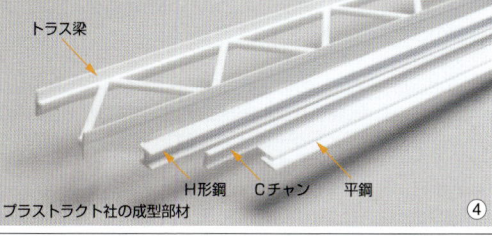

プラストラクト社の成型部材 ④

❶ 丸棒や角棒といった一般的な形状のプラスチック系線状部材は、プラモデルメーカーであるタミヤから市販されている。断面形状は正方形のほか、円、三角形があり、材質はプラモデルの材質と同じスチロール樹脂で、色は白色である。角棒は正方形、丸棒は正円断面、三角棒は二等辺三角形の断面をしており、いずれも長さは40cmで、断面寸法は1mm、2mm、3mm、5mmの各種がある。丸棒、角棒は鉄骨柱の表現に利用できるほか、三角棒はプラ板などを用いて箱状のものを組み立てる場合に、入隅の補強材として使うこともできる。

❷ 切断する場合、工作用のこぎりや小型電動丸のこを用いる。

❸ 接着には、プラスチック用接着剤、あるいはゴム系接着剤など、プラモデルを組み立てる際に用いる接着剤を利用する。

❹ 米国のエバーグリーン社やプラストラクト社などのメーカーでは、プラスチック製の成型製品を製作しており、日本でも輸入販売されている。これらのメーカーの成型技術は非常に高く、鋼材のH形鋼、アングル材（等辺山形鋼）、T字鋼、Cチャンなどが、種々の材寸でそろっているほか、トラス梁、家具や配管部材、プラント工場の部品まである。また、角棒や丸棒のように中が詰まったものではなく、中が空洞のものもあり、用途に応じて使い分けるとよいだろう。

段ボールシート

日常的によく目にする家電製品等の梱包材である段ボール箱は、段ボールシートと呼ばれる板状の紙を組み立てたものである。段ボールシートは建築模型にもよく用いられる素材である。ここでは、段ボールシートの特徴と加工方法について理解しよう。

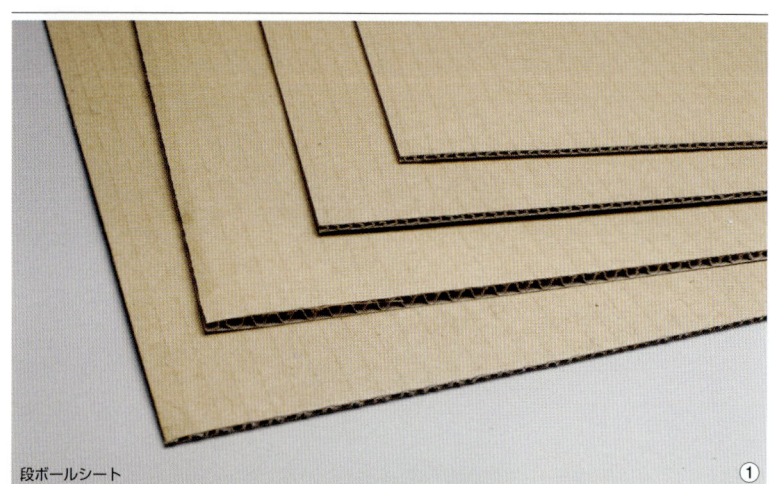

模型材料

段ボールシート ①

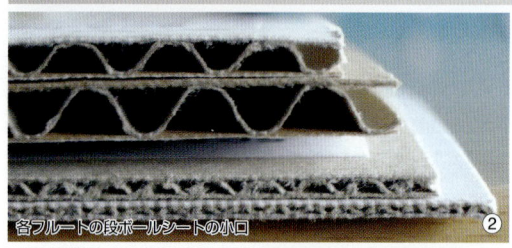

各フルートの段ボールシートの小口 ②

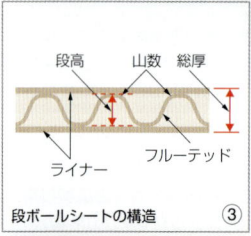

段ボールシートの構造 ③

段ボールシートのおもな種類 ④

名称	段高	山数	総厚
Aフルート	4	34	4.5
Bフルート	2.5	50	3
Eフルート	1.2	95	1.4
Fフルート	0.6	120	1.16
Gフルート	0.5	177	1.15

段ボールシートの加工 ⑤

❶日常的によく目にする段ボールシートは、材料として手に入りやすいことや、加工が容易であること、素朴な材質感、切り口がおもしろいなどの理由から、建築模型でもよく使われる*。スチレンボードの代わりに壁材として用いるほか、コンター（等高線）模型の等高線の表現に用いられる。

❷❸段ボールとは、段ボール原紙を波型に加工したもの（フルーテッド）を中芯にして、その両側にライナーと呼ばれる板状の原紙を貼り合わせた、中空板状の紙製品をいう。フルーテッドの波の高さを段高、30cm当たりの山の数を山数、段高に段裏のライナーの厚みを加えた段ボールシートの厚さを総厚という。

❹段ボールシートの種類には、一般的によく使われるものとしてA、B、E、F、Gフルートと呼ばれる種類がある。Aが一番段高が高く、Gが一番低い。それに比例して、総厚（シートの厚さ）もGが一番薄くなる。

❺切断はカッターナイフで可能である。接着には木工用接着剤を用いるとよいだろう。

*152ページ参照

コルクシート

コンター（等高線）による傾斜地の敷地模型を作る際、等高線の表現にスチレンボードとともによく用いられる材料にコルクシートがある。価格も安く、加工もしやすい。ここでは、コルクシートの特徴と加工方法について理解しよう。

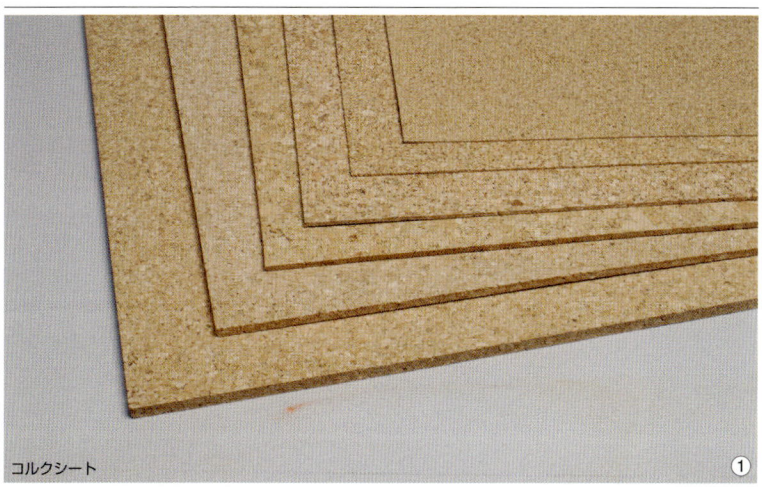

コルクシート

市販のコルクシートの材寸表（mm）	
コルクシート	900×600×20
900×600×1	900×600×30
900×600×2	900×600×40
900×600×3	900×600×60
900×600×4	900×600×100
900×600×5	コルクロールシート
900×600×8	2（厚）×915（幅）×78m（巻）
900×600×10	3（厚）×915（幅）×51m（巻）
900×600×15	5（厚）×915（幅）×31m（巻）

コルクシートによるコンター模型

はさみによるコルクシートの切断

❶コルクとは、コルク樫の樹皮を加工した製品である。コルク樫は、ポルトガルなど地中海地方に多く生育する常緑樹で、再生力が強いため、木を伐採することなく、繰り返し10回ほど木の皮を採取することができる。コルクシートは圧搾コルクとも呼ばれ、コルク樫を打ち抜いた後のコルク樹皮を粉砕し、熱をかけた型でコルクの塊を作り、それをスライスしたものである。コルクは、耐水性、耐油性に優れ、軽量であることから、ワイン栓として用いられていることはよく知られている。それ以外に保温性、防音性、弾力性もあることから、床材をはじめとする建築資材としてもよく利用されている。

❷市販されているコルクシートは、Ａ１判（900×600mm）の大きさで、厚さは１～100mmまである。建築模型では、厚さ１～５mm程度のものをよく用いる。色はライトブラウンである。

❸建築模型では、コンター（等高線）による敷地模型*を作る場合にコルクシートがよく用いられる。コルクシートのライトブラウンの色や表面のテクスチャーが土の表情に似ていることや、とても柔らかく切断加工が容易であることなどが、よく用いられる理由だろう。

❹切断はカッターナイフで容易に切ることができる。接着は木工用接着剤を用いるとよいだろう。

＊136ページ参照

鋳型素材／石膏

鋳型素材とは、型や型枠に液状の素材を流し込み、素材が凝結硬化することで造形する素材をいう。なかでも石膏は、スチレンボードなど板状素材が登場するまでは、建築模型の主要な素材であった。ここでは、石膏の特徴と加工方法について理解しよう。

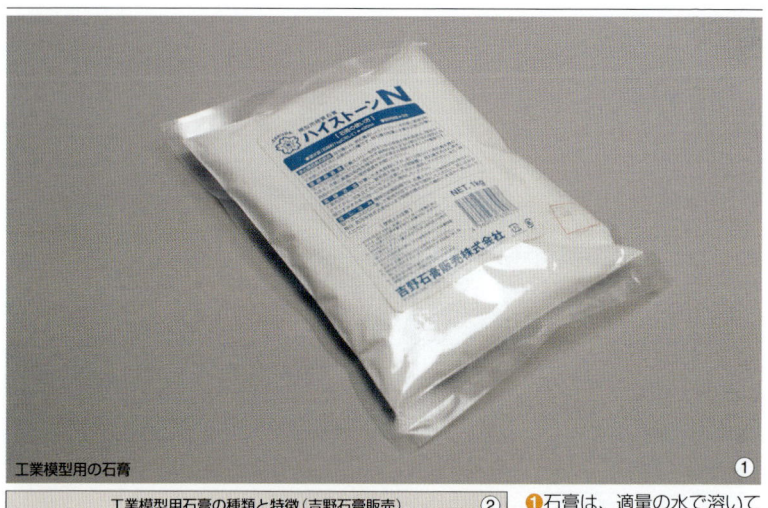

工業模型用の石膏 ①

工業模型用石膏の種類と特徴（吉野石膏販売） ②

製品名	混水量（粉）1kgに対して	かく拌時間	凝結時間 始発	凝結時間 終結	圧縮強度（乾燥）	凝結膨張率
ハイストーンニューHLP型	220ml	8分	22分	60分以内	68.6MPa以上	0.08%
ハイストーンHLP型	300ml	8分	23分	60分以内	58.8MPa以上	0.07%
ハイストーンB型	420ml	8分	26分	60分以内	引張強度（3時間後）1.6MPa	0.03%以下
ハイストーンN型	420ml	3分	10分	35分以内	引張強度（2時間後）1.8MPa	0.35%
ハイストーンKM型	500ml	6分	17分	40分以内	引張強度（2時間後）1.4MPa	0.04%
ハイストーンSW-55型	560ml	6分	12〜15分	60分以内	引張強度（2時間後）1.4MPa以上	0.08%以下
ハイストーン青ケース	580ml	6分	13分	35分以内	引張強度（2時間後）1.3MPa	0.20%
ハイストーン高膨張型M	350ml	5分	23分	60分以内	引張強度（2時間後）1.2MPa	1.00〜1.20%
レジストンC	370ml	10分	16分	45分以内	引張強度（2時間後）2.0MPa	0.09%
ベロストン	370ml	10分	27分	65分以内	引張強度（2時間後）2.4MPa	0.25%

スタイロフォームで組んだ型枠に石膏を流し込む ③

❶石膏は、適量の水で溶いて型や型枠などの鋳型に流し込み、硬化させて造形する。石膏による模型は、型を組む手間がかかる、最終的な形を想定して型を組む必要があるなど、ボードを使った模型に比べると面倒である。しかし、3次曲面形態など、ボードを使った模型では表現することが難しい形も、石膏なら比較的容易に作ることが可能である。

❷石膏は硫酸カルシウムを主成分とする鉱物で、特に、私たちが模型や型材として使用している石膏は、加熱して結晶水の一部を追い出した半水石膏（$CaSO_4 \cdot 1/2H_2O$）である。また、石膏は多様な分野で用いられているため、それぞれの分野に適した石膏製品が製造販売されている。建築模型を作る場合は、工業模型用の石膏を用いるとよいだろう。

❸型、型枠に用いる材料の制約はあまりない。一般的にはベニヤ板、ガラス板、粘土などを用いる。本書の124ページで紹介している例では、シリコン型枠を使用している。建築模型で壁状のものを作る場合、石膏の圧力で破裂しないように工夫すれば、スタイロフォームを使ってもよいだろう。

鋳型素材／合成樹脂

合成樹脂は、常温では液体である。硬化剤の混合により硬化する素材であるため、原理的には石膏と同じ要領で造形できる。このような素材に無発泡ウレタン、エポキシなどの樹脂がある。ここでは、合成樹脂の特徴と加工方法について理解しよう。

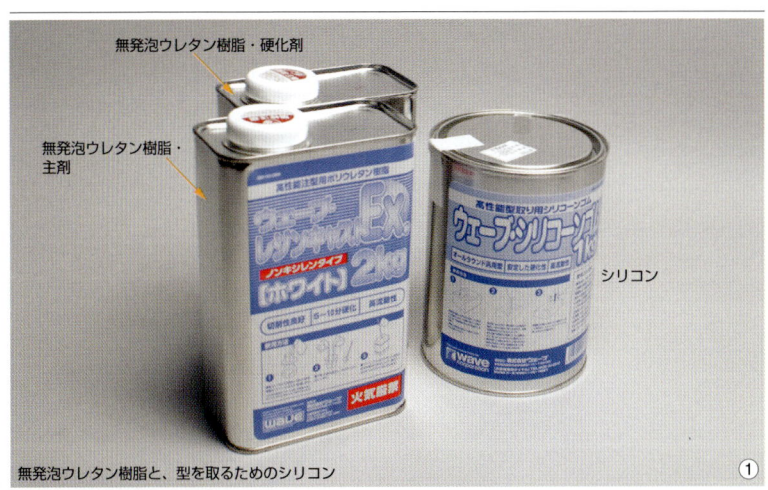

無発泡ウレタン樹脂と、型を取るためのシリコン ①

ウレタン樹脂で複製した1/100のミニカー ②

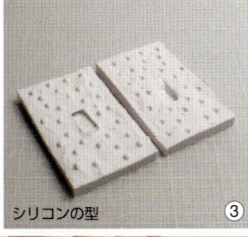

シリコンの型 ③

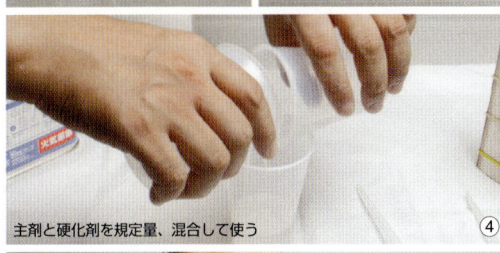

主剤と硬化剤を規定量、混合して使う ④

ウレタン樹脂を混合すると、すぐに硬化が始まるので速やかにシリコン型へ注型する ⑤

❶❷工業デザインの試作や歯科技工の分野では、合成樹脂による成型技術が用いられている。これをレジンキャストという。ここで用いられる樹脂が、無発泡ウレタンやエポキシなどの合成樹脂である。

❸❹シリコンで作った型、または型枠に注型して造形するという方法は、石膏と同じ作り方である。

❺ウレタン樹脂は、常温で液体の主剤と硬化剤に分かれており、2液をかく拌、混合することで硬化を始める。約数分〜10分程度で固体になる。液体時は透明で、硬化後はベージュ、白、ピンク色になる。ウレタン樹脂そのものは粘性が高く、注型時の作業性が悪いことから、大量の揮発性溶剤が混合されている。そのため、硬化時は、溶剤の揮発によって、若干の体積収縮を生じる。

添景素材

建築模型では、植栽、人、車など、建築物の周辺に存在しているものを添景と呼んでいる。添景は、建築物が立地する場所の臨場感を増し、建築物の完成像を伝達しやすくする。ここでは、添景のための材料の種類について解説しよう。

各種の添景素材 ①

（画像ラベル：サンドパウダー、ランドスポンジ、水の素、ミニカー、フラワーツリー（カスミ草）、ブライザー社の人物模型）

色紙と透明塩ビ板による水の表現 ②

色紙と透明セロハンによる水の表現 ③

水の素 ④

水の素（パラフィン）を熱で溶かして、模型の水盤部分に注入する。硬化すると少し緑色になる ⑤

❶完成模型やプレゼンテーション模型を作る場合、敷地と建築物だけでは、建築物が立地する周辺環境の臨場感を形成することは難しい。私たちが普段何気なく見ている建築の風景には、庭があり、木が植えられ、フェンスやベンチ、外灯、池などがあり、道路には車や人が移動している。また、室内に目を転じれば、家具や家電製品など、さまざまな道具が各部屋に点在している。これら建築物の周辺に存在している添景を表現することで、建築模型はさらに臨場感を増す。

❷添景の中で自然景観を形成するものには地形、植栽、水の表現などがある。水の最も簡単な表現方法は、水色系の色紙を貼った上に、透明の塩ビ板を貼る方法である。

❸透明塩ビ板を貼る代わりに透明セロハンを貼ってもいいだろう。透明セロハンを用いる場合は、セロハンをいったんしわくちゃにし、それを広げてから貼ると流れる水を表現できる。

❹既製品を使って水を表現する場合には、「水の素」「水面シート」などの商品が市販されている。「水の素」は、水の色に着色されたパラフィン、または塩ビ（プロ）でできていて、湯せんで溶かした後、模型の池や川などの箇所に流し込むと、そのまま硬化して水の表現になるというものである。

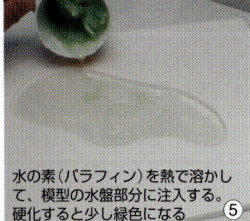

❺水面シートは、水色や緑色に着色されたポリプロピレン製の半透明シートで、はさみやカッターナイフで水盤の形に切り抜き、両面テープを使って貼れば、水を表現することができる。

❻❼樹木の最も簡単な表現方法は、「フラワーツリー」という商品名の既製品を使うことである。フラワーツリーはカスミ草を着色したドライフラワーである。

❽❾樹木を表現する場合の一般的な方法は、「トゥリーク」という商品名の樹幹用の電線をよじって樹幹を作成し、それに葉を表現する着色スポンジを接着して、樹木を作る方法である。

❿地面等の情景の表現には、「シナリーパウダー」「サンドパウダー」と呼ばれる着色砂や、「ランドスポンジ」と呼ばれる着色スポンジなどが市販されているので、これらを利用するとよいだろう。イメージやスケールが合えば、実際の砂や砂利のほうがリアリティが増す場合もある。例えば、観賞魚の飼育用にさまざまな砂が市販されている。これらを利用するのも一つの方法だろう。

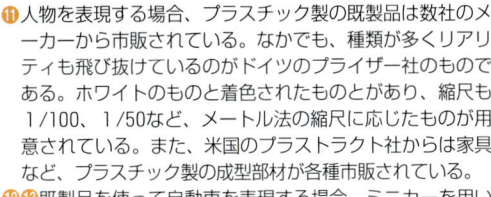

⓫人物を表現する場合、プラスチック製の既製品は数社のメーカーから市販されている。なかでも、種類が多くリアリティも飛び抜けているのがドイツのプライザー社のものである。ホワイトのものと着色されたものとがあり、縮尺も1/100、1/50など、メートル法の縮尺に応じたものが用意されている。また、米国のプラストラクト社からは家具など、プラスチック製の成型部材が各種市販されている。

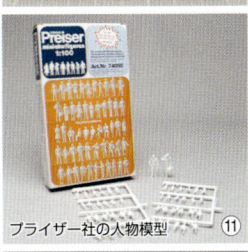

⓬⓭既製品を使って自動車を表現する場合、ミニカーを用いたいところだが、建築模型の縮尺に合うものがなく、自作するか、高価だが石膏製の既製品を用いるかなどである。自動車の簡単な自作方法は、型を使ってスタイロフォームから切り出す方法である*。切り出したものをホワイトに塗装すれば、スタディ模型などでは十分である。

塗装した本物の樹木の小枝にフラワーツリーを接着する ⑥

本物の木の小枝にフラワーツリーを接着して作った樹木 ⑦

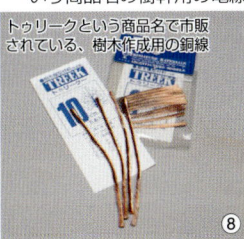

トゥリークという商品名で市販されている、樹木作成用の銅線 ⑧

トゥリークを使って作成した樹木 ⑨

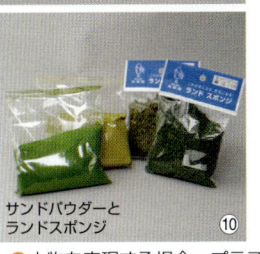

サンドパウダーとランドスポンジ ⑩

プライザー社の人物模型 ⑪

ミニカー ⑫

スタイロフォームから切り出した1/50の自動車。この後、車幅で切れば数台できる ⑬

＊：124ページ参照

89

スタイロフォームを直角に切ろう

スタイロフォームを使った模型の場合、ここで解説する方法で直角コーナーを作るというのが基本になる。直角コーナーをひとつの基準にして他の部分を作ることになるからだ。とても重要なテクニックなので、十分理解して使いこなせるようにしよう。

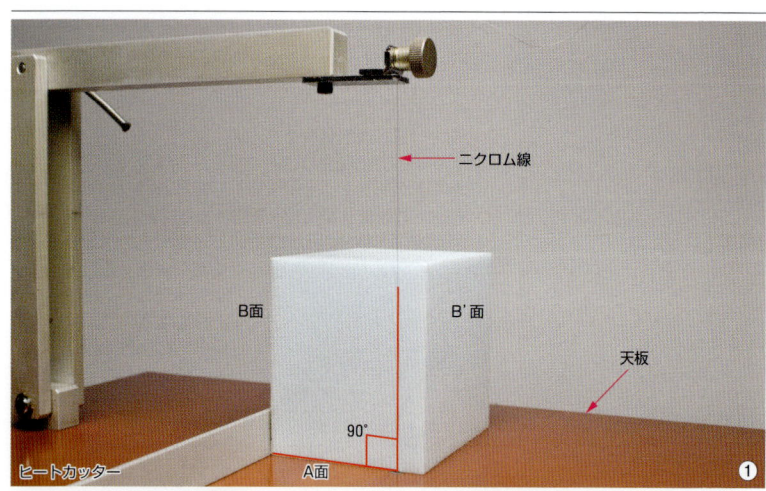

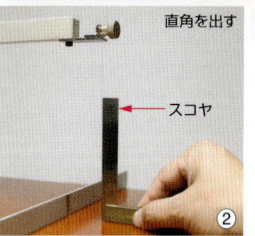

❶❷スタイロフォームの直角を作るには、ヒートカッターの天板とニクロム線との直角を利用する。そのため、スコヤを使ってニクロム線の角度を確認しながら、カッターバーの位置を固定する。

❸最初にスタイロフォームの塊の6面から基準面(A)を決める。基準面は、歪みや不陸のない平らな面を選ぶ。それには、ステンレス定規で各面をなぞってみるとよい。また、ロゴマークの印刷があるざらざらした面は、製造工場で成型された面なので平らである。最初はここを基準面(A)にするとよいだろう。

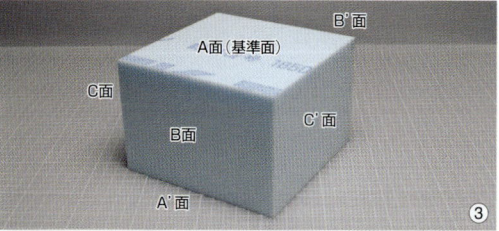

❹はじめにA面を下にしてB面を切る。次にB面を下にしてA面のざらざらした印刷面を切り取る。これでA面とB面は直角の関係になる。

❺次にA面を下にし、B面をT定規に添わせてB'面を切る。これで、B-B'面は平行になり、かつ、A面に対して直角になる。同じ要領でA'面も切る。これでC面、C'面を除く4面が直角になった。

❻次にC面を作る。C面が平らであることが確認できたら、B面を下にしてC面を切り、さらにA面を下にしてもう一度C面を切れば、

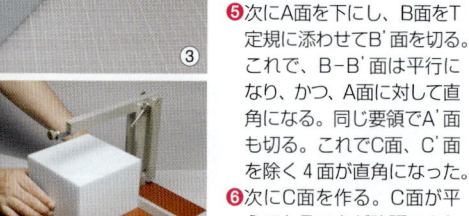

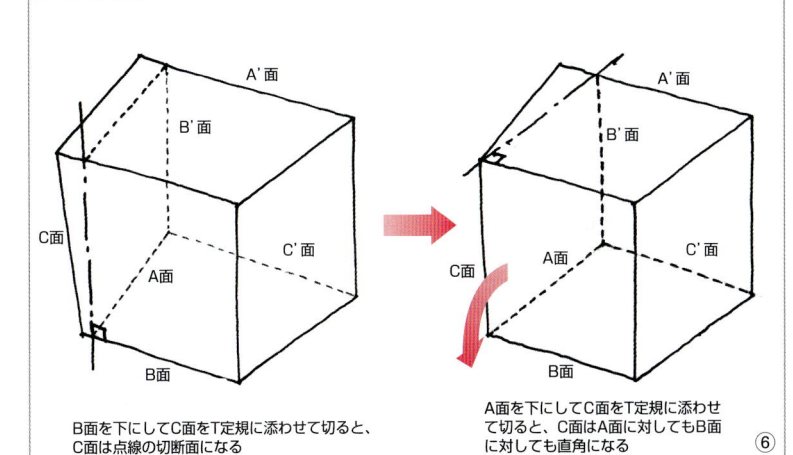

B面を下にしてC面をT定規に添わせて切ると、
C面は点線の切断面になる

A面を下にしてC面をT定規に添わせて切ると、C面はA面に対してもB面に対しても直角になる ⑥

この面はA面に対して直角で、かつ、平らな面なので代替C面とする

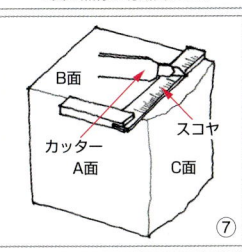

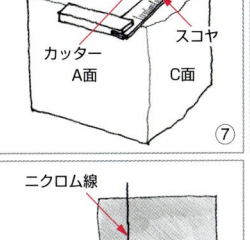

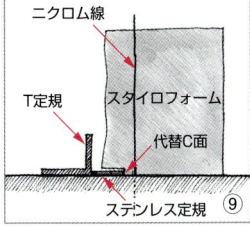

C面はA面、B面それぞれに対して直角になる。先のA'面、B'面を切るときの要領でC'面を作れば、6面すべての直角が完成する。

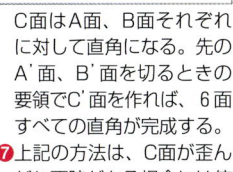

❼ 上記の方法は、C面が歪んだり不陸がある場合には使えない。歪んだ面をT定規に添わせることになり、歪みが継承されるからだ。そこで、もう一つのC面の切り方を紹介する。スコヤを使い、A面を基準にしてB面にカッターナイフで切込みを入れる。C面側からもカッターナイフで切込みを入れ、B面とC面とのコーナー部分を欠き取る。

❽ スコヤを使って入れたB面の切込みは、A面に対して直角であると同時に、切り口が平らな面になるので、これを代替C面として、C面を切るときの基準面にする。

❾ しかし、代替C面は細いためT定規に添わすことができない。このままだと歪んだ面をもったC面がT定規に添うことになり、結局歪みが継承されてしまう。そこで、ステンレス定規を利用する。ステンレス定規の小端に代替C面を添わせるようにする。

❿ こうしてC面を切ることで、C面はA面に対して直角になると同時に、新しい平らなC面ができる。

スタイロフォームを斜めに切ろう（1）

ヒートカッターは、30°～150°の間の角度で無制限に切断可能なように作られている。逆にいうと、90°（直角）に切るというのは、そのうちのある特定の角度にすぎないともいえる。ここでは、直角以外の角度で切断する方法を習得しよう。

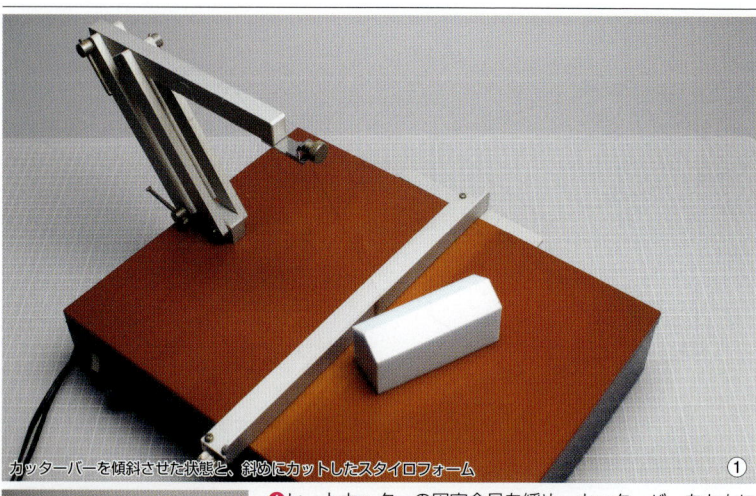

カッターバーを傾斜させた状態と、斜めにカットしたスタイロフォーム ①

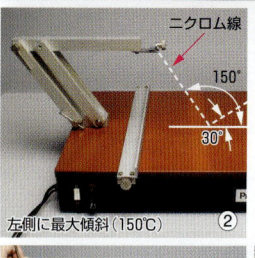

左側に最大傾斜（150℃） ②

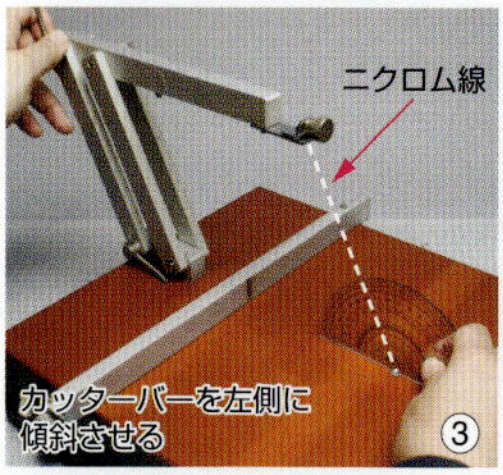

カッターバーを左側に傾斜させる ③

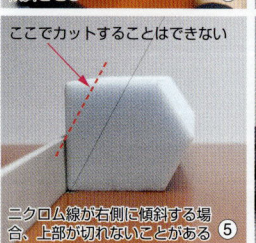

ニクロム線が右側に傾斜する場合、上部が切れないことがある ⑤

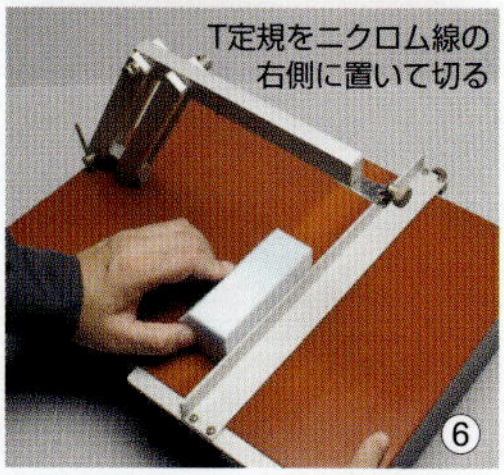

固定金具を締め、スタイロフォームを切る ④

T定規をニクロム線の右側に置いて切る ⑥

❶ヒートカッターの固定金具を緩め、カッターバーを左右に動かすと支柱が傾斜し、ニクロム線も斜めになる。この状態でスタイロフォームを切ると、斜め部材を切り出せる。

❷カッターバーと支柱の機構上、ニクロム線が水平になるまで傾斜させることはできず、天板に対して、おおよそ30°～150°の範囲で傾斜させことができる。

❸カッターバーの3箇所の固定金具を緩め、分度器などを使ってニクロム線の角度を確認しながらカッターバーを左右に動かす。ニクロム線が所定の角度になったところで、固定金具を締めて固定する。

❹この状態で、T定規を所定の位置に合わせてスタイロフォームを切れば、斜めに切ることができる。

❺ニクロム線を右側に傾斜（30°～90°）させて切り出す場合、T定規がニクロム線の左側にあると、部材の上部だけを斜めにカットするのは無理である。

❻上部だけをカットしたい場合には、T定規をニクロム線の右側にもっていく。ただし、このとき定規部分をニクロム線側に向けるためには、固定ねじが後側になるようにセットする。

スタイロフォームを斜めに切ろう（2）

ニクロム線を斜めにして切ると、元に戻したとき、もう一度直角を合わせ直す必要があったりして作業が中断されがちである。ここで紹介する方法は、精度良く切るには熟練を要するものの、普段の作業の連続で切ることができる便利な方法である。

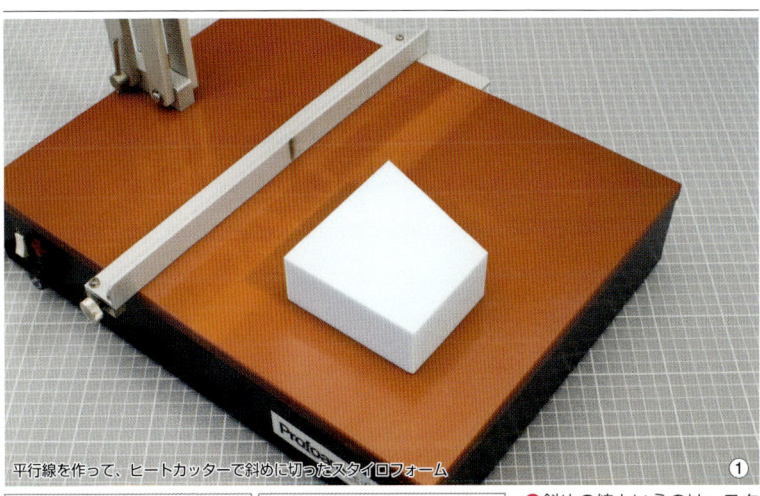

平行線を作って、ヒートカッターで斜めに切ったスタイロフォーム ①

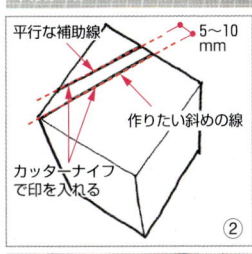

❶斜めの線というのは、スタイロフォームのある基準面に対しては斜めであるという、相対的な関係のものである。線にだけ着目すれば、単に直線に切るということになる。つまり、斜め線と平行な面をなんらかの形で作ってやれば、それに平行に切ることで斜めの線を作ることができる。また、1本の直線はある特定の2点を通るので、斜め線上の2点を作ってやれば直線に切れるということになる。

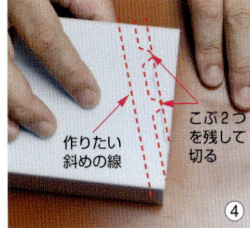

❷スタイロフォーム上に、作りたい斜め線の印をカッターナイフで入れる。この線に平行な線（補助線）を少し距離を離して（5～10mm程度）もう1本入れる。

❸❹補助線上の2点だけが正確に線上にくるように、フリーハンドでスタイロフォームをカットする。

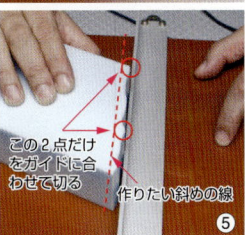

❺いま切った2点のこぶをガイドに合わせて切る。これにより、作りたい斜め線に平行な面（補助線面）ができる。

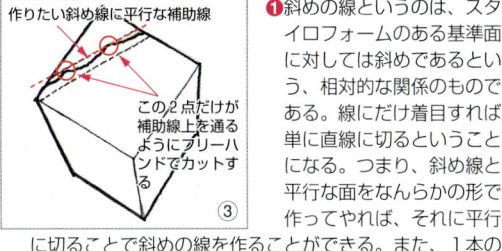

❻補助線面が作れたら、最初にカッターナイフで入れた仕上げ線の箇所にニクロム線がくるようにT定規を合わせ、補助線面をT定規に添わせながら平行に切ると、斜めの面ができあがる。

スタイロフォームを円形に切ろう

スタイロフォームで円柱を切り出す場合には、コンパスと同じ原理を利用する。ニクロム線がコンパスの鉛筆の部分に該当するが、コンパスの針に該当する部分はちょっとした道具を利用する。ここでは、その道具の作り方と円柱の切り方を覚えよう。

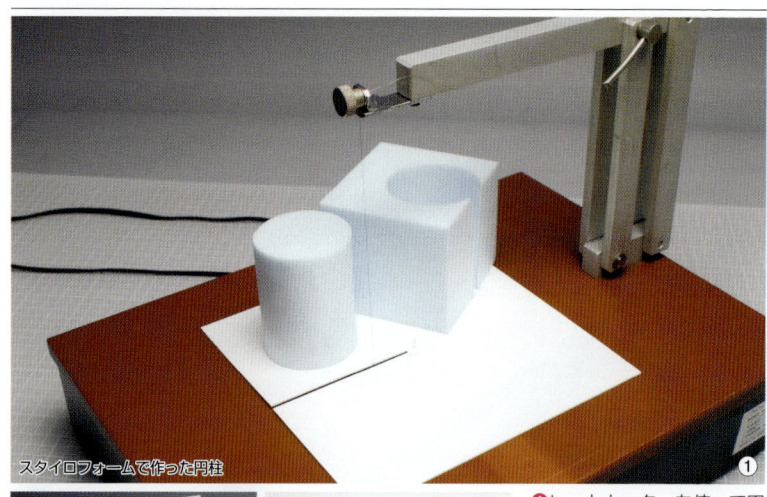

①スタイロフォームで作った円柱

②円形定規の全体像(裏面) 押しピン

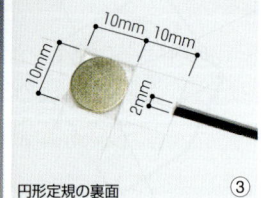

③円形定規の裏面 10mm 10mm 2mm

④ニクロム線 中心 円柱の半径+0.5mm

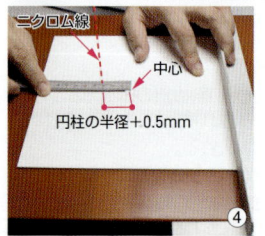

⑤ニクロム線 矢印の方向に回す

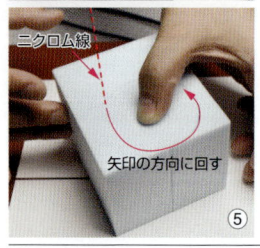

❶ヒートカッターを使って円柱を切り出すには、コンパスと同じ原理を利用する。コンパスの鉛筆に該当するのがニクロム線であるが、円の中心(コンパスの針)は、簡単な定規(以下「円形定規」と呼ぶ)を作る。

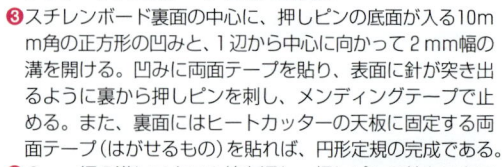

❷円形定規は、押しピン(昔ながらの画びょう)、1mm厚のスチレンボード、メンディングテープ、両面テープを用いて作る。

❸スチレンボード裏面の中心に、押しピンの底面が入る10mm角の正方形の凹みと、1辺から中心に向かって2mm幅の溝を開ける。凹みに両面テープを貼り、表面に針が突き出るように裏から押しピンを刺し、メンディングテープで止める。また、裏面にはヒートカッターの天板に固定する両面テープ(はがせるもの)を貼れば、円形定規の完成である。

❹2mm幅の溝にニクロム線を通し、押しピンの針とニクロム線間の距離が円柱の半径+0.5mm(溶け代の余分をみておく)程度になるように定規で測りながら円形定規の位置を決め、円形定規のエッジに合わせてT定規を固定する。円形定規裏面の両面テープをはがし、円形定規をT定規に添わせながらヒートカッターの天板に固定する。

❺T定規をはずして、スタイロフォームを押しピンの針に刺す。ヒートカッターのスイッチを入れ、左手でスタイロフォームの中心(押しピンの針の真上)を押さえ、右手でスタイロフォームを円周上に回しながら切っていく。

スタイロフォームでドーム形を作ろう

前項の円柱を切り出すテクニックを発展させると、ドーム形を作ることができる。円柱からカッターナイフと紙ヤスリを使って削り出して作る。同じことを円柱の反対側にも施せば球形を作ることもできる。ここでは、ドーム形の作り方を解説しよう。

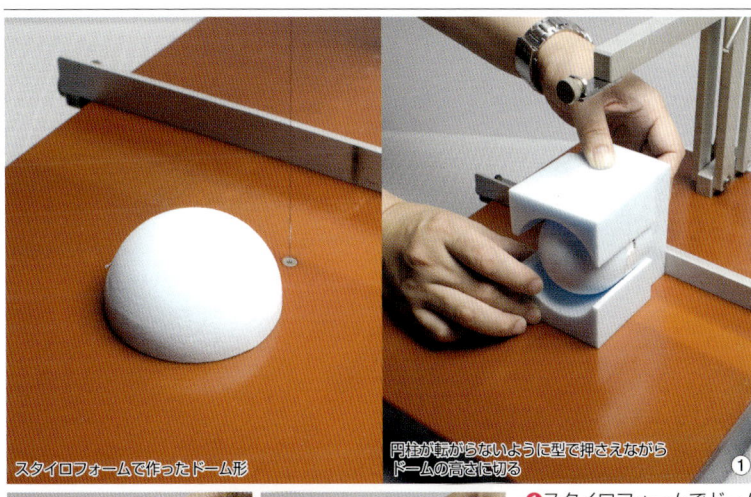

スタイロフォームで作ったドーム形

円柱が転がらないように型で押さえながらドームの高さに切る ①

型として使う ②

上面にカッターの刃先をテープで止める
ドームの高さと同じ厚さのスタイロフォーム ③

ドームの高さに合わせて目印となる紙を巻く ④

型に紙ヤスリを貼る ⑤

同一方向に回して切る ⑥

❶スタイロフォームでドーム形を作るには、円柱を切り出した後、カッターナイフと紙ヤスリで削り出して作る。

❷前項の要領で円柱を切り出す。円柱を切り出した残りのスタイロフォームも、紙ヤスリの型として使うので残しておく。

❸ドームの高さに固定したカッターナイフの刃先で、切り出した円柱を回転させながら、ドームの高さの線を入れる。

❹型を定規にして（②）、削り出しの目安をカッターナイフで入れて削っていく。最初は2方を削り、次に4方、8方と、少しずつドーム形に近づけていく。ときどき型に合わせ、削り残しの箇所を確認しながら削るようにしよう。

❺ある程度削り出せたら、あとは紙ヤスリで削る。紙ヤスリ裏面に両面テープを貼り、型に貼り付ける。円形の部分は、紙ヤスリが浮かないようにぴったりと貼り付ける。

❻ドームの部分を型に合わせ、ねじを締めるように同一回転方向に円柱を回して削る。逆回転させると、表面にえぐれた箇所ができてしまう。ドーム形に削れたら、ヒートカッターを使ってドームの高さで切ると（①右）、ドームの完成である。

スタイロフォームに凹みを作ろう

スタイロフォームに凹んだ形を作る場合、パーツをいくつか作り、それらを貼り合わせて作ることになる。しかし、途中に接着する過程が入り作業が中断されてしまい、あまり効率がよくない。そこで、ここでは切る作業だけで凹み部分を作ってみよう。

切るだけで作ったスタイロフォームの凹凸 ①

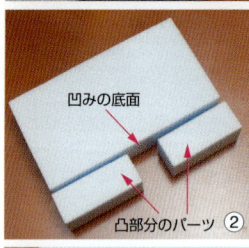

凹みの底面／凸部分のパーツ ②

凹みの底面線／切込み線／切込み線
スタイロフォーム表面にカッターナイフで印を入れる ③

切込み線の位置にニクロム線を合わせる ④
パタパタ踏みを使いながら、切込み線に沿って切込みを入れる ⑤

❶ スタイロフォームに凹みを作る方法を解説しよう。ボリューム模型を作る場合など、手っ取り早く模型を作ることができるので、知っていると便利な方法である。

❷ 凹みを作る場合、凸部分に着目すると、写真のように凸部分のパーツを切り出し、凹みの底面で接着して凹んだ部分を作ることになる。おそらくこの方法が最も一般的だろう。ところが、この方法は途中で接着作業が入ってくるため、ヒートカッターをいったん脇にやったり、どうしても作業が中断されがちである。そこで、ヒートカッターを使った切る作業のみで凹みを作る方法を解説する。

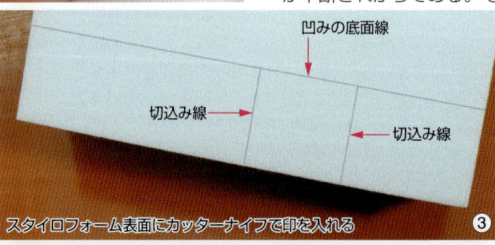

❸ 凹みの底面にあたる位置（ここを目標にヒートカッターで切込みを入れる）と、切込みを入れる箇所にカッターナイフで印を入れる。写真のように直線上に入れてもよいし、単に印を付けるだけでもよいだろう。

❹ 切込み線の位置にニクロム線がくるように、T定規の位置を移動する。

❺ ヒートカッターのスイッチを入れ、切込み線に沿って切込みを入れる。凹みの底面線まで近づいたら「パタパタ踏み」テクニック*を使

*27ページ参照

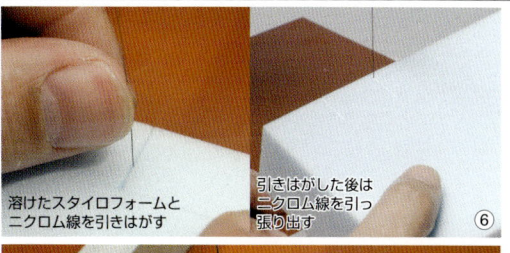

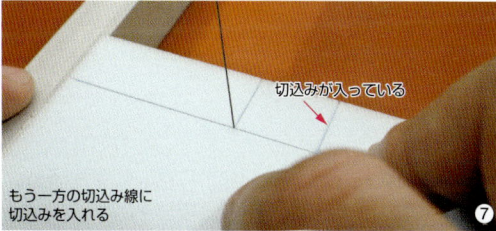

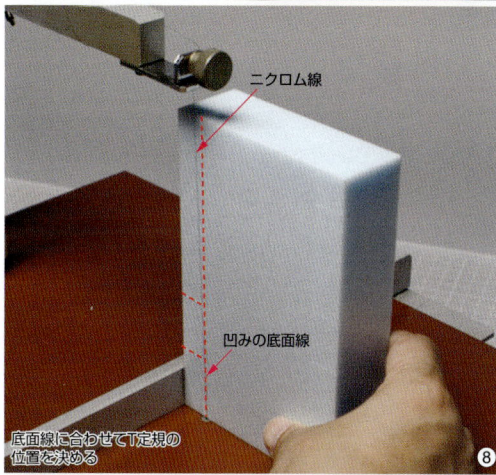

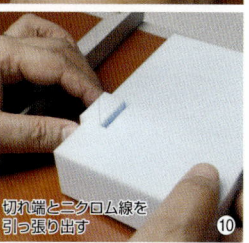

おう。
部材上面では、ニクロム線が凹みの底面線上にあっても、部材下面はまだそこまで達していない。そのため「パタパタ踏み」をして、部材下面のニクロム線をもう少し進めてやる。慣れてくれば、きれいに底面線上でニクロム線を止められるようになる。

❻部材の中央でスイッチを切ると、切込み線内部で溶けたスタイロフォームとニクロム線がくっついたままになる。スタイロフォームを手前に引きながら指でニクロム線を少し押してやるとニクロム線がはがれる。そのまま切込み線からニクロム線を引き出してやる。強引にやるとニクロム線を切ってしまうことがあるので、注意しながら行う。

❼同じ要領で、もう一方の切込み線に切込みを入れ、ニクロム線を引っ張り出す。

❽凹みの底面線の位置にニクロム線がくるようにT定規の位置を合わせる。

❾切込み線のどちらかにニクロム線を差し込む。凹みの底面線上にニクロム線を合わせ、凹みの底面線がT定規と平行になるように部材を回転する。
ここからフットスイッチをONにして、T定規に添わせて底面線を切る。もう一方の切込み線直前で、「パタパタ踏み」をしてスイッチを切る。

❿凹み部分の部材とニクロム線を引きはがし、凹み部分が完成する。

溶けたスタイロフォームとニクロム線を引きはがす

引きはがした後はニクロム線を引っ張り出す ❻

切込みが入っている

もう一方の切込み線に切込みを入れる ❼

ニクロム線

凹みの底面線

底面線に合わせてT定規の位置を決める ❽

ここを切る

ニクロム線を切込み線から入れ、底面線とT定規が平行になるようにスタイロフォームを回転する ❾

切れ端とニクロム線を引っ張り出す ❿

スタイロフォーム スチレンボード 木材類 その他 土台作り

型紙でスタイロフォームを切ろう

スタイロフォームを使って、曲面や欠き込みのある形など複雑な形を切り出す場合には、型紙を使った方法が有効である。ここでは、型紙を使ったスタイロフォームの切り方について理解しよう。

型紙を使って切り出したスタイロフォーム ①

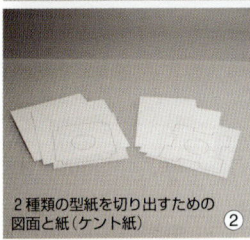

2種類の型紙を切り出すための図面と紙(ケント紙) ②

2枚のケント紙を貼り合わせ、スプレーのり55で図面を貼る ③

図面に沿って型紙を切り出す ④

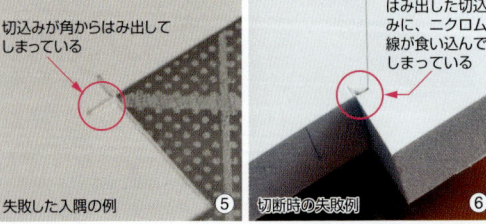

切込みが角からはみ出してしまっている
失敗した入隅の例 ⑤

はみ出した切込みに、ニクロム線が食い込んでしまっている
切断時の失敗例 ⑥

❷型紙を作る。型紙は厚めのケント紙(#400程度)を用いる。1つの形を切り出すのに、型紙は上下に2枚必要で、かつ、同じ大きさである必要があるため、2枚同時に切り出す。まず、切り出す型紙より少し大きめにケント紙を2枚切り出し、スプレーのり55を噴いて2枚を貼り合わせておく。

❸図面の裏面にスプレーのり55を噴き、貼り合わせたケント紙に貼る。

❹図面にしたがって、型紙を切り出す。

❺❻型紙を切り出す際、型紙の入隅部分となる角を切る場合は注意が必要である。入隅部分は、どうしても角をはみ出して切込みを入れてしまうことが多い。この時点で型紙に切込みがあると、スタイロフォームを切っている途中で、ニクロム線が切込みに入ってしまって、切断作業が止まってしまう。型紙には切込みがないよう、注意して切り出す。

❼次に、型紙より少し大きめにスタイロフォームを切り出す。今回は同じ形のものを2枚同時に切り出すので、あらかじめ同じ厚さで2枚切り出しておく。

スタイロフォーム / スチレンボード / 木材類 / その他 / 土台作り

同じ大きさ、厚みのスタイロフォームを2枚切り出す ⑦

スプレーのり55を使って、2枚のスタイロフォームを貼り合わせる ⑧

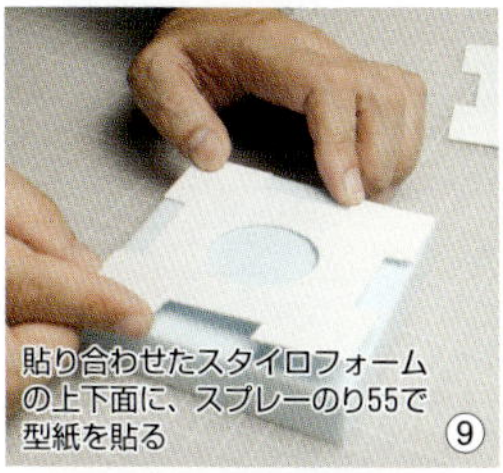

貼り合わせたスタイロフォームの上下面に、スプレーのり55で型紙を貼る ⑨

上下の型紙の位置がずれてると直角に切れないので注意しよう ⑩

❽ 同じ大きさ、厚さのスタイロフォームをスプレーのり55で貼り合わせる。

❾❿ 貼り合わせたスタイロフォームの上下に、スプレーのり55で型紙を貼る。このとき、型紙の位置が上下でそろうように、慎重に貼ろう。

⓫ ヒートカッターのT定規をはずし、型紙の上下にニクロム線が当たるようにした後、ヒートカッターのスイッチを入れ、型紙に沿って切っていく。型紙を使って切る場合は、スタイロフォームを押すよりも引いて切ったほうがうまく切れる。型紙に軽くニクロム線を押し当てながら、スタイローフォームを手前に引いて切っていく。

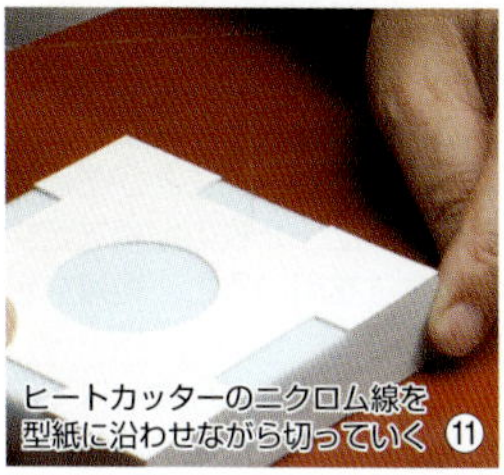

⓬ スタイロフォームの中央部に空洞部分を設けるときは、ニクロム線を空洞部分に通してやればよい。ニクロム線を通すために、空洞部分に千枚通しで穴をあける。

⓭ あいた穴にニクロム線を通す。先端に穴のあいた千枚通しの場合には、千枚通しの先端にニクロム線を通し、千枚通しをスタイロフォームから引き抜くことで、スタイロフォームにニクロム線を通すことができる。

ヒートカッターのニクロム線を型紙に沿わせながら切っていく ⑪

千枚通しを使って、スタイロフォームに穴をあける ⑫

千枚通しの先端の穴に、ニクロム線を通す ⑬

ニクロム線をヒートカッターに固定し、型紙に沿って切る ⑭

切り出した2種類のスタイロフォームを交互に貼り合わせる ⑮

⓮ ニクロム線を通したら、ニクロム線を再度ヒートカッターに装着し、切り始める。いったん、型紙の縁までフリーハンドで切り、その後、型紙に沿わせながら切るとよいだろう。切り終えたら、ニクロム線を再度ヒートカッターからはずし、中央の切り抜いた部分をニクロム線とともに引っ張り出す。

⓯ 同じ要領で、もう1種類の型紙の形を切り出す。両方の型のスタイローフォームが切り出せたら、それぞれをはがし、交互に重ね合わせると、集合住宅の形が完成する（①）。

スタイロフォームで複雑な形を切り出そう

前項で解説した、型紙を使ってスタイロフォームを切り出す方法を用いて、もう少し複雑な形を切り出してみよう。ここでは、ル・コルビュジエ設計によるサヴォア邸のボリューム模型を例に、型紙を使った切出し方を解説しよう。

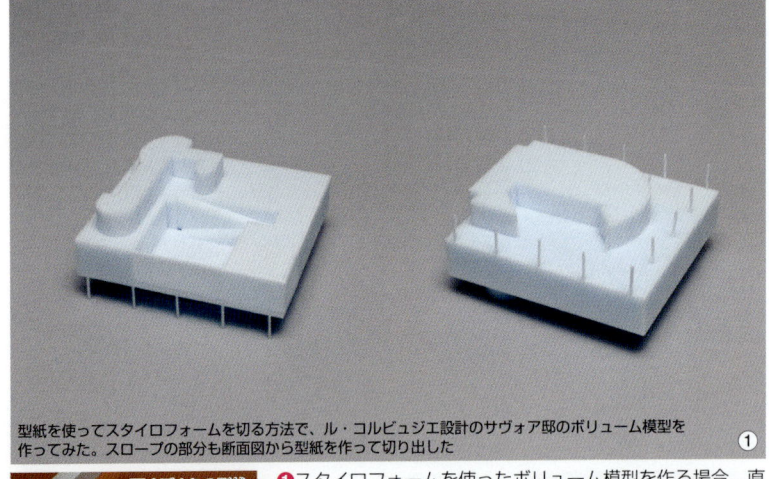

型紙を使ってスタイロフォームを切る方法で、ル・コルビュジエ設計のサヴォア邸のボリューム模型を作ってみた。スロープの部分も断面図から型紙を作って切り出した ①

型紙が片面だけの失敗例 ②

図面を貼る　紙を2枚貼り合わせる ③

型紙を切り出したところ ④

❶ スタイロフォームを使ったボリューム模型を作る場合、直方体や円柱などの幾何学的な形だけではなく、バルコニーの出っ張りや、円形平面のフロントサッシ、風除室の出っ張りなど、もう少し複雑な形を切り出したいことがある。このような場合でも、前項で解説した、2枚の型紙を定規にしてスタイロフォームを切る方法を用いると、複雑な形を切り出すことができる。

❷ 型紙は、必ず上面と底面の2枚を用意する。片面だけでも切り出せそうに思えるが、型紙が上面だけだと、型紙のない下面で、熱で伸びたニクロム線が切り出し部材の内側に入ってしまうことが多い。そのため、型紙を貼った面（上面）は正しく切り出されていても、型紙のない面（下面）は正しい形にならなかったり、下すぼまりの台形状になったりしてしまう。

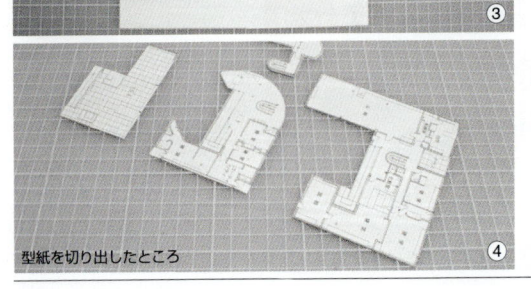

❸ ル・コルビュジエ設計のサヴォア邸のボリューム模型を例に解説しよう。最初に型紙を作る。型紙にする紙は、ケント紙の#200〜#400など少し厚めの紙を用いる。型紙は2枚作るのだが、形や大きさが相同でな

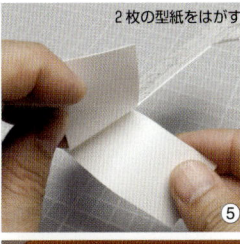

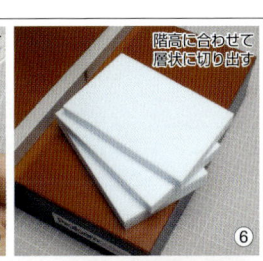

［写真⑤］2枚の型紙をはがす
［写真⑥］階高に合わせて層状に切り出す
［写真⑦］直角コーナーなどを利用して、上下の型紙を同じ位置に貼る　90°
［写真⑧］ニクロム線を型紙に沿わせたところ
［写真⑨］型紙に沿って切る
［写真⑩］ここのエッジを切るときに、T定規を使うのも一つの方法である
［写真⑪］上から見たときにエッジがニクロム線にかぶさる（右傾斜）ような感じで動かすとよい／手前に引く

いとスタイロフォームをうまく切ることができない。そのため、紙を2枚貼り合わせ、一気に切り出すことにする。型紙用の紙にスプレーのり55を軽く噴いて貼り合わせる。図面を印刷、あるいはコピーしたものにもスプレーのり55、またはペーパーセメントを裏面に塗り、2枚貼り合わせた型紙用の厚紙に貼り付ける。

❹図面の線に沿って型紙を切り出す。

❺切り出した型紙から、図面をはがし、貼り合わせていた2枚の型紙をはがす。

❻各階の高さの厚み分のスタイロフォームを切り出す。

❼それぞれの型紙の片面（のりが残っている面）にもう一度スプレーのり55を軽く噴き付ける。スタイロフォームの上面と底面に型紙を貼り付ける。型紙の直角部分とスタイロフォームの直角コーナーなど、基準にできそうなところを使って位置合わせをし、必ず上下の型紙が同じ位置になるように注意しながら貼る。

❽ヒートカッターからT定規をはずし、型紙にニクロム線を合わせる。フットスイッチをONにすると同時に、型紙に沿わせてスタイロフォームを動かす。

❾入隅や出隅は、続けて切らずに、他方からもう一度切ったほうがうまくいく。

❿型紙の一部に直線部分があってT定規が使えるようならば、T定規を活用するのも一つの方法である。

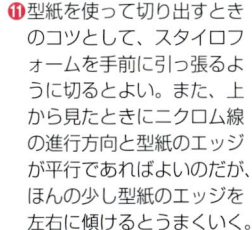

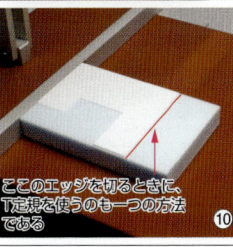

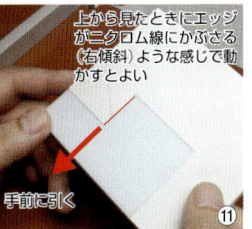

⓫型紙を使って切り出すときのコツとして、スタイロフォームを手前に引っ張るように切るとよい。また、上から見たときにニクロム線の進行方向と型紙のエッジが平行であればよいのだが、ほんの少し型紙のエッジを左右に傾けるとうまくいく。

スチレンボードの特性を理解しよう

スチレンボードとは、上質紙で発泡体をサンドイッチしたボードのことであるが、それぞれの材料によって弾力が違っているため、その特性を考えた切り方をする必要がある。

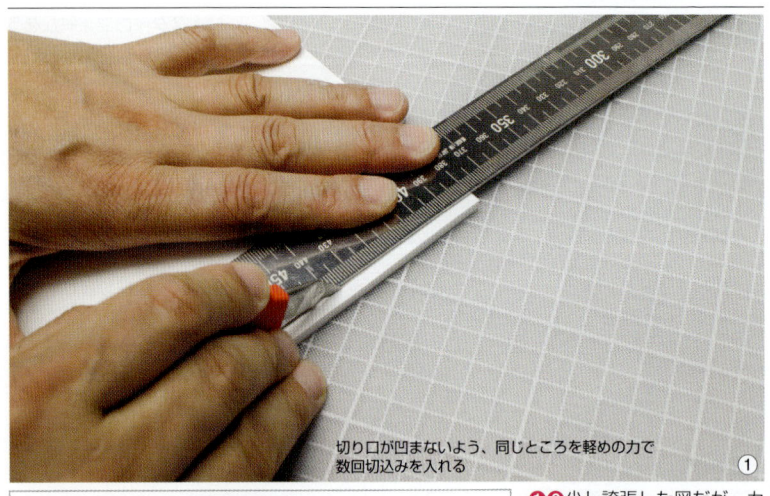

①　切り口が凹まないよう、同じところを軽めの力で数回切込みを入れる

②　カッター刃の圧力で凹んでしまう／上面の上質紙／発泡体／下面の上質紙

③　ステンレス定規／スチレンボード／先端がぐらつきやすい

④　上面は凹んだ状態で切れる／凹みのない下面を模型の仕上げ面に使うとよい

⑤　凹んで切れている

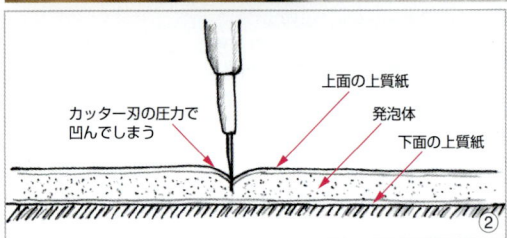

❶❷少し誇張した図だが、カッターナイフでスチレンボードを切っているとき、断面は図のようになっている。上面と下面とでは切り口の状態が異なってしまう。
❸サンドイッチされている発泡体が柔らかいため、上面の上質紙に切込みが入るまでは、カッター刃の圧力で上面が凹んでしまう。一方、下面の上質紙は、ボードが置かれているテーブルの抵抗力のため凹むことはないが、ガイドであるステンレス定規から離れた細い刃先の先端で切ることになり、強い力で切ると切断面がうねる可能性がある。このような特性を考えると、スチレンボードを切る場合の注意点は、上面、下面の上質紙に切込みが入るまでは、強い力で一気に切ろうとせず、比較的弱い力で、数回同じ切込み線に切込みを入れるようにして切るという点である（①）。
❹❺ところが、注意して切っても切断面が図のようになってしまう。そのため、切断後の部材の使い方を工夫して、できるだけ下面になっていたほうを仕上げ側で使うようにする。そうすればエッジがシャープになり、模型がきれいに見える。

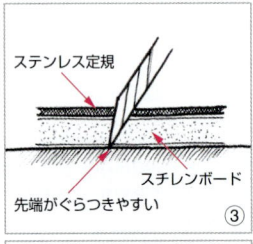

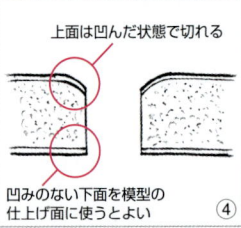

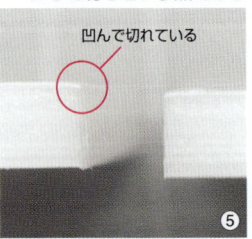

スチレンボードを切ろう

スチレンボードは、カッターナイフを使ってステンレス定規、あるいはアクリル定規をガイドにして切っていく。基本的なカッターナイフの使い方（20ページ）で切ることができるが、部材の取り方など、若干の注意事項を解説しよう。

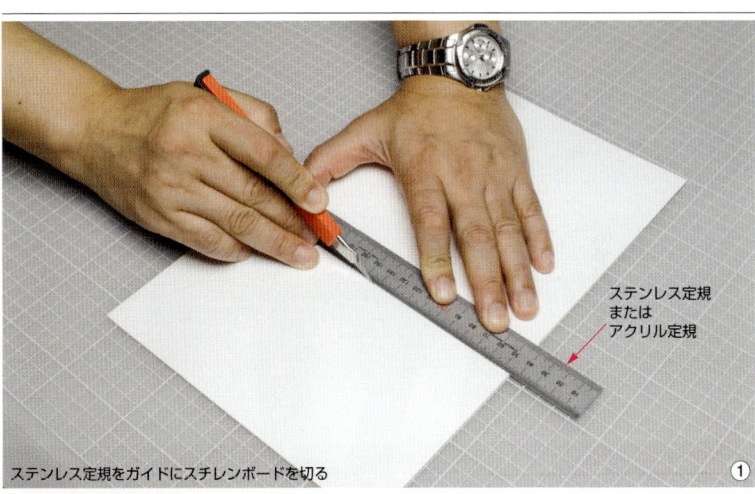

ステンレス定規またはアクリル定規

ステンレス定規をガイドにスチレンボードを切る ①

部材として使う側
端材側
部材側に定規を置いて切る ②

小分けしたスチレンボード
いったん小分けにしてから正確に切っていく ③

基準切断面
基準切断面とする面の切断 ④

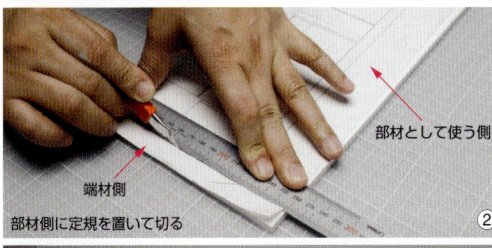

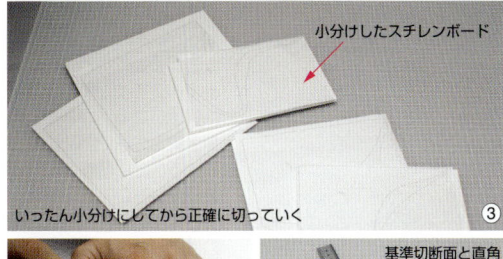

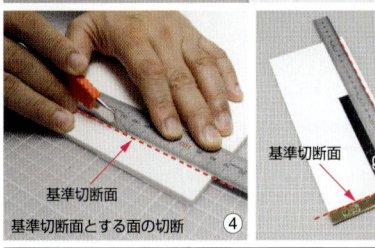

基準切断面と直角に切る場合
基準切断面
90°
⑤

❶ スチレンボードを切る場合、ステンレス定規、もしくはアクリル定規ををガイドにして切るようにする。

❷ 定規類は、必ず「部材として使う側」に置く。定規を使って切っていても、カッターが定規からずれてしまうことがある。使う側に定規を置いておけば、カッターが定規からはずれても、部材が傷付くことがない。

❸ 買ってきたままのスチレンボードから部材を切り出すのではなく、切り出そうとする部材の一回り大きなサイズに小分けし、その後、定規を使って正確に切っていくとよい。大きなボードのままだと、大きなカッターマットが必要なうえ、離れたところと自分に近いところで力の調子を同じにして切るのが難しいからだ。

❹❺ 最初に基準切断面を作り、そこを基準に、直角、平行に切っていくようにする*。

＊：104ページ参照

スチレンボードを直角に切ろう

スチレンボードを直角に切る場合は、スコヤを用いる。スコヤを使うのに特別なテクニックはないのだが、直角の切断面が長い場合や、薄いボードを切る場合には、知っておくとよい事柄があるので紹介しよう。

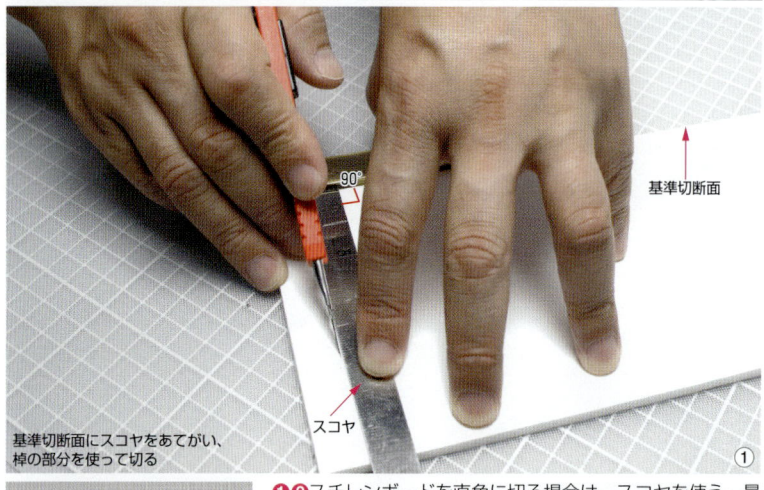

❶❷スチレンボードを直角に切る場合は、スコヤを使う。最初に、ステンレス定規を使って直線状に切り、基準切断面を作る。基準切断面にスコヤをあてがって切ることで、基準切断面に直角の切断面を作ることができる。

❸スコヤの長さでは足りないほどの長い距離を切る場合は、スコヤとステンレス定規を併用する。基準切断面にスコヤをあてがい直角を出す。このスコヤの定規の部分にステンレス定規を添わせると、長い距離を切り出せる。

❹スコヤの棹(定規)部分は、台の厚みの中央に差し込まれるように取り付けられている。1mmの薄いスチレンボードを切るときなど、台の厚みによって棹が手前で浮いた状態になる。つまり、棹が手前と先端で斜めになっている。この状態で切ると、棹が浮いている部分でカッター刃が棹の内側に入り込むことがある。特に、直角に切ることに慎重になり、カッターの刃をスコヤの棹に強く押し当てて切っているときに起きる。

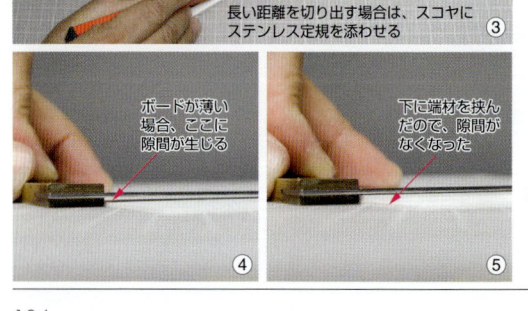

❺これを避けるためには、1mmのボードの下に端材を挟むか、カッターマットの縁を利用するとよいだろう。

スチレンボードの小口を直角に切ろう

スチレンボードの上面、下面に対して小口面（切断面）が直角になるように切るというのは簡単なことではなく、熟練を要する技術である。特に、ボードが厚いとかなり難しい。ここでは、厚いボードの小口面を直角にする切り方を紹介しよう。

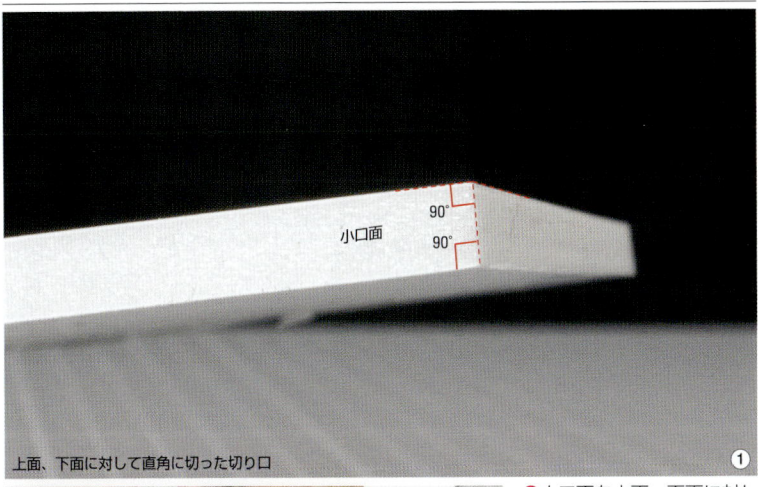

小口面 90° 90°

上面、下面に対して直角に切った切り口 ①

ボードの厚み半分まで切込みを入れる ②

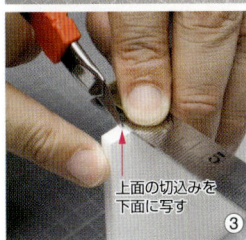

上面の切込みを下面に写す ③

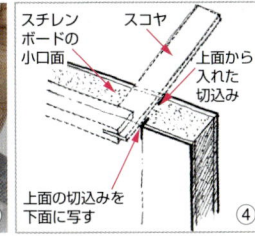

スチレンボードの小口面／スコヤ／上面から入れた切込み／上面の切込みを下面に写す ④

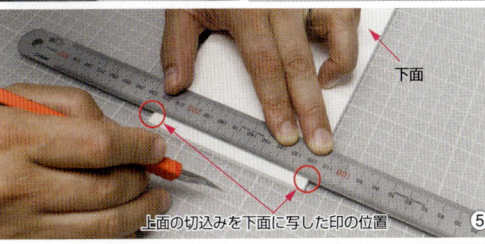

下面／上面の切込みを下面に写した印の位置 ⑤

❶小口面を上面、下面に対して直角に切るというのは、熟練を要する職人技になる。練習を積み、このような技術を身につけることは重要であるが、案外うまく切ることができるテクニックがあるので解説しよう。

❷102ページの要領で、ボードの片面に数回切込みを入れ、発泡体の厚みの半分くらいまで切る。

❸❹スチレンボードを起こし、ボードの小口面を上に向ける。この状態で、先ほどの切込み位置にスコヤをあてがい、スコヤに沿ってカッターナイフでスチレンボードの反対側（下面）に切込み位置の印を付ける。同じ作業を反対側の小口面にも行う。

❺ボードを裏返し、さっき付けた両端の印にステンレス定規をあてがい、発泡体の厚みの残り半分をスチレンボードの下面側から切る。

スタイロフォーム／スチレンボード／木材類／その他／土台作り

同じ幅のスチレンボードを切り出そう（1）

壁を作るときなど、同じ幅のスチレンボード部材を数枚切り出すことがよくある。このようなとき、同じ幅で切り出すための方法がいくつかあるが、ここではまず、直尺用ストッパーを使って切り出す方法を解説しよう。

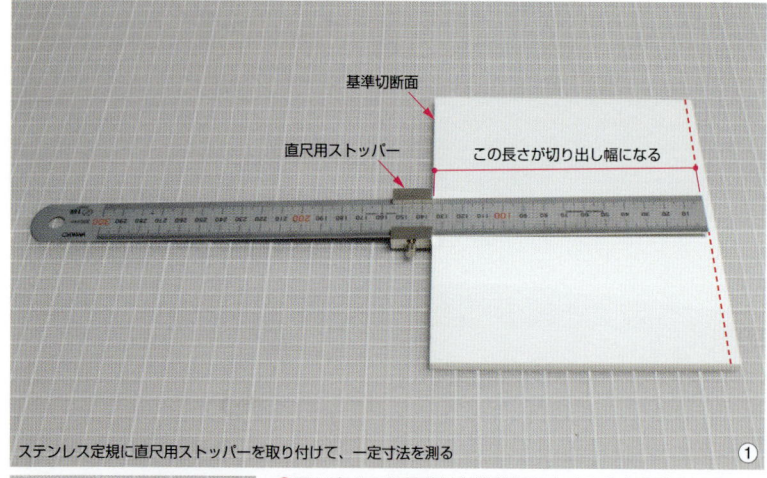

基準切断面
直尺用ストッパー
この長さが切り出し幅になる

ステンレス定規に直尺用ストッパーを取り付けて、一定寸法を測る ①

直尺用ストッパー ②

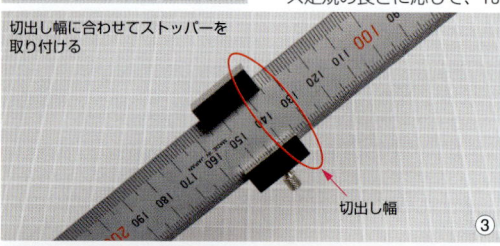

切出し幅に合わせてストッパーを取り付ける
切出し幅 ③

ストッパーを基準切断面に添わせる
定規の先端位置にカッターで印を付ける ④
目印に定規を合わせて切る ⑤ 

❶同じ高さの壁用部材を数枚切り出すような場合、いちいち定規で高さを測ってから切っていると、わずかだが部材ごとに誤差が生じてしまう。このような場合に、直尺（ステンレス定規）用ストッパーを用いると、同じ幅の部材を正確に切り出すことができる。

❷直尺用ストッパーは、ステンレス定規に取り付けて、一定長さの測定、位置決めをするために用いる道具である。ステンレス定規は長さが変わると幅も変わるので、ステンレス定規の長さに応じて、15cm、30cm、60cm、1m、2m用の5種類が市販されている。建築模型を作る際には、15cm、30cmあたりを用意しておくとよいだろう。

❸ステンレス定規にストッパーを取り付け、切り出したい幅のところでねじを締めて固定する。

❹スチレンボードの基準切断面にストッパーを添わせるように定規を置くと、定規の先端が切出し部材の幅になる。定規をスライドさせて、カッターナイフで2箇所に印を付ける。

❺2箇所の印に定規を合わせて切ると、切り出したい幅の部材が切り出せる。

同じ幅のスチレンボードを切り出そう(2)

壁や柱用の部材を切り出す場合、定規で同じ寸法を正確に測って切っても、部材間でわずかな誤差が生じる。このような場合、通称「現場合せ」と呼んでいるが、寸法上の正確さではなく、部材相互を同じ大きさにするという考え方で切り出すとよい。

切り出した1枚目の部材を上に重ね、右側のエッジをそろえて部材幅を2枚目に写し取る ①

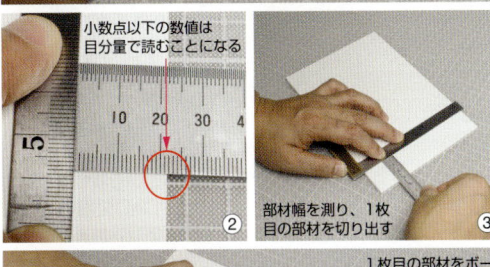

小数点以下の数値は目分量で読むことになる ②

部材幅を測り、1枚目の部材を切り出す ③

1枚目の部材をボードの上に重ね(①)、右側のエッジをそろえる ④

1枚目の部材幅を写し取った位置　1枚目の部材 ⑤

❶❷壁や柱用の部材を切り出す場合、同じ幅のスチレンボードが数枚必要になる。1/50、1/30程度の縮尺だと小数点以下の数値が発生し、1mm以下は目分量で測ることが多い。このようなとき、1枚ごとに部材を定規で測って切り出していると、どんなに正確に測っていても部材相互にわずかな誤差が生じる。わずかな誤差も、組み立てると柱断面が台形になるなど、正確な形にならないことが多い。このようなときは、寸法上の正確さを求めるのではなく、切り出す部材相互の相同性を求めたほうが、組み上がった模型はきれいになる。

❸スコヤと定規を使って、1枚目の部材を切り出す。

❹2枚目以降の部材を切り出すときは、1枚目に切り出した部材を定規にする。スチレンボードの基準切断面にスコヤを沿わせ、1枚目に切り出した部材をスコヤの棹と切り出しエッジの間に置き、上下のボードの右側エッジがそろうようにスコヤを左右に動かして切断位置を決める。

❺スコヤの位置が決まったら1枚目の部材をはずし、スコヤに沿ってボードを切ると、同じ大きさの部材を切り出せる。

CAD図面を使って同じ幅に切ろう

スチレンボードを等幅に切る場合に、CAD図面を定規にする方法がある。CADで描いた図面を印刷し、それを定規としてボードを切るのである。ここでは、CAD図面を利用して、スチレンボードを等幅に切る方法を解説しよう。

① CAD図面を定規にして切り出した等幅部材

② たいていのCADアプリケーションには配列複写コマンドが用意されている。複数個の図形を複写する場合はこれを利用する

③ 配列複写コマンドで等幅の線を描いた状態

④ 印刷した図面をスプレーのり55でスチレンボードに貼る

⑤ 図面の線に沿ってボードを切る

❶ CADを使うと、手描きに比べ、はるかに容易に正確な図面を描くことができる。特に、同じ図形を複写することは最も得意とするところである。このようなCADがもっている特性を利用すれば、CAD図面を定規にしてスチレンボードを切り出すという方法も考えられる。ここでは、CAD図面を利用してスチレンボードを等幅に切ってみよう。

❷❸ CADアプリケーションを使って、等幅に数本の線を描く。このとき、配列複写コマンドを用いると、同じ間隔で複数の図形を一気にコピーできる。

❹ CADアプリケーションで描いた図面を印刷し、裏面にスプレーのり55を噴いてスチレンボードに貼る。

❺ 図面の線にしたがってカッターナイフで切っていけば、等幅の部材を複数切り出すことができる。

スチレンボードで簡単なコーナーを作ろう

スチレンボードを使ってL字型コーナーを作るには、112ページで紹介する「うす皮1枚残し加工」のほかに、発泡体部分を45°に面取りする方法がある。ここでは、てっとり早く45°の面取り加工ができる、ヒートカッターを使った方法を紹介しよう。

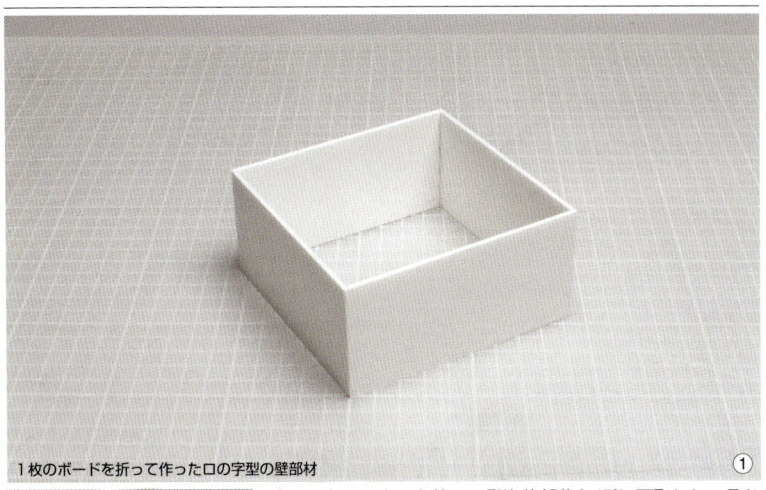

① 1枚のボードを折って作った口の字型の壁部材

② 紙をはがす　カッターで切込みを入れる　ヒートカッターでこのラインで切る　2箇所をガイドにする

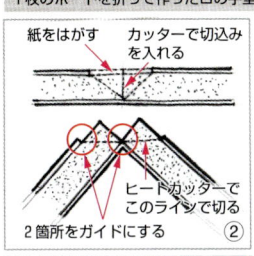

③ 折曲げ部分の切込み（裏面の紙を残す）　板厚2枚分　両脇の切込み（表の紙のみ）　折曲げ部分と両脇に線を引き、カッターで切込みを入れる

④ スチレンボードの表の紙をはがす

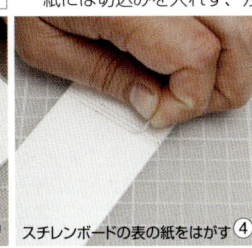

⑤ 両面の紙を定規にして、ヒートカッターで発泡体部分を切る

⑥ 面取りした部分を貼り合わせたコーナー部分

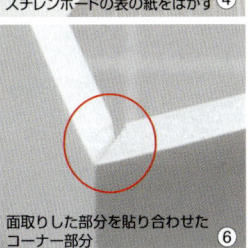

❶ヒートカッターを使って発泡体部分を45°に面取りし、それを貼り合わせて直角コーナーを作る方法を使って、写真のような口の字型の壁部材を1枚のスチレンボードから作ってみよう。

❷❸口の字型の4辺の長さを足した長さの部材を切り出し、各折曲げ部分と、その線から両側に板厚分の距離の位置にそれぞれ線を引く。3本の線のうち、中央の線に沿ってカッターナイフで切込みを入れる。このとき、裏面（下面）の紙には切込みを入れず、残すようにする。次に両側の線に沿って、表面の紙だけに切込みを入れる。

❹切込みを入れた部分の表面の紙（板厚2枚分）をはがし、切り残した下側の紙が凹になるように、折曲げ部分でボードを折る。

❺ヒートカッターのニクロム線を、裏側（下側）の紙のエッジと、表面の紙のエッジにあてがい、両エッジを定規にしてスチレンボードの発泡部分を45°にカットする。この要領で、折曲げ部分の両側を切る。

❻面取りを行った側にボードを折り曲げると、直角コーナーができ上がる。

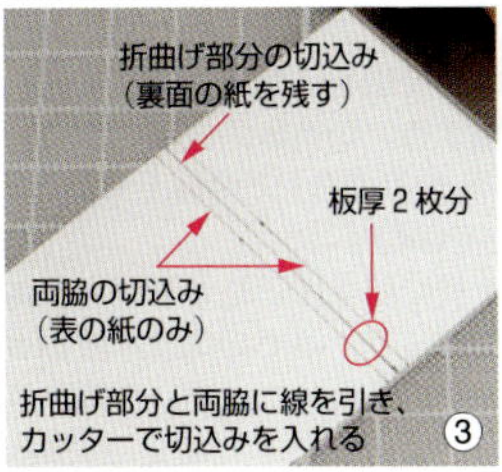

スチレンボードの小口を斜めに切ろう（1）

スチレンボードをL字型に留めたり、切妻屋根の棟の部分を作ったりする場合、スチレンボードをピン角（面取りしていない角）に留める必要がある。そのような場合、スチレンボードを斜めにカットして留める。

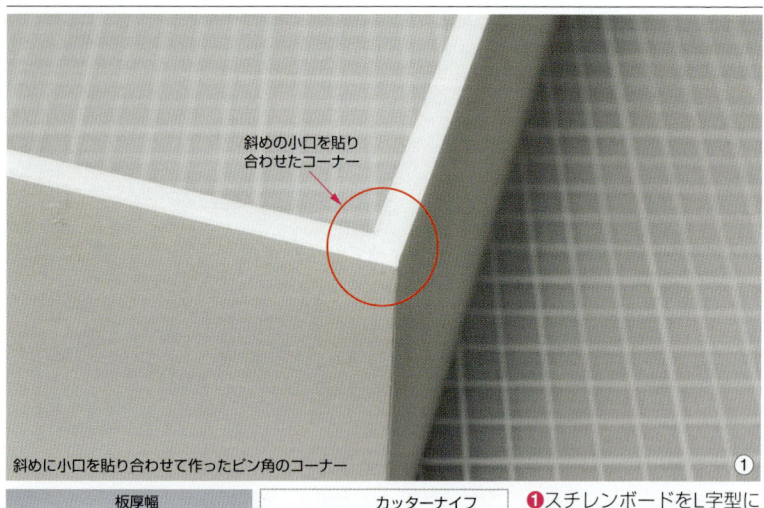

斜めに小口を貼り合わせて作ったピン角のコーナー ①

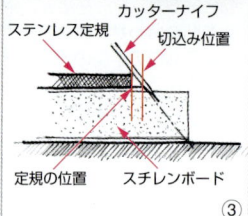

❶スチレンボードをL字型に留めたり、切妻屋根の棟の部分を作るときなど、直角ではない角度でボードを留めなければならない箇所が出てくる。その場合の留め方（切り方）を紹介する。L字型のときは「うす皮1枚残し加工」[*1]でも加工できる。

❷スチレンボードの裏面に、カッターナイフを使って上質紙に切込みを入れ、その部分の上質紙をはがす。はがしにくい場合はソルベント[*2]を利用する。切込みの位置は、ボードの板厚分の幅（45°でカットする場合）の位置とする。45°以外の場合は、この長さを調整する。

❸カッターの刃をステンレス定規に斜めに添わせる場合、定規を置く位置や定規の厚みによって、斜めの角度が変わってくる。図のように、定規はその厚み分だけ切込み線より少し外側に置くとよいだろう。

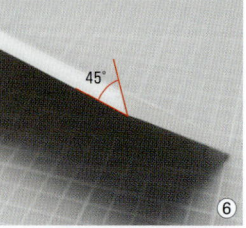

❹ステンレス定規にカッターの刃を斜めに添わせながら切る。下面の上質紙を切らないように気をつけよう。

❺❻あらかじめ紙ヤスリを貼ったボードを用意しておく。少々粗い斜めで構わないので、表面を紙ヤスリで削って平滑に仕上げる。

*1：112ページ参照　*2：44ページ参照

スチレンボードの小口を斜めに切ろう(2)

スチレンボードの上質紙に挟まれた部分が発泡体であることを考えると、スタイロフォームを加工する場合と同じようにヒートカッターが使える。ここでは、ヒートカッターを使って小口を斜めにする方法を解説しよう。

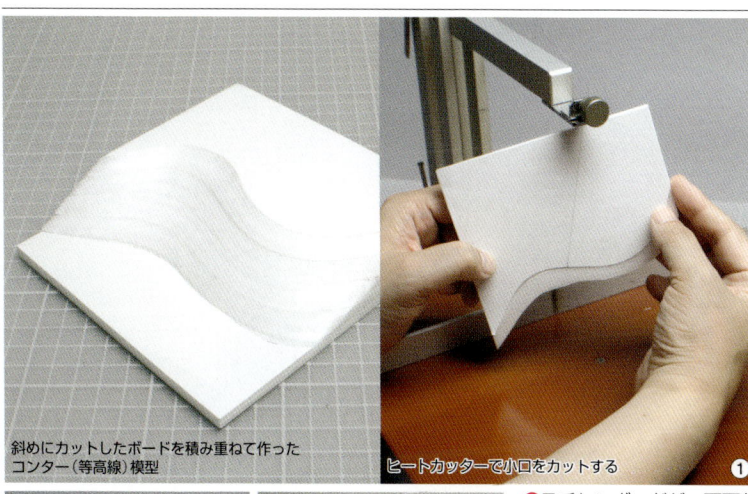

斜めにカットしたボードを積み重ねて作ったコンター(等高線)模型

ヒートカッターで小口をカットする ①

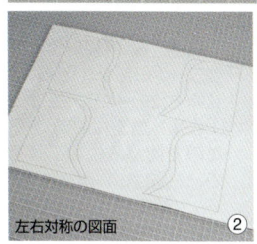

左右対称の図面 ②

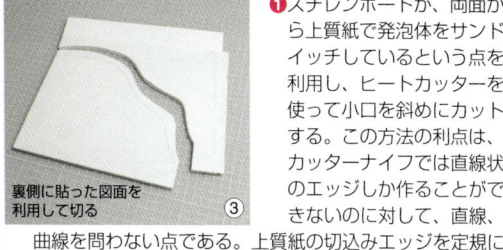

裏側に貼った図面を利用して切る ③

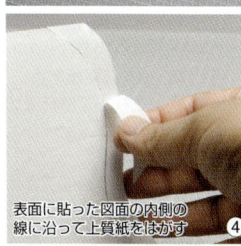

表面に貼った図面の内側の線に沿って上質紙をはがす ④

カッターナイフで削っていく ⑤

❶スチレンボードが、両面から上質紙で発泡体をサンドイッチしているという点を利用し、ヒートカッターを使って小口を斜めにカットする。この方法の利点は、カッターナイフでは直線状のエッジしか作ることができないのに対して、直線、曲線を問わない点である。上質紙の切込みエッジを定規にするため、曲線状のエッジもカットが可能で、コンター(等高線)模型を作るときなどに便利である。

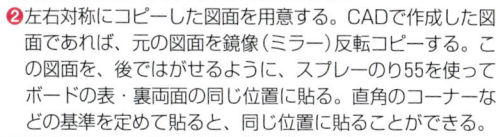

❷左右対称にコピーした図面を用意する。CADで作成した図面であれば、元の図面を鏡像(ミラー)反転コピーする。この図面を、後ではがせるように、スプレーのり55を使ってボードの表・裏両面の同じ位置に貼る。直角のコーナーなどの基準を定めて貼ると、同じ位置に貼ることができる。

❸裏面側から、図面の外側の線に沿ってボードを切る。

❹ボードを表面にし、図面の内側の線に沿って、上質紙をはがすための切込み線をカッターナイフで入れる。切込みが入ったら上質紙をはがす。表・裏面の上質紙のエッジを定規にし、ヒートカッターを使って、フリーハンドで発泡体部分を切っていく(①右)。多少の凸凹は気にしないで切っていく。あまり強くエッジに押しあてると、上質紙の部分も切れてしまうので注意しよう。

❺凸凹した部分はカッターナイフで削って形を整える。形が整ったら、紙ヤスリで削って完成させる。

「うす皮1枚残し加工」を身につけよう

スチレンボードを使って模型を作るとき、壁や柱などのL字型コーナー部分は、そのまま作ったのでは、一方の部材の小口が見えてきてあまり美しくない。このような場合に、「うす皮1枚残し加工」というテクニックを使うとよい。

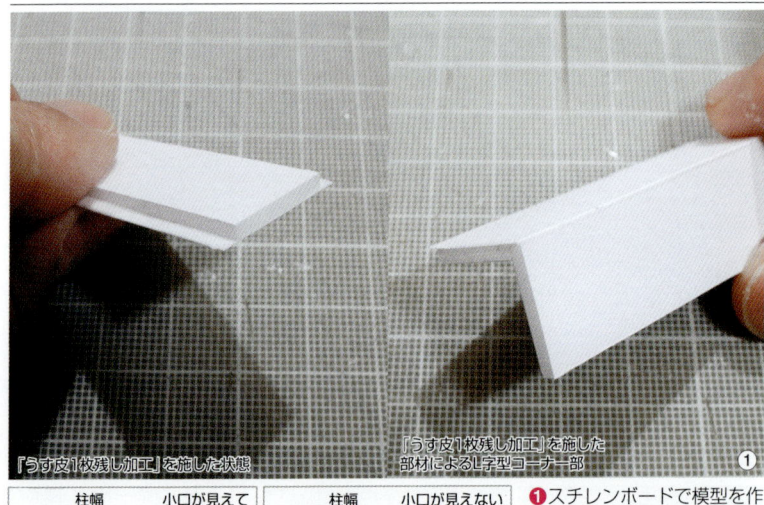

① 「うす皮1枚残し加工」を施した状態 ／ 「うす皮1枚残し加工」を施した部材によるL字型コーナー部

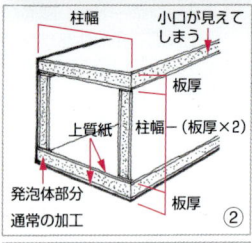

② 通常の加工（柱幅、小口が見えてしまう、板厚、上質紙、発泡体部分、柱幅－（板厚×2）、板厚）

③ うす皮1枚残し加工（柱幅、小口が見えない、柱幅）

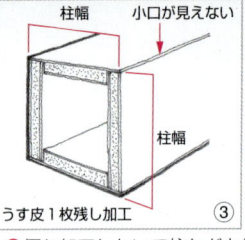

④ うす皮1枚残し加工（上質紙、上質紙、発泡体部分、板厚幅、そぎ落とす）

⑤ 「うす皮1枚残し加工」を施した部材で組み立てた柱

⑥ 柱用の部材を切り出す

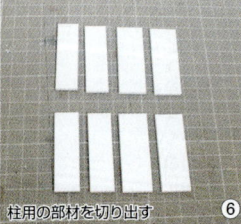

❶ スチレンボードで模型を作る場合、壁や柱などのL字型コーナー部をきれいに見せる方法の一つに「うす皮1枚残し加工」がある。写真の左側がその加工状態で、右側はL字型に組み立てた状態である。ここでは、この加工方法を解説しよう。

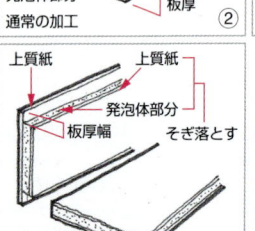

❷ 何も加工しないで柱などを組み立てると、一方の側の部材の小口が見えてしまう。その上、片側の部材（図では縦の部材）は、柱幅より板厚×2だけ短く切り出す必要がある。

❸ 「うす皮1枚残し加工」を使えば、4辺とも柱幅で部材を切り出せばよい。しかも小口も見えてこないので、全体が上質紙で覆われたように見せることができる。

❹ 「うす皮1枚残し加工」とは、L字型コーナーを構成する2部材のうち一方の部材のエッジで、他方の部材の板厚幅で片側の上質紙1枚だけを残し、発泡体と上質紙をそぎ落としてしまう加工である。

❺ 柱を作る場合を例に、加工方法を詳しく解説しよう。

❻ 最初に、柱の部材をすべて柱幅で切り出す。写真は柱2本分である。

❼ 切り出した部材のうち、平行な2辺の部材に「うす皮1枚残し加工」を施す。柱

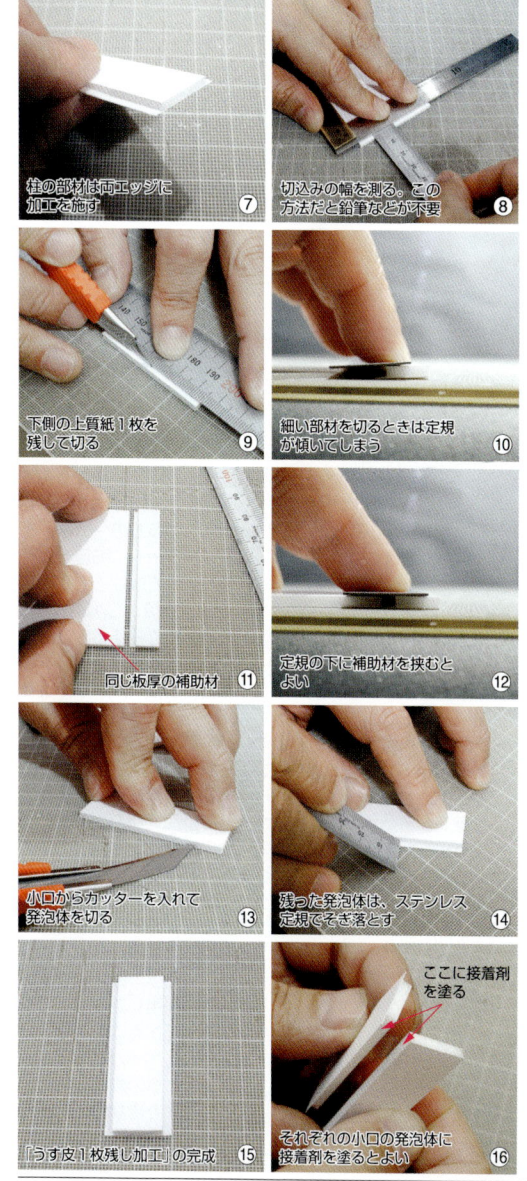

[写真キャプション]
- ⑦ 桂の部材は両エッジに加工を施す
- ⑧ 切込みの幅を測る。この方法だと鉛筆などが不要
- ⑨ 下側の上質紙1枚を残して切る
- ⑩ 細い部材を切るときは定規が傾いてしまう
- ⑪ 同じ板厚の補助材
- ⑫ 定規の下に補助材を挟むとよい
- ⑬ 小口からカッターを入れて発泡体を切る
- ⑭ 残った発泡体は、ステンレス定規でそぎ落とす
- ⑮「うす皮1枚残し加工」の完成
- ⑯ ここに接着剤を塗る／それぞれの小口の発泡体に接着剤を塗るとよい

の場合は、両エッジに加工が必要である。

❽ ボードの厚み分（ここでは2mm）の切込み位置を出す。よく使う方法として、スコヤとステンレス定規を使って位置を出している。鉛筆やカッターで印を付ける手間が省けるうえに、鉛筆で部材が汚れることもない。

❾ 下側の上質紙1枚を残し、上側の上質紙と発泡体部分に切込みを入れる。このとき、下側の上質紙を切ってしまわないように注意しながら切っていく。

❿ 切込みラインにステンレス定規をあてがうと、部材が細いため定規が斜めになってしまうし、ぐらぐら動いてしまって切りにくい。

⓫⓬ このようなときは、定規の下に同じ板厚の補助材をかませるとよい。定規が安定して正確に切れる。

⓭ 切込みが入ったら、側面から発泡体部分を切り取っていく。カッターの刃を長めに出し、刃のたわみを利用しながら部材の側面に切込みを入れる。発泡体部分は柔らかく上質紙は若干固いので、慣れれば、上質紙の抵抗を定規にしてきれいに切ることができる。練習してこの感覚を身につけよう。

⓮ 発泡体が残ってしまったら、後からステンレス定規でそぎ落とすこともできる。

⓯ 写真は、両側のエッジに加工を施した状態である。

⓰「うす皮1枚残し加工」部分を接着する場合は、両部材の発泡体部分（小口）に接着剤を塗るとよい。

スチレンボードで曲面を作ろう

スチレンボードの発泡部分には目がある。この目に沿って曲げてみると、折れることなく曲がる性質をもっている。この性質を利用すると、スチレンボードで曲面を作ることも可能である。ここでは、スチレンボードの曲面の作り方を理解しよう。

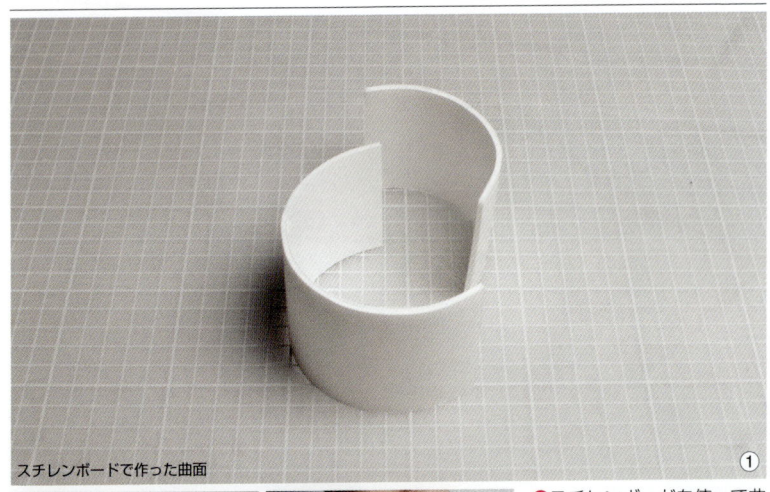

材料別テクニック

スチレンボードで作った曲面 ①

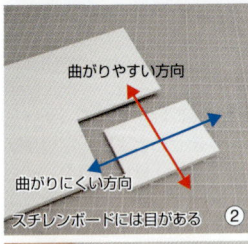

曲がりやすい方向
曲がりにくい方向
スチレンボードには目がある ②

スチレンボードの片面の紙をはがしてみる ③

曲がりやすい方向だときれいに曲がる ④

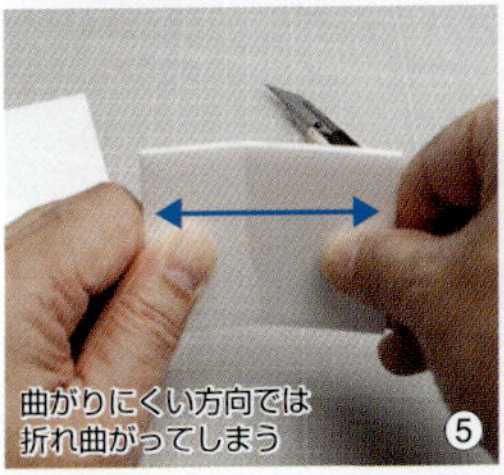

曲がりにくい方向では折れ曲がってしまう ⑤

メーカーによっては目がない製品もある ⑥

❶スチレンボードを使って曲面を作る方法はいくつかある。そのうちの一つは、スチレンボードに筋目をいくつか入れて曲げる方法である。これは、CADで円を多角形に近似するのと同じ考え方である。この方法の場合、筋目を入れたほうを外(外周面)に向けてしまうしかボードを使うことができないため、見栄えがあまりよくないのである。

❷もう一つの方法は、スチレンボードの発泡体部分に目があるという性質を利用する方法である。どちらに目があるのか確認するため、スチレンボードの小片を切り出す。

❸切り出したスチレンボードの片面の紙をはがす。

❹スチレンボードを両側に折り曲げてみる。ある方向では、折り目が付くことなく曲がってくれる。

❺しかし、反対方向で曲げようとすると、力を入れても曲がらず、しまいには折れ曲がってしまう。曲がりやすい方向を利用してやると簡単に曲面を作ることができる。

❻ただし、メーカーによっては、どちらの方向でも曲げることができない、つまり目をもっていない製品もあるので気をつけよう。

片面の紙をはがし、スチレンボードを曲げてくせをつける ⑦

紙のない面

両面テープを貼ったケント紙をボードの曲面部分に貼っていく ⑧

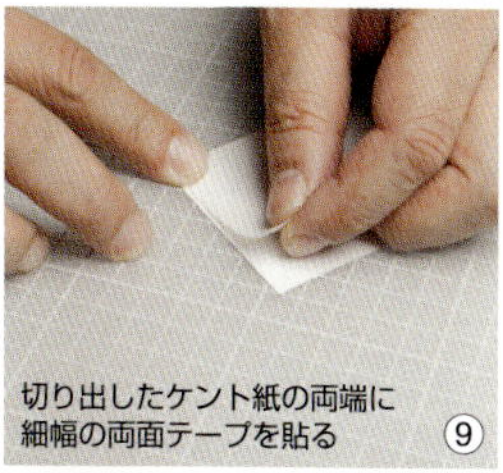

切り出したケント紙の両端に細幅の両面テープを貼る ⑨

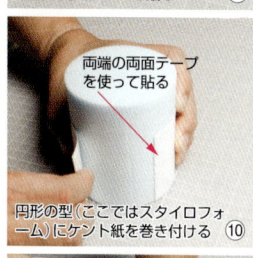

円形の型（ここではスタイロフォーム）にケント紙を巻き付ける ⑩

両端の両面テープを使って貼る

切り出したスチレンボードの片側の紙をはがし、巻きくせをつける ⑪

スチレンボードの紙をはがした面に両面テープを貼る ⑫

両面テープの保護紙

ケント紙

スチレンボード

型に貼ったケント紙にスチレンボードを貼っていく ⑬

ケント紙の両端に貼った両面テープの内側を切って、スチレンボードを型からはずす ⑭

図面をもとに、使用する円弧の長さで切る ⑮

❼このスチレンボードが曲がる性質を利用して曲面を作る原理はこうである。まず、スチレンボードの片面の紙をはがし、その面が内側にくるようにして、手で曲げくせをつける。

❽スチレンボードと同じ大きさのケント紙を切り出し、片面に両面テープを貼っておく。曲げくせをつけたスチレンボードの紙のない面にケント紙を貼っていく。これで曲面ができる。つまり、スチレンボードの曲がる性質を利用して、あらかじめ曲面を作っておき、その状態をケント紙で固定するという考え方だ。ただし、これだと曲面の半径があいまいになってしまうので、以下で、型を使って半径も正確に作る方法を解説しよう。

❾最初に、曲面の長さ＋両側に10mm程度の長さをもったケント紙を切り出し、両端に5mm幅程度の両面テープを貼る。

❿両面テープの保護紙をはがし、曲面の半径をもった円柱にケント紙を巻いて貼る。

⓫ケント紙の長さと同じ長さのスチレンボードを切り出し、片面の紙をはがし、その面を内側にして曲げくせをつける。

⓬スチレンボードの紙をはがした面の全面に両面テープを貼る。

⓭スチレンボードを円柱に巻き付けられたケント紙に貼っていくが、途中で浮いたり、斜めになったりしないようにする。そのため、円柱を床に押さえつけ、両面テープの保護紙をはがしながら、少しずつ貼る。

⓮貼り終わったら、ケント紙の両端から5mm内側の部分を切って、型からスチレンボードをはずす。

⓯はずした後、図面と照らして円弧の端部を写し、その位置でスチレンボードを切ると完成である。

のこぎりを使った切断方法を理解しよう

建築模型に用いられる木質系材料には、バルサ材、ヒノキ角材などがある。板厚の厚いバルサ材やヒノキ角材などは工作用のこぎりや小型電動のこぎりを使って切ることになる。ここでは、のこぎりを使う場合の木質系材料の切断方法を理解しよう。

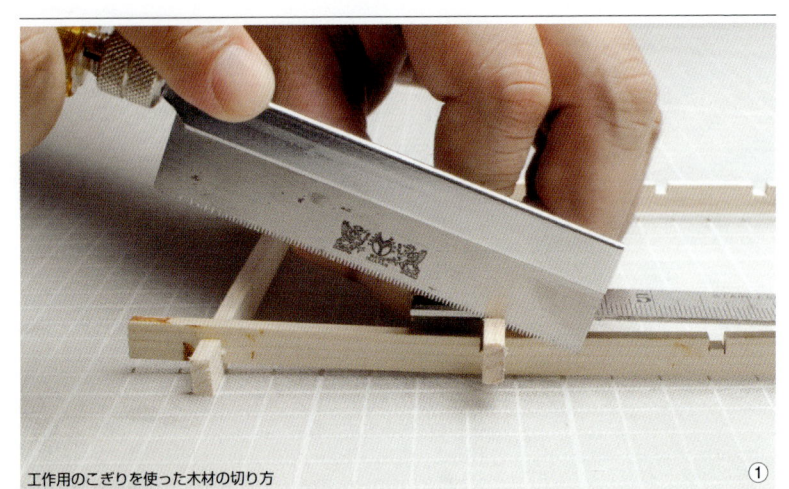

工作用のこぎりを使った木材の切り方 ①

引く

のこぎりの使い方 ②

のこぎり刃のクローズアップ ③

ノギスで測ったのこぎりの刃の厚み ④

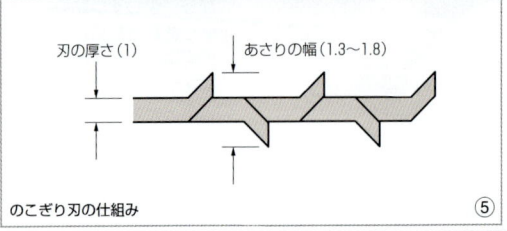

刃の厚さ(1)　あさりの幅(1.3〜1.8)

のこぎり刃の仕組み ⑤

❶板厚の薄いバルサ材は、カッターナイフで切れるが、ヒノキ角材や板厚の厚いバルサ材はのこぎりで切ることになる。大工工事用のこぎりでもよいのだが、材の大きさに比べてのこぎりが大きすぎるので、工作用の小型のこぎりや、のこぎり刃のカッターを使ったほうが作業効率はよいだろう。

❷日本型ののこぎりは、引くときに切れるように刃が作られている(西洋のこぎりは逆で、押すときに切れる)ので、引くときに力を入れて切るようにする。

❸のこぎりの刃を上から見ると、刃が左右に広がっているのがわかる。これを「あさり」という。切断中、木材両面からの摩擦力でのこぎりが動かなくなってしまうことを防ぎ、木くずを外に出すという役目をもっている。あさりがあるため、のこぎりで切るときには、カッターナイフで切るときに比べ、切り代である欠損部分が大きくなる。

❹❺刃の厚さを1とした場合、あさりの幅は、1.3〜1.8になる。写真にある工作用のこぎりの刃の厚さは、約0.2mmである。そのため、切り代は0.26〜0.36mmになる。

角材切断用の架台を作ろう

ヒノキ角材など、木材をのこぎりで切る場合、テーブルの上で切るとテーブルとのこぎりの双方を傷めてしまう。これを防ぐための一つの方法に、架台を使って材料を浮かす方法をがある。ここでは、材料を浮かすための架台の作り方を紹介しよう。

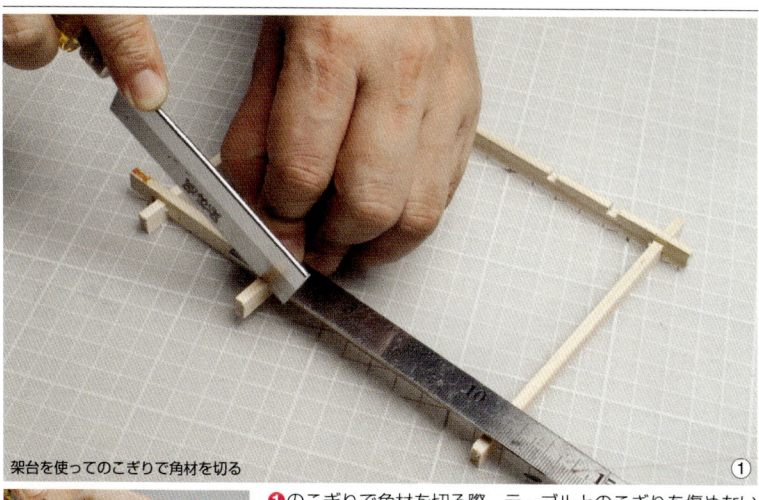

架台を使ってのこぎりで角材を切る ①

切ろうとしている角材がテーブルから浮いている ②

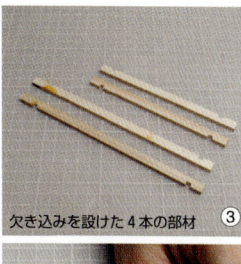

欠き込みを設けた4本の部材 ③

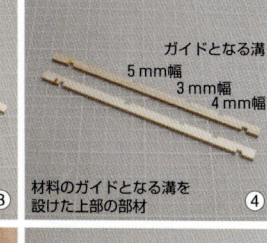

ガイドとなる溝
5mm幅
3mm幅
4mm幅

材料のガイドとなる溝を設けた上部の部材 ④

欠き込み部分に接着剤を塗り、部材を接着する ⑤

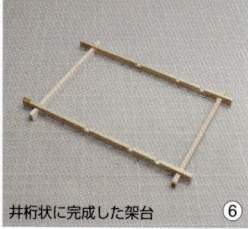

井桁状に完成した架台 ⑥

❶のこぎりで角材を切る際、テーブルとのこぎりを傷めないよう材料を浮かす方法の一つに、ダイスを用いて材料を固定する方法があるが、予想外に大型のダイスが必要になり、大掛かりになってしまう。そのため、ここでは、もう少し簡易的な「架台」を作る方法を解説しよう。

❷ヒノキ角材の端材を井桁に組み、そこに角材の幅の溝を切っておくと、材料がテーブルから浮くとともに、溝によって材料が動きにくくなり、材料が切りやすくなる。

❸同じ長さの角材を2組、4本切り出す。長さは少々違っていてもよい。それらの材に欠き込み*を設ける。角材の成が大きいものを用いると材料のテーブルからの離れが大きくなり、作業がしやすくなる。

❹ガイドとなる上部の部材2本には、材料をはめ込むための溝を同じ位置に設ける。このとき、角材の幅に応じ、3mm、4mmなど、複数の幅の溝を設けておくとよいだろう。

❺欠き込み部分に木工用接着剤を塗って接着し、井桁の形に組み立てる。

❻接着剤が乾燥すれば完成である。

*121ページ参照

斜めカット定規を作ろう

ヒノキ角材を切断する場合、工作用のこぎりのガイドになる何らかの定規が必要である。スコヤや市販ののこぎり用定規では、角材が細いために使いにくい。ここでは、比較的使いやすくて簡単に作れる定規を紹介する。

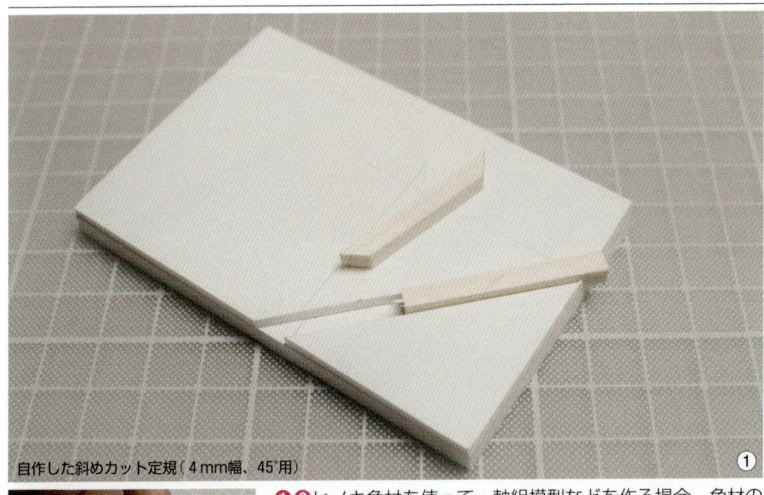

自作した斜めカット定規（4mm幅、45°用） ①

定規を使って角材を斜めにカット ②

市販ののこぎり用定規 ③

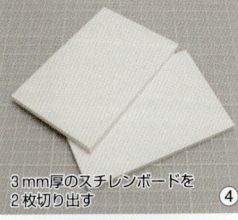

3mm厚のスチレンボードを2枚切り出す ④

ボードの1枚のほうに両面テープを貼る ⑤

❶❷ヒノキ角材を使って、軸組模型などを作る場合、角材の切断には工作用のこぎりを用いる。このとき何らかの定規が必要だが、スコヤでは角材が細すぎるため動いてしまい、うまく切ることができない。市販ののこぎり用定規もあるが、これも材料の固定がしにくく、うまく切ることができない。そこで、ここでは定規を自作する方法を紹介する。

❸市販ののこぎり用定規は、定規に切られた溝にのこぎりの歯を挿入し、定規の底に置いた材料を切るというしくみになっており、溝がガイドの役割をしている。溝は、直角と45°に切られている。

❹「斜めカット定規」を作ってみよう。ここで紹介する定規は、さまざまな角材の材寸や、切断加工する場合の小口の異なる角度に対応することは、残念ながらできない。そのため、切断する角材の幅や角度一つひとつに応じたものを作っておく必要がある。

そこで、「4mm幅の角材用定規（45°用）」の場合を例に解説していく。まずは、定規全体の大きさを15×10cmとするので、3mm厚のスチレンボードを用意し、これより少し大きめ（17×

2枚のスチレンボードを貼り合わせる ⑥

貼り合わせた2枚のボードの4辺をカットして大きさを整える ⑦

角から等距離の位置に付けた印を線で結び、溝幅分の平行線をさらに1本引く ⑧

線に沿ってカッターナイフで切込み（ボード1枚分）を入れ、表面の紙をはがす ⑨

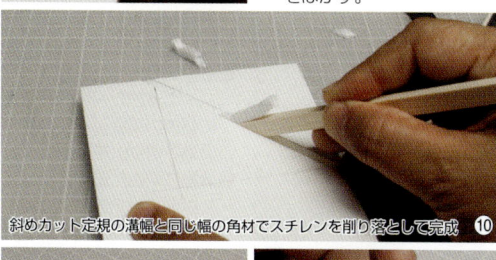

斜めカット定規の溝幅と同じ幅の角材でスチレンを削り落として完成 ⑩

角材に付けた印がちょうどエッジにくるように角材を溝にはめ込む ⑪

下敷きの端材

定規を裏返し、角材が出ている部分を切り落とす ⑫

12cm程度）に2枚切り出す。

❺切り出した2枚のボードのうち、1枚のボードの片面に両面テープを貼る。

❻両面テープの保護紙をはがし、2枚のボードをぴったりと貼り合わせる。

❼貼り合わせた2枚のボードを、15×10cm程度の長方形になるように、4辺をカットして形を整える（大きさは目安と考えてよい）。このとき、4つの直角が不正確だと、定規の角度も不正確になってしまうので、必ずスコヤを使って正確に切断する。

❽次に、ボードに角材をはめ込む溝を作る。長方形の1つの角を含む2辺のそれぞれに、角から6～7cm程度の位置に印を打つ。その2点を結んで、2辺に対して45°になる線を引く。さらに、いま引いた線と平行に、4mm間隔の線を1本引く。

❾それぞれの線に沿って、カッターナイフで切込みを入れる。切込みは、3mmのボード1枚分の深さまで入れる。そして、切込みを入れた4mm幅の部分のスチレンボード表面の紙をはがす。

❿最後に、いらなくなった4mmの角材を使って、溝幅部分のスチレンを削り落とせば完成である。

⓫「斜めカット定規」の使い方は、角材の切断位置に印を付け、その位置がこの定規のエッジにくるようにして、4mmの角材を定規の溝にはめ込む。

⓬スチレンボードの端材などを下敷きにして、その上に角材をはめ込んだ「斜めカット定規」を裏返しにして置く。定規のエッジをガイドにして、工作用のこぎりで角材の出っ張っている部分を切り落とす。

材料別テクニック

紙ヤスリ定規を作ろう

工作用のこぎりを使ってヒノキ角材を切断すると、小口がどうしてもわずかに斜めになってしまう。このようなとき、ヤスリがけをして斜めの部分を修正するのだが、ここでは、簡便で比較的精度の良い「紙ヤスリ定規」の作り方を紹介しよう。

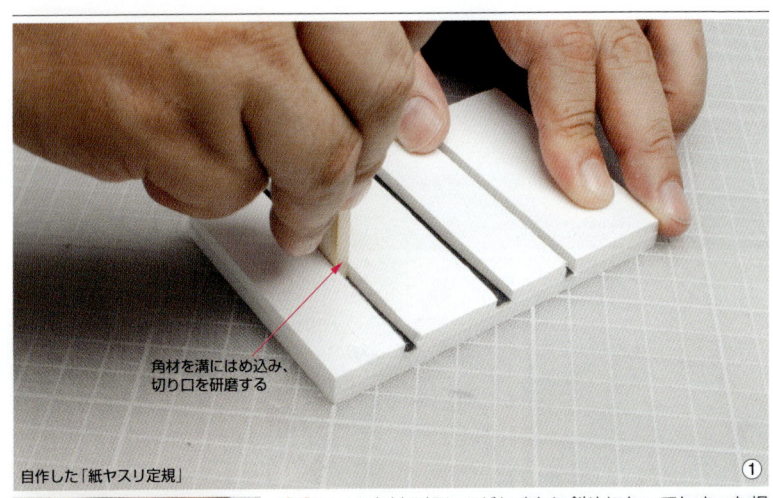

角材を溝にはめ込み、切り口を研磨する

自作した「紙ヤスリ定規」　①

市販のヤスリを使って小口を研磨すると、角が丸まってしまう　②

「斜めカット定規」の作り方で、溝の入った「紙ヤスリ定規」の土台を作る　③

溝幅で切り出したもの
両面シート
耐水ペーパー（紙ヤスリ）
耐水ペーパー裏面に両面シートを貼る　④

溝幅と同幅の角材で押さえながら貼る
土台の溝に耐水ペーパーを貼る　⑤

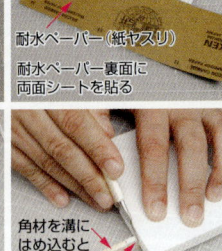

角材を溝にはめ込むとよい
土台を裏返し、両脇のはみ出た部分を切る　⑥

❶❷ヒノキ角材の切り口がわずかに斜めになってしまった場合、市販の金ヤスリや紙ヤスリを使って修正すると、切り口の面積が小さいため、角が丸まってしまう。このようなとき、118ページで紹介した「斜めカット定規」をアレンジした「紙ヤスリ定規」を使うと、比較的きれいに研磨できる。ここでは、「紙ヤスリ定規」の作り方を解説しよう。

❸118ページの要領で「斜めカット定規」を作る。ただし、「紙ヤスリ定規」として使う場合は、溝を斜めにしなくてもよい。使用する角材の幅に応じて、異なる幅の溝を何本か作っておくと、一枚で複数幅の材に対応できる。

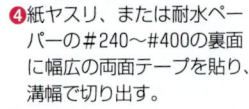

❹紙ヤスリ、または耐水ペーパーの#240～#400の裏面に幅広の両面テープを貼り、溝幅で切り出す。

❺溝幅に切った紙ヤスリ、または耐水ペーパーを「紙ヤスリ定規」の土台の溝に貼る。このとき、溝幅と同幅の角材で押さえながら貼るときれいに貼れる。

❻裏返して、両脇にはみ出た部分をカッターナイフで切れば完成である。このときも、溝幅と同幅の角材を溝にはめ込んでおくと、切るときの土台になる。

角材に欠き込みを作る方法を覚えよう

軸組模型など、角材を使った模型を作る場合に、材と材が交差する箇所で、両方の材を同面（どうづら）に納めたいという箇所が生じる。このような箇所では、材に欠き込みを設けて接合する。ここでは、角材の欠き込みの作り方について解説しよう。

欠き込み部（両方の材に欠き込みを設け、同面に納める場合） ①

繊維方向
木材の繊維に沿って割れやすい ②

欠き込みの両端にのこぎりで切込みを入れる ③

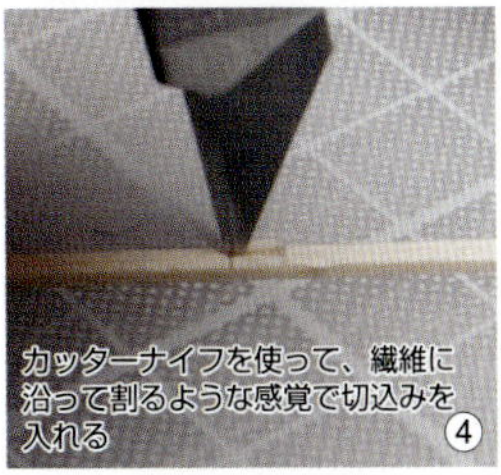

カッターナイフを使って、繊維に沿って割るような感覚で切込みを入れる ④

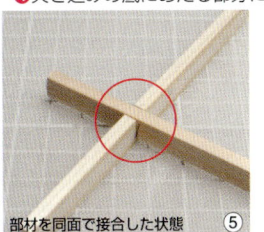

部材を同面で接合した状態 ⑤

① 軸組模型などを作っていると、間柱と筋かいや、梁と根太といったような接合箇所では、材に欠き込みを設けて、同面にしたり強度のある接合部として納めたい箇所が生じる。ここでは、角材に設ける欠き込みの加工方法について紹介しよう。

② 角材に欠き込みを入れる場合、木材の性質のうち、繊維方向のせん断には弱いという性質を利用する。つまり、繊維方向にはカッターナイフの刃を入れるだけで割れていくので、この性質をうまく利用する。

③ この割れはどこまでも続いていってしまうので、欠き込みを作るには、どこかで止める必要がある。この割れを止めるために、最初に欠き込みの両端になる位置に切込みを入れておく。切込みは、工作用のこぎりか、またはのこぎり刃のカッターを用いる。切込みの深さは、欠き込みの深さになるが、細い材で深さを測るのは面倒なため、だいたいの目安をつけて、目分量で測ることとする。そして、目安の深さよりも少し深めに切込みを入れておく。

④ 欠き込みの底にあたる部分にカッターナイフの刃を入れ、割れの入った繊維に沿って切込み位置までカッターナイフを動かし、欠き込み部分をもぎ取る。

⑤ 接合する2つの部材それぞれに、部材の成の半分の深さの欠き込みを入れておくと、部材を同面で接合することができる。

スタイロフォーム／スチレンボード／木材類／その他／土台作り

塩ビ板の加工方法を覚えよう

建築模型において、ガラスやドアなどの表現には塩ビ板を用いることが多い。模型に用いる塩ビ板の板厚は0.2〜0.5mm程度であるため、切断加工はカッターナイフで可能である。ここでは、塩ビ板の加工方法について解説しよう。

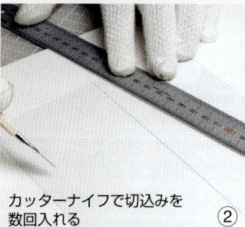

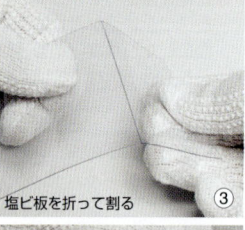

① 型に当てがい塩ビ板を曲げ加工する

② カッターナイフで切込みを数回入れる

③ 塩ビ板を折って割る

④ 被着材の接着面に専用接着剤を流し込む　塩ビ板どうしの接着

⑤ 塩ビ板の小口にスチのりを塗る　塩ビ板とスチレンボードの接着

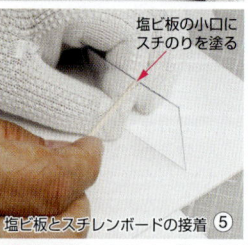

⑥ 塩ビ板表面の絵具を拭き取った目地の表現

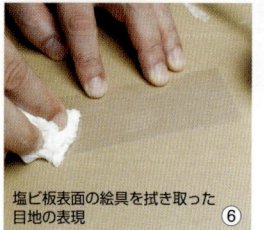

❷❸塩ビ板を切る場合は、カッターナイフを用いる。0.3mm程度の板厚であれば、カッターナイフで数回切込みを入れると切断できる。また、一、二度カッターナイフで切込みを入れた後、切込みに沿って折り曲げ、割って切るという方法でもよい。

❹塩ビ板どうしを接着する場合は、塩ビ専用接着剤*を用いる。アクリル専用接着剤と使い方は同じで、被着材の接着面相互の隙間に接着剤を流し込む。被着材をいったん溶かし、それが硬化して接着する。

❺塩ビ板とスチレンボードを接着する場合は、塩ビ板の小口につまようじでスチのりを付けて接着する。

❶塩ビ板は曲面を作ることもできる。湯せんやヘアドライヤーで塩ビ板を温め、軟らかくなった塩ビ板を即座に型に押し当てて曲げる。

❻サッシや手すりの表現に塩ビ板を用いる場合、目地が必要なことがある。塩ビ板表面にカッターナイフで筋を入れ、水性の絵具や塗料を塗った後、素早く拭き取ると、筋目部分にだけ残った色で目地を表現できる。

＊：45ページ参照

アクリル板の加工方法を覚えよう

透明アクリル板は、ガラスの代用としても用いられるほど硬く、透明度も高い。切断加工や研磨、接着には、アクリル専用のカッターナイフ、研磨剤、接着剤を用いる。ここでは、アクリル板の加工方法ついて解説しよう。

小型電動丸のこでアクリル板を切断 ①

保護紙を切る場合は刃の○印の部分を使う ②

アクリルを切る場合は刃の○印の部分を使う ③

板厚の1/2～1/3の深さまで切込みを入れる。 ④

切れ目を自分と反対側にして板を両側に折る ⑤

バリなどを取る場合は刃の○印の部分を使う ⑥

❶アクリル板を切る道具には、アクリル専用のこぎり、小型電動丸のこ、アクリル専用カッターナイフなどがある。

❷アクリル専用カッターナイフを用いてアクリル板を切断する方法を解説しよう。アクリル板の保護紙に切断箇所を線引きし、アクリル専用カッターナイフの写真で示した部分を使って、まず、保護紙を切る。

❸❹次に、アクリル専用カッターナイフの刃の写真で示した部分を使って、板厚の1/3程度まで切込みを入れる。切込みは一度では無理なので、何度もカッターをけがくように走らせて、徐々に深くしていく。切込みは、どの部分も均一の深さになるようにする。

❺アクリル板を切込みに沿って折り曲げると、アクリル板は切込みに沿って割れて切れる。

❻切ったアクリルの小口は、アクリル専用カッターナイフの刃の写真で示した部分を使って、バリなどを取ると同時に平滑にする。その後、専用の研磨剤を使って研磨すると、きれいに仕上がる。アクリル板どうしの接着にはアクリル専用接着剤*を用いる。

＊：45ページ参照

レジンを使って模型を作ろう

型を作り、その型に液体状の成型素材を流し込み、硬化すると型通りの立体形状を作る技術を総称して「成型技術」と呼ぶ。成型に用いられる樹脂には、古くは石膏、レジンがある。これらの素材を使ってミニカーの複製（ホワイト模型）を作ってみよう。

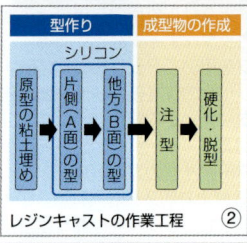

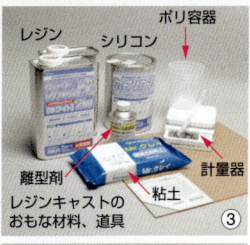

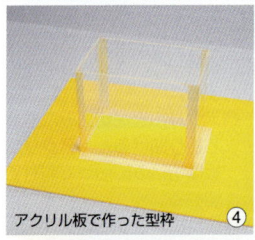

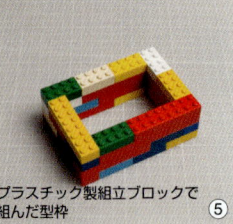

成型素材で作ったミニカーの複製 ①

レジンキャストの作業工程 ②

レジンキャストのおもな材料、道具 ③

アクリル板で作った型枠 ④

プラスチック製組立ブロックで組んだ型枠 ⑤

粘土に型枠をはめ込み、周囲の隙間に粘土を埋め込む ⑥

❶❷ レジンなどの無発泡ポリウレタン樹脂や石膏など、成型素材でミニカーを複製し、ホワイトの車を作ってみよう。工程は大きく2つに分かれる。一つはシリコンを使って型を作る工程、もう一つは、型に成型素材を流し込んで複製物を作る工程である。

❸ 材料と道具は、型取り用にシリコンと粘土、複製用樹脂にレジン（無発砲ポリウレタン）、そのほか離型剤、型枠用ブロック、混合用ポリ容器、スポイト、かく拌棒、計量器、原型（複製元）のミニカーなどである。

❹❺ 型は原型の半分ずつ（A面、B面）作り、それを結束したものを用いる。まず最初に、型を取るための型枠を作る。縮尺1/100のミニカーに、周囲の余裕を見て、底面6×9cm、高さが5cm程度の大きさで型枠を作る。型枠の素材はアクリル板などプラスチック系素材で、たわみがなければ何でもよいが、子供向け玩具のブロックを使うと、大きさも可変でばらしやすく、転用も利くので便利である。

❻ アクリル板の下敷きの上で、粘土表面を平らにした後、型枠で粘土に型を付ける。

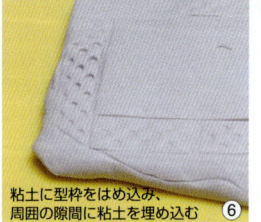

[写真⑦] ヘラなどを使って周囲の余分な粘土を切り取る

[写真⑧] 粘土に型枠をはめ、型枠の周囲をマスキングテープで目止めする

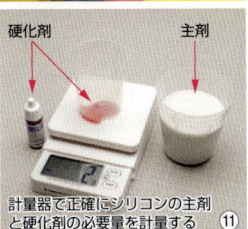

[写真⑨] 型枠との間を粘土で埋める

[写真⑩] 原型(ミニカー)を粘土に半分埋めて、周囲にだぼ穴を設ける

[写真⑪] 硬化剤　主剤　計量器で正確にシリコンの主剤と硬化剤の必要量を計量する

[写真⑫] 注型の前に、筆で原型表面にシリコンを塗る

⑦ 周囲の余分な粘土をヘラなどで切り取る。

⑧ 粘土の周囲に型枠をはめ込み、型枠と下敷きのアクリル板とはマスキングテープで目止めする。

⑨ 型枠と粘土との隙間は余った粘土で埋めて、粘土上面を平らに均す。

⑩ 原型を粘土に半分埋め込み、だぼ穴を設ける。樹脂の注型時、気泡ができず、樹脂が隅々まで回り込むためには、原型(複製元)のもつ複雑な形状はなるべく上を向くように配置する。だぼ穴は、A、B面の型の型ずれを防ぐために設ける。だぼ穴の形状は何でもよく、ここではマドラーを使って球形のくぼみを作った。

⑪ シリコンの主剤、硬化剤それぞれの重量を計量し、必要量を用意する。

⑫ 主剤に硬化剤を加えると、直ちに硬化し始める。注型する前に、気泡が混じらないようにするため、筆を使ってあらかじめ原型表面にシリコンを塗っておくとよいだろう。

⑬ なるべく、空気を混入させないようにシリコンを注型する。製品にもよるが、およそ1時間程度で硬化する。

⑭ シリコンが硬化したら、型枠をはずし、粘土をシリコンからはがす。原型(複製元)ははがさないように注意しよう。また、ここでシリコン表面に残った粘土のかすや、周囲に生じたバリなども切り落としておく。

ここまでで、半分であるA面の型の完成である。この後、このA面の型を利用して、反対側のB面の型を作る。

[写真⑬] 気泡が生じないよう混合したシリコンを型枠に注型する

[写真⑭] シリコン型(A面)の完成　シリコンの硬化後、型枠と粘土をはがす

[写真⑮] シリコン型(A面)に離型剤を塗る

⑮ まず、B面の型を作ったときにA、B両面の型をはがしやすくするため、A面の型表面に離型剤を塗る。離型剤は、床磨き用の油性ワックスでも代用可能である。

⑯ 離型剤を塗ったA面の型の

材料別テクニック

- シリコン型（A面）の上に注入
- B面の型を作るためのシリコンを型枠に注型する ⑯
- シリコン硬化後、A、B面の型を引きはがし、原型を取り出す ⑰ 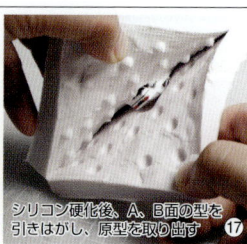 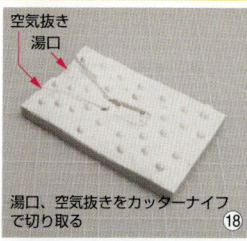
- 空気抜き
- 湯口
- 湯口、空気抜きをカッターナイフで切り取る ⑱ 
- シリコン型
- A、B面のシリコン型を合わせ、両側から木片で挟みゴムバンドで結束する ⑲
- スポイトを使ってレジンを計量する ⑳ 
- レジンの主剤、硬化剤を混合する ㉑ 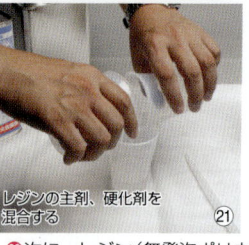
- 湯口からレジンを型に注型する ㉒
- バリはカッターナイフで切り落とす
- 気泡によって生じた空洞部分
- 型から取り出した複製物 ㉓
- 石膏で作った複製物もバリはカッターナイフで削る ㉔

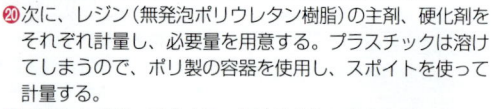

周囲に型枠を取り付け、B面を作るためのシリコンを流し込む。

⓱シリコンが硬化したら型枠をはずし、A面、B面の型を引きはがし、原型（複製元）を取り出す。細かい部分のシリコンが欠けないように慎重に取り出そう。

⓲型にレジン（無発泡ポリウレタン樹脂）を注型するにあたって、樹脂を型に注ぐための湯口、注型時に型の中の空気を排出するための空気抜きが必要である。シリコン型に湯口、空気抜きの位置をマジックで記し、カッターナイフでV字にカットする。湯口部分は、A、B両面の型に切込みを設け、注ぎ口ができるだけ広くなるようにする。

⓳湯口、空気抜きを付け終わったら、両面の型を合わせ、両側から木片などで挟み、ゴムバンドなどで結束したら型の完成である。

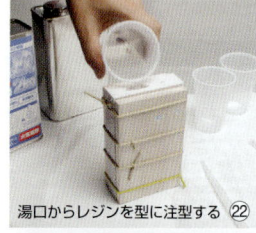

⓴次に、レジン（無発泡ポリウレタン樹脂）の主剤、硬化剤をそれぞれ計量し、必要量を用意する。プラスチックは溶けてしまうので、ポリ製の容器を使用し、スポイトを使って計量する。

㉑両液をかく拌、混合する。混合は新しい容器を用いる。

㉒レジンは、かく拌、混合から約5〜10分で硬化するので、速やかに湯口から型に注型する。このときも気泡が生じないよう注意しながら注ぐ。硬化時の樹脂は異常に熱くなるので、火傷しないように注意しよう。

㉓硬化したら、型をはがして複製樹脂を取り出し、湯口や空気抜きのバリを取って複製の完成である。

㉔シリコン型は石膏にも使える。やり方は同じで、結束した型に、水で溶いた石膏を注型すればよい。石膏は10〜30分ほどで硬化する。

完成した複製模型を添景として置いてみた例

スタイロフォーム | スチレンボード | 木材類 | その他 | 土台作り

水張りの方法を覚えよう

水張りとは、水彩画を描く場合に、水を含んだ絵具が乾燥すると紙がしわになってしまうことを防ぐために、あらかじめ水湿しをしておくことをいう。模型の土台を作るときなどにこの水張りを用いると便利なので、ここでは水張りの方法を解説しよう。

水張りが完成したパネル
（NTラシャ紙のグレー色を水張りした。側面の水張りテープの色は黒である）①

刷毛で紙をまんべんなく濡らす ②

コーナー部にしわが寄ってしまった失敗例 ③

水びたしになった紙をパネルの上に置き、四周を折る ④

❶模型の土台に木製パネルを使用する場合、パネルにマーメイド紙などの紙を水張りすることが多い。水張りをするメリットは何点かある。（1）模型写真撮影の際、パネルのエッジを背景になじませることができる。側面に貼る水張りテープは各色用意されているので、写真撮影の背景に合わせて選べば、パネルのエッジが目立たなくなる。（2）木製パネルを何回でも転用できる。水張りは接着剤を使用しないので、模型が不要になったとき、水張りした紙をはがすだけで模型とパネルを容易に分離できる。（3）水張りの紙を模型の一部として利用できる。例えば、濃いグレーの紙を水張りし、その上に薄いグレー色の紙を貼れば、道路と街区を簡単に表現することができる。デメリットとしては、木製パネルと紙とは密着しておらず、少し浮いたような感じになる。水張りは接着剤を使わず、紙の引張り力を利用して貼る方法のため、紙とパネルが密着しない。

❷木製パネルより少し大きめに紙を裁断し、その紙を水びたしにする。刷毛を使ってまんべんなく水で濡らしていく。

❸濡れているところと濡れていないところのムラがあると、乾燥したときの紙の伸び縮みに差が生じ、しわの原因になる。そのため、まんべんなく濡らすことが重要である。

❹紙のしわを伸ばしながら、紙を木製パネルの上に敷き、4辺を折り曲げる。

❺❻コーナーを処理する。紙が乾燥した際、コーナーにしわができてしまうのが、初心者のよくやる失敗である。2辺の折り曲げた紙をコーナー部分で対角線方向に引っ張り、三角形に折る。このとき、折り目がきれいに対角線方向になっていないと、しわができてしまう。折った三角形の部

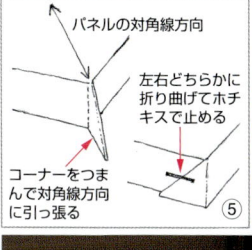

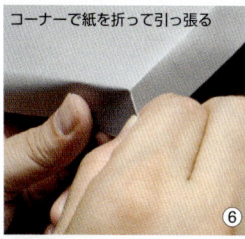

⑤ パネルの対角線方向 / 左右どちらかに折り曲げてホチキスで止める / コーナーをつまんで対角線方向に引っ張る

⑥ コーナーで紙を折って引っ張る

⑦ 紙をパネルにホチキス止めした状態

⑧ コーナーの止め方

⑨ ホチキスの止め方

⑩ 失敗した針はホチキスのお尻に付いているリムーバーで抜く

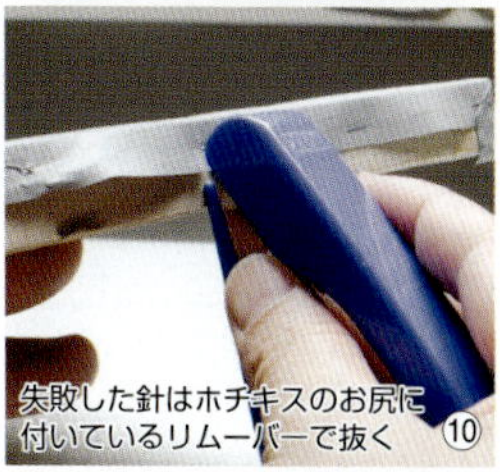

⑪ 木製パネルの厚さ半分くらいのところで、余分な紙をカットする

⑫ 水に濡れた刷毛 / 素早く引く / 水張りテープを水びたしにして粘着力を出す

分を、コーナーの2辺のどちらかに折り曲げる。

❼ ここでは、ホチキスを使って紙をパネルに固定する。これは、正式な水張りの方法ではないので、参考までに利用してほしい。

❽ コーナー部など、せっかくきれいに折ってあっても、水張りテープを貼る際、貼ることに一生懸命で折り目が緩んだり、ずれたりしてしまい、結局しわになってしまうことが多い。その点、ホチキスを使えば、折った時点で仮止めができるので、テープを貼ることに集中できる。

❾ ホチキスの止め方は、ホチキスを開いた状態（針を交換するときの状態）にし、針の射出口をパネルの角材に押し当てて打つ。針をコの字型のまま木製パネルの角材に差し込むのである。市販のボードは柔らかいので、うまく入るだろう。

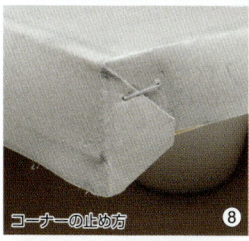

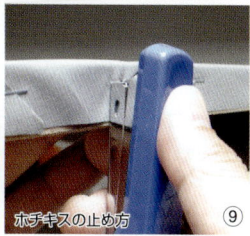

❿ もしも、針がぐにゃっと曲がってしまい、うまく入らなかった場合は、曲がった針を抜き、少し場所を変えてもう一度打ってみるとよいだろう。

⓫ ホチキスを止め終えたら、各辺の折り曲げた部分の長すぎる紙をカットする。正確さは必要ないので、木製パネルの厚さ半分くらい紙が残るように、カッターナイフを使ってフリーハンドで切っていく。

⓬ 水張りテープを木製パネルの各辺よりも少し長目に切って、4本用意する。水張りテープは、切手と同じように、水に濡れると粘着力が発揮されるのりを使っている。そのため、のりが付いている面（艶のある面）を上にして、水で濡らした刷毛の間を素早く潜らせる。こうして粘着力を発揮させ、パネルに貼る。端部の余りは、隣の辺に折って貼る。

簡単な土台を作ろう

設計案の検討や発注者への説明などに用いる模型の土台は、簡単に短時間で、かつ安価に作れるものがよい。ここでは、模型製作の材料であるスチレンボードやスタイロフォームを用いた、簡単な土台の作り方について解説しよう。

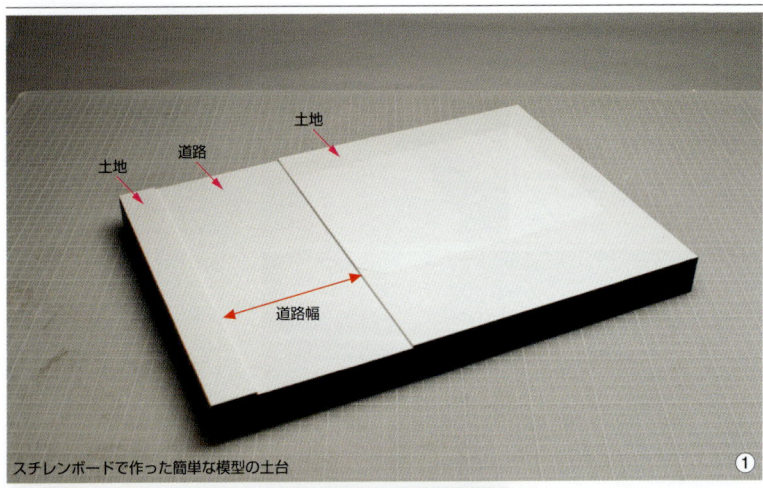

①スチレンボードで作った簡単な模型の土台

② 土台製作に用いる材料(スタイロフォーム／スチレンボード／製本テープ)

③ 切り出した土台の上面部材(敷地(ケント紙))

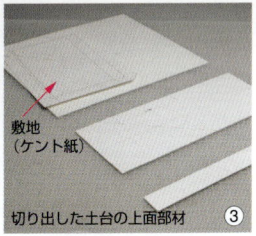

④ 道路部材(道路幅 5mm／5mm)

⑤ 側面部材

⑥ 側面部材に「うす皮1枚残し加工」を施す

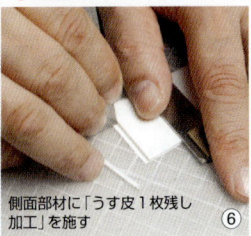

❶スチレンボードを使った土台とは、スチレンボードで敷地部分を箱状に作ると考えるとよいだろう。土台が高いときなど、強度が不足する場合は、スタイロフォームで裏面に補強する。

❷材料は、3mmのスチレンボード、製本テープ、スタイロフォームを使用する。

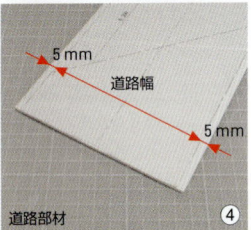

❸3mmのスチレンボードを使って、敷地と道路、およびその周囲5〜10cm程度の余白を含めた部分を土台の範囲とし、土台の上面部材を切り出す。道路と敷地などの土地の部分については、わずかな段差を設ける。3mmボードの板厚を使えば、1/50の場合、実際の段差が150mm程度になるので、ちょうどいい具合の段差になる。つまり、土地と道路の部分を切り離して考える。

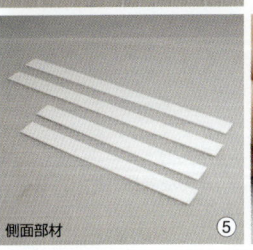

❹道路用の部材は別に切り出す。道路部材は、土地部分の部材の下に5mm程度重ねることで、土台部材が道路の部材から浮いてしまうことを防ぐようにする。そのため、道路幅の両側に、それぞれ5mmののり代を取って、切り出す。

❺土台側面の部材を、4面切り出す。高さは、製本テー

プ幅に合わせ、35mmとした。

❻側面部材の、コーナー接合部および上面部材が接合される辺に、3mm分の「うす皮1枚残し加工」[*1]を施す。

❼側面用部材4枚のうち、道路の断面が出てくる2枚については、道路分の切り下げを作り、さらに、道路部材を接着する部分に、「うす皮1枚残し加工」を施す。このとき、道路用部材は、道路幅＋5mm×2で切り出しているので、この切り下げ部分も、道路幅の両側にそれぞれ5mm分広げて「うす皮1枚残し加工」を施す。

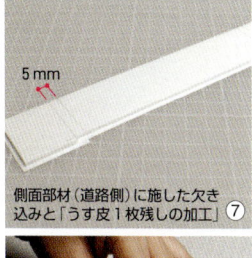

側面部材（道路側）に施した欠き込みと「うす皮1枚残しの加工」⑦

❽2枚の部材を貼り合わせ、L字型に接合[*2]する。

❾もう一面の部材を接合し、コの字型に組み立てる。

❿コの字型に組み立てた3方の部材に道路部材を接着し、側面部材を安定させる。

⓫土地部分の上面部材を接着する。

⓬最後に、蓋をするように、側面部材の4方目の部材を接着する。

⓭敷地部分が隣地や道路部分から区別できるように、紙1枚分盛り上げる。ケント紙を用いて、敷地形状を切り出し、裏面にスプレーのり77を噴いた後、所定の場所に貼る。

⓮今回は、ほぼA3判の大きさで作ったが、3mmのボードでは、土台中央がたわんでしまう。このようなときは、スタイロフォームを土台の高さ（上面の板厚分を引いて）で切り出し、土台の裏面に補強する。

⓯最後に側面に製本テープを貼る。これは、省略してもよいが、写真撮影の予定がある場合や、見栄えを良くするときに貼る。製本テープは裏面にのりが付いているので、保護紙をはがしながら、しわにならないよう伸ばしながら貼っていく。

L字型組立てを使って壁を組み立てる ⑧
側面部材を3方まで組み立てる ⑨ 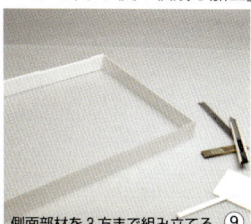
側面部材に道路部材を接着 ⑩ 
土地部分の上面部材を接着し、上面をすべて覆う ⑪ 
側面部材の4方目を接着 ⑫ 
ケント紙で切り出した敷地をスプレーのりで貼る ⑬ 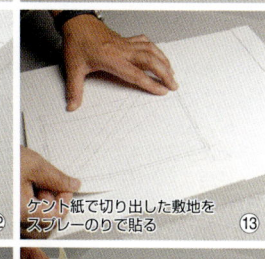
裏面にスタイロフォームで補強 ⑭ 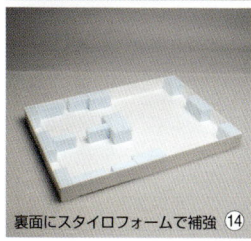
製本テープを側面に貼る ⑮ 

スタイロフォーム　スチレンボード　木材類　その他　土台作り

*1：112ページ参照　*2：144ページ⑪参照

街区模型を作ろう

公共建築や都心のビルなど公共性の高い建物の計画は、景観、環境、法規について近隣との関係の検討が必要になる。このようなとき、計画建物の敷地だけではなく、周辺街区を含めた模型を作る。ここでは、その模型の作り方を解説しよう。

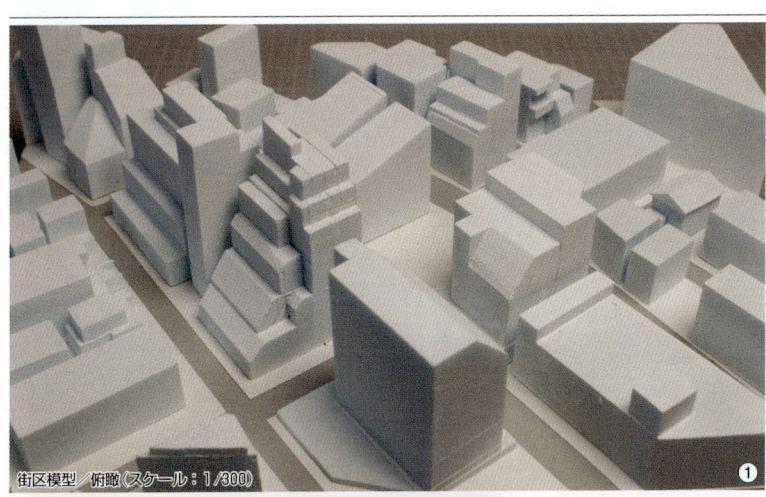

街区模型／俯瞰（スケール：1/300） ①

街区をケント紙、道路をグレーのNTラシャ紙で表現した街区模型 ②

街区模型を作るための材料 ③

道路用のグレーの紙を木製パネルに水張りする ④

❶公共建築、商業建築、都心のオフィスビルなどは、周辺環境に及ぼす影響が少なくない。これらの建築物を計画する場合、敷地模型をその建物が立地する敷地だけでなく、周辺街区を含めて作製し、都市的な視点からスタディすることが多い。ここでは、周辺を含めた敷地模型を「街区模型」と呼ぶ。

❷街区模型を作る際、模型として表現する必要があるのは、近隣建物、道路、街区である。まず、道路と街区を作る。ここで紹介する模型では、土台の表面となる道路の紙の上に、街区を表す紙を1枚貼り、紙の厚さ分の段差で道路と街区を表現することにする。道路に使用する紙と、街区に使用する紙は同じものでもよい。ここでは、道路にグレー色の紙、街区には白色の紙を用いることで、紙の段差だけでなく、色によってその差をもう少し強調する。

❸用意する物は、土台とする木製パネル、道路に使用するNTラシャ紙（薄いグレー色）、街区の表現に用いるケント紙、近隣建物を作るスタイロフォームのほか、水張りに必要な水張りテープ、ホチキスなどである。

❹木製パネルに、グレー色の

（注）市販の地図をコピーして使用する場合には、発行元の許可が必要です。

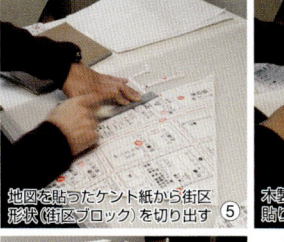

敷地模型

地図を貼ったケント紙から街区形状（街区ブロック）を切り出す ⑤
木製パネルに街区ブロックを貼り、表面の地図をはがす ⑥ 
スタイロフォームを使って近隣建物の形状を切り出す ⑦
切り出した近隣建物にジェッソを塗る ⑧
近隣建物を街区模型に接着する ⑨
街区模型の完成 ⑩

NTラシャ紙を水張り*¹しておく。

❺周辺街区の地図を用意し、ケント紙を使って街区の形状を切り出す。ここでは、Ａ３判の木製パネルを使用するので、計画建物の敷地を中心として、縮尺１：300、Ａ３判の範囲を周辺街区地図として作製する。その地図の裏面にスプレーのり55を噴いてケント紙に貼り、道路境界線に沿って街区を切り出す。

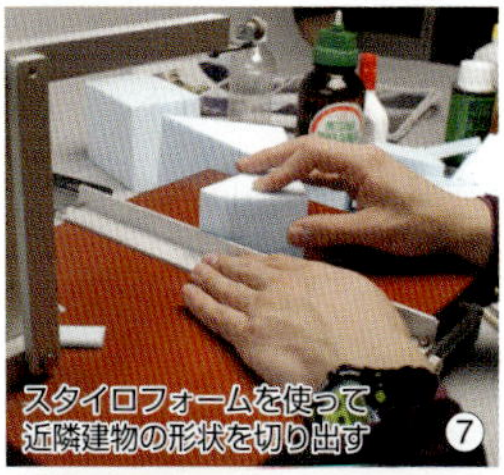

❻水張りをした木製パネルが乾燥したら、切り出した街区ブロックを貼る。街区ブロックを切り出したときに発生した道路ブロックを使って、各街区のコーナー部分など主要な位置を木製パネルに転写する。そこに、スプレーのり77で街区ブロックを貼っていく。最後に街区ブロックの地図をはがすと、街区ブロックの形状とともに、グレーの紙が道路として浮かび上がってくる。これで、周辺街区は完成である。

❼次に、周辺街区に建ち並ぶ近隣建物を作る。近隣建物は、スタイロフォームを使って切り出す。現地調査してきたときの写真や地図をもとに、ビルの形状と高さを割り出す。割り出した形状に応じて、スタイロフォームを切り出す*²。

❽切り出した近隣建物にジェッソを塗る。ジェッソとはアクリル絵具の下地剤であるが、乾くと石膏のような表情になる。近隣建物を白くして無表情にしておくと計画建物が目立つので、スタディがしやすくなる。

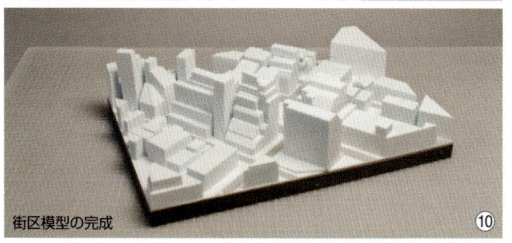

❾❿ジェッソが乾燥したら、近隣建物を街区に接着していく。街区ブロックを切り出す際に使用した地図を使って、街区ブロックに近隣建物の位置の印を付ける。この目印に沿って近隣建物を接着したら、街区模型の完成である。

*１：128ページ参照　*２：134ページ参照

ボリューム模型　スタディ模型　断面模型　レリーフ模型

近隣建物を作ろう

前項で紹介した周辺街区模型では、スタイロフォームを使った近隣建物の模型も一緒に作った。近隣建物を加えてスタディすると、より綿密に計画建物のデザインを検証することができる。ここでは、近隣建物の模型の作り方をさらに詳しく解説しよう。

近隣建物を加えた街区模型（都市の臨場感が増す）①

スタイロフォームによる近隣建物のボリューム模型 ②

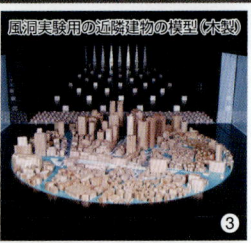

風洞実験用の近隣建物の模型（木製）③

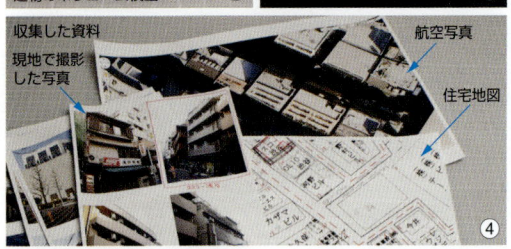

収集した資料／航空写真／現地で撮影した写真／住宅地図 ④

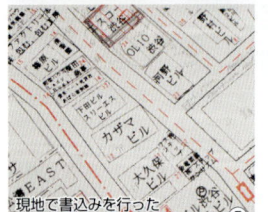

現地で書込みを行った住宅地図 ⑤

❶❷計画建物の周囲に建っている建物を「近隣建物」と称している。近隣建物の模型はマス（塊）で作ることが多く、木やスタイロフォームなど、マスで加工しやすい材料を用いる。ここでは、スタイロフォームを使った模型について解説しよう。

❸ビル風のシミュレーションで風洞実験を行う場合などには、近隣建物の模型が必須である。

❹模型作りは、近隣建物についての情報収集から始める。必要な情報は、特に建物の「形態」と「高さ」である。これらについて、できるだけ正確な資料を集める。建築の雑誌、広告などの印刷物、地図、航空写真、その他、現地調査によりデータを収集する。

❺現地調査にあたっては、模型と同じ縮尺で、模型を作る範囲を網羅した地図を用意する。地図は、建物の平面形状まで描かれた縮尺の大きいものがよいだろう。地図上に描かれている建物をすべて現地で調査することになる。現地では、建物の階数や高さを計測、記録し、加えて近隣建物の写真を撮影する。写真撮影は、建物の裏側部分やペントハウスの形状もわかるように多方向から行う。

写真提供：③清水建設

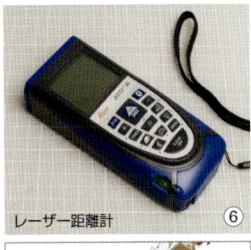

レーザー距離計 ⑥
レーザー距離計を使った計測 ⑦ 
参考例：6階建マンション ⑧ 
参考例：6階建マンション ⑨ 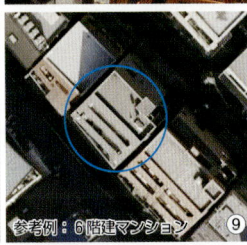 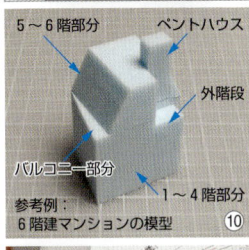
5〜6階部分　ペントハウス　外階段　バルコニー部分　1〜4階部分
参考例：6階建マンションの模型 ⑩ 
1〜4階部分　ペントハウス　5〜6階部分　外階段
分割して切り出したボリューム ⑪
地図をもとに6階分のボリュームを切り出す ⑫  
1〜4階部分　5〜6階部分
切り出したボリュームを2つに分割する ⑬
5〜6階部分のボリュームを斜めにカットする ⑭ 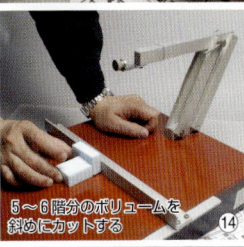
ペントハウス、外階段の切欠きを設ける ⑮ 

❻❼最近では、レーザー距離計が普及してきている。高さなどの距離を非接触で正確に計測できるので、現地調査ではお勧めである。

❽❾資料から「高さ」「形態の簡略化」「ボリュームの分割」などを考える。参考例の建物の場合、資料は現地の撮影写真と航空写真である。階高は、オフィスで3.5〜4m、戸建住宅やマンションで2.8〜3mを目安とし、階数を掛けて高さを算出する。参考例の場合は、6階建マンションのため、階高を2.9mとし、高さは2.9×6＝17.4mになる。これに高さ2.9mのペントハウスが取り付く。これに模型の縮尺を掛けた寸法が模型の高さである。

❿⓫道路側にはバルコニーが取り付いているが、この部分を含めたボリュームと考え簡略化する。斜線制限によって斜めに切り取られる5〜6階部分、1〜4階部分、さらに外階段、ペントハウスの4つのボリュームに分割して作る。

⓬最初に、地図の平面形状をもとに6階分の高さのボリュームを切り出す。

⓭それを1〜4階部分と5〜6階部分の2つに分割する。

⓮5〜6階部分のボリュームは、ヒートカッターの支柱を斜めにし、斜線制限で斜めになった部分を切り出す。

⓯さらに、外階段、ペントハウスが取り付く部分の切欠きを設ける。切り出したボリュームをスチのりで接着して完成である。

敷地模型　ボリューム模型　スタディ模型　断面模型　レリーフ模型

135

コンター（等高線）模型を作ろう

斜面地などを模型で作る場合、等高線に沿って切り出したボードを積み上げて模型を作る。等高線のことを英語でcontourということから、このような模型を「コンター（等高線）模型」と呼んでいる。ここでは、コンター模型の作り方を解説する。

コルクシートで作ったコンター模型（スケール：1/100） ①

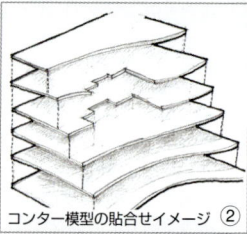

コンター模型の貼合せイメージ ②

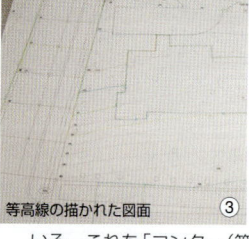

等高線の描かれた図面 ③

土台となる木製パネルの縁に製本テープを貼る ④

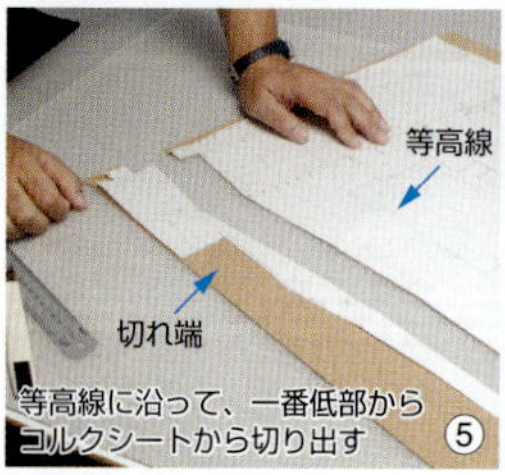

等高線に沿って、一番低部からコルクシートから切り出す ⑤
（切れ端、等高線）

1枚切り出したら、次のコルクシートに図面を貼り、次のレベルの等高線を切り出す ⑥

❶❷別荘などを設計する場合、斜面地を敷地とすることが多い。そのため、模型を作ると、敷地は斜面地を表現しなければならない。斜面地の表現には、スチレンボード＊などのボード材を等高線に沿って切り出し、階段状に積み上げる方法を用いる。これを「コンター（等高線）模型」と呼んでいる。

❸コンター（等高線）模型を作るにあたっては、等高線の描かれた敷地図が必要である。敷地図を作成するには、模型で使用するボードの厚みから逆算して等高線ピッチを決め、それに応じた等高線を図面に描いておく。例えば、1mmのボードを使用し、縮尺1/500で模型を作る場合、等高線間の高低差は、1×500＝500mmになるので、高低差500mmピッチで等高線を描いておく。ここで例として取り上げた模型では、縮尺1/100で、1mmのコルクシートを使用しているので、等高線の高低差は100mmである。

❹土台はＡ２版とし、木製パネルを使用する。木製パネルの縁に製本テープを貼る。水張りテープでもよい。また、土台と同じＡ２版サイズでコルクシートを切り出しておく。枚数は、等高線

＊：111ページ参照

敷地模型

1本下の等高線を切り出した際の切れ端を定規にして、貼合せ位置を記す ⑦	 建物の外形線で切り出した箇所／建物が位置する箇所は、等高線が建物の外形線となる場合がある ⑧
低部の切れ端／切れ端に図面を貼ったところ。これを使って切り出す ⑨	
等高線に沿って切り出したすべてのシート ⑩	木工用接着剤を使って接着する ⑪
重しをして圧着する ⑫	中間ブロック部分を下から積み上げた様子／ブロックごとに接着していく ⑬
接着完了後、端部を切り落とし、木製パネルの大きさに整形する ⑭	最後に、木製パネルに接着する ⑮

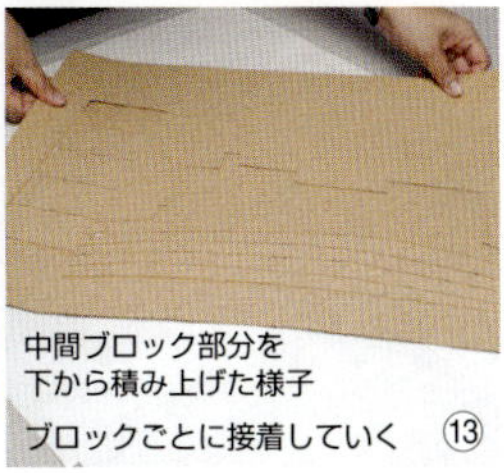

の本数の7〜8割程度でよい（高部では低部の切れ端を転用できるため）。

❺等高線の描かれた図面の裏面にスプレーのり55を噴き、コルクシートに貼る。一番低部の等高線に沿ってコルクシートを切り出す。

❻1番目の等高線を切り出したら、図面を新しいコルクシートに貼り直し、次の等高線を切り出す。こうして、低部から順々に切り出していく。

❼シートの貼合せ位置がわからなくなる箇所では、1本前の等高線を切り出したときの切れ端をあてがい、これを定規にして、貼合せ位置を記しておくとよいだろう。

❽建物が位置する箇所では、建物の接地するレベルを決めておく。そのレベルより高く、建物と交差する等高線は、建物の外形ラインに沿って切り出すようにする。

❾高部になると、切り出し範囲が小さくなるため、低部を切り出した際の切れ端使って切り出せるようになる。

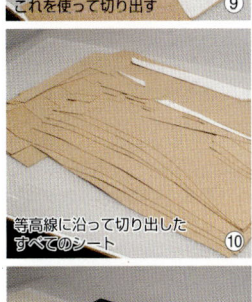

❿すべての等高線レベルのボードを切り出したら、シートを接着する。数枚ずつのブロックに分けて、ブロックごとに接着し、最後にブロックどうしを接着するようにするとよいだろう。

⓫接着には木工用接着剤あるいは、スプレーのり77を用いる。ここでは、木工用接着剤を使って接着している。

⓬1mmのコルクシートはぶかぶかと浮いてしまうので、接着時は重しをして圧着するようにする。

⓭このような手順で低部から順々に接着していく。

⓮すべてのシートの接着が終わったら、端部を切りそろえる。

⓯最後に、積み上がったコルクシートを、土台の木製パネルに接着する。木工用接着剤、スプレーのり77のどちらでも構わない。

ボリューム模型を作ろう

ボリューム模型とは、マス（塊、中味が詰まった状態）で作る模型のことである。3次元的ボリューム（量感）だけであっても、配置計画や形態などを比較検討するにはかなり有効である。ここでは、スタイロフォームを使ったボリューム模型を作ってみよう。

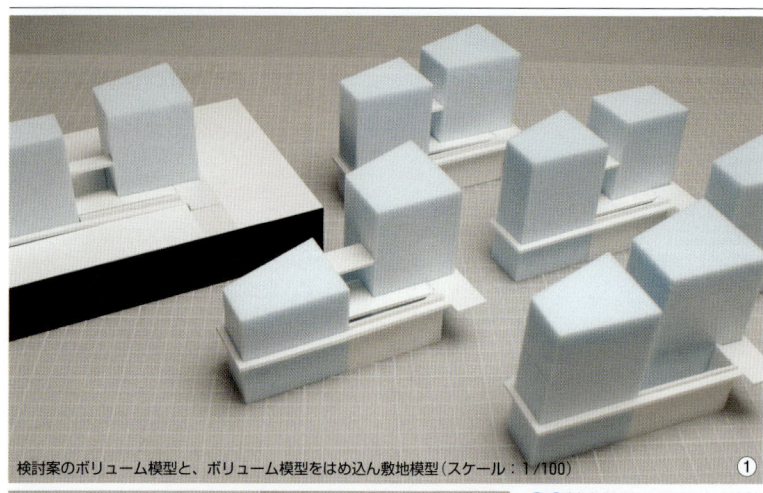

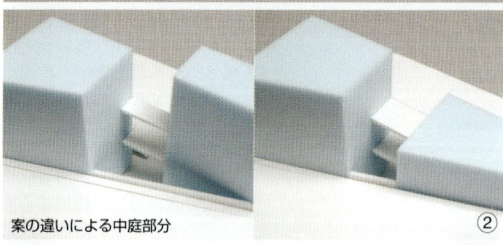

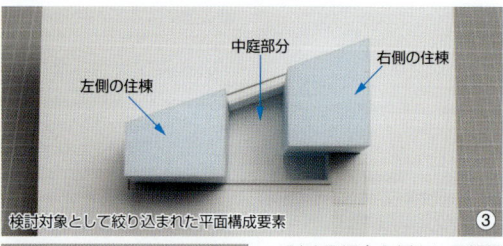

検討案のボリューム模型と、ボリューム模型をはめ込ん敷地模型（スケール：1/100） ①

案の違いによる中庭部分 ②

中庭部分
左側の住棟　右側の住棟
検討対象として絞り込まれた平面構成要素 ③

隣地の神社の敷地
前面道路
道路の突き当たりに接道した敷地 ④

❶❷基本設計において、建築条件、建築可能範囲などがある程度絞られてくると、ブロックプランによるスタディをすることがある。ブロックプランによるスタディは、平面構成要素を絞り、それらの配置、構成バリエーションを比較検討するスタディである。平面的には良いと思われた案も、3次元的には不都合なこともあり、方向性を見出すには多角的な比較検討が必要で、このようなときにボリューム模型を使うと有効である。

❸変形敷地で地階のある住宅のブロックプランを比較検討する場合を例にして解説しよう。

ブロックプランに敷地条件が絡む場合や、ブロックの配置計画を検討するような場合は、敷地模型も用意するとよい。ここでは、地階に中庭を設けた構成を比較検討するため、敷地模型に地階の掘込みが設けてある。

❹平面構成要素は、2棟に分けた地上2階、地下1階の住棟と、その間に挟まれた中庭である。住宅地の突き当たりの敷地で、北側は神社に面している。地階の中庭（光庭）を設けて、神社の緑を借景として取り込もうという計画である。

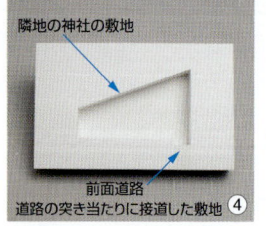

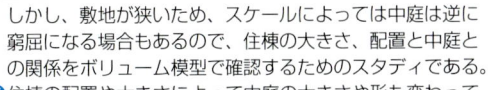

しかし、敷地が狭いため、スケールによっては中庭は逆に窮屈になる場合もあるので、住棟の大きさ、配置と中庭との関係をボリューム模型で確認するためのスタディである。

❺住棟の配置や大きさによって中庭の大きさや形も変わってくる。大きさの異なる中庭の掘込みをいちいち作っていたのでは、この段階の模型としては非合理である。そのため、敷地全体を掘り込み、逆に地上の敷地残余部分をボリューム模型に取り付けるという方法をとる。こうすると、住棟ボリュームの配置や大きさに応じた中庭がその度に作られることになる。敷地境界線で地階の階高分の掘込みを設けた敷地模型を作る。

❻スチレンボードを使って、地盤面となる敷地の大きさの部材をスタディする案の数だけ切り出しておく。

住棟ボリュームは地階から❼地上2階までの3階建で作る。階高分の厚みをもったボリュームを、階数分、平面の外形より少し大きめにスタイロフォームで切り出す。切り出した階数分のボリュームをスプレーのり55で貼り合わせる。さらに、ブロックプラン図面を使って、スタイロフォームに切出し位置の印を付ける。

❽貼り合わせたスタイロフォームから、ヒートカッターで平面形状を切り出す。

❾敷地形状に切り出したスチレンボードに、ブロックプラン図面をスプレーのり55で貼り、住棟、中庭などの部分をくり抜き、地上階の敷地残余部分を切り出す。

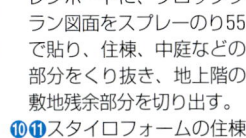

❿⓫スタイロフォームの住棟ボリュームに、敷地残余部分をスチのりで接着する。

⓬壁や庇など外観に影響する付属部分を接着する。

⓭敷地模型に各案のボリューム模型をはめ込んで比較検討を行う。

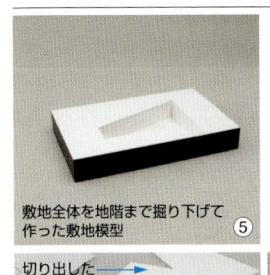

敷地全体を地階まで掘り下げて作った敷地模型 ⑤

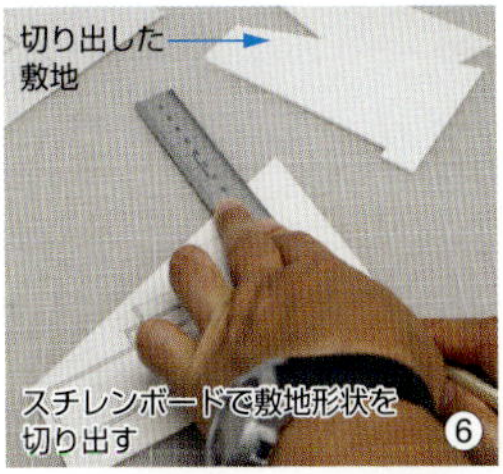

切り出した敷地
スチレンボードで敷地形状を切り出す ⑥

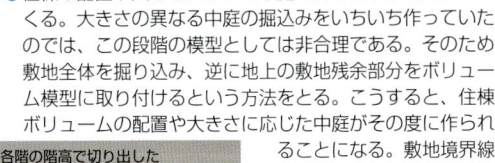

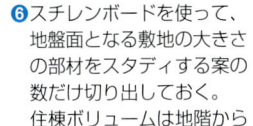

各階の階高で切り出した層状のボリューム ⑦

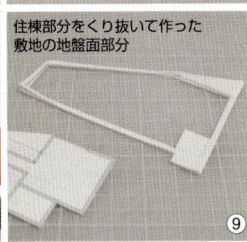

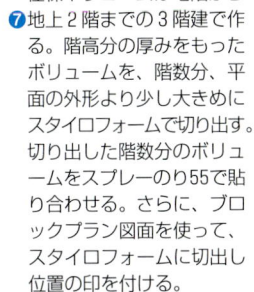

住棟部分をくり抜いて作った敷地の地盤面部分 ⑨

スタイロフォームで住棟のボリュームを切り出す ⑧

地盤面部分のスチレンボードをスタイロフォームの住棟ボリュームに接着する ⑩

地盤面部分を住棟ボリュームに接着した状態 ⑪

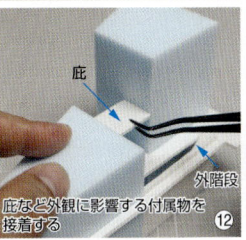

庇
外階段
庇など外観に影響する付属物を接着する ⑫

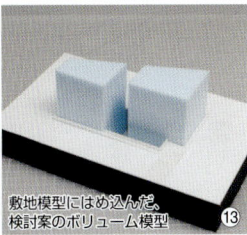

敷地模型にはめ込んだ、検討案のボリューム模型 ⑬

容積率検討ボリューム模型を作ろう

都心の厳しい法規制のなかで容積率限度ぎりぎりの計画をする場合、ボリューム模型を使ったスタディは、建築可能範囲とデザインとの双方が3次元的に可視化されるため便利である。これを「容積率検討ボリューム模型」と呼び、その作り方を解説しよう。

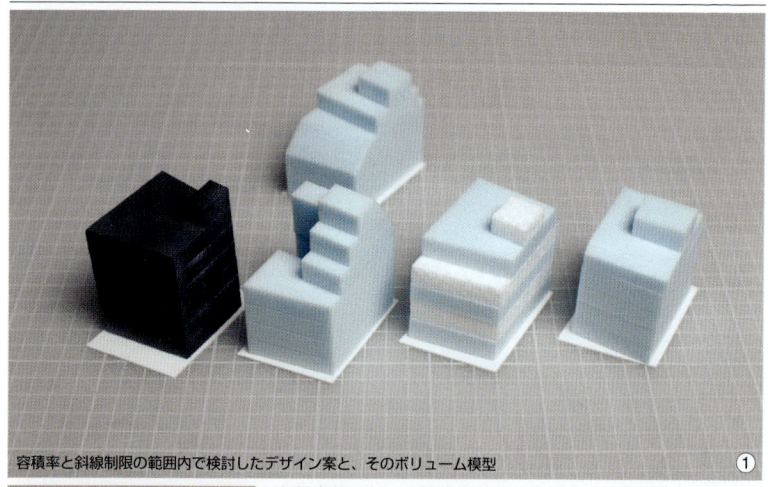

容積率と斜線制限の範囲内で検討したデザイン案と、そのボリューム模型 ①

マス(塊)による模型で検討する ②

街区模型に容積率検討ボリューム模型を合成した状態 ③

くり抜いた敷地部分
計画地の敷地をくり抜いておく ④

計画建物のボリュームと敷地をセットで置き換え検討する ⑤

❶ 都市部において建物を計画する場合、地価が高いことを受けて、容積率の限度いっぱいまで床面積を確保するよう求められることが多い。そうすると、高さ制限の一つである斜線制限と床面積確保、デザインとの間で、いたちごっこのようなスタディが必要になる。このようなとき、ボリューム模型を使うと、検討事項が視覚化され、確認しやすくなる。このような検討に用いる模型を「容積率検討ボリューム模型」と呼ぶ。

❷ 容積率検討ボリューム模型の作り方は、基本的には近隣建物[*1]と変わらない。模型をマス(塊)で作るので、マスで加工しやすい木やスタイロフォームを用いる。

❸ 単に床面積確保という観点からだけでなく、都市的あるいは周辺環境に対する景観上の観点から、建物の形態や高さが決定されることも少なくない。このような検討を併せて行う場合には、街区模型として紹介した模型[*2]と組み合わせて検討するのがよいだろう。

❹❺ 街区模型を使って計画建物の検討をする場合は、街区模型において計画建物の敷地部分をくり抜いておき、

*1：134ページ参照　*2：132ページ参照

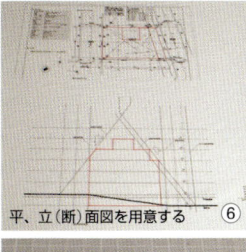

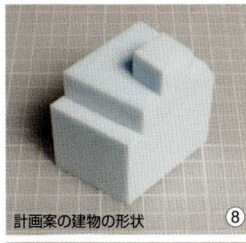

平、立（断）面図を用意する ⑥	図面からスタイロフォームに建物の大きさを転写する ⑦
計画案の建物の形状 ⑧	分割してボリュームを切り出した状態 ⑨
階高分で層状に切り出したボリューム（外形の大きさが同じ下部はスプレーのりで接着する）⑩	貼り合わせたボリュームの外形を切って、形を整える ⑪
ヒートカッターの支柱を斜めにし、斜線部分を切り出す ⑫	
白い模型と青い模型を2つ用意する ⑬	白と青の模型を階ごとに入れ替えると、階数がわかりやすい ⑭

計画案の建物と敷地をセットで作り、街区模型に置き換えることができるようにすると、スタディにおける比較検討が容易に行える。

❻計画建物のボリュームを検討した平面図、立（断）面図を用意する。

❼図面から建物の大きさを写し取り、ヒートカッターを使って、ボリュームを切り出す。

❽❾切り出す際、単体のボリュームとして切り出せる場合はほとんどなく、たいていは、ペントハウスなどの付属物が付いているので、ボリュームを分割しないといけない。どのように分割し、組み立てるかを考えてから切り出すようにしよう。

❿⓫分割して切り出したボリュームのうち、平面形が同じ部分は、階高ごとに切り出した層状のボリュームをスプレーのり55で貼り合わせた後、周囲を切って外形の形状に整える。

⓬斜線制限によって建物の壁面が斜めになるところは、ヒートカッターのニクロム線を、斜線制限の斜めの線に合うように支柱を傾斜させて切り出すようにする。

⓭⓮このような模型では階数の検討も重要なため、例えば、色の異なるスタイロフォームで（写真では、青色のスタイロフォームと白色のスタイロフォーム）、同じ大きさの2つのボリュームを作り、階ごとに色を入れ替えるという方法も有効だろう。より顕著に階数を把握することができる。

141

立面検討のためのスタディ模型を作ろう

構造、設備あるいはサッシの大きさなどの技術的制約と外観意匠との間で調整を図りながら実施設計をまとめていく際、模型を使った立体的検証が有効である。ここでは、そのような場合に利用する、立面図を貼ったままのスタディ模型を解説しよう。

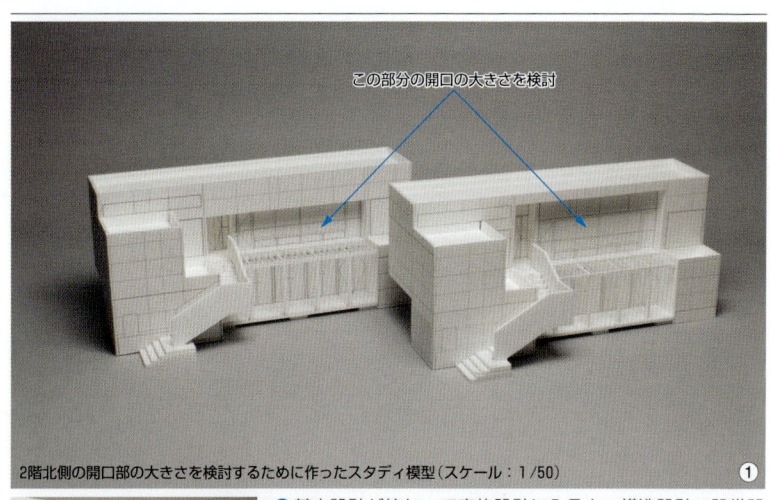

この部分の開口の大きさを検討

2階北側の開口部の大きさを検討するために作ったスタディ模型（スケール：1/50） ①

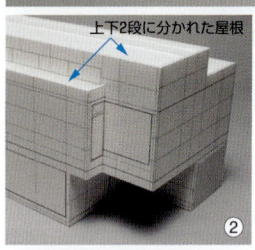

上下2段に分かれた屋根 ②

ハイサイドライト ③

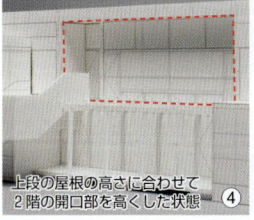

上段の屋根の高さに合わせて2階の開口部を高くした状態 ④

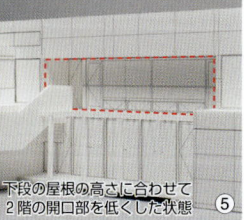

下段の屋根の高さに合わせて2階の開口部を低くした状態 ⑤

❶基本設計が終わって実施設計に入ると、構造設計、設備設計あるいはサッシなどの詳細設計をして細部をつめていく。意匠設計とは、これら技術的な事柄を調整しながら、一つの方針（コンセプト）において、美的にまとめ上げることだといえるだろう。この段階で利用されるスタディ模型に、立面図を貼り付けたままの模型がある。立面図を立体化したという感覚に近い模型で、簡単に素早く作れるのでよく利用される。ここでは、この模型について解説しよう。

❷❸例として取り上げた住宅は、2階部分に高さの違う2つの屋根が架かっており、上段の屋根と下段の屋根の高低差を利用して、ハイサイドライトを設けている。これは、南側隣地が建て込んでいるため、プライバシーを保ちながら採光するためのアイデアである。このため、一般的な住宅よりも天井が高くなり、北側にはかなりの高さの開口部を設けることが可能である。

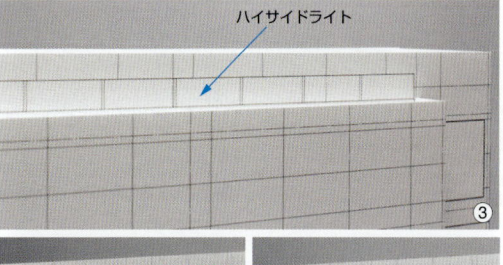

❹❺上段の天井までのサッシを設けると、屋根の厚みを薄くできて見晴らしも良くなるが、相当のコストアップになる（④）。一方、下段の屋根の高さまでの開口に

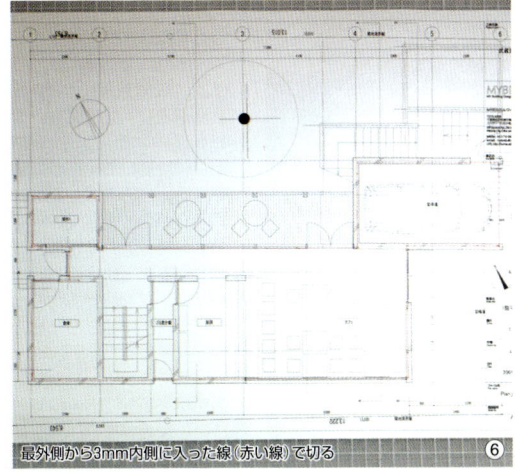

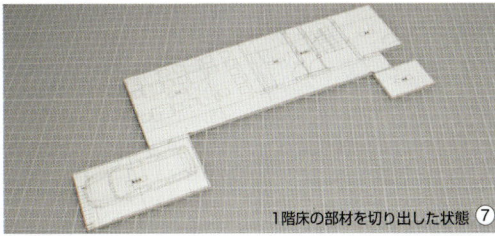

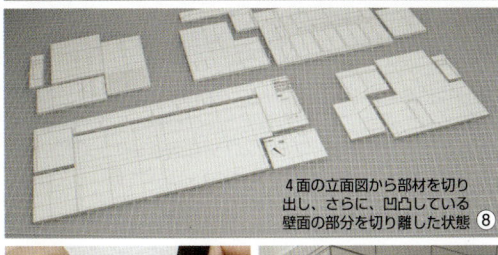

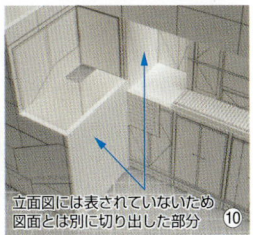

すれば、コストは抑えられるものの、コンクリートの垂れ壁ができてしまい建物全体が重くなりそうである（⑤）。これらはあくまで図面上での印象であり、どちらに絞るか決定的な理由も見つからない。そこで、模型を作ってみることにする。

❻❼縮尺は1/50で作る。内部空間は作らないし、開口部もあけないので、ボード材で作るボリューム模型と考えるといいだろう。床の高さ、壁厚もすべて無視し、すべての箇所で加工しやすい3mmのスチレンボードを使う。1階平面図裏面にスプレーのり55を噴き、図面をボードに貼る。図面を貼ったまま模型を組み立てるので、はがれないようにスプレーのりは少し多めに噴いておく。図面の壁厚は無視し、壁の最外側線から3mm内側（図面の赤い線）を切っていく。

❽平面図と同じ要領で立面図も切り出す。立面図は図面の外形線通りに切る。ただし、前後方向に凹凸している面があるので、その部分は切り離す。

❾図面通りに切ると、L字型コーナー部分で両側面の部材が板厚分ダブつくので、L字型コーナーの一方の側に「うす皮1枚残し加工」*を施していく。

❿凹んだ壁面と最外側壁面との間など、立面図だけでは表されていない面が出てくる。このような部分は、平面図から幅を読み取り、部材を別に切り出しておく。

最外側から3mm内側に入った線（赤い線）で切る ⑥

1階床の部材を切り出した状態 ⑦

4面の立面図から部材を切り出し、さらに、凹凸している壁面の部分を切り離した状態 ⑧

L字型コーナーには『うす皮1枚残し加工』を施す ⑨

立面図には表されていないため図面とは別に切り出した部分 ⑩

*112ページ参照

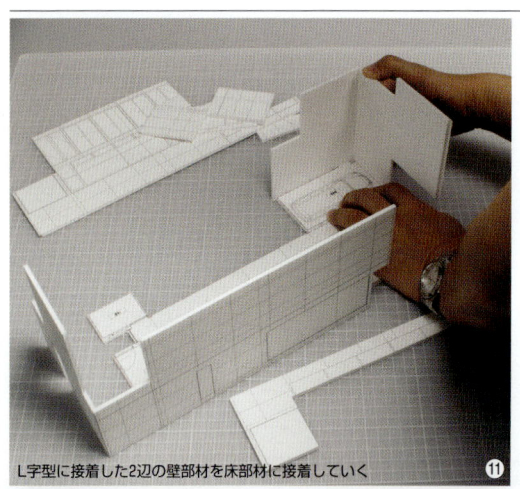

模型種類別テクニック

L字型に接着した2辺の壁部材を床部材に接着していく ⑪

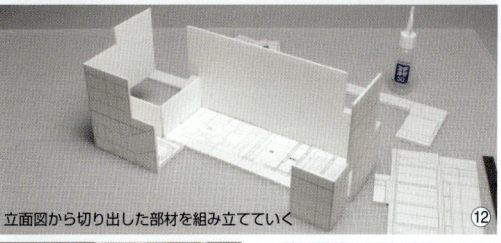

立面図から切り出した部材を組み立てていく ⑫

前面のパラペット立ち上がりによってできた奥側の空洞部分
屋根
パラペット
⑬

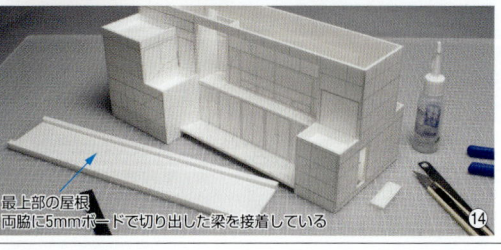

最上部の屋根
両脇に5mmボードで切り出した梁を接着している ⑭

⑪ 切り出した部材を組み立てる。組立ては「L字型組立て」を用いる。壁材の「うす皮1枚残し加工」を施した2辺をL字型に組み、それを床材の直角コーナーに貼り付けていくという方法である。この方法だと部材のぐらつきが少なく、床材の直角コーナーを定規として利用できるからである。

⑫ 最初に、立面図から切り出した部材だけでおおかたの輪郭を組み立てる。次に、立面図に表れていない部分の部材を組み立てていく。

⑬ 続いて屋根を作る。模型から直接あるいは平面図から屋根のサイズを読み取り、屋根部材を切り出す。奥と手前で壁が重なっている部分は、立面図をそのまま切り出した影響で、奥側の壁にパラペットの立ち上がり分の空洞ができてしまう。この部分も別に部材を切り出して補充する。屋根を接着する際、手を建物の中に入れて作業しないといけないので、屋根部材にパラペット部材を接着した後で本体に接着するほうがやりやすいだろう。

⑭ 最後に最上部の屋根を作って、建物本体の完成である。これに外部階段、パーゴラなど外部の付属物を作り装着する。この住宅は玄関が2階のため、外部階段を使ってアクセスする。階段も一つの建築要素として外観に影響してくるので、簡易的な方法ではあるが階段を作ることにする。

⑮ 外部階段の蹴上げは155mmで設計してある。1/50だと155/50＝3.1mmになる。3mmのボードで作ると0.1mmの隙間があくが、このスタディ模型では無視することにする。まず、階段用の図面を用意する。立面図では階段手すりで、段板の蹴上げと踏面の線が隠れてしまうので、立面図だけでは階段

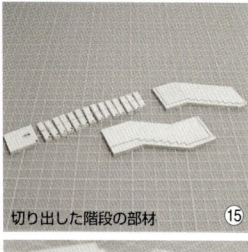

を作るのは難しい。そこで、CAD図面を利用して階段作成用の図面を作る。このあたりがCADの便利なところだが、立面図の階段を鏡像（ミラー）反転させて少し手を加えると、階段の展開図（内側になる面の断面図）を作ることができる。この展開図と平面図から階段を作る。階段平面図の裏面にスプレーのり55を噴き、スチレンボードに貼る。図面にしたがって階段の段板部材を切り出す。同様に手すりの部材も切り出す。

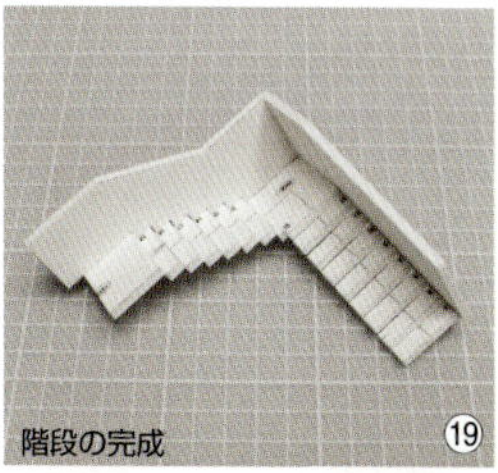

⓯ 切り出した階段の部材

⓰ 段板部分の図面を切り落とし、紙1枚分の段差を作った状態／階段の手すり／うす皮1枚残し加工

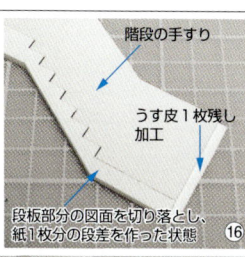

⓰ 手すり部材に貼られた図面のうち、階段の段板部分の図面を切り落とす。そうすれば、手すりの部分と段板の部分とで図面の紙1枚分の段差ができる。この段差を定規にして段板部材を接着していくと、0.1mmの隙間は生じるが、ある程度正確な蹴上げを作ることができる。また、下側の手すりと上側の手すりのL字型コーナー部分がダブつくので、「うす皮1枚残し加工」を施しておく。

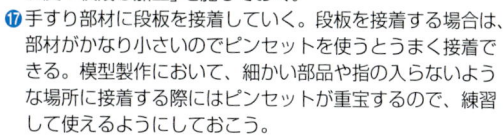

⓱ ピンセットを使って段板を接着していく

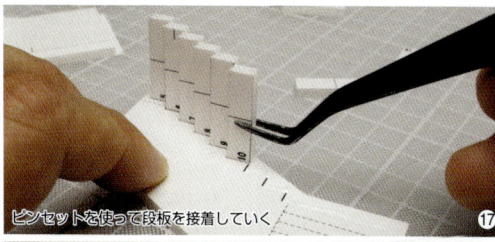

⓲ 下側の段板を接着した段階で、手すりをL字型に組み立てる。踊り場の直角コーナーを定規にするとよい

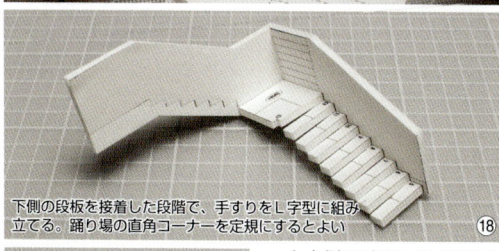

⓱ 手すり部材に段板を接着していく。段板を接着する場合は、部材がかなり小さいのでピンセットを使うとうまく接着できる。模型製作において、細かい部品や指の入らないような場所に接着する際にはピンセットが重宝するので、練習して使えるようにしておこう。

⓲⓳ 外壁と同様に、「L字型組立て」で組み立てる。踊り場でL字型に折れ曲がるので、踊り場から下側の段板が接着できたら、踊り場部材の直角を利用して上下の手すりを接着し、その後、踊り場から上部の段板を接着する。

⓳ 階段の完成

⓴㉑ 階段の上り始め3段は、3mmのボードを貼り合わせて作る。上り始めと階段のパーツを建物本体に接着して階段の完成である。

⓴ 3mmのボードを重ねて、上り始め部分の階段を作る

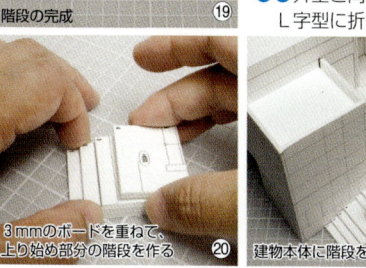

㉑ 建物本体に階段を接着する

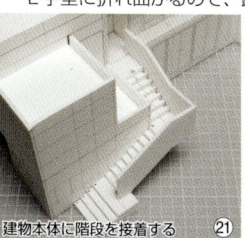

145

5 模型種類別テクニック

組み上がったパーゴラ ㉒

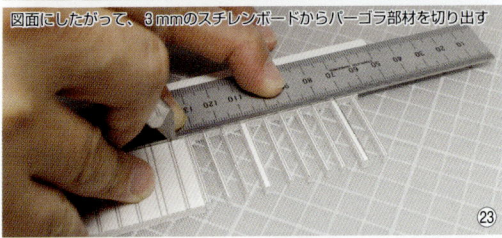

図面にしたがって、3mmのスチレンボードからパーゴラ部材を切り出す

㉓

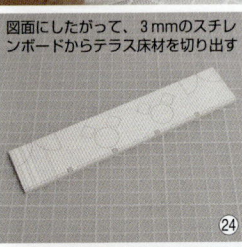

図面にしたがって、3mmのスチレンボードからテラス床材を切り出す ㉔

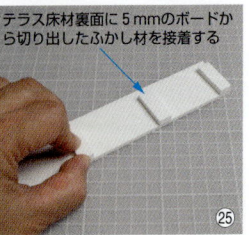

テラス床材裏面に5mmのボードから切り出したふかし材を接着する ㉕

でき上がったパーゴラ、テラス床を建物本体に接着する ㉖

㉒ 1階テラス部分にはパーゴラが設置してある。これも外観の見え方に影響するので模型として作る。きちんと作るのであれば、骨組部材を切り出し、組んだ骨組にルーバー材を接着する。この模型はスタディすることが主たる目的なので、手っ取り早い方法で作る。

㉓ パーゴラの伏図が描かれた2階平面図を、スプレーのり55で3mmのスチレンボードに貼る。パーゴラの骨組、ルーバーを残して空洞部分を切り抜く。ルーバー材は非常に細かくすぐに切れてしまうので慎重に切る。ここでは、図面の線よりも少し太めに切り出した。

㉔ テラスの床はGLから400mm上がって、1FLと同じになる。実際には骨組の柱で支えるが、この模型では底面にふかし材を付けて表現する。400/50 = 8mmなので、3mmのボードでテラス床材を切り出し、5mmのふかし材を底面に貼って8mmにする。

㉕ 5mmのボードから床下のふかし材を切り出し、テラス床材底面に接着する。テラス床が安定するように接着するものなので、個数、大きさは適当でよい。

㉖ パーゴラの柱を切り出す。柱は150mm(5寸)角なので、150/50 = 3mmとなる。3mmボードを使って3mmの幅で切り出す。切り出した柱をパーゴラに接着し、次にパーゴラを建物本体に接着してテラス部分を完成させる。

| 2階南面開口部の上端をハイサイドライトの上端にそろえた案 | 2階南面開口部の上端を東西面開口部の上端にそろえた案 |

ハイサイドライト

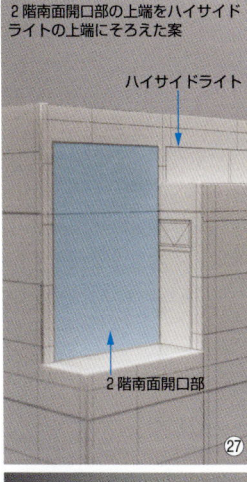

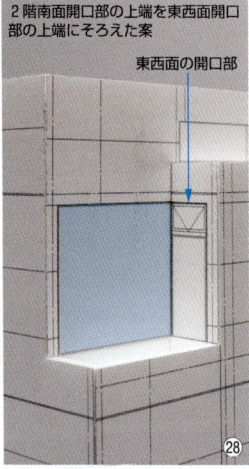

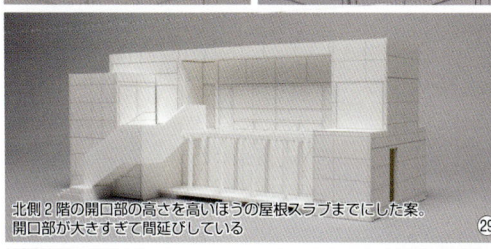

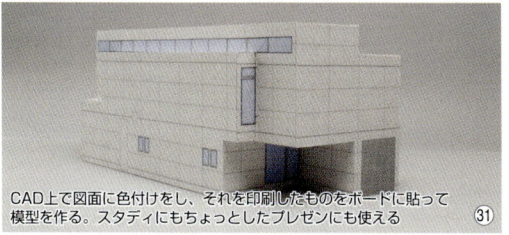

東西面の開口部

2階南面開口部

㉗

㉘

北側2階の開口部の高さを高いほうの屋根スラブまでにした案。開口部が大きすぎて間延びしている ㉙

北側2階の開口部の高さを低いほうの屋根スラブまでにした案。少し窮屈な感じもあるが、まとまった感じになる ㉚

CAD上で図面に色付けをし、それを印刷したものをボードに貼って模型を作る。スタディにもちょっとしたプレゼンにも使える ㉛

㉗㉘ 完成した模型を使ってデザインの検討をしてみよう。2階南側の開口部は、立面図で検討していたときには上部のハイサイドライトに上端がそろっていたほう（㉗）が納まりがよかった。ところが、こうして模型を比較してみると、2階の開口部は東、西側に設けられた縦長の開口部と連続しており、南に面した窓と、これら東西面の窓の高さがそろっていたほう（㉘）がよいということがわかる。

㉙㉚ 懸案事項だった北側開口部の高さの問題であるが、上段の屋根スラブの高さまでにすると、開口部が大きすぎて住宅的なスケールの落ち着きが得られない（㉙）。一方、下側の屋根の高さまでの開口にした場合、上部のコンクリート垂れ壁の重たい印象もそれほどではなく、全体的なまとまりの良さもある（㉚）。この方向で進める場合、北側面の浴室、寝室上部のハイサイドライトをどうするかという問題が次に生じる。こうしたプロセスを何回か経ることで少しずつ細部が決まっていく。これが模型を使った実施設計のプロセスである。

㉛ ここで解説している模型の応用として、彩色した立面のCAD図面をカラーで出力し、それをボードに貼って模型を作ると、ちょっとしたプレゼンテーションに利用できる。開口部の状態などをもう少し的確に検証したい場合には、この方法を利用するとよいだろう。

本項で取り上げた住宅の完成模型の作り方は164ページを参照。

断面模型を作ろう

劇場や映画館、あるいは吹抜けなど、高さ方向の連続性をもった空間を有する建築物を計画する場合、空間の検討を行うために「断面模型」と呼ばれる模型を作ることがある。ここでは、断面模型の作り方について理解しよう。

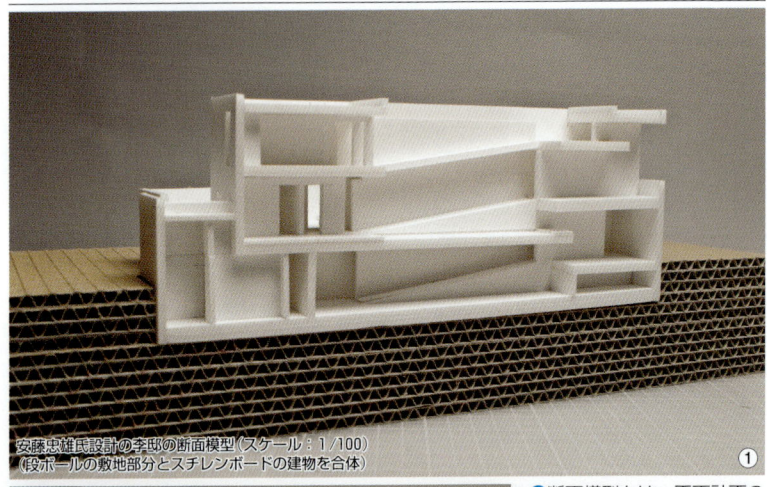

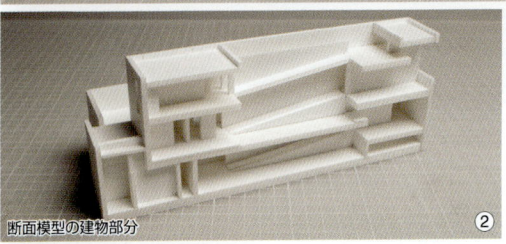

① 安藤忠雄氏設計の李邸の断面模型（スケール：1/100）
（段ボールの敷地部分とスチレンボードの建物を合体）

② 断面模型の建物部分

③ 模型を作るための材料と図面

④ 3mmのスチレンボードの片面の紙をはがした状態。これらを貼り合わせて6mmのボードを作る

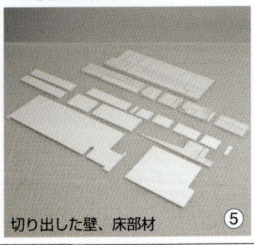

⑤ 切り出した壁、床部材

❶断面模型とは、平面計画の検討に用いるレリーフ模型を縦にしたものだというと理解しやすいかもしれない。水平断面図である平面図を元に作られてるのが「レリーフ模型」であるのに対し、断面図を元に、断面図の切断位置から奥の部分を模型として作ったものを「断面模型」と呼んでいる。断面模型だからといって、特別の作り方があるわけではなく、通常の模型と同じ手順で作っていく。

❷ここでは、安藤忠雄氏設計の個人住宅（李邸）を例に断面模型を作ってみよう。李邸はスキップフロアによって縦方向に各居室が配され、それらをスロープでつなぐことで、縦動線が処理されている。スロープを移動する過程で外部空間を含めたシークエンスが展開する仕掛けになっている。

❸模型を作るにあたっては、通常の模型を作る場合と同様、平面図、断面図を用意する。場合によっては、模型を作る箇所の展開図、あるいは立面図などもあったほうがよいだろう。ここでは縮尺1/100とし、材料はスチレンボードを用いたホワイト模型とする。一部半地下部分があり、その部分を表現

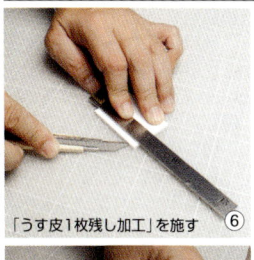

するために敷地の地中部分を作る。敷地の表現には段ボールシートを用いるが、その作り方は152ページで解説する。

❹床、壁部材用のスチレンボードを準備する。床、壁部材の厚さは、端数を丸め、ボードの厚みで代用できる寸法にする。外壁および一部の内壁は3mm、間仕切り壁は2mmのボードをそれぞれ用いる。床部材はスラブと仕上げを含めた厚さとし、1階が6mm、2階が5mm（屋外テラス部分は4mm）、3階が4mm、屋根が3mmとなる。6mmのボードは3mmのボード2枚、4mmのボードは2mmのボードを2枚貼り合わせて作る。ボードを貼り合わせるには、ボードの貼り合わせる面の紙をはがした後、スプレーのり77を噴いて貼る。

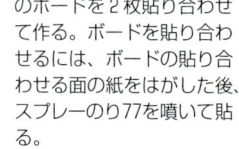

❺ボードにスプレーのり55で図面を貼り、各階の床、壁部材を切り出す。

❻切り出した壁部材のうち、L字型のコーナーとなる部分には、「うす皮1枚残し加工」*1を施す。

❼❽平面図をガイドにし、「L字型組立て」*2で壁部材を組み立てる。

❾廊下にドアがある部分には、開口上部に下がり壁が生じる。ピンセットを使い、下がり壁部材を接着する。

❿⓫2階床に2階の間仕切り壁を接着する。2階、3階は床部材に壁部材を接着し、各階ごとのブロックを作っておく。

⓬縦動線となるスロープは、1枚の壁の表裏でスロープが折り返している。そのため、この壁部材を定規として、スロープの床部材を接着し、スロープ部分のブロックを作っておく。

⓭1階床部材を元に、各階ごとのブロックを組み立てる。1階の壁の位置を図面から転写する。

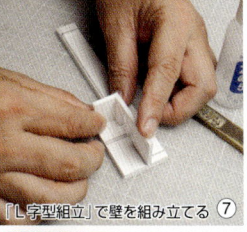

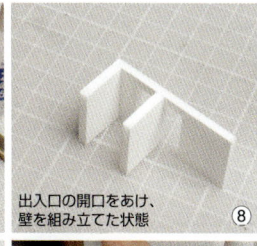

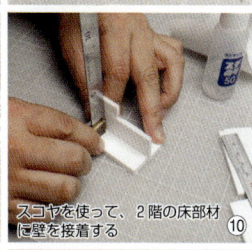

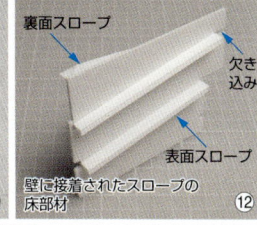

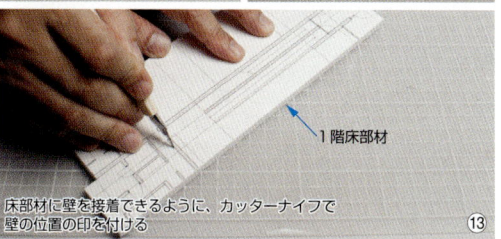

⑥「うす皮1枚残し加工」を施す
⑦「L字型組立」で壁を組み立てる
⑧出入口の開口をあけ、壁を組み立てた状態
⑨廊下にある出入口には、開口上部に下がり壁をつける
⑩スコヤを使って、2階の床部材に壁を接着する
⑪組み立てられた壁部材
⑫壁に接着されたスロープの床部材（裏面スロープ／欠き込み／表面スロープ）
⑬床部材に壁を接着できるように、カッターナイフで壁の位置の印を付ける（1階床部材）

*1：112ページ参照　*2：144ページ⑪参照

5 模型種類別テクニック

1階床部材に壁を接着していく ⑭

外壁に各階のスラブの位置が描いてある

1階床部材に壁を接着した状態。奥の高い壁は外壁 ⑮

スロープのブロックを接着 ⑯

外部テラス

スロープ左側の2階床を接着 ⑰

スロープ右側のブロックを接着 ⑱

スロープ左側の3階床を接着 ⑲

右側側面の外壁を接着 ⑳

左側側面の外壁を接着 ㉑

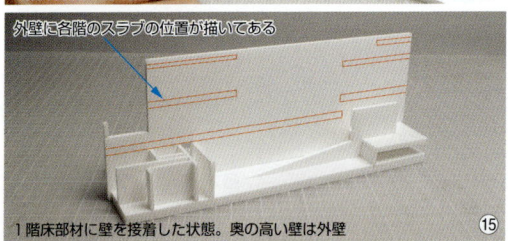

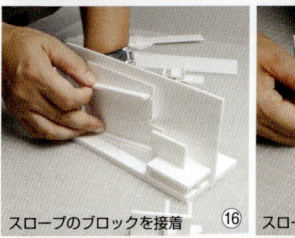

⑭ 図面を元に印を付けた位置を目印に、1階床部材に壁を接着する。必ずスコヤを使って直角を確認する。

⑮ 写真は、1階の外壁、間仕切り壁などを床部材に接着した状態。奥の壁は外壁で、1階床からパラペット頂部まで1枚で構成されるため、高さ方向の定規にすることができる。この外壁に、各階のスラブの位置を鉛筆で描いておく。それを定規に、各階のブロックを接着していく。

⑯ スロープ部分のブロックを1階床に接着する。

⑰ スロープ左側の2階床部材を接着する。この床部材は一部外部となるテラス床と一体で作ってあるため、床の厚みが異なる部分が生じる。テラス部分が4mmなのに対して、室内床部分は仕上げがある分厚くなり、5mmとなる。これを一体で作るため、2+2+1mmで5mmのボードを作り、外部テラス部分のみ1mmのボードがない状態になっている。

⑱ スロープ右側の2、3階のブロックを接着する。スロープ折返しの壁に設けた欠き込みにスラブをはめ込むことで、スロープの床面と2階、3階の床面がぴったりと同面(どうづら)に合うようにしてある。

⑲ スロープ左側の3階床を接着する。この床部材には3階の壁を接着していない。これは、奥の外壁にある窓の開口をあけ忘れてしまったので、この後穴をあける

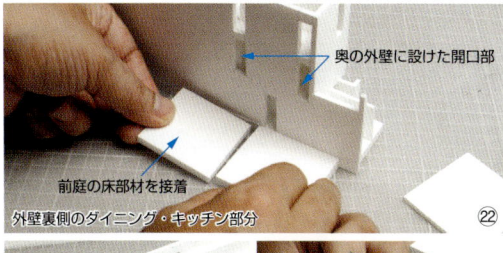

図キャプション:
- ㉒ 外壁裏側のダイニング・キッチン部分／前庭の床部材を接着／奥の外壁に設けた開口部
- ㉓ 左側側面の1階外壁を接着
- ㉔ 左側側面の奥（ダイニング・キッチン部分）の1階外壁を接着
- ㉕ 3階の屋根を接着
- ㉖ 左側部分の3階屋根を接着
- ㉗ 左側部分の1階屋根を接着
- ㉘ パラペットの立ち上がりを接着
- ㉙ 断面模型の建物部分がほぼ完成した状態

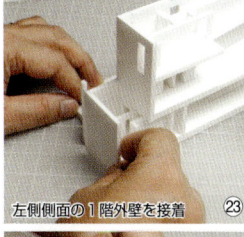

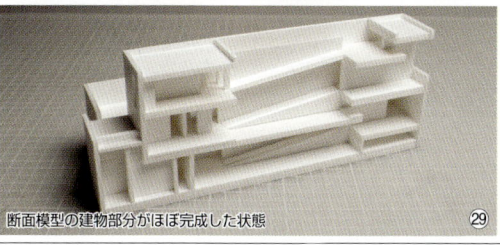

際、邪魔にならないようにしたためである。外壁の開口があけてある場合は、他の部分と同様、間仕切り壁を接着したブロック状態にして組み立てたほうが、作業効率がよく、模型もきれいに組み立てられる。

⑳ スロープ右側部分の側面外壁部材を接着する。外壁部材には、あらかじめ開口部の穴があけられている。

㉑ 左側部分の側面外壁を接着する。この外壁にも、開口部の穴がすでにあけられている。

㉒ 後工程となってしまったが、奥の外壁に、開口部の穴をあける。奥の外壁のさらに裏側には、1階部分のみ居室があり、ダイニング・キッチンおよび、前庭になっている。室内床から1段下がっている前庭部分の床部材を4mmボードで切り出し、接着する。

㉓ スロープ左側の1階部分の外壁を接着する。

㉔ 続けて、1階奥のダイニング・キッチン部分左側の外壁も接着する。

㉕ 最後に屋根を接着する。向かって右側の屋根を接着する。

㉖ スロープ左側の屋根を接着する。

㉗ スロープ左側の1階部分の屋根を接着する。

㉘ 3階屋根の先端部分にパラペット立ち上がりを接着する。

㉙ これで断面模型の建物部分がほぼ完成した状態である。これに開口部の塩ビ板を入れて完成させる。

断面模型の敷地を作ろう

148〜151ページで取り上げた建物は、半地下部分を有しており、一部が地中に埋まっている。そのため、敷地部分も断面として作ることで、断面模型がより効果的になる。ここでは、段ボールシート(板)を使った断面模型の敷地の作り方を覚えよう。

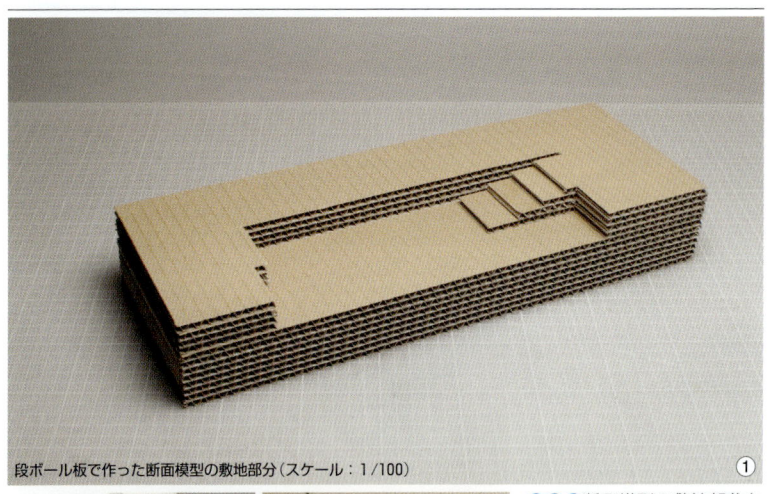

段ボール板で作った断面模型の敷地部分(スケール:1/100) ①

建物と敷地部分が対比される ②

材料となる段ボール板 ③

段ボール板にある方向性は表面からも見てとれる ④

中空部分の方向性のために、段ボール板の切り口は方向によって様子が異なる ⑤

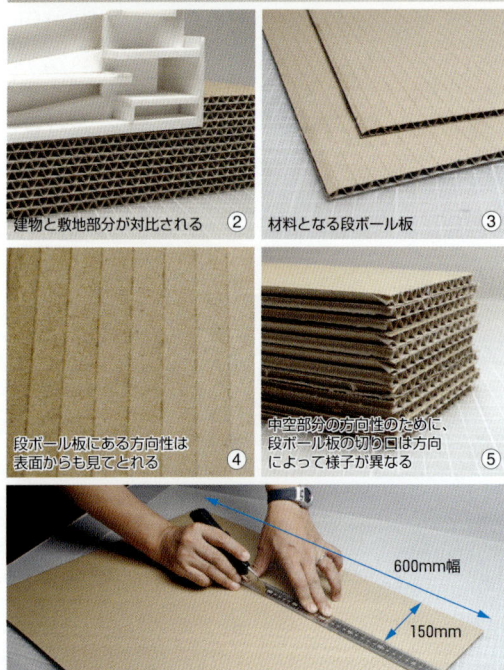

600mm幅
150mm
A1判の段ボール板を150×600mmの大きさで4枚に切り分ける ⑥

❶❷❸断面模型の敷地部分を作る。建物部分はスチレンボードによるホワイト模型としたので、敷地部分は、色的な対比効果があり、かつ土のイメージに近い素朴な質感をもった素材である段ボール板を使って作る。段ボール板には、中空部分がシングル(単層)のものとダブル(複層)のものとがあるが、今回はシングルで、厚さ5mm、A1判のものを3枚用いる。

❹❺段ボール板は中空部分に方向性がある。この方向は段ボール表面からも見てとれる(④)。中空部分に直角の断面には、段ボール特有の中空となった切り口が現れるが、平行な切り口にはこのような断面は現われてこない(⑤)。そのため、段ボール板を使う場合は、使用用途に合わせて切り口を使い分ける必要がある。今回の模型は断面模型である

ため、地中部分もその切断面が見えていることにするので、段ボール板の中空部分の切り口をそのまま利用する。

❻縮尺1/100の模型の大きさに合わせて、敷地の大きさを150×400mmとし、高さを60mmとする。まず、A1判（900×600mm）の段ボール板3枚を、それぞれ150×600mmで4枚に切り分け、計12枚切り出す。

❼600mm幅の両脇を切って400mmにする。このとき、12枚の板に誤差が生じないよう、12枚を重ね合わせて、切込み位置の印を付ける。このとき12枚の板が動かないよう、ハタガネやC型クランプなどを使って固定するとよいだろう。

切り出した段ボール板12枚の幅を400mmにカットする ⑦

接着時、斜めにずれないようガイドに押し当てながら接着 ⑨

8枚の板を木工用接着剤で接着 ⑧

❽切り出した板、12枚のうち8枚分は、建物の切込みもなく、そのまま使用するので、木工用接着剤を使用して接着する。

❾接着する際、斜めにずれていかないよう、ガイドを使う。写真では木片をガイドにしている。

平面図をスプレーのり55で貼り、建物が沈み込む部分を切り出す ⑩

建物部分を切り出した状態。これを4枚分について行う ⑪

❿⓫残り4枚の段ボール板は建物が沈み込むので、平面図を元に、建物部分を切り出す。平面図裏面にスプレーのり55を噴いた後、段ボール板に貼り、図面にしたがって、建物部分の外形を切り出す。

建物部分の切込みがある4枚の板を木工用接着剤で接着 ⑫

⓬切り出した4枚分の段ボール板を、木工用接着剤を使って接着する。

⓭この場合も、接着時に各板がずれないように、ガイドを使いながら接着していく。

ガイドに押し当てながら接着 ⑬

上部4枚部分と下部8枚部分を接着して完成 ⑭

⓮最後に、4枚と8枚とに分けて接着した敷地部分を合体する。このとき、接着剤は、上部の4枚グループのほうの裏面に塗布する。8枚分のグループである敷地下部のほうに接着剤を塗布すると、建物を載せる部分に間違えて接着剤を塗布してしまう可能性がある。

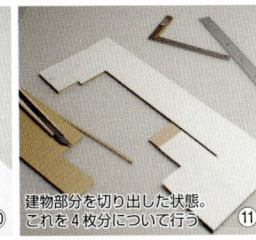

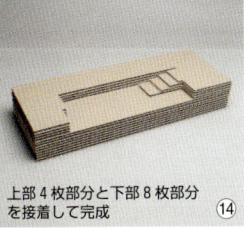

敷地模型　ボリューム模型　スタディ模型　断面模型　レリーフ模型

スケルトンの床を作ろう

平面（プラン）案を検討したり、プレゼンテーションする場合に、屋根や天井を取り去った模型を作る。これを「レリーフ模型」というが、マンションの1住戸のプラン案を比較検討するためのレリーフ模型を作ってみよう。

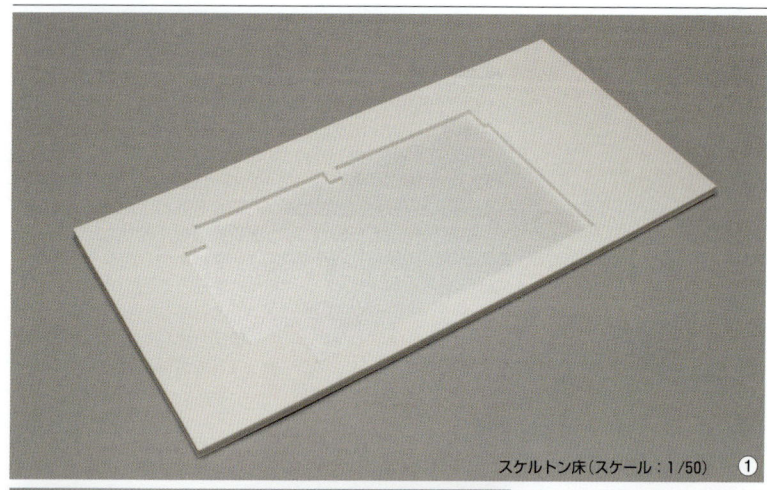

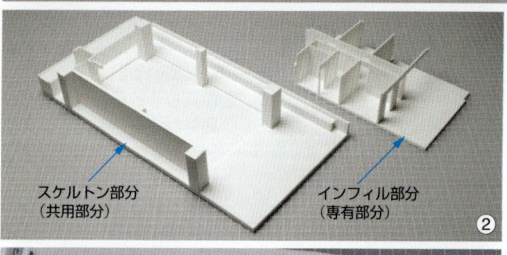

スケルトン床（スケール：1/50）①

スケルトン部分（共用部分）　インフィル部分（専有部分）②

断面図（上）と平面図（下）　スケルトン　インフィル　③

❶「レリーフ模型」は、マンション住戸のリフォーム計画をする場合などに利用すると効果的な模型である。

❷ここに取り上げた模型は、リフォームの平面（プラン）案を比較検討することを想定しているので、「インフィル」と「スケルトン」部分とでパーツを分け、インフィル部分を取換え可能なように作ることにする。

❸図面から模型の計画を立てていく。断面図のオレンジ色の部分をスケルトン、緑色の部分をインフィルとして作る。インフィルが挿入される部分の床はスラブ厚の200mm、それ以外は170mmの仕上げ分が加わって370mmになる。スチレンボードの厚さは、縮尺1/50でそれぞれ、200/50＝4mm、370/50＝7.4mmである。4mmと7.4mmのボードは市販されていないので、4mmは1＋3mm、または

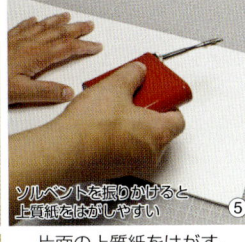

2＋2mmのボードを貼り合わせ、7.4mmは4＋3＝7≒7.4mmとして貼り合わせて作る。0.4mmの誤差は、貼り合わせるときの接着剤の厚みで吸収する。

❹4mmのボードを作るために、2mmのボード2枚を用意し、それぞれのボード片面の上質紙をはがす。

❺ボードの厚みが薄いほど上質紙をはがしにくくなるので、ソルベント*¹を振りかけ、上質紙とスチレンボードを貼り付けているのりを溶かしながらはがしていく。

❻上質紙をはがした面どうしを貼り合わせて1枚にする。接着には、スプレーのり77を用いる。スプレーのりは噴いてしばらく置いてから貼り合わせたほうが強度が増す。

❼平面図の裏面にペーパーセメント片面用を薄く塗り、乾いたら3mmのボードに貼る。スプレーのり55を用いてもよい。ただ、ペーパーセメントのほうが、図面をはがしたときボードにのりが残らない。

❽インフィル部分をくり抜く（図面中央の緑色の部分）。

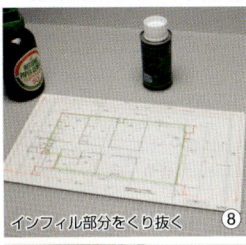

❾くり抜くときは、ボードの厚みの半分まで切込みを入れ、コーナー部分は刃を立てて裏側まで入れて、裏面に印が付くようにする。

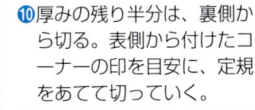

❿厚みの残り半分は、裏側から切る。表側から付けたコーナーの印を目安に、定規をあてて切っていく。

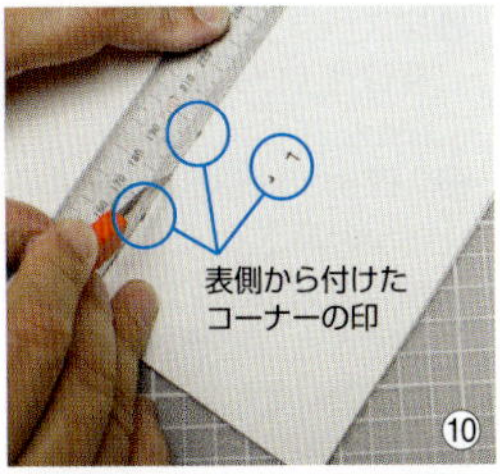

⓫写真はくり抜いた後の様子である。くり抜いたボードはインフィル部分の床として使用するので、捨てないでとっておく*²。

⓬くり抜いた3mmと4mmのボードをスプレーのり77で貼り合わせ、外周部をカットしてスケルトン部分の床を完成させる。このとき、貼ってある図面は、組立て時のためにはがさず残しておく。

*1：44ページ参照　*2：158ページ参照

スケルトン部分を組み立てよう

スケルトン部分は、床、柱、植栽植込みから構成されている。床のパーツは前項（154ページ）で作ったので、ここでは、柱と植栽植込みを作り、先に作った床に接着してスケルトン部分を完成させよう。

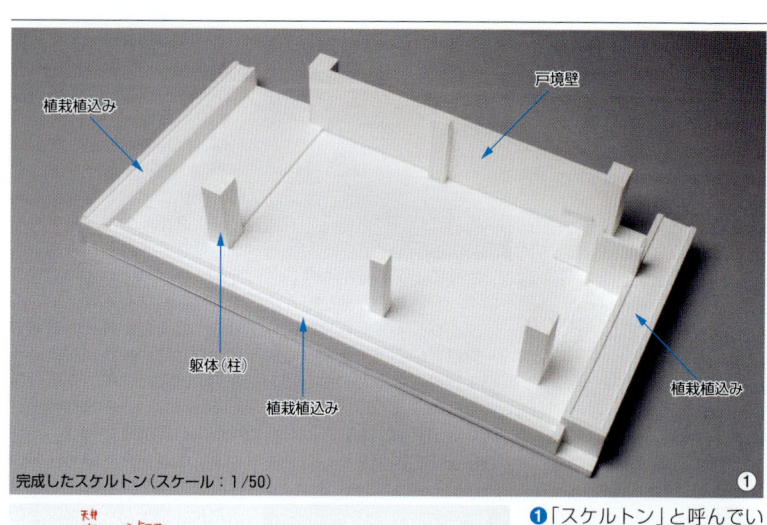

完成したスケルトン（スケール：1/50） ❶

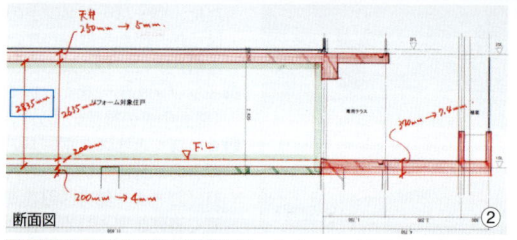

断面図 ❷

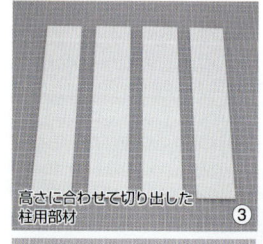

高さに合わせて切り出した柱用部材 ❸

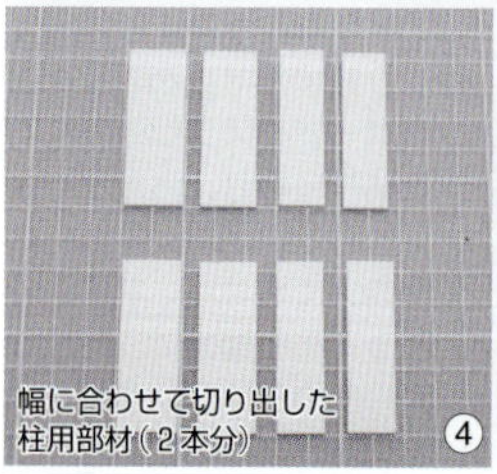

幅に合わせて切り出した柱用部材（2本分） ❹

平行な2辺の部材に「うす皮1枚残し加工」を施す ❺

❶「スケルトン」と呼んでいる部分は、専用テラス（植栽植込みを含む）と躯体（戸境壁を含む）をいい、柱、戸境壁、植栽植込みなどから構成される。これらのパーツを組み立て、先に作った床に接着してスケルトンを完成させよう。

❷床スラブ上面から上階のスラブ下面までの寸法は2,835mm。柱は仕上げのある床に立つので、高さが2,835−170=2,665mmになる。

❸2,665/50=53.3mmとなるので、柱用の部材として、53.3mmの高さでスチレンボードを数枚切り出す。部品ごとに部材を切り出すと、その都度誤差が生じてしまい、正確に作ることができない。無駄にはなるが、あらかじめ同じ高さの部材を余分に切り出しておくのがよいだろう。

❹53.3mmの部材から、柱の外形寸法に合わせて、柱の4辺の部材を切り出す。「うす皮1枚残し加工」*を施すので、4辺すべての部材を柱幅で切り出せばよい。

❺切り出した部材のうち平行な2辺の部材に「うす皮1枚残し加工」を施す。

❻部材が切り出せたら、柱を組み立てていく。柱の中身

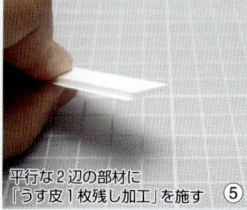

*112ページ参照

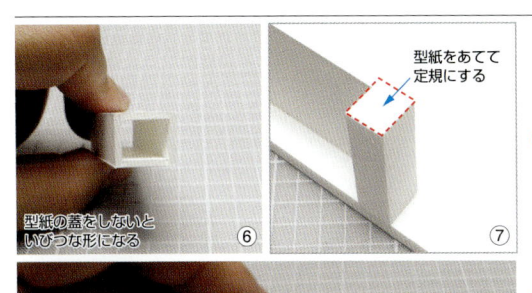

が空洞なため、正確な四角形の柱を作るのは案外難しい。どうしても台形や平行四辺形になってしまう。

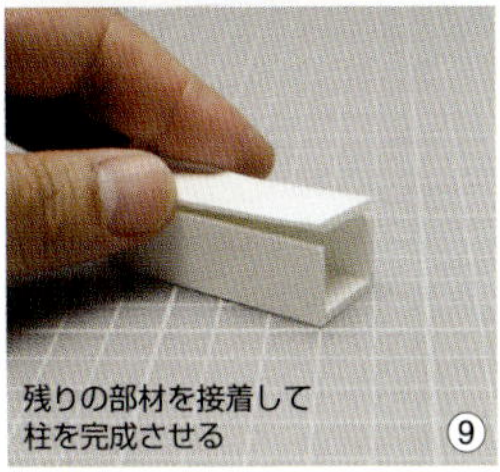

❼そこで、上質紙で柱の蓋になるような型紙を作り、これを定規にして柱を組み立てる。型紙は柱の小口に蓋をすることにもなるので、空洞を隠すこともできる。

❽「うす皮1枚残し加工」を施した柱部材に、L字型になるようにもう1辺の柱部材を接着し、ある程度乾いたところで型紙に接着する。L字型の角を型紙に合わせることで、角が直角になる。乾燥したら、反対側エッジにも柱部材を接着し、コの字型になるように組み立てる。

❾最後に、蓋をするように残り1辺の「うす皮1枚残し加工」を施した部材を接着し、柱を完成させる。残りの独立柱3本も同じ要領で組み立てる。

❿戸境壁の両端に取り付いている柱は、壁に取り付ける形で作っていく。戸境壁は、壁厚が200/50＝4mm、高さが柱同様2,665/50＝53.3mmになる。2＋2mmのボードを貼り合わせて4mm厚のボードを作り、高さ53.3mmで切り出す。あわせて柱の3辺の部材も切り出し、うち1辺の部材には「うす皮1枚残し加工」を両エッジに施す。柱を組み立てたときと同じ要領で、型紙をガイドに組み立てていく。型紙に戸境壁を貼り付け、型紙を利用しながら、戸境壁と直角方向の2辺の柱部材を戸境壁に取り付ける。最後に蓋をするように、3辺目の柱部材を接着する。

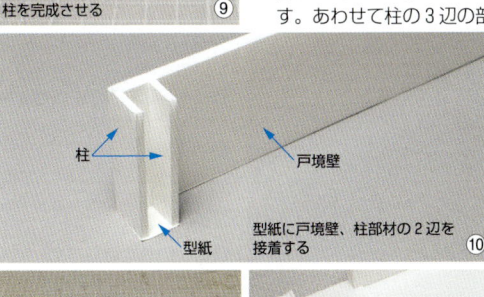

⓫植栽植込みのパーツを作る。柱と同じように植込みの断面を型紙にし、これに部材を接着する。

⓬柱、戸境壁、植栽植込みのパーツを、スコヤで直角を確認しながら先に作った床に取り付けていく。

…

インフィル部分を作ろう

住戸内の床、間仕切り壁部分を「インフィル」と称している。リフォーム計画などでは、平面（プラン）案を検討する場合、このインフィル部分の模型を数案作成することになる。ここでは、取外しが可能なインフィル部分を作ってみよう。

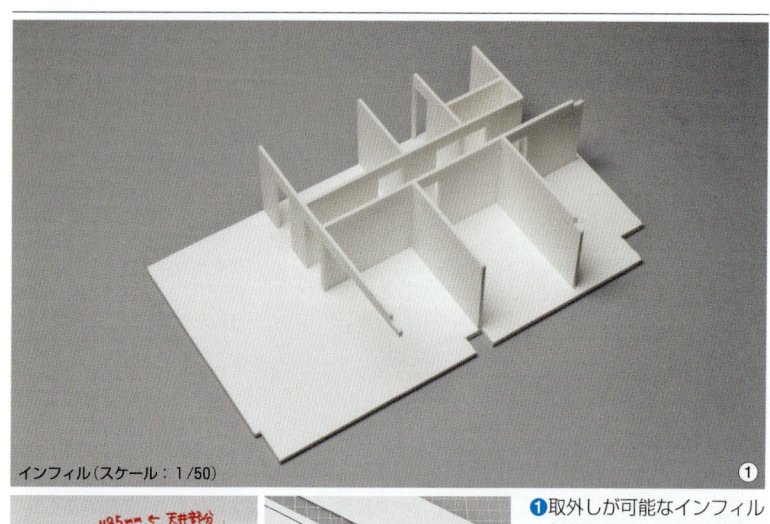

インフィル（スケール：1/50） ①

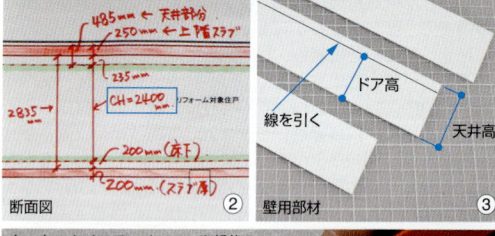

断面図 ②

壁用部材 ③ 線を引く ドア高 天井高

カッターナイフで、インフィル部分の壁部材に開口位置の印を付ける
壁部材 ④

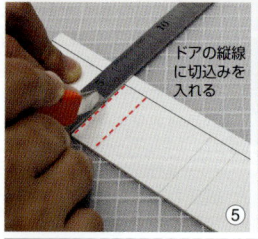

ドアの縦線に切込みを入れる ⑤

角の部分ではカッターナイフを立てて切る ⑥

❶取外しが可能なインフィル部分を作る。まず、床仕上げを200mmとし、外部床より30mm上がっていることで内部を表現する。スケルトンの床を作る際に切り抜いた部材（3mm）*に、1mmのスチレンボードを貼って4mm（200/50）とする。天井高は2,400mm、ドアの高さは2,000mmとする。

❷壁用の部材を2,400/50＝48mmで切り出す。

❸切り出した部材には、ドアの高さ2,000/50＝40mmの位置に鉛筆で薄く直線を引いておく。

❹切り出した壁部材に、壁の長さ、開口部の位置などを図面から拾う。このとき、鉛筆で印を付けるのでもよいが、慣れてくれば、写真のようにカッターで印を付けるようにすると、部材を汚さなくてすむ。

❺ドアは3方、窓は4方に切込みを入れることで、開口

*155ページ⑪参照

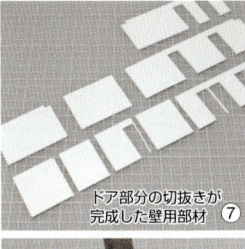

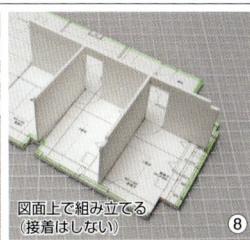

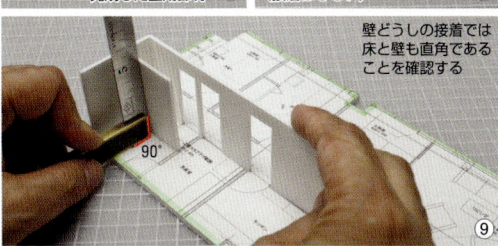

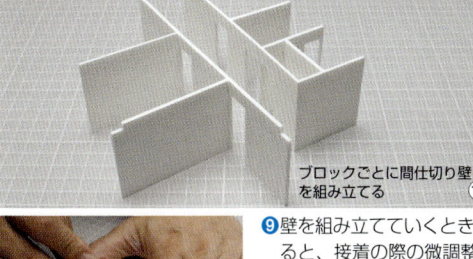

図中キャプション:
- ドア部分の切抜きが完成した壁用部材 ⑦
- 図面上で組み立てる（接着はしない）⑧
- 壁どうしの接着では床と壁も直角であることを確認する
- 90°
- ⑨
- ブロックごとに間仕切り壁を組み立てる ⑩
- 接合箇所の印を付ける ⑪
- 戸境壁側を基準に組み立てるとよい ⑫

をあけることができる。この模型のインフィルには窓がないので、ドアと和室の障子部分に3方開口をあける。スコヤを使って、ドアの縦線の切込みを入れる。

❻その後、ステンレス定規を使い、③で印を付けた2,000（40mm）の線に沿って、開口をあける。このとき、縦の切込み線と交差する角の部分（入隅部分）では、カッターをボードに対して直角に立てる。部材の上面では、カッターナイフは所定の位置まで切込みが入っているが、下面はまだそこまで切れていないためである。

❼ドア部分の切り抜きが完成した壁部材。

❽壁部材を組み立てていく。間仕切り壁を組み立てる場合、図面の上で組み立てれば、T字型に接合される部分など、接合位置がわからない箇所も、図面から位置を拾うことができる。

❾壁を組み立てていくとき、1枚の壁の2箇所に接着箇所があると、接着の際の微調整の融通が利かなくなってしまう。よって、常にL字型、T字型の関係になるように2部材を選んで接着していく。また、必ずスコヤを使って直角を確認しながら接合するようにしよう。

❿間仕切り壁を、ブロックごとに組み立てる。このブロックを床部材に取り付け、床上で全体を一つに組み立てる。

⓫床部材から図面をはがす前に、接合ポイントとなる位置にカッターで印を付けておく。カッターを力強く使うと、部材表面の上質紙を切ってしまうので、傷を付ける程度とする。

⓬戸境壁側は、床材と間仕切りのエッジがそろう。このような箇所を基準に組み立て始めるとよい。壁どうしの直角も、スコヤを使って確認しながら接着する。

インフィルの外壁を作ろう

例として取り上げているこの住戸は、角部屋で3面採光が可能な部屋である。この外部に面した3面の外壁面もリフォームの対象になるため、インフィル部分として作ることにする。

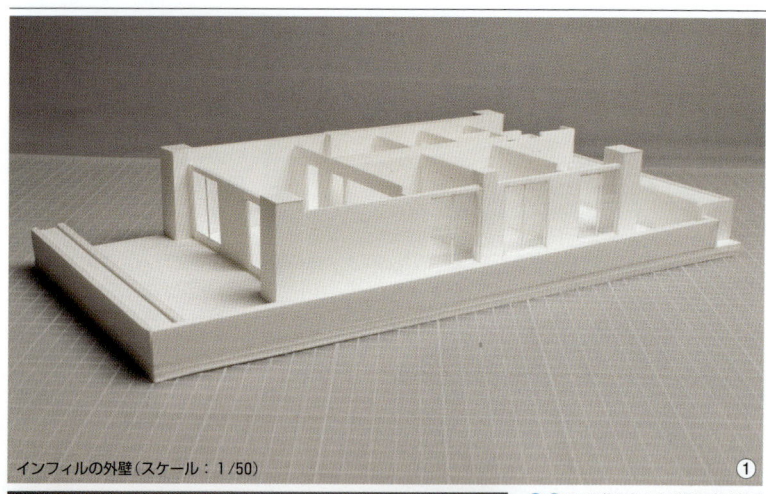

インフィルの外壁（スケール：1/50） ①

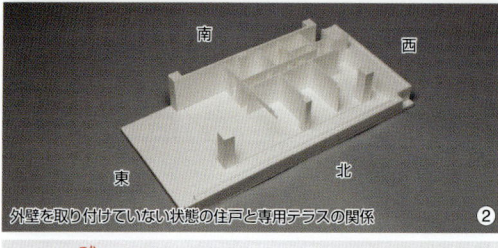

南　西
東　北
外壁を取り付けていない状態の住戸と専用テラスの関係 ②

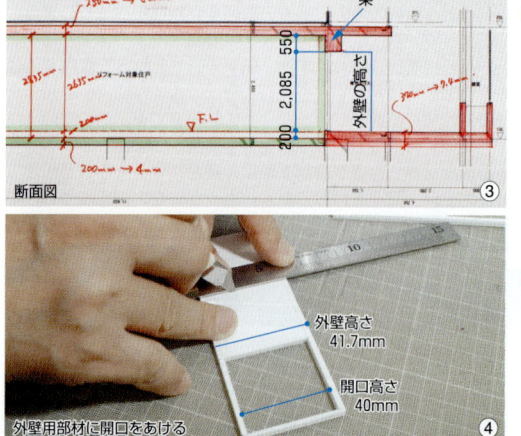

断面図 ③

外壁高さ 41.7mm
開口高さ 40mm
外壁用部材に開口をあける ④

❶❷この住戸は1階の角部屋に位置しているため、3面の専用テラスをもっている。3面すべての面で採光が可能なため、リフォームの対象として、専用テラスに面した外壁のデザインも考えることになる。そのため、158ページで作ったインフィルに外壁を付加する。

❸外壁面にあたる北、東、西面とも、上階スラブ下端から下方に550mmの梁が出てくる。したがって、外壁の高さは2,835－200－550＝2,085mmになり、1/50では2,085/50＝41.7mmになる。また、外壁の壁厚は300mmなので、1/50では300/50＝6mmとなる。

❹3＋3＝6mmのスチレンボードを作り*1、外壁の高さ41.7mmで切り出す。外壁面に設けるサッシ上端は梁に取り付くと考え、サッシの高さ(H)を2,000/50＝40mmとし、切り出した外

*1：155ページ④～⑥参照

塩ビ板とケント紙で作ったサッシ ⑤

ケント紙裏面に両面テープ、表面にサッシの姿図を貼る ⑥

姿図に沿ってケント紙を切り抜きサッシを作る ⑦

両面テープの保護紙をはがし、塩ビ板にケント紙を貼る ⑧

ケント紙の外形に沿って塩ビ板の余分な部分をカットする ⑨

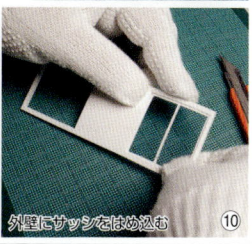

外壁にサッシをはめ込む ⑩

壁用部材にサッシの開口をあける[*2]。

⑤サッシは塩ビ板にケント紙で作ったサッシフレームを貼り付ける方法で作る。

⑥ケント紙裏面に幅広の両面テープを貼る。サッシの姿図裏面にペーパーセメントを塗りケント紙表面に貼る。

⑦姿図にしたがって、ケント紙を裏面の両面テープも含めて切り抜く。

⑧切り抜き終わったら、ケント紙裏面の両面テープの保護紙をはがし、ケント紙を塩ビ板に貼る。

⑨ケント紙の外形に合わせて、塩ビ板をサッシの大きさに切り取る。カッターで最後まで切ろうとすると強い力が必要となり、切り口が汚くなってしまうので、厚さの半分くらいまで切込みを入れたら、後は割るようにする。

⑩切った塩ビ板を外壁にあけた開口部にはめ込んでいく。

*2：158ページ③～⑥参照

スケルトンの天井を作ろう

レリーフ模型は154～161ページまでのプロセスで完成である。しかし、内部空間の様子を検討してみるためには、天井を取り付けてみたほうがリアリティが増す。そこで、取外しが可能な天井を作ることにする。

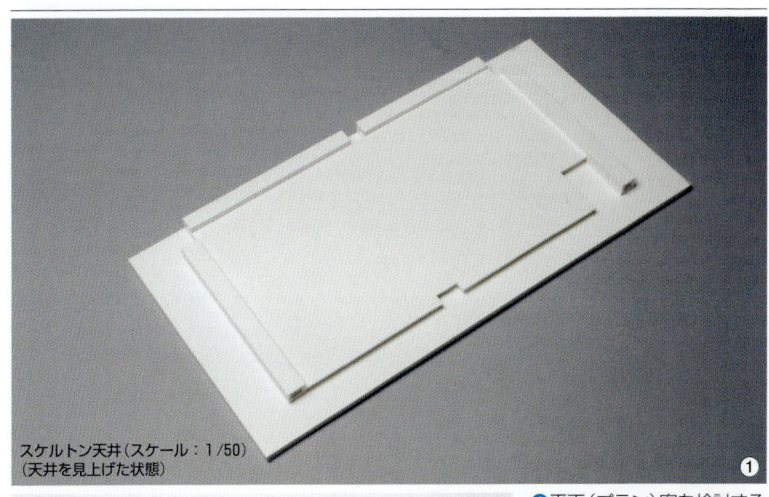

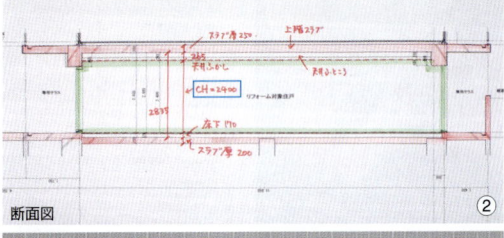

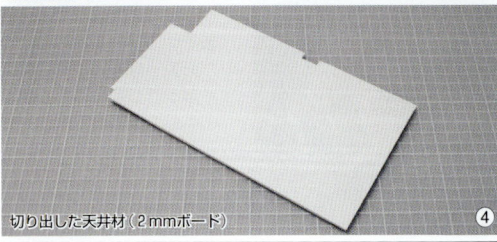

①スケルトン天井（スケール：1/50）
（天井を見上げた状態）

②断面図

③5mmのボードで上階のスラブ範囲を切り出した上階スラブ部材

④切り出した天井材（2mmボード）

❶平面（プラン）案を検討するために、屋根や天井を取り去った模型をレリーフ模型と称しているが、レリーフ模型であっても、天井部分を作っておくと、天井高や空間の気積など内部空間の様子を検証することができるので、取外しが可能な天井を作っておこう。

❷天井高を2,400mmに設定したので、2,665-2400=265mmの天井ふところが発生する。そのため、天井部分は上階スラブ部材と天井部材の2つから構成される。

❸住戸の天井範囲に上階のバルコニーの跳ね出し部分を加えた範囲を上階スラブとし、スラブ厚が250mmなので、250/50=5mmのスチレンボードを使って、上階スラブ部材を平面図から切り出す。

❹北側の専用庭に面した部分の梁は、住戸の外に取り付くが、それ以外の梁は住戸

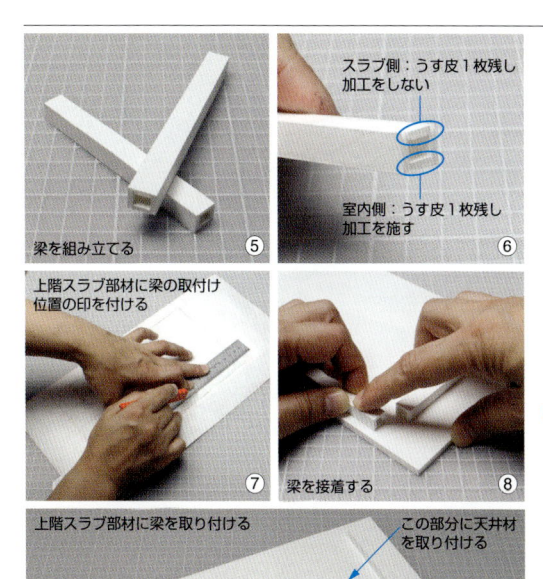

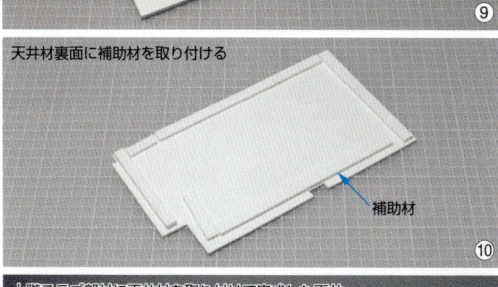

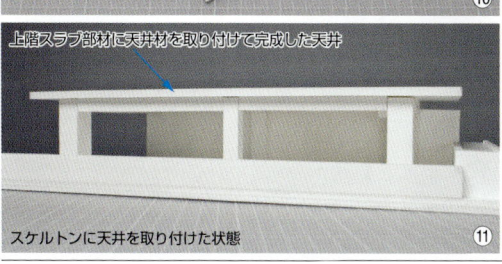

写真キャプション:
- ⑤ 梁を組み立てる
- ⑥ スラブ側：うす皮1枚残し加工をしない／室内側：うす皮1枚残し加工を施す
- ⑦ 上階スラブ部材に梁の取付け位置の印を付ける
- ⑧ 梁を接着する
- ⑨ 上階スラブ部材に梁を取り付ける／この部分に天井材を取り付ける／梁
- ⑩ 天井材裏面に補助材を取り付ける／補助材
- ⑪ 上階スラブ部材に天井材を取り付けて完成した天井／スケルトンに天井を取り付けた状態

内に取り付く。そのため、西面と東面の天井範囲は、インフィル床の範囲から梁幅分内側の範囲となる。適当な厚さのボードから天井材を切り出す（写真では2mmのボードを使用）。天井は梁の間に埋もれてしまうし、ふところは補助材で埋めるので、ボードの厚さは適当でよい。天井のふところは、235/50=4.7mmとなるので、4.7-2=2.7mmの補助材でふかす。

❺梁を作る。梁は3方を作り、それをスラブに取り付ければできるのだが、3方で作ると台形の梁断面になってしまうことが多い。そのため、ここでは柱と同じように4辺の部材を切り出し、四角形断面の梁を作る*1。

❻4辺の部材を組み立てる場合は、梁の側面部材両端に「うす皮1枚残し加工」*2を施し、下端部材は、側面部材に挟み込むようにして接着する。

❼上階スラブ用部材の下面に平面図を裏返しに貼る。梁が取り付く位置にカッターナイフで印を付ける。

❽❾図面をはがした後、印を付けた位置に組み立てた梁を取り付ける。

❿天井材裏面（④）に補助材（2.7mm厚）を取り付ける。補助材は天井ふところをふかすために設けるので、天井材ががたつかない程度の数でよく、取付け位置も適当な位置でよい。

⓫天井材を上階スラブに取り付ける。これで、天井部分が完成する。

*1：157ページ③〜⑨参照　*2：112ページ参照

RC壁構造の住宅完成模型を作ろう

RC壁構造コンクリート打放し仕上げの住宅の完成模型を作ってみよう。一言で完成模型といってもさまざまな方法と種類があるが、ここでは、スチレンペーパーと色紙を組み合わせてコンクリート打放し仕上げを表現してみよう。

RC壁構造の住宅完成模型（スケール：1/50） ①

完成模型写真 ②

屋根を取り外した2階内部 ③

❶❷「スタディ模型」[*1]で取り上げた住宅の完成模型を作ってみよう。ここでは、スチレンペーパーを建物全体の模型材料とする。この住宅は、鉄筋コンクリート壁構造（RC壁構造）、コンクリート打放し仕上げでできている。RC造で一般に用いられる構造形式には壁構造とラーメン構造があるが、壁構造は耐力壁による構造形式で、間仕切りの多い住宅や集合住宅でよく用いられる。模型製作にあたっては、始める前に模型各部の仕様や材料、製作手順などの計画を立てよう。実際の建築工事をする場合の施工計画や工程表の作成と同じである。完成模型といっても、設計の場面ごとに作られる模型は違ってくる。ここでは、実施設計がほぼ完了し、建築主へ設計案をプレゼンテーションするという状況を想定してみよう。

*1：142ページ参照

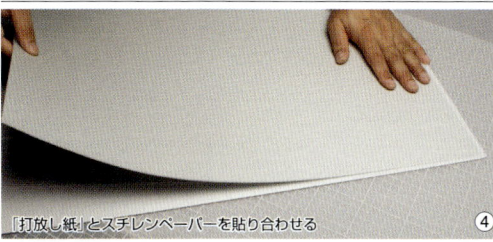

RC壁構造

S造

木造

「打放し紙」とスチレンペーパーを貼り合わせる ④

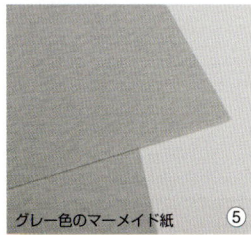

グレー色のマーメイド紙 ⑤

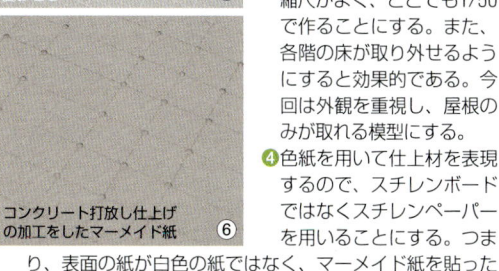

コンクリート打放し仕上げの加工をしたマーメイド紙 ⑥

オイルステイン塗装をした床バルサ材 ⑦

シルバー色紙（ケント紙にシルバー塗装）

塩ビ板

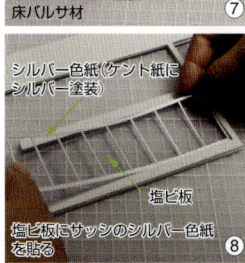

塩ビ板にサッシのシルバー色紙を貼る ⑧

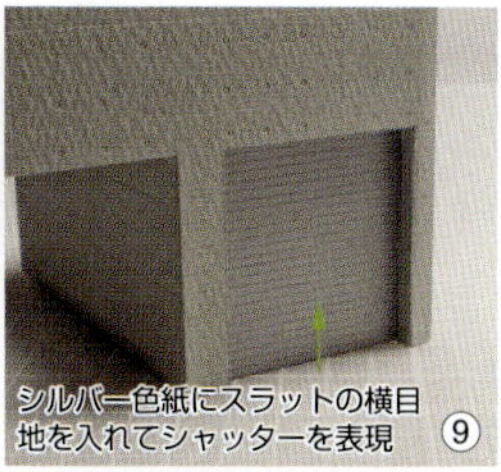

シルバー色紙にスラットの横目地を入れてシャッターを表現 ⑨

NTラシャ紙に水性サインペンで目地を入れる ⑩

芝張り部分

砂利敷き仕上げ部分

シナリーパウダーを敷いた芝と砂利敷き部分 ⑪

❸実施設計終了段階だと、間取りはもちろんのこと、仕上げや各部の仕様もほぼ確定している。そのため、仕上材料を表現し、内部の様子がわかるような模型が必要だろう。内部空間の様子を見てとるには1/50以上の縮尺がよく、ここでも1/50で作ることにする。また、各階の床が取り外せるようにすると効果的である。今回は外観を重視し、屋根のみが取れる模型にする。

❹色紙を用いて仕上材を表現するので、スチレンボードではなくスチレンペーパーを用いることにする。つまり、表面の紙が白色の紙ではなく、マーメイド紙を貼ったスチレンボードを自作するということである。

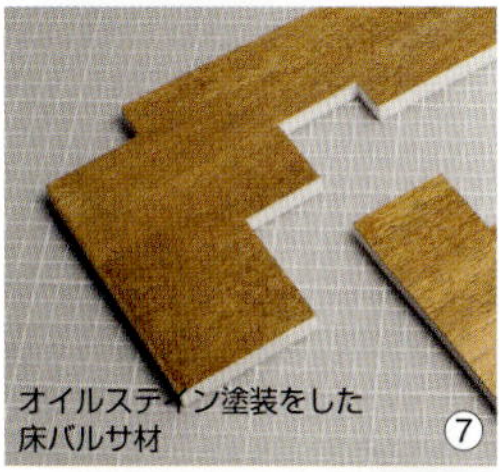

❺❻コンクリート打放し仕上げの表現には、マーメイド紙のグレー色を使う。色と表面のテクスチュアが、打放しのブルータルな表情にぴったり合っている。加工方法については後述[*2]するが、ここでマーメイド紙に少し手を加えて用いる。

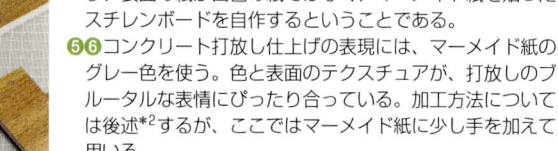

❼床仕上げはフローリング貼りになるので、オイルステイン塗装をしたバルサ板を用いてフローリングを表現する[*3]。

❽窓は、シルバー色の塗装をしたケント紙でサッシを作り、ガラスに見立てた塩ビ板の上に貼る。これを開口部にはめ込んで、サッシを表現する[*4]。

❾車庫のシャッターも、シルバー色の塗装をしたケント紙を利用する。

❿外部床の玄昌石張りや土間コンクリート部分は、テクスチュアがそれぞれの材料に近いNTラシャ紙やキャンソン紙を貼って表現する。

⓫外構の芝張り、砂利敷き部分には、それぞれの感じに近い市販のシナリーパウダーを敷いて表現する。

[*2]：167ページ参照　[*3]：166、172ページ参照　[*4]：174、176ページ参照

165

バルサ材に塗装をしよう

実際の建築工事では、木部へ使用する浸透性塗料として、オイルステインやキシラデコールなどがよく使われている。ここでは下準備として、バルサ材の木目を残しながら、フローリングの雰囲気が出るようにオイルステイン塗装をしてみよう。

塗装が完了したバルサ材 ①

オイルステイン / 水性ニス / うすめ液 / 刷毛 ②

バルサ材に刷毛でオイルステインを塗る ③

オイルステインが乾かないうちに拭き取る ④

オイルステインの乾燥後、表面にニスを塗って艶を出す ⑤

❶バルサ材に塗装をする場合、表面に塗膜面を形成してバルサ材の木目を消す塗装方法と、浸透性の塗料を使用して木目を生かす塗装方法がある。ここでは、浸透性の塗料であるオイルステインを使って塗装し、木目を生かしてフローリングの表現に近づけるようにする。

❷市販されているオイルステインには油性と水性があり、色も各色用意されている。ここでは油性を使う。油性を使う場合は、容器や刷毛を洗うのに専用のうすめ液が必要なので、これも必ず用意するようにしよう。

❸オイルステインの容器をよく振ってかき混ぜ、必要量を容器にとり、バルサ材に刷毛で塗っていく。

❹ここでは、「拭き取り」という方法を使う。オイルステインが乾かないうちに、布かティッシュで表面の余分な塗料を拭き取る。そして乾燥させる。この工程を何回か繰り返し、十分に乾燥させる。

❺この段階でオイルステインによる塗装は完成である。ここでは、フローリング表面の艶を出すために、さらに着色料が入ったニスを表面に塗った。

「打放し紙」を作ろう

コンクリート打放し仕上げのテクスチュアに近い紙がグレー色のマーメイド紙であり、これを少し加工して使っている。これをここでは「打放し紙」と呼び、その加工方法を解説する。下準備として用意しておこう。

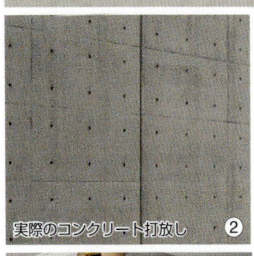

打放し紙 ①

実際のコンクリート打放し ②

❶❷コンクリート打放し仕上げには、型枠のコンパネの割付け目地とセパレーターの凹み穴が生じる。これらを表現するための加工をグレー色のマーメイド紙に施す。

❸型枠のコンパネは、一般的に3尺×6尺(通称「サブロク」と呼ばれているもの)を使用することが多く、割付け目地は900×1,800ピッチになる。マーメイド紙に縮尺1/50で900×1,800ピッチの寸法を取り、カッターの刃のムネを使って線を引く。このとき、平行定規を使うと便利である。

❹型枠の目地が入ったら、次にPコンの位置がわかるように薄く補助線を引いていく。

カッター刃のムネを使って目地の線を引く ③

Pコンの位置を取るために、シャープペンシルで補助線を引く ④

❺Pコンの型を付ける方法として、ここではシャープペンシルの芯先を使う。いらなくなったシャープペンシルをボディーと芯先だけにする。1mm芯のシャープペンシルの芯先が1/50で、ちょうどよい大きさである。

シャープペンシルの芯先 ⑤

かなづちでシャープペンシルを叩き、Pコンの型を付ける ⑥

❻線の交点に芯先をあてがい、かなづちなどで頭を叩くと紙に丸い凹みができる。あまり強く叩くと穴があくので気を付けよう。全部に型を付けたら補助線を消しゴムで消す。力を入れて消すと紙の表面が毛羽立つので、優しく消すようにする。

RC壁構造

S造

木造

167

土台と敷地を作ろう

この住宅には地階がある。地下を作るためには、土台の地盤面をかさ上げし、地中部分を作っておく必要がある。ここでは、スタイロフォームでかさ上げをするテクニックを紹介しながら、敷地を作る手順を解説しよう。

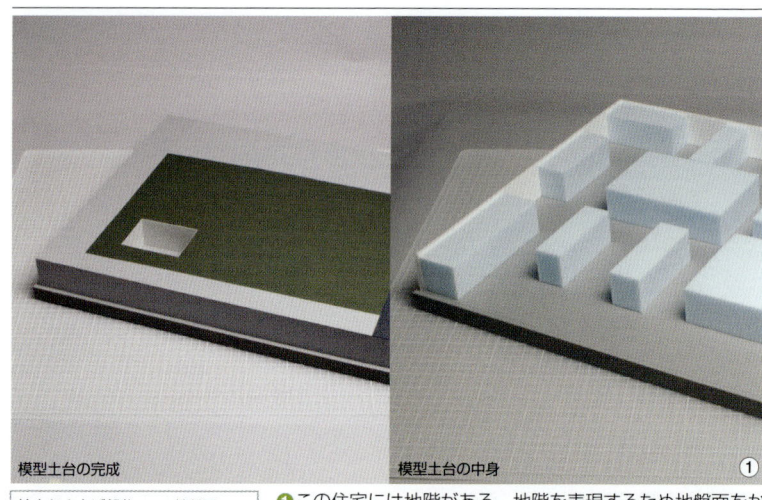

模型土台の完成

模型土台の中身 ①

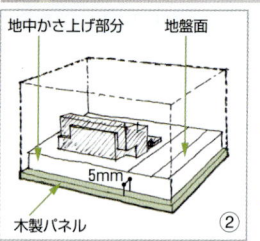

❶ この住宅には地階がある。地階を表現するため地盤面をかさ上げし、地中部分の厚みをもった模型土台を作る。スタイロフォームを使ってかさ上げし、かさ上げ部分の側面と地盤面(上面)をスチレンボードで覆う。

❷ かさ上げ部分は、木製パネル外周より少し小さめ(5mm内側)に作り、木製パネルとかさ上げ部分との差を利用し、上部に上蓋が載せられるようにする。

❸ GLから地階FLまで2,090mmなので、2,090/50=41.8mmになる。木製パネルに水張りした紙の表面を地階床面とするので、かさ上げの高さは41.8mmでよい。したがって、側面スチレンボードが41.8mm、かさ上げの芯になるスタイロフォームと地階壁が41.8−3=38.8mmになる。地盤面のスチレンボードは側面ボードの内側、地階壁は地盤面スチレンボードにそれぞれはめ込むため、側面ボードおよび地盤面ボードの地階切抜き部分は小口が見えてしまう。そのため、地盤面ボードと地階壁ボードに「うす皮1枚残し加工」[*1]を施し、小口をふさいでおく。

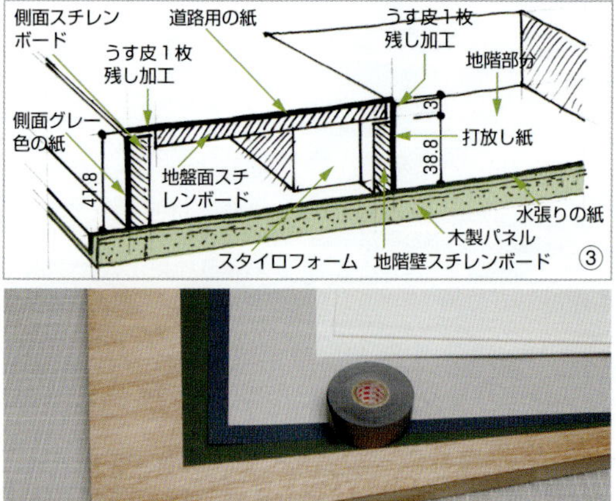

❹ 土台を作るための材料は、

*1：112ページ参照

A2の木製パネル、スタイロフォーム、3mmのスチレンボード、濃いグレーと薄いグレーのNTラシャ紙などである。その他、スチのりまたは木工用接着剤、グレーの水張りテープ、ホッチキス、ケント紙、シナリーパウダーなどを用意する。

⑤ 木製パネルに水張りをする

⑥ 木製パネルに側面壁の位置を描いておく

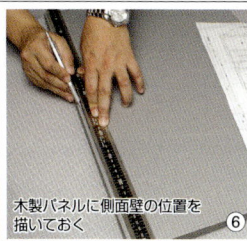

❺木製パネルに水貼りをする*2。水張りの紙をそのまま地階床の表として用いるので、グレーのパンチカーペット仕上げに近いNTラシャ紙のグレー（薄い）を使う。

❻水張りが乾燥したら、木製パネルの四周のエッジから5mm内側に地中部分側面壁のラインを鉛筆で描く。ボードの厚み3mmのラインもさらに内側に平行に引いておく。

⑦ 地盤面用スチレンボードの地階部分を切り抜く

❼3mmのスチレンボードを使って、地盤面（上面）用ボードを切り出す。大きさは、パネルの大きさより各辺5mm小さくなり、さらに3mmの側面ボードの内側にはめ込むので、420−（5+3）×2＝404mm、594−（5+3）×2＝578mmの大きさで切り出す。ボードが切り出せたら地階部分を切り抜く。このとき、図面の地階の室内側壁面に沿って切り抜く。

⑧ グレーの紙にスプレーのり77を噴く

⑨ グレーの紙を、3mmのスチレンボードに貼る

❽側面ボードを切り出す。側面は、水張りに使用した紙と同じ色にし、写真撮影の際に目立たないようにする。ここでは、薄いグレーの紙にスプレーのり77を噴く。

❾グレーの紙を3mmのスチレンボードに貼る。41.8mmの高さで複数枚切り出し、4辺それぞれの長さにカットする。

⑩ 「うす皮1枚残し加工」を施した側面ボード

❿4辺のうち2辺の部材は、端部に「うす皮1枚残し加工」*1を施すが、ここではグレーの紙1枚を残すようにする。

⓫かさ上げ用のスタイロフォームを切り出す。ヒートカッターのT定規を38.8mmの位置で固定し、その位置で必要な個数全部を切り出すようにする。1度でも動かすと微妙な差ができてしまう。

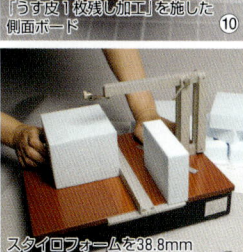

⑪ スタイロフォームを38.8mm幅で切り出す

⑫ スタイロフォームでかさ上げした状態　隙間があってよい

⓬スタイロフォームは全面に貼らず、上面のスチレンボードがたわまない程度に隙間をあけてよい。そのため、高さ以外の大きさはまちまちなので、切れ端のスタイロフォームを利用するとよいだろう。

*2：128ページ参照

6 建築構造別テクニック

写真キャプション:
- 地盤面用ボードを定規にして地階の位置を木製パネルに描く ⑬
- 側面のボードとかさ上げ用のスタイロフォームを接着する ⑭ 
- 手前の1辺だけを残して、3方の側面ボードとかさ上げ用のスタイロフォームを接着する ⑮
- 地下室壁面用「打放し紙」 ⑯
- 地下室壁面用ボードに「うす皮1枚残し加工」を施す ⑰
- 3mmの「うす皮1枚残し加工」を施した部分　地階の壁を接着する ⑱
- 地盤面ボードをかぶせて仮組みし、大きい場合は切って調整する ⑲

⑬ 地階部分に間違えてスタイロフォームを貼ってしまわないように、上面のボードを定規にして、地階の位置を木製パネルに描いておく。地階の壁は3mmのボードなので、地階の内側壁面線から3mm外側にも平行線を引く。

⑭ 木製パネルに側面のボードとスタイロフォームを貼っていく。スタイロフォームはボードの下地になるため、あまり間隔が大きくならない程度に敷き詰める。

⑮ 土台側面のボードは、四周すべてに貼らず、コの字型に3辺だけを貼るようにする。地盤面ボードと木製パネルに貼っている土台側面との大きさがぴったり合うとはかぎらないので、最後に微調整ができるようにしておくためである。

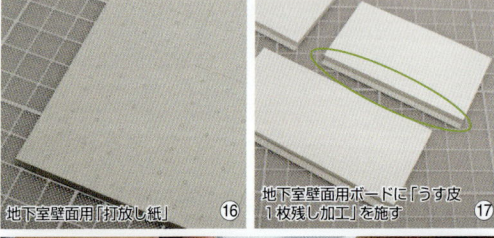

⑯ 地階の壁を作る。地階の壁はコンクリート打放し仕上げなので、事前に準備した「打放し紙」*3をスチレンボードに貼ったものを使用する。スプレーのり77で打放し紙を3mmのスチレンボードに貼り、かさ上げ高さ41.8mm幅で数枚切り出し、それらを壁面の長さにカットして四周壁面用の部材を切り出す。

⑰ 地階壁面用部材の上辺に「うす皮1枚残し加工」*1を施す。4面でコンクリート打放しの目地がそろうように注意しよう。ここも、表面の「打放し紙」1枚を残すように加工する。

⑱ 地階壁面用部材を、水張りした木製パネルの印を付けた地階部分に接着する。

⑲ 上面の地盤面用ボードを土台にかぶせて、仮組みをしてみる。3方の側面ボードにぴったり合うかどうか確認する。大きさが異なるようであれば、切って大きさをそろえる。

⑳ 大きさを確認した地盤面用のボードに道路用の紙を貼る。

*3：167ページ参照

ここでは、道路用の紙に濃いグレー色の紙を使う。道路用の紙はボードより大きめのもの(各辺10mm以上)を用意し、スプレーのり77を地盤面ボードの上面(表面)に噴いて紙に貼る。

㉑ 地盤面ボードの各辺、3mm外側で道路用の紙をカットする。この3mmのつばで、土台側面ボードの小口をふさぐのである。外周がカットできたら、地盤面ボードに切り抜かれた地階部分に沿って道路用の紙も切り抜く。

㉒ 4辺の側面ボードのうち、接着せずに残しておいた1辺の側面ボードおよび地盤面ボードを接着する。かさ上げの芯となるスタイロフォームと側面ボードの小口に接着剤を塗り、道路用の紙が上面になるようにしてボードを接着する。乾燥後に、場所によって浮いている箇所があると困るので、木製パネルを裏返し、本などの重しを載せて乾燥させる。

㉓ 地盤面ボードの接着が完成したら、敷地、隣地部分に紙を貼り、残った部分が道路になるようにする。

㉔ 隣地部分に紙を貼る。ここでは#400のケント紙に薄いグレー色のNTラシャ紙(側面に使用した紙と同じ色)を貼って隣地を表現する。ベージュや薄い茶色系の色でもよいだろう。ケント紙とNTラシャ紙を貼り合わせた厚みは0.5mmになり、道路が25mm(0.5×50)下がった状態が表現できる。

㉕ 敷地部分は、緑色のキャンソン紙をベースにし、各部の床仕上げに応じた紙を貼る。庭部分はシナリーパウダーを用いて芝を表現する。これらの作業は、後の外構を作る工程で作ることにする*4。ここでは、ベースとなる緑色の紙を敷地形状に切り出す。

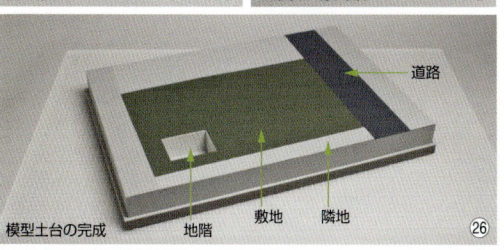

㉖ 模型土台に敷地の紙を貼って完成である。

⑳ 地盤面ボードの上面にスプレーのり77を噴き、裏返してグレーの紙と接着した状態

㉑ グレーの紙に3mmのつばを残して切るため、寸法をけがく

㉒ 木製パネルを逆さまにし、本などを重しにして養生する

㉓ 地盤面ボードの接着が完成

㉔ 隣地の形状に切り出したケント紙に合わせて、グレーのNTラシャ紙を切る

㉕ 緑色のキャンソン紙を敷地の形状に切り出す

㉖ 模型土台の完成 / 地階 / 敷地 / 隣地 / 道路

*4:180ページ参照

1、2階の床を作ろう

この模型は、最上部の屋根を取り外して各階の間取りが検討できるようにする。そのため、室内も実際の仕上材に近い表現になるように作る。ここでは、各階の床の作り方を解説しよう。基本的には、1階床の作り方を2階床にも流用すればよい。

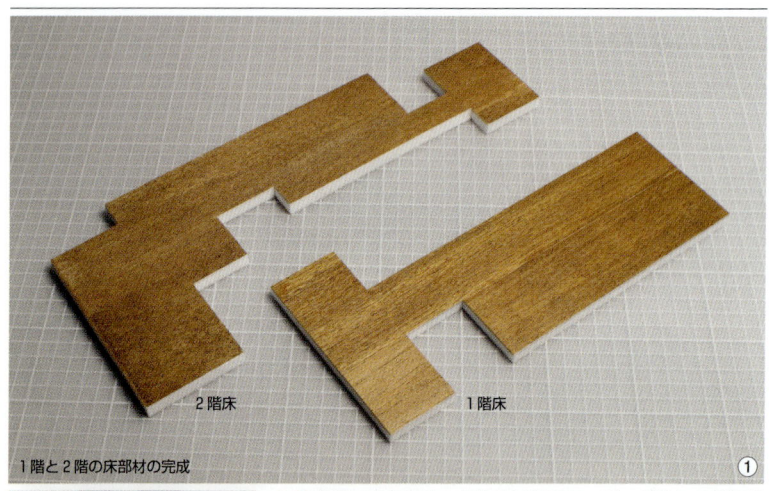

①1階と2階の床部材の完成

2階床　1階床

②バルサ材を下敷きにし、その上に間仕切り壁を立てる

③2mmのスチレンペーパーにスプレーのり77を噴く

④5mmのスチレンペーパーに2mmのスチレンペーパーを貼る

⑤図面の線に沿って床の形を切り出す（ヒートカッターを使うと小口が直角になる）

❶❷各階の床を作る。床仕上げがフローリング貼りの部屋は、バルサ材を貼って表現する。この模型では、バルサ材の厚みを含めてスラブ厚になるように考える。これは、間仕切り壁の切出し高さを天井高にすることができるからである。そのため、間仕切り壁の下にもバルサ材を貼るので、その点を注意しながらバルサ材の切出しを行おう。

❸❹1階の床を作る。1FLはGL＋400なので、400/50＝8mmになる。7mmのボードの上に1mmのバルサ材を貼って8mmとする。7mmのボードは、2mmと5mmのスチレンペーパーを貼り合わせて作る。2mmのスチレンペーパーにスプレーのり77を噴き、5mmのスチレンペーパーに貼る。同じ要領で2階の床用のボードも作っておこう。1階の天井から2階床までの寸法は450mmになるので、450/50＝9mmになる。1階と同様に1mmのバルサ材を貼るので、8mm（5＋3mm）のボードを作ればよい。

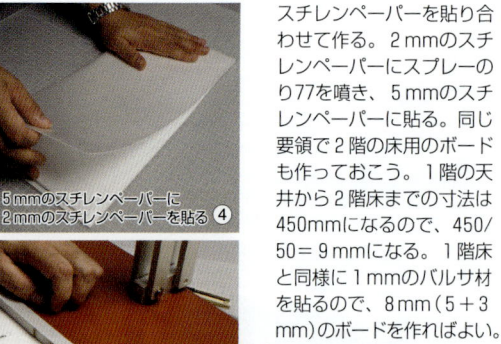

❺1階平面図裏面にスプレーのり55を弱く噴き、先ほど作った1階用の7mmボードに貼る。外壁内側の線に沿って床を切り出す。ボー

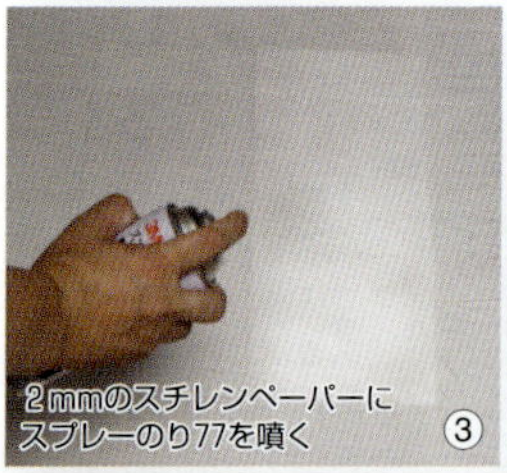

RC壁構造

S造

木造

ドが厚いので、カッターで切る場合は直角切出し*1の方法を使う。しかし、スチレンペーパーを使っているので、ヒートカッターを使えばもっと簡単に直角に切れる。図面を定規としては使えないので、図面の縁にニクロム線がくるようにT定規を合わせ、T定規に添わせて切っていく。

バルサ材のエッジを1mmほどカットする ⑥

❻バルサ材の幅は80mmと細いので、床部材全面に貼れるように数枚のバルサ材でバルサシートを作る。バルサ材の小口面は、塗装した際の塗料がダレて若干凸凹している。そこで、バルサ材のエッジを1mmほど直線状にカットする。

バルサ材の木目を確認する ⑦

❼バルサ材の木目は、製品ごとにばらばらである。シートとして使うので、木目がそろっていることが好ましい。そのため、板どうしを合わせてみて木目が近いものを探す。

❽❾バルサ材の塗装面を下にして敷き並べる。動かないようにドラフティングテープで止め、幅広の両面テープを貼っていく。両面テープは継ぎはぎしながらバルサ材裏面全面に貼るようにする。

裏返したバルサ材をドラフティングテープで止めて両面テープを貼っていく ⑧

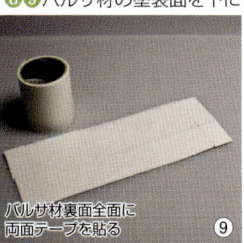

バルサ材裏面全面に両面テープを貼る ⑨

バルサシート(裏面)

床部材

両面テープの保護紙をはがし、バルサシートに床部材を裏返して貼る ⑩

❿バルサシートに床部材を貼る。バルサシートを床部材より少し大きめになるように切り、裏面の両面テープの保護紙をはがす。その上に床部材を裏返して貼る。

⓫床部材がバルサシートの上に載っている状態で、バルサシートの余分な部分をカットする。スチレンペーパーは軟らかく、簡単に切れてしまうので、必ずステンレス定規かスコヤを当てて切るようにする。これで、1階の床が完成である。同じ要領で2階の床も作ろう。

バルサシートの余分なところをカットする ⑪

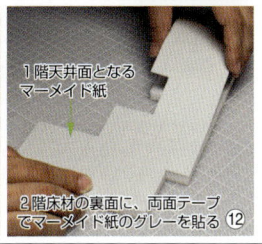

1階天井面となるマーメイド紙

2階床材の裏面に、両面テープでマーメイド紙のグレーを貼る ⑫

⓬2階の床裏面は1階の天井になる。そのため、天井仕上げのコンクリート打放しの表現をするため、「打放し紙」*2をバルサシートを貼ったときの要領で貼る。

*1:105ページ参照 *2:167ページ参照

173

各階の壁部材を作ろう

外壁や間仕切り壁はコンクリート打放し仕上げである。これを表現するために、スチレンペーパーと「打放し紙」を貼り合わせて外壁ボードを自作し、ここから壁部材を切り出す。ここでは、その手順を解説しよう。

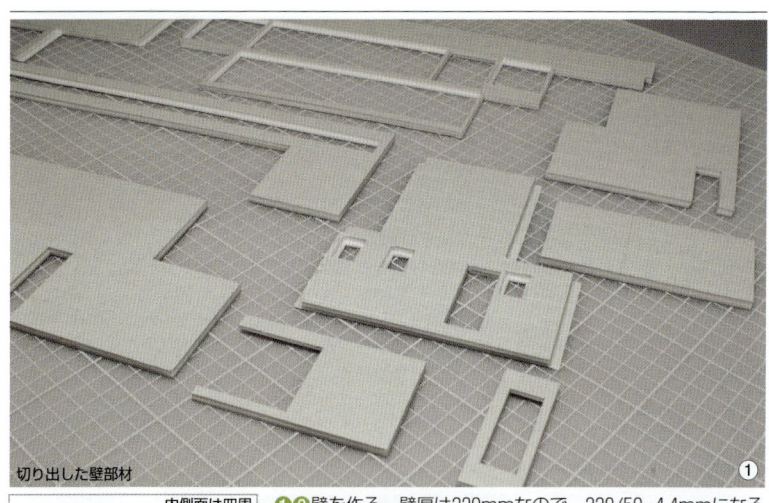

切り出した壁部材 ①

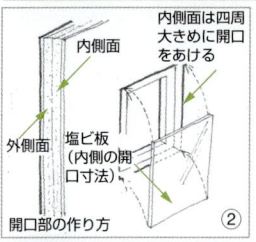

開口部の作り方 ②
内側面／外側面／塩ビ板（内側の開口寸法）／内側面は四周大きめに開口をあける

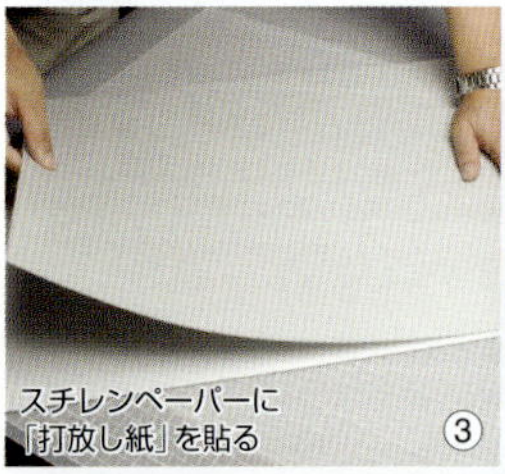

スチレンペーパーに「打放し紙」を貼る ③

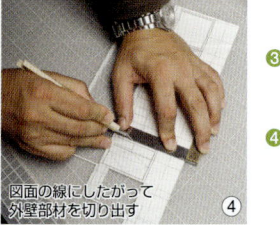

図面の線にしたがって外壁部材を切り出す ④

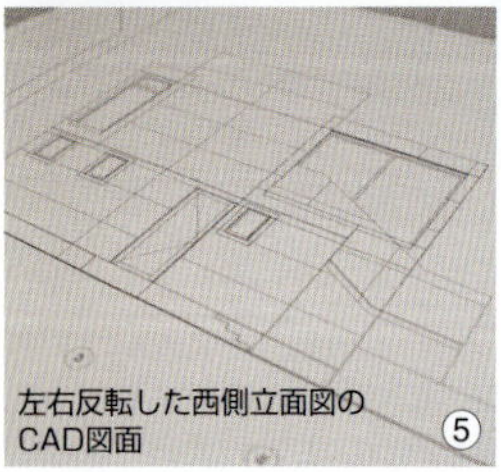

左右反転した西側立面図のCAD図面 ⑤

❶❷壁を作る。壁厚は220mmなので、220/50＝4.4mmになる。2mmのスチレンペーパー2枚を貼り合わせて4mmにし、その両面に「打放し紙」*1を貼って4.4mmの外壁ボードを作る。このとき、4.4mmのボードを作ってから外壁部材を切り出すという工程ではなく、2mmのスチレンペーパーの片面に打放し紙を貼った片面ボードを作り、このボードから各立面の内側面と外側面を切り出し、その後、これらを貼り合わせて外壁ボードを作るという工程とする。これは、内側と外側でサッシの開口の大きさを変え、その差の部分に塩ビ板をはめ込めるようにするためである。

❸「打放し紙」裏面にスプレーのり77を噴き、2mmのスチレンペーパーに貼る。

❹外壁ボードから外壁の外側面を切り出す。立面図をスプレーのり55でボードの「打放し紙」を貼った面に貼る。このとき、図面上の目地と打放し紙の目地がそろうようにする。図面の線にしたがって外壁部材を切り出す。

❺外壁ボードの内側面を切り出すために、内側面用の立面図をCADで作る。CADでサッシ開口の外側50〜100mmの位置にサッシの形をオフセットした線を引く。壁がL、T字型に接合される部分で左右に50〜100mmの余白がとれない場合は、上下の余白だけでよい。オフセット線が引けたら、立面図全体を左右に鏡像（ミラー）反転して印刷する。

❻外側面を切り出したときと同じ要領で、外壁部材の内側面

*1：167ページ参照

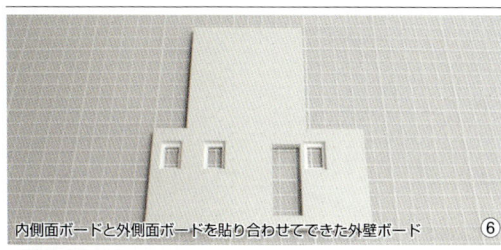

内側面ボードと外側面ボードを貼り合わせてできた外壁ボード ⑥

外壁ボードコーナーの「うす皮1枚残し加工」 ⑦

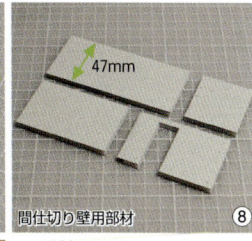

間仕切り壁用部材 ⑧

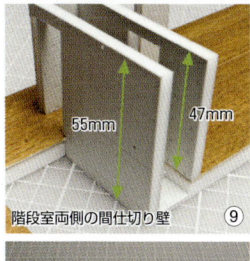

階段室両側の間仕切り壁 ⑨

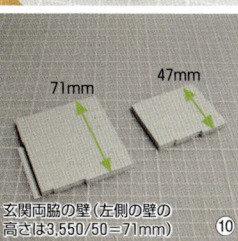

玄関両脇の壁(左側の壁の高さは3,550/50＝71mm) ⑩

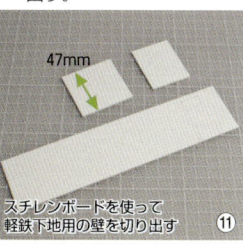

スチレンボードを使って軽鉄下地用の壁を切り出す ⑪

間仕切り壁にあけたドア開口 ⑫

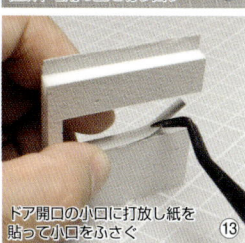

ドア開口の小口に打放し紙を貼って小口をふさぐ ⑬

を切り出す。切出し終えたら、スプレーのり77で内側面と外側面を貼り合わせ、外壁ボードを完成させる。

❼部材がL字型に接合される部分に「うす皮1枚残し加工」*2を施す。ここでは外側面の「打放し紙」1枚残す。

❽余った外壁ボードから間仕切り壁用部材を切り出す。間仕切り壁の厚さも外壁同様220mmで、窓は無い。先に片面ボードを貼り合わせて4.4mmの外壁ボードを作ってしまう。一部を除き、天井高は1、2階とも2,350mm、2,350/50＝47mmになるので、「打放し紙」の目地に注意しながら47mmの高さで切り出す。

❾間仕切り壁のうち、1階の階段室両側と2階の一部の壁は高さが異なる。階段室両側の壁は、GLからの高さで400＋2,350＝2,750mm、2,750/50＝55mmで切り出す。

❿2階玄関、浴室側の壁、予備室とリビングの境の壁は高いほうの天井高さになり、3,550/50＝71mmとなる。玄関と玄関ポーチは床が下がっているので、これも加えて玄関脇の壁は、3,550＋200＝3,750mm、3,750/50＝75mmで切り出す。

⓫2階便所、ユーティリティ、ウォークインクローゼットの間仕切り壁は軽量鉄骨下地で、壁厚90mmである。90/50＝1.8≒2mmなので、2mmのスチレンボードから高さ47mmで切り出す。

⓬切り出した間仕切り壁にドアの開口をあける。ドア位置を図面から拾い、高さは2,100/50＝42mmであける。

⓭ドア開口の小口はスチレンペーパーが見えるので、「打放し紙」で小口をふさぐ。打放し紙を4.4mm幅で切り、木工用接着剤を使って小口に貼っていく。これで間仕切り壁の完成である。

*2：112ページ参照

壁や床の細かい部分を作ろう

壁を作るときには、窓やドアの部分は穴をあけた状態になっている。建物を組み立てた後でここに窓やドアを入れるのは難しいので、組み立てる前に窓やドアを作っておこう。その他、組み立てるにあたって必要になる階段も作っておこう。

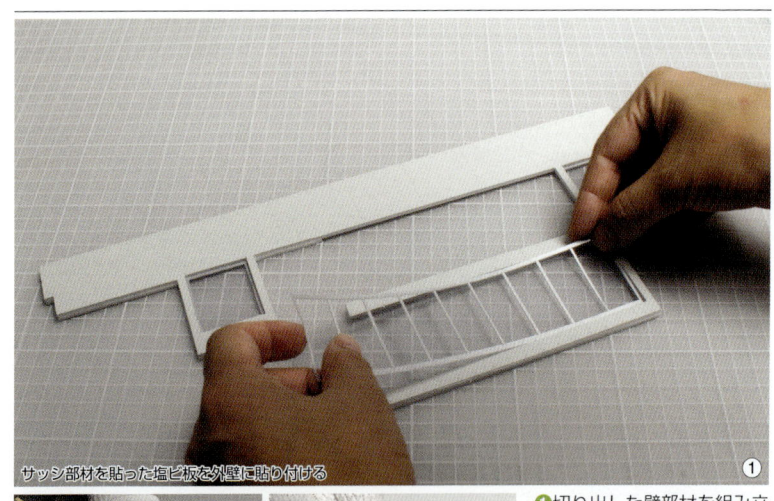

サッシ部材を貼った塩ビ板を外壁に貼り付ける ①

図面を下敷きに塩ビ板を切り出す ②

カッターで筋目を入れた後、塩ビ板を手で割る ③

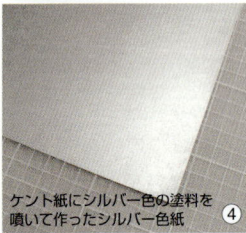

ケント紙にシルバー色の塗料を噴いて作ったシルバー色紙 ④

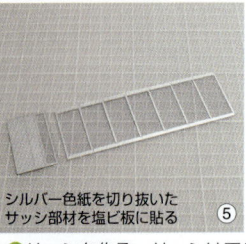

シルバー色紙を切り抜いたサッシ部材を塩ビ板に貼る ⑤

サッシ開口の小口に「打放し紙」を貼る ⑥

❶切り出した壁部材を組み立てる前に、窓を入れたり、ドアを入れたりといった細かい作業を済ませよう。
❷ガラスの表現には塩ビ板を使う。外壁の内側面用立面図を使って、透明な0.3mmの塩ビ板から窓の形状を切り出す。開口部回りには2mmのはめ込み代を設けてあるので、はめ込み代を含めた大きさで切り出す[1]。
❸塩ビ板を切る場合は、カッターナイフで筋目を入れてから手で割る。塩ビ板は指紋などの油汚れが付きやすいので、軍手などをはめて作業するといいだろう。
❹サッシを作る。サッシはアルミ色(シルバー)のアルミサッシを使うので、ケント紙にシルバー色のスプレーを噴き、サッシ用のシルバー色紙を作る。
❺立面図をスプレーのり55でシルバー色紙に貼り、図面にしたがってサッシの形を切り抜く。切り抜いたら、サッシ部材裏面にスプレーのり77を噴き、窓の大きさに切った塩ビ板に貼り付ける。サッシ部材を貼った塩ビ板を壁に貼る(①)。このとき、接着剤がはみ出さないように薄く塗り、塩ビ板をはめ込み代に入れて貼る。

[1]:174ページ⑤参照

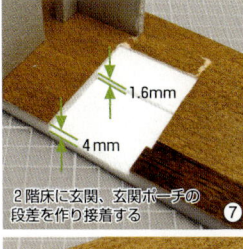

RC壁構造

S造

木造

1.6mm
4mm
2階床に玄関、玄関ポーチの段差を作り接着する ❼

玄関、玄関ポーチ床に200角の目地を入れたNTラシャ紙を貼る ❽

テラス（ウッドデッキ）
2階床の完成 ❾

踊り場部材　段板部材
スタイロフォームで階段の段板と踊り場部材を切り出す ❿

段板と踊り場部材に踏面の幅に切ったマーメイド紙を貼る ⓫

紙とスタイロフォームの0.5mmの差を使って段板を接着する ⓬

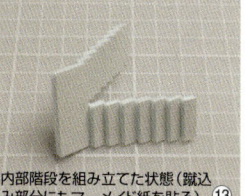

内部階段を組み立てた状態（蹴込み部分にもマーメイド紙を貼る）⓭

❻サッシ開口の小口をふさぐ。外壁ボードの厚さの真中に塩ビ板を貼ったので、塩ビ板から手前（外側）の外壁ボードの小口をふさぐ。「打放し紙」*2を2.4mm程度の幅に切り、木工用接着剤を使って小口に貼る。これで外壁の完成である。

❼2階床で仕上げが異なる玄関、玄関ポーチ、テラス部分を作り、2階床を完成させる。3,200（2階FLの高さ）－3,000（玄関ポーチ水下の高さ）＝200mm、200/50＝4mm。玄関ポーチは2階FLから4mm下がっていることになり、2階の床厚9mm－4mm＝5mmのボードで作ればよい。玄関はここから80mm上がっているので、80/50＝1.6mmとなる。貼り合わせて作った7mmのスチレンペーパーをヒートカッターで0.5mm程度切り、6.6mmの玄関床部材を作る。

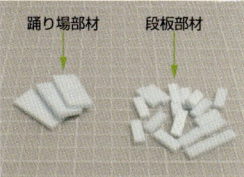

❽玄関、玄関ポーチ、外階段は玄昌石張りなので、玄昌石に近いNTラシャ紙の濃いグレー色の紙に200角の格子線を引き、これを床の形に切り出し、床部材に貼る。

❾テラスはリビング床と同じ高さになるので、8mmのボードに、1mmのバルサ材を貼って作る。ただし、ここに貼るバルサ材は、フローリング貼り部分よりも濃い塗装をし、ウッドデッキの表現をする。これで2階床の完成である。

❿内部の階段を作る。階段1段分の大きさは、1階から2階へ上がる階段で、蹴上げが175mm、踏面は275mmになる。スタイロフォームを使った段板の芯材を、175/50＝3.5mm、300（踏面＋のり代25）/50＝6mmで切り出す。表面に貼るグレーのマーメイド紙は、踏面寸法の275/50＝5.5mmで切り出す。踊り場も同様の考え方で切り出す。

⓫表面のマーメイド紙を定規にして階段を組むので、先にマーメイド紙を段板に貼る。

⓬表面の紙と芯材との差0.5mmをのり代にして、階段を組んでいく。

⓭最後に、蹴込み部分にグレーのマーメイド紙を貼って階段の完成である。同じ要領で、地階から1階への階段も作っておく。

*2：167ページ参照

6

壁を組み立てよう

これまでに作ってきた壁と床を組み立て、建物を完成に近づけよう。建物が凸凹していて複雑なので、間仕切り壁は床部材に接着し、それを取り囲むように外壁を接着するという手順で組み立てる。

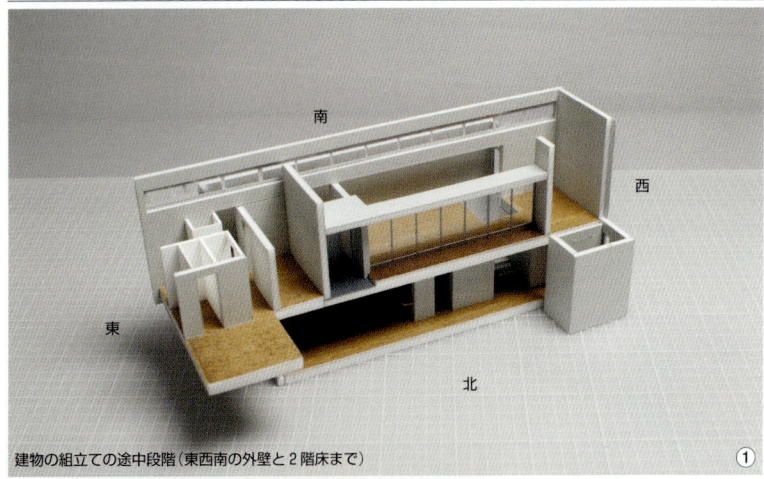

建築構造別テクニック

建物の組立ての途中段階（東西南の外壁と2階床まで） ①

階段室脇の壁を床部材に接着する（この写真では、その他の壁もすでに接着した状態） ②

階段室両脇の壁を基準にその他の1階間仕切り壁を組み立てる ③

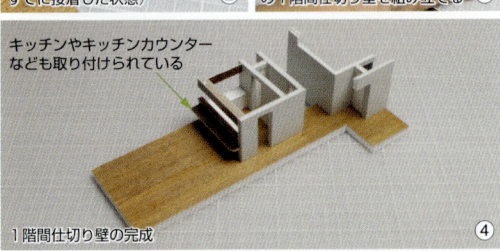

キッチンやキッチンカウンターなども取り付けられている

1階間仕切り壁の完成 ④

2階の玄関脇の壁を接着していく ⑤

水回り諸室の間仕切り壁をブロックとして組み立てる ⑥

❶壁を組み立てる手順は、各階の間仕切り壁を床部材に接着して各階を組み立て、それに外壁を接着するという手順で行う。

❷1階の間仕切り壁を組み立てる。ほかの間仕切り壁より床厚分長い階段室両側の壁を1階床部材に接着する。

❸階段室の壁を基準にして、スコヤで直角を確認しながら、その他の間仕切り壁を1階床部材に接着していく。

❹キッチンやキッチンカウンターなども接着して1階の間仕切り壁を完成させる。

❺2階の間仕切り壁を組み立てる。高さが異なる玄関、玄関ポーチ部分から組み立てる。欠き込みを設けた玄関脇の間仕切り壁を2階床部材に接着する。

❻❼玄関の間仕切り壁を基準にして、その他の2階間仕切り壁を接着する。「L字型組立て」*で接着しながらブロックを作り、これを床材

*：144ページ⑪参照

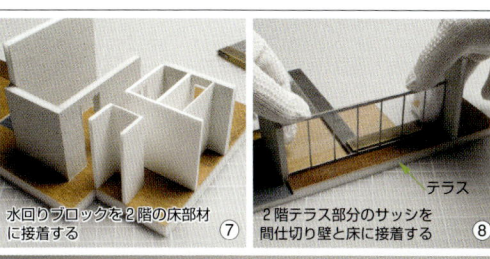

		RC壁構造

⑦ 水回りブロックを2階の床部材に接着する

⑧ 2階テラス部分のサッシを間仕切り壁と床に接着する（テラス）

⑨ 2階間仕切り壁の完成

⑩ 東側1階の壁を接着する（東西南側の外壁がコの字型に組み上がった状態）

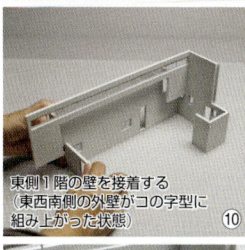

⑪ 東西南のコの字型外壁と1階床を接着する

⑫ 1階から2階への階段を接着する

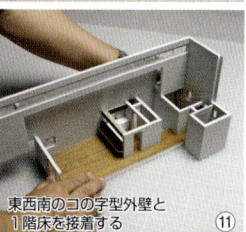

⑬ 2階床部材を接着していく

⑭ 北側外壁を接着していく

⑮ 北東外壁（車庫・寝室部分）を接着する

に接着すると床部材上での接着位置を割り出しやすい。

❽❾ 2階テラス部分を組み立てる。テラス部分のサッシは外壁面から900mm内側に取り付く。ここにサッシ（塩ビ板）、軒天部材、玄関ドアを接着し、2階間仕切り壁を完成させる。

❿ 外壁を組み立てる。順序は、東西南面の外壁を組み立て、それに1階床、階段、2階床と接着し、最後に蓋をするように北東の車庫・寝室部分外壁、北側外壁を接着する。まず、西側と南側外壁を「L字型組立て」で接着、続けて東側1階の外壁を接着して東西南の3方をコの字型に組み立てる。南側外壁は上下で2つに分かれているので気を付けよう。

⓫ 東西南のコの字型外壁と1階床材を接着する。

⓬ 東西南のコの字型外壁に、1階から2階への階段を接着する。階段を接着する際、踊り場の高さの補助材を切り出し、スプレーのり55で間仕切り壁に付けておき、踊り場をこれに載せるような形で接着すると踊り場が安定し、高さを間違えずに接着作業も行いやすい。階段接着後は取り外す。

⓭ 2階の床部材を1階の組立て部材の上に載せて、東西南外壁に接着する。

⓮ 北側の外壁を接着する。

⓯ 北東の寝室・車庫部分の外壁ブロックを接着する。最後に2階寝室の西面の外壁を挿入し、そこにサッシ（塩ビ板）を入れて、外壁の組立てが完了である。

外構を作って建物を完成させよう

建物本体の回りにあるものを外構という。外階段やパーゴラ、植栽植込み、あるいは敷地内の地面の仕上げなどである。ここでは、屋根やパラペットの笠木なども含めて、外周りに関係するものの作り方を解説しよう。

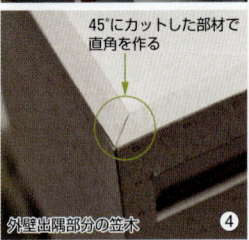

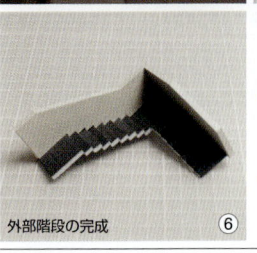

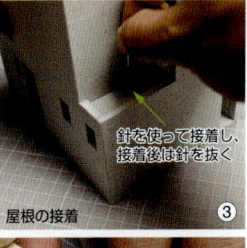

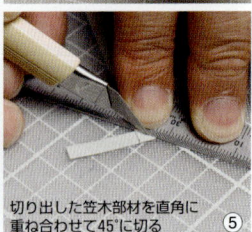

① RC壁構造打放し仕上げの住宅完成模型（スケール：1/50）

② 取外し可能な最上部の屋根部分

③ 屋根の接着 — 針を使って接着し、接着後は針を抜く

④ 外壁出隅部分の笠木 — 45°にカットした部材で直角を作る

⑤ 切り出した笠木部材を直角に重ね合わせて45°に切る

⑥ 外部階段の完成

❶建物の屋根、パラペット、手すりなどの外回りと外階段、植栽、外構などを組み立て、模型を完成させよう。

❷❸陸（ろく）屋根を作る。外壁と同じグレー色のマーメイド紙を厚さ4mmのスチレンペーパーの両面に貼ったボードを用意し、屋根の形状を切り出す。最上部の屋根以外は外壁に接着する。接着する際、内側に指を入れて支持することができないので、針を刺して接着するとよいだろう。

❹笠木（かさぎ）を作る。コンクリートの笠木なので、外壁や屋根と同じ色のマーメイド紙を使って外壁小口をふさぐことで表現する。外壁が出隅となる部分の笠木は、45°で召し合わせられるように処理すれば、角の部分をシャープに見せることができる。

❺4.4～5mm幅の細く切ったマーメイド紙を直角に重ね合わせ、その対角線方向に切って端部を処理する。これをこのままパラペットの小口に貼る。

❻外部階段を作る。手すりはコンクリート打放し仕上げで、段板、踊り場の踏面、蹴込みは玄昌石張りになる。打放し部分は外壁同様、「打放し紙」[*1]を貼り、玄昌石部分には玄

*1：167ページ参照

RC壁構造

S造

木造

NTラシャ紙（切り出しときに使った図面が貼られた状態）

段板部材

切り出した段板部材と踏面に貼るNTラシャ紙 ⑦

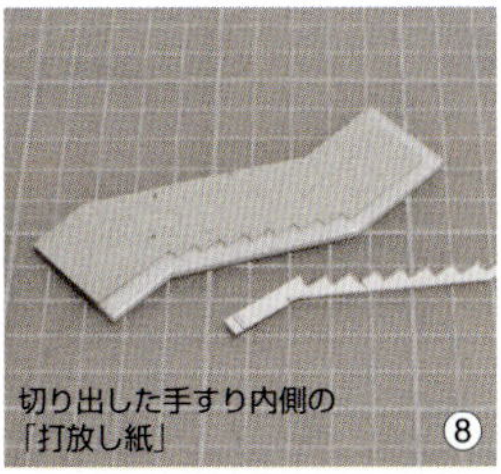

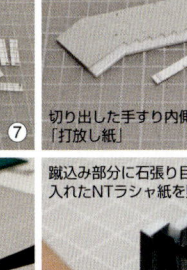

切り出した手すり内側の「打放し紙」 ⑧

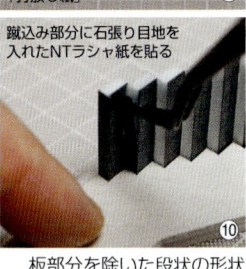

蹴込み部分に石張り目地を入れたNTラシャ紙を貼る

外階段手すりに段板を接着していく ⑨

⑩

緑色のキャンソン紙

外階段の上がり始めの部分とプラントボックスを組み立てる ⑪

敷地台紙の土間コンクリート部分にグレー色のマーメイド紙を貼る ⑫

敷地台紙の露出している部分に両面テープを貼る ⑬

芝張り部分

砂利敷き部分

シナリーパウダーを敷き詰める ⑭

土間コンクリート
砂利敷き
芝張り

完成した外構を敷地土台に貼る ⑮

関ポーチ*2と同じ200角の目地を描いた濃いグレーのNTラシャ紙を用いる。

⑦内部階段*3同様、スタイロフォームで段板、踊り場を切り出す。図面を使って踏面に貼るNTラシャ紙も切り出し、段板に貼る。

⑧手すりの壁厚は150mm、150/50＝3mmになるので、2mmのスチレンペーパーの両面に打放し紙を貼ったボードを使う。手すり内側の「打放し紙」を切り出す。階段断面図を左右反転した図面を使い、「打放し紙」から手すり内側の形状を切り出す。このとき、階段の段板部分を除いた段状の形状で切り出す。

⑨切り出した「打放し紙」を手すり部材の内側に貼り、これを定規にして段板部材を組み立てる。

⑩石張り目地の入ったNTラシャ紙を段板の蹴込みに貼って、外部階段の完成である。

⑪外部階段と同じ要領で、外部階段の上り口の階段やプラントボックスも合わせて作っておく。

⑫外構を作る。土台・敷地を作った際*4、敷地形状に切り出しておいた敷地台紙をベースに外構を作る。土間コンクリート部分は、「打放し紙」に使用したマーメイド紙のグレー色を使って表現する。図面を使って形状を切り出し、スプレーのり77で敷地台紙に貼る。

⑬芝張り部分と砂利敷き部分はシナリーパウダーを使う。定着には両面テープを使うので、敷地台紙に貼っておく。手順は、建物が建つ部分の図面を切り出し、スプレーのり55で敷地台紙に貼る。敷地台紙が露出している部分がシナリーパウダーを敷く部分になるので、ここに幅広の両面テープを隙間なく貼る。

*2：177ページ⑧参照　*3：177ページ⑩〜⑬参照　*4：171ページ㉕参照

建築構造別テクニック

パーゴラ用の部材を組み立てた状態 — 柱／ルーバー／フレーム／デッキ床 ⑯

パーゴラのフレームに塗装をする（プラモデル用のエナメル塗料を用いている）⑰

パーゴラのフレームに床材のバルサ板を接着し、パーゴラの完成である ⑱

テラスの手すりを建物に接着する ⑲

敷地台紙を接着した敷地土台に建物を接着する ⑳

外階段やプラントボックスなども敷地土台、建物に接着する ㉑

パーゴラを敷地土台、建物に接着する ㉒

⑭両面テープの保護紙をはがす。シナリーパウダーを両面テープの上に敷き詰め、手で上から押さえて圧着する。接着されなかったシナリーパウダーを刷毛などで掃きはらう。シナリーパウダーの粒子の大きさによっては、両面テープの粘着力ではまばらになってしまう。そのような場合は、木工用接着剤を用いる。水で薄めた木工用接着剤をシナリーパウダーの上にまき、少し水分を蒸発させた後でシナリーパウダーを敷き詰め、圧着する。接着剤乾燥後に刷毛で掃きはらう。

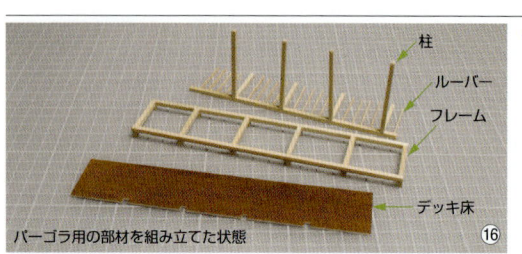

⑮敷地台紙の裏面にスプレーのり77を噴き、土台の敷地部分に貼る。これで外構の完成である。

⑯パーゴラを作る。パーゴラは南洋材なので、ヒノキ角材に塗装をして表現する。フレームは150角、ルーバーは18×90mmなので、それぞれ1/50で3mm、1×2mm材とする。デッキはバルサ材を使う。これらの部材を図面をもとに切り出し、切り出した部材を組み立てる。

⑰組み上がったフレームに塗装をする。今回はプラモデル用のエナメル塗料を使って南洋材の色を出してみたが、バルサ材を塗装した際に使用したオイルステイン*を用いてもよいだろう。

⑱塗装が乾燥したら、床になるバルサ材を貼る。

⑲あらかじめ作っておいたテラスの手すりを建物本体に接着する。手すりはスチール製なので、ヒノキ角材1×1mm材で組み立て、グレーの塗装をして表現する。

⑳建物本体を敷地に接着する。

㉑外階段やプラントボックスを敷地に接着する。

㉒パーゴラを建物本体に接着する。

㉓㉔植栽の樹木を作る。樹木は市販のランドスポンジと

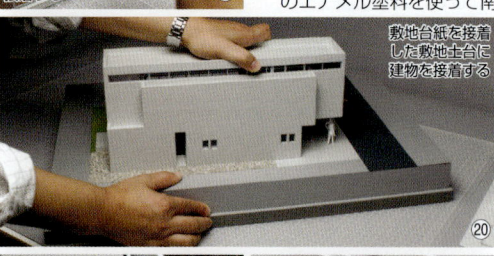

*：166ページ参照

電線の銅線部分を使って作る。銅線を捩ると、樹木の幹のように見える。うまく作るコツは、銅線を半分に分けては少し捩り、また半分に分けては捩じりと、1本1本の枝になるまで繰り返して枝分かれを表現する。

㉕必要な本数の樹木が作れたら塗装をする。ラッカー系アクリル樹脂塗料のスプレーで塗装する。色は樹種にもよるが、今回は濃い茶を噴いた上に、グレー色を噴いた。スプレーの圧力で樹木が倒れないよう、スタイロフォームの切れ端などに差して、まとめて塗装するとよいだろう。

㉖㉗塗装が乾いたら、ランドスポンジを接着する。ランドスポンジと木工用接着剤を、それぞれ口の広い容器に入れる。木工用接着剤は水で粘度を調整するが、粘度が高いほうがスポンジが付きやすい。枝部分に木工用接着剤を付けた後、ランドスポンジを付ける。

㉘模型の樹木を植える箇所に千枚通しか電動ドリルで穴をあける。

㉙樹木の根元部分に木工用接着剤を付け、穴に差し込んで樹木を模型に接着する。

㉚アクリルでケースを作る。3mmのアクリル板から側面の4面と上面の部材を切り出し、アクリル用接着剤で接着する。

㉛特に、プレゼンテーション模型や展示模型は展示している間にホコリをかぶってしまうので、ケースを作っておくとよいだろう。

㉓ 銅線を捩って作った樹木
㉔ 半分に分けて捩るという作業を繰り返す
㉕ 樹木に塗装をする（プラモデル用のラッカー系アクリル樹脂塗料を噴く）
㉖ 樹木の枝に木工用接着剤を付ける（幹には付けないように注意する）
㉗ 木工用接着剤の付いた枝部分にランドスポンジを付ける
㉘ 樹木を立てる部分にドリルや千枚通しで穴をあける
㉙ 樹木の根元に木工用接着剤を付け、穴に差し込んで立てる
㉚ 切り出したアクリル板をアクリル専用接着剤で接着する（手前の木片は定規として使っている）
㉛ でき上がったアクリルケース（木製パネルと敷地部分の5mmの差の部分に載っている）

模型製作図面

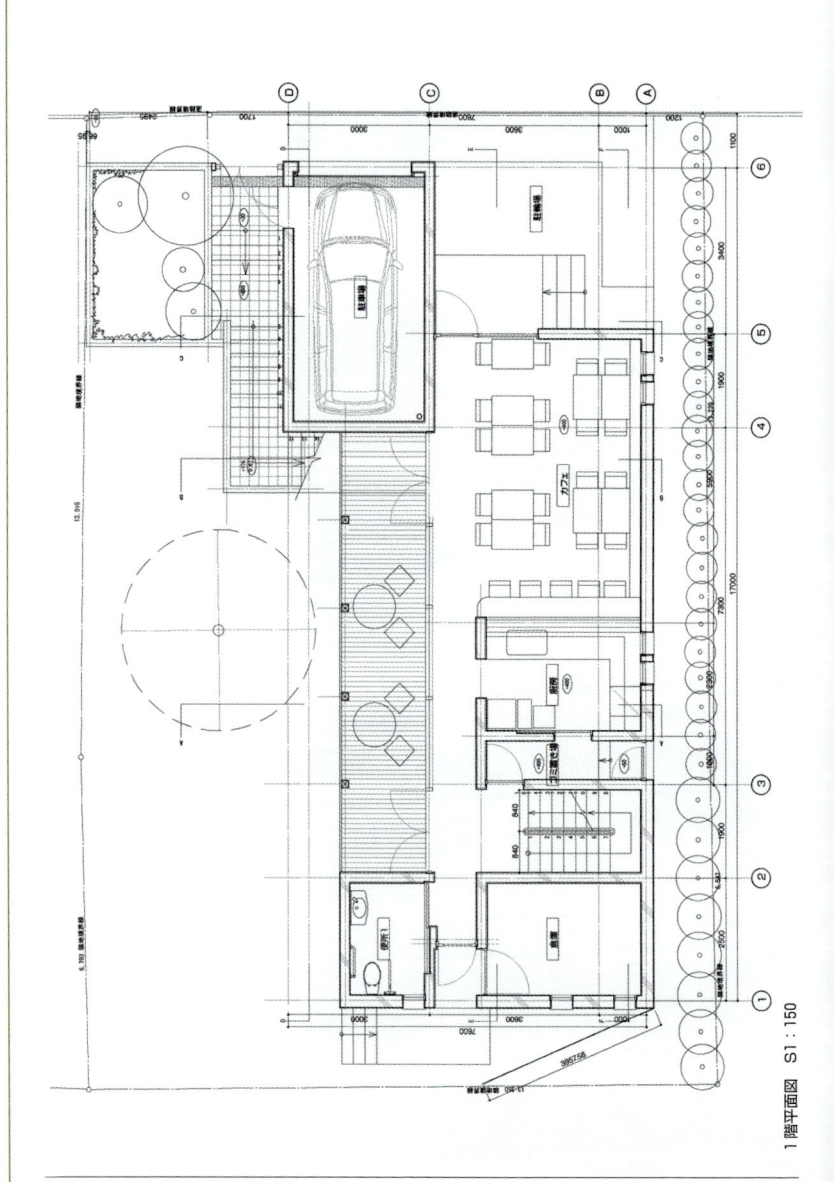

6 建築構造別テクニック

1階平面図　S1：150

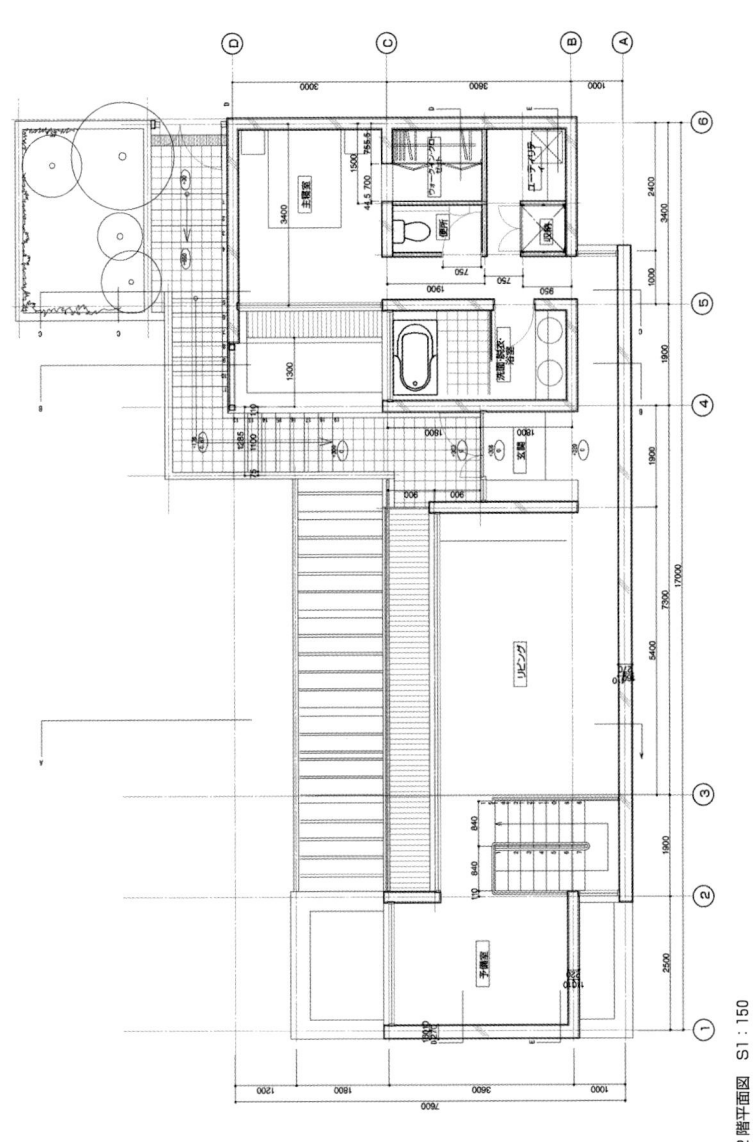

2階平面図 S1:150

6 建築構造別テクニック

裏側立面図 S1:150

RC壁構造　S造　木造

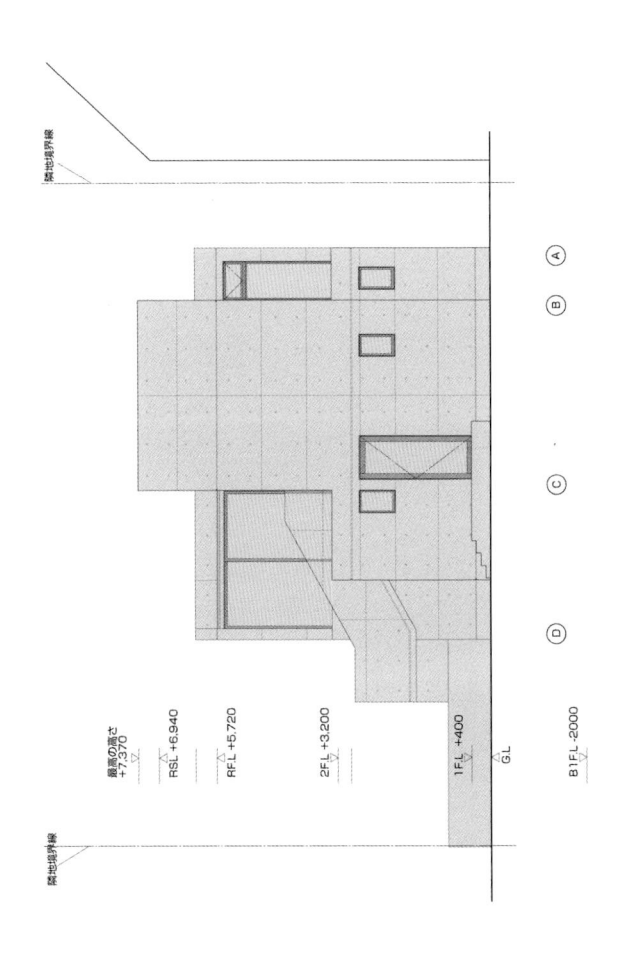

最高の高さ
+7,370
RSL +6,940
RFL +5,720
2FL +3,200
1FL +400
GL
B1FL -2,000

隣地境界線

Ⓐ Ⓑ Ⓒ Ⓓ

西側立面図　S1:150

6 建築構造別テクニック

南側立面図　S1:150

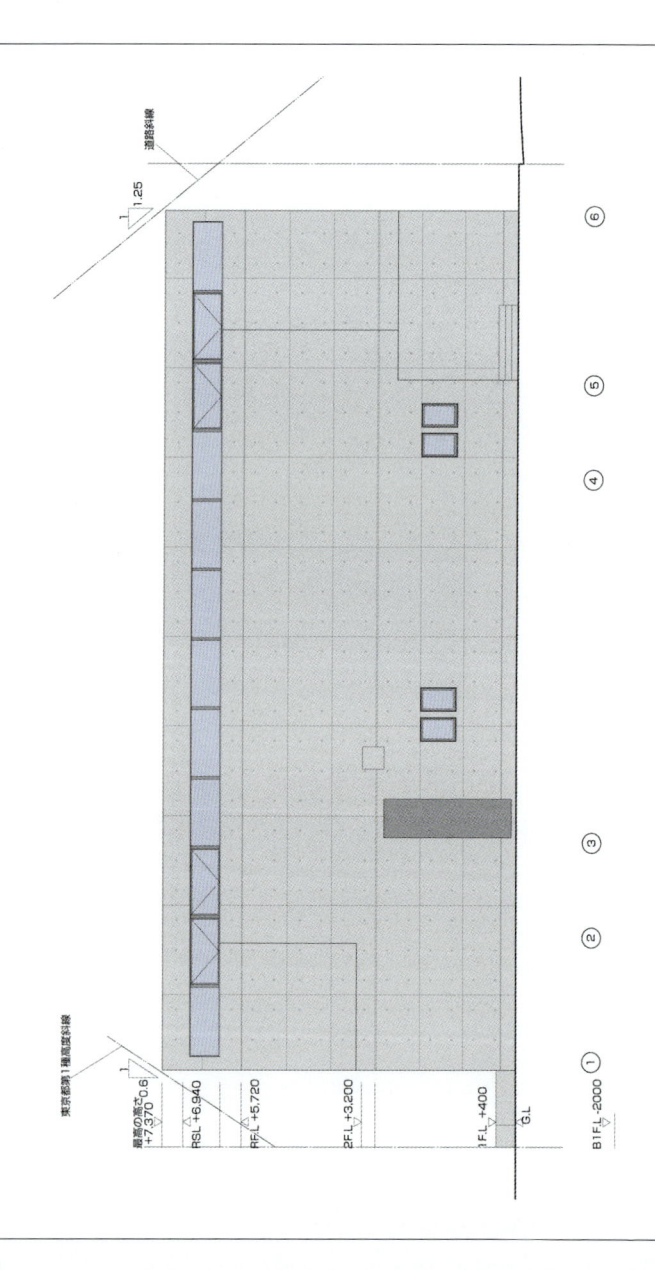

RC壁構造

S造

木造

最高の高さ +7,370
RSL +6,940
RFL +5,720
2FL +3,200
1FL +400
G.L
B1FL -2,000

北側立面図　S1:150

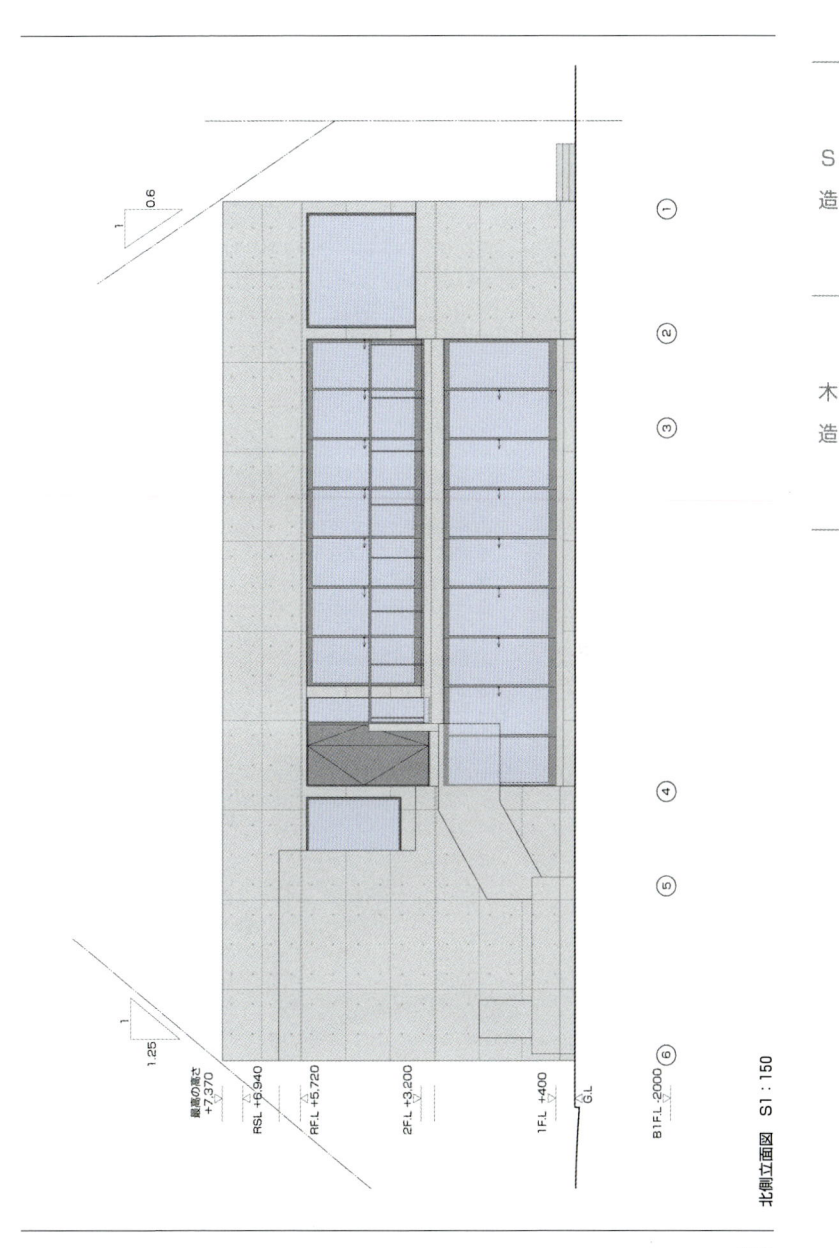

鉄骨造（S造）の模型を作ろう

鉄骨造2階建のオフィスを例に、スチレンボードを使った完成模型を作ってみよう。一般的に「ホワイト模型」と呼ばれるもので、スタディからプレゼンテーションまで、最も利用されている模型である。

鉄骨造オフィスの完成模型（スケール：1/50） ①

耐火被覆を行った鉄骨の柱（柱は隠れてしまうので、作っても意味がない）
耐火被覆 ②

胴縁
胴縁、外壁部分（拡大） ③

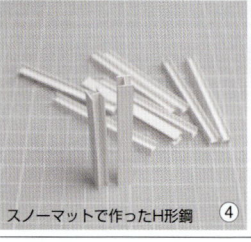

スノーマットで作ったH形鋼 ④
2階の床部材を切り出した状態 ⑤

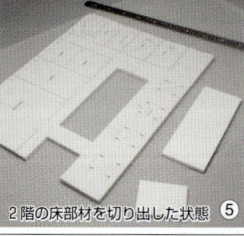

❶❷模型を作り始める前に、模型の計画を立てよう。鉄骨造2階建のオフィスを例にS造の模型を作る。鉄骨造の建築は、一般的に耐火被覆が必要になることが多く、耐火被覆を行ったS造の建物はRC造ラーメン構造と見かけは変わらなくなり、模型の作り方も同じになる。ここでは、被覆が必要なく、鉄骨が露出している場合を例に、鉄骨部材を作るところから模型を作ってみよう。縮尺は1/50にする。

❸オフィスではあるが、仕様は工場に近く、柱、梁などの鉄骨骨組が室内に露出している。胴縁や垂木などの副構造体までを模型で表現するかどうかは、模型の使い道や精度から判断する。ここでは、胴縁が一つの意匠として機能しているので、胴縁も作ることにする[*1]。

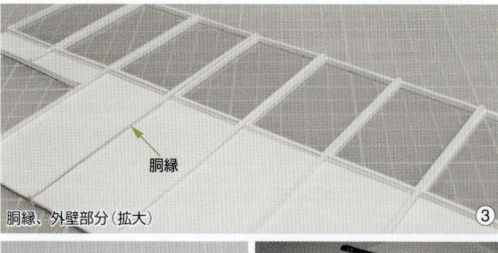

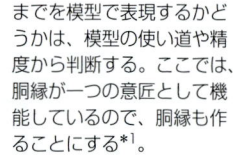

❹スチレンボードを基調にしたホワイト模型にするので、柱、梁などの鉄骨構造体の表現も白色系の材料がよい。薄くて強度のあるスノーマットを用いる[*2]。

❺床は、スチレンボードでもよいのだが、特に2階の床は、1階の天井を貼るので、天井ふところを含め、床がかなり厚くなる。そのため、ここではスチレンペーパー

＊1：198ページ参照 ＊2：192ページ参照

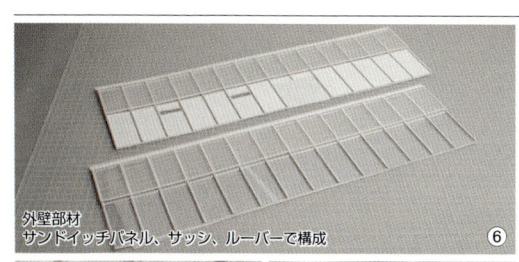

外壁部材
サンドイッチパネル、サッシ、ルーバーで構成 ⑥

スチレンボードのサッシ枠に、ガラスに見立てた塩ビ板を貼ったサッシ ⑦

サッシ前面にルーバーが取り付けられている様子 ⑧

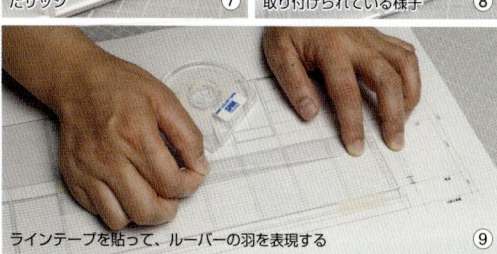

ラインテープを貼って、ルーバーの羽を表現する ⑨

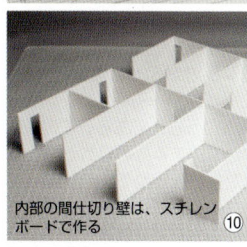

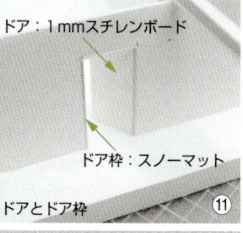

ドア：1mmスチレンボード

ドア枠：スノーマット

内部の間仕切り壁は、スチレンボードで作る ⑩　　ドアとドア枠 ⑪

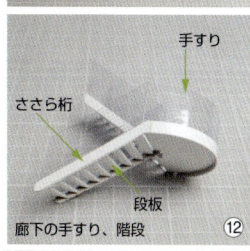

手すり
ささら桁
段板
廊下の手すり、階段 ⑫

コルゲート紙
スチレンボード
屋根部材 ⑬

で作り、両面にケント紙を貼るという方法をとる*3。

❻外壁はサンドイッチパネル、サッシ、ルーバーで構成されている*1。サンドイッチパネルは、カッターのムネで横目地を入れた1mmのスチレンボードで表現する。

❼サッシ枠は、スチレンボードで作り、それに塩ビ板で作ったガラスをはめ込む。

❽2階のサッシ部分には、ルーバーが取り付けられている。ルーバーは、ガラスの代わりにルーバーの羽がアルミ製の枠に入っている。そのため、基本的にはサッシと同じ要領で作る。

❾ルーバーの羽を1枚1枚作るのは途方もない時間がかかってしまうので、塩ビ板にラインテープを貼った簡易的な表現にする。

❿間仕切り壁は、軽鉄下地にプラスターボード張り、ペンキ仕上げなので、2mmのスチレンボードで作る*4。

⓫ドア枠は、スノーマットで作り、ドア板を1mmのスチレンボードで作る*4。

⓬階段は鉄骨階段で、蹴込み板を付けない。段板、ささら桁などをスノーマットで作る。手すりは、塩ビ板にカッターナイフで筋目を入れてから白色の絵具を塗り、拭き取ることで表現する*5。

⓭屋根は、ルーフデッキの上にアスファルトルーフィングを施している。室内側にはルーフデッキの波型が露出してくるので、これを模型で表現する。コルゲート紙とスチレンボードを貼り合わせて屋根板を作る*6。

*3：194ページ参照　*4：196ページ参照　*5：201ページ⑧～⑩参照　*6：202ページ⑫参照

鉄骨部材（H形鋼）を作ろう

鉄骨造（S造）の構造部材であるH形鋼を作ろう。H形鋼部材は、プラスチック製とバルサ製のものが市販*されているが、使用寸法に切るのは少し骨が折れる。そこで、ここではスノーマットを使ってH形鋼を作ってみよう。

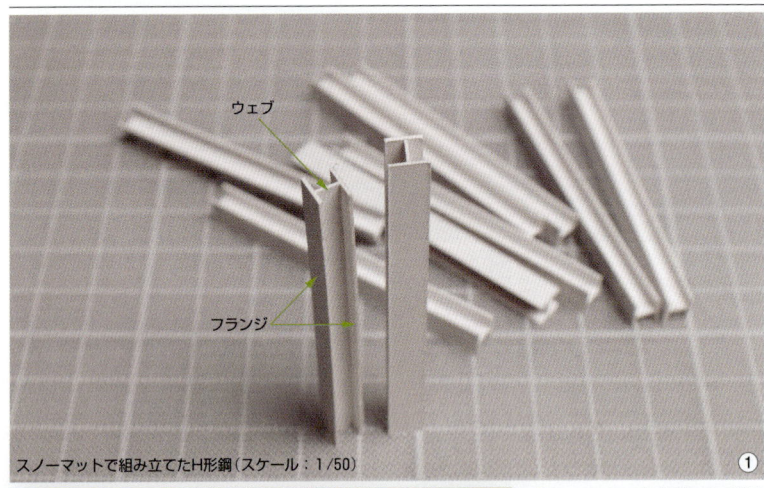

スノーマットで組み立てたH形鋼（スケール：1/50） ①

平行定規を使って、4mmピッチ、5mm（2.5mm）ピッチの平行線を引いたスノーマットをそれぞれ用意する ②

1階用／通し柱／2階用／3種類の柱の高さに切ったスノーマット ③

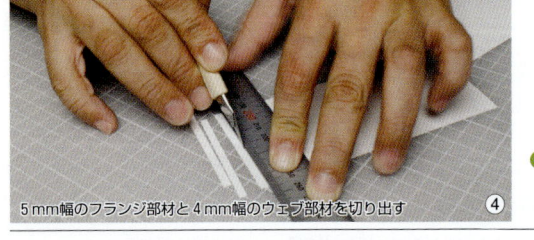

5mm幅のフランジ部材と4mm幅のウェブ部材を切り出す ④

❶スノーマットを使って鉄骨部材を作る。柱は250×250mmのH形鋼なので、250/50で5×5mmになる。スノーマットの厚さが0.5mmなので、両側のフランジで厚さが1mmになる。したがって、ウェブは4mm幅で切り出す。

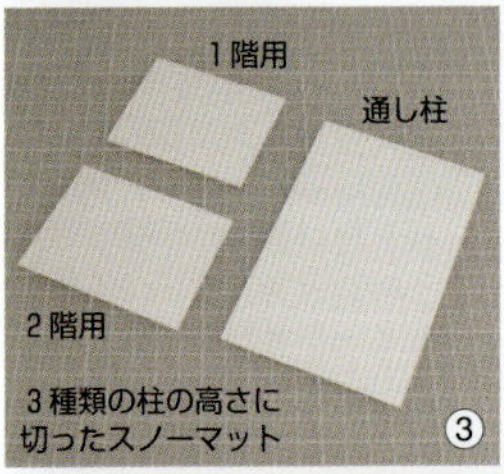

❷スノーマットを5mmと4mmの幅で切り出すために、あらかじめ、スノーマットに平行定規を使って5mmと4mmの平行線を引いておく。フランジ用の5mm幅のほうは、中心線となる2.5mmの位置にも補助線を引いておく。つまり、2.5mmピッチで線を引くということである。この補助線は、ウェブを接着する際の目印にするためである。

❸H形鋼部材は、組み立てた後で長さを短くするのは壊れやすく難しいので、組み立てる前に使用箇所に応じた高さにスノーマットを切っておく。柱の高さは3種類発生する。1階の天井高3,000mm、3,000/50＝60mm、2階天井高（梁下端まで）2,550mm、2,550/50＝51mm。通し柱の6,250/50＝125mm、以上の3種類である。

❹❺3種類の高さに切ったスノーマットを、線に沿って5mmと4mm幅に切り出す。

＊：83ページ参照

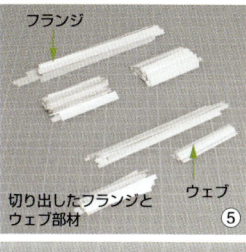

フランジ

切り出したフランジとウェブ部材 ⑤

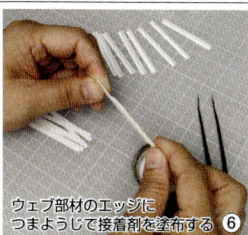

ウェブ部材のエッジにつまようじで接着剤を塗布する ⑥

ピンセットを使ってウェブ部材をフランジ部材に接着する ⑦

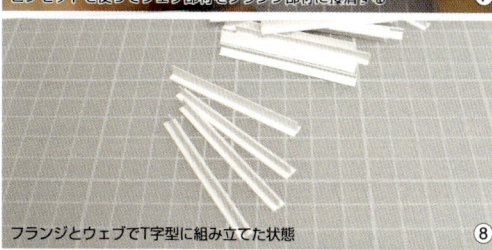

フランジとウェブでT字型に組み立てた状態 ⑧

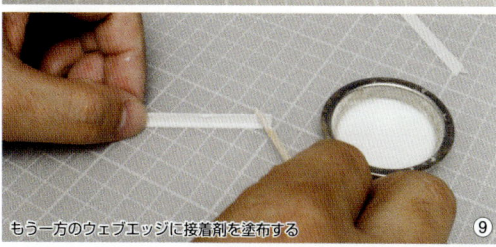

もう一方のウェブエッジに接着剤を塗布する ⑨

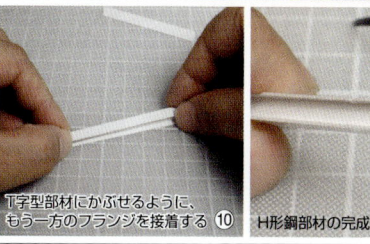

T字型部材にかぶせるように、もう一方のフランジを接着する ⑩

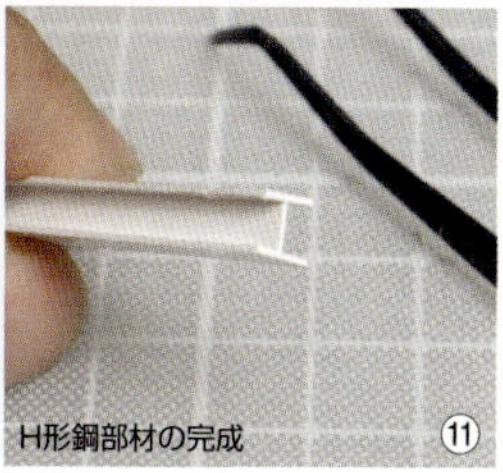

H形鋼部材の完成 ⑪

❻切り出した部材を組み立てる。ウェブのエッジに接着剤を付け、片側のフランジの中央に接着する。接着剤には、水で薄めた木工用接着剤を用いると、瞬間接着剤のように速やかに接着されるので便利である。木工用接着剤を水で薄め、つまようじや細い棒状のものでエッジの方向に動かすと、エッジに沿って接着剤が少し流れてくれるので、接着剤もエッジにきれいに載る。

❼接着剤を付けたウェブをピンセットでつかみ、フランジの中央に入れた補助線を目安に接着する。

❽フランジとウェブでT字型部材を作っていく。

❾T字型部材の接着が乾いたら、反対側のフランジを接着する。T字型部材のウェブのエッジに、先ほどと同じ要領で接着剤を塗布する。

❿もう一方のフランジを接着する。フランジ部材をテーブルに置き、フランジの中央の線を目安にT字型部材を持って接着するという方法でもよいし、逆にT字型部材をテーブルに置き、フランジを手に持って接着するという方法でもよい。いずれにしても、鉄骨部材の両端でH形の断面がきれいにできているかどうかを確認しながら、指で微調整を加える必要がある。

⓫これで、柱のH形鋼が完成である。同じ要領で、梁や胴縁のH形鋼も作る。この建物では、胴縁に一般的なCチャンではなく、H形鋼を用いている。

各階の床を作ろう

1階と2階の床を作る。スチレンボード、スチレンペーパーのどちらで作ってもよいのだが、かなり大きな模型になるので、経済性を考え、2階床はスチレンペーパーを貼り合わせ、両面にケント紙を貼るという方法で作る。

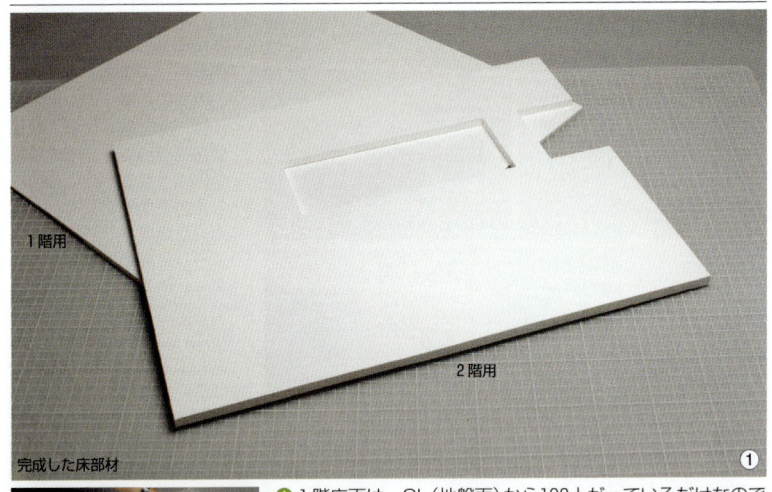

1階用
2階用
完成した床部材 ①

5mmスチレンペーパー2枚を貼り合わせる ②

貼り合わせたボードに図面を貼り、図面にしたがって四周の余分を切り取る ③

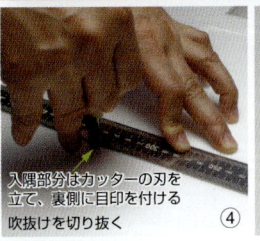

入隅部分はカッターの刃を立て、裏側に目印を付ける 吹抜けを切り抜く ④

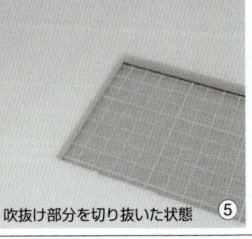

吹抜け部分を切り抜いた状態 ⑤

❶ 1階床面は、GL(地盤面)から100上がっているだけなので、100/50＝2mmのスチレンボードを1階床部材として使う。2階は天井ふところを含めて500mm、500/50＝10mmなので、5mmのスチレンペーパーを2枚貼り合わせ、両面にケント紙を貼って10mmのボードを作り、2階床部材とする。まず、1階平面図裏面にスプレーのり55を噴き、2mmのスチレンボードに貼り、1階の床部材を切り出す。

❷ 2階の床部材を作る。2階平面図より一回り大きめに5mmのスチレンボードを2枚切り出す。これは、貼り合わせる際、少しずれてもいいように大きめに切っておくのである。ボードのそれぞれ片面の紙をはがし、一方のスチレンペーパー片面にスプレーのり77を噴き、2枚を貼り合わせる。

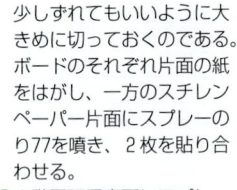

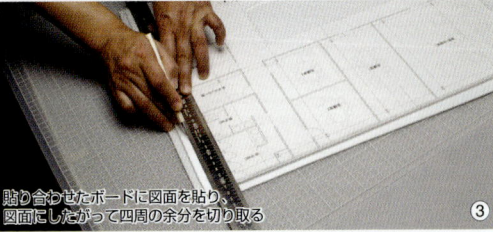

❸ 2階平面図裏面にスプレーのり55を噴き、貼り合わせたボードに貼る。その後、図面に沿って外周の余分な部分を切り落とす。

❹❺ 2階には吹抜け部分があるので、この部分を切り抜く。ボードが10mmと分厚いので、片面からボードの厚みの半分まで切込みを入れ、入隅となるコーナー

RC壁構造

S造

木造

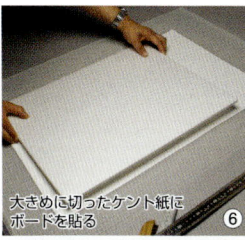

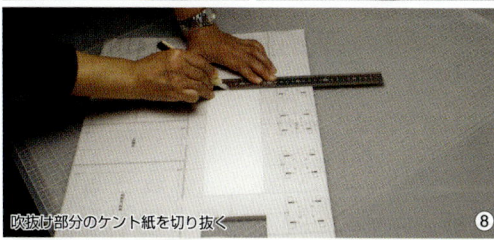

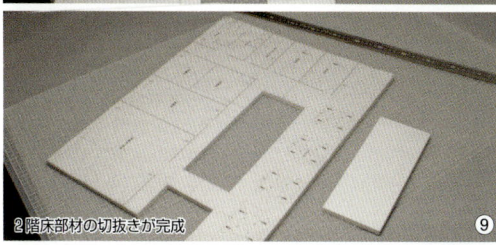

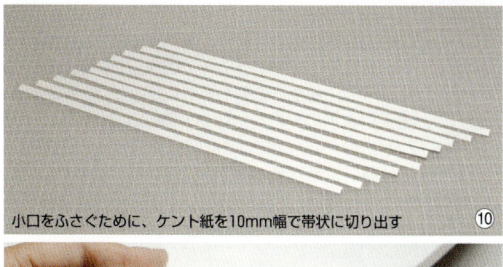

大きめに切ったケント紙にボードを貼る ⑥
外周の余分なケント紙を切る ⑦
吹抜け部分のケント紙を切り抜く ⑧
2階床部材の切抜きが完成 ⑨
小口をふさぐために、ケント紙を10mm幅で帯状に切り出す ⑩
帯状に切り出したケント紙をスプレーのり77で小口に貼る ⑪

の4箇所では、ボードの反対側（裏面）からその位置がわかるように、ボードの裏面まで切込みを入れる。その後、ボードを裏返し、表面から入れたコーナーの印に定規をあて、ボードの厚みの残り半分に切込みを入れると、ほぼ小口面が直角になる。

❻❼切り出した床部材にスプレーのり77を噴き、大きめのケント紙に貼る。ボードに紙を貼る場合、ボードが斜めになったりして、紙とボードがずれてしまうことが多い。そのため、貼る前にボードと同じ大きさに紙を切ってしまうのではなく、必ず、大きめの紙にボードを貼り、貼った後で周囲の余分なところを切って所要の大きさにする。ボードの縁に定規をあて、四周の余分なケント紙を切り落とす。

❽❾ボードに切り抜いた吹抜け部分にもケント紙が貼られてしまっているので、この部分のケント紙を切り抜く。同じ要領で、ボードのもう一方の面にもケント紙を貼り、外周の余分な部分と吹抜け部分を切る。

❿吹抜けの切り抜き部分とボード外周の小口（切断面）は、貼り合わせたスチレンペーパーの断面が見えてきてしまうので、帯状に切ったケント紙を貼って小口をふさぐことにする。ケント紙を10mm幅で数本切り出す。

⓫帯状に切り出したケント紙裏面にスプレーのり77を噴き、小口に貼る。長さが足りない部分は継ぎ足す。

195

間仕切り壁を作ろう

各階の間仕切り壁は軽量鉄骨下地、プラスターボード張り、ペンキ仕上げという仕様である。したがって、各階の壁厚が90mmになるので、90/50＝1.8≒2mmのスチレンボードを使って各階の壁を作る。

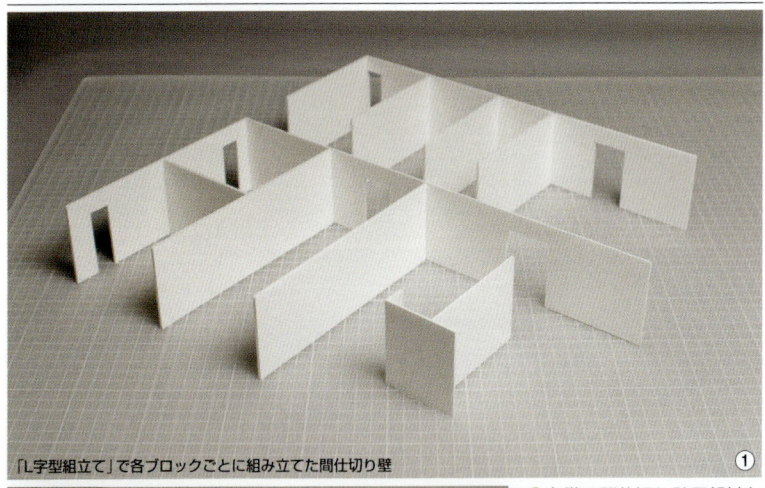

「L字型組立て」で各ブロックごとに組み立てた間仕切り壁 ①

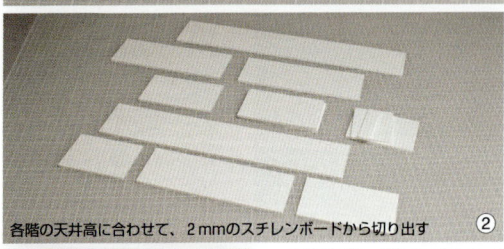

各階の天井高に合わせて、2mmのスチレンボードから切り出す ②

ドア、出入口部分の開口をあける ③

L字型コーナー部分には「うす皮1枚残し加工」を施す ④

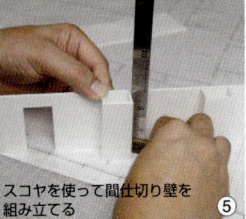

スコヤを使って間仕切り壁を組み立てる ⑤

❶各階の間仕切り壁用部材を切り出し、「L字型組立て」*¹を用いて間仕切り壁のブロックを作成しておく。1階の壁部材の高さは、天井高が3,000mmなので、3,000/50＝60mmになる。2階の高さは、天井を貼らないので梁上端までの寸法とし、2,550/50＝51mm幅になる。

❷それぞれの天井高に応じた幅で、2mmのスチレンボードから間仕切り壁用部材を切り出す。切り出した部材は、図面にしたがって、各部分の壁の長さに切り出す。

❸ドア、出入口などの開口をあける。開口部の高さは2,400mm、2,400/50＝48mmになるので、間仕切り壁用部材に48mmの位置に鉛筆で薄く線を引いておく。図面から開口部の位置を写し取り、スコヤを使って開口部を切り抜く。

❹L字型コーナーを形成する部材には、「うす皮1枚残し加工」*²を施す。

❺切り出した間仕切り壁を組み立てる。スコヤで直角を確認しながら、「L字型組立て」を行っていく。次の工程で床部材に接着するが、その際、接着しやすいようなブロックに分けて組み立てておく（①）。

*1：144ページ⑪参照　*2：112ページ参照

各階の床、壁を組み立てよう

これまでに作った床部材と間仕切り壁部材、柱部材を接着して、各階のインテリア部分を完成させよう。間仕切り壁を接着した後に柱を接着すると、指が入らない部分もできてしまうので、先に柱を接着するようにしよう。

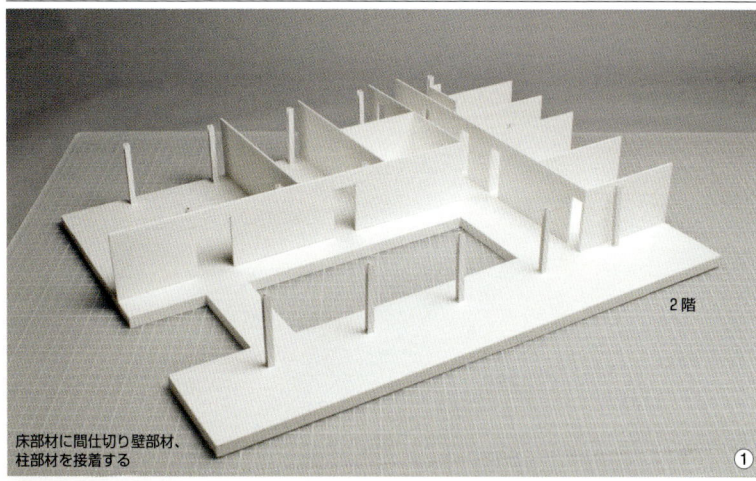

床部材に間仕切り壁部材、柱部材を接着する ①

2階

床部材に柱と間仕切り壁の位置を記す ②

印を付けた箇所に柱を接着する ③

柱が蛇行しないようにステンレス定規をあてる ④

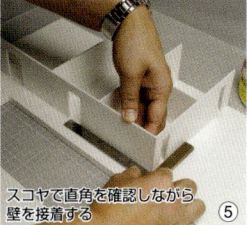

スコヤで直角を確認しながら壁を接着する ⑤

❶ 1階、2階とも、それぞれの床部材に間仕切り壁、柱部材（H形鋼）を接着し、各階のインテリアを完成させる。

❷ 平面図裏面にスプレーのり55を噴き、床部材に貼る。間仕切り壁、柱が立つ位置がわかるように、カッターナイフで印を付ける。印が付け終わったら図面をはがし、印がわかりにくいところは、印と印を結んで鉛筆で線を引いておくとよいだろう。

❸❹ 床部材の印を付けたところに柱部材を接着していく。印を付けた箇所に柱を接着していけばよいのだが、柱が蛇行してしまうと、後で梁を接着するときに不都合が生じてしまう。そのため、柱を2～3本接着したところでステンレス定規を柱のエッジにあて、これに沿うように接着していく。

❺ 柱の接着が終わったら、ブロックとして作成した間仕切り壁を床部材に接着する。スコヤを使って、平面的な直角と鉛直方向の直角の両方を確認する。また、壁が長いところは、間仕切り壁部材が反ってしまわないようにステンレス定規をあて、ボードのたわみを矯正しながら床に接着する。

外壁を作ろう

例として取り上げた建物の外壁は、胴縁などの下地骨組が意匠的に取り扱われ、外部に見えてきている。そのため、スチレンボードを使った一般的な外壁の作り方とは違った方法で外壁を作る。それをここで解説しよう。

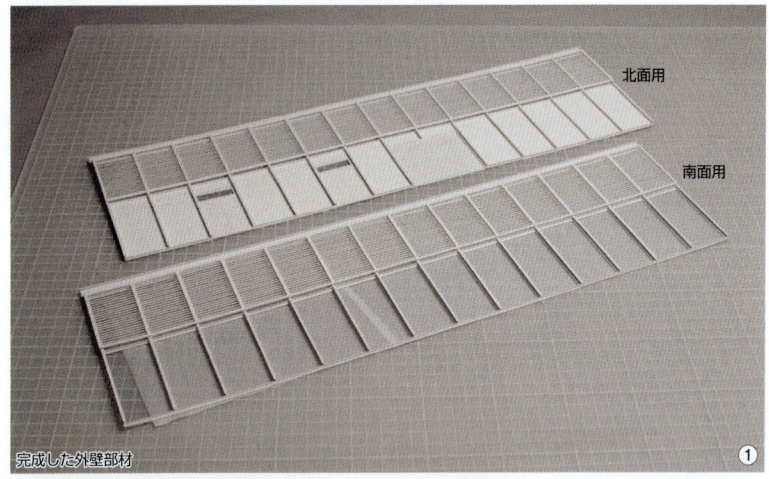

完成した外壁部材 ① 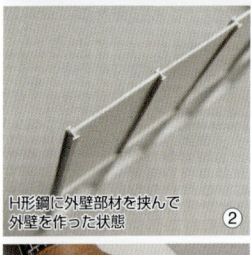
北面用
南面用

② H形鋼に外壁部材を挟んで外壁を作った状態
③ 外壁部材の表面にT字型をした胴縁部材を貼った状態
④ カッターナイフのムネを使って外壁の横目地を入れる
⑤ 1mmのスチレンボードからサッシ枠を切り出す
⑥ サッシ枠裏面に塩ビ板を貼るための両面テープを貼る

❶一般的な鉄骨造の構法では、下地骨組である胴縁両面に外壁、内壁を貼って壁が構成されているため、模型を作る場合は、外壁＋内壁＋下地骨組を1枚の壁として、スチレンボードなどのボード材で作る。ところが、ここで例として取り上げた建物は、工場や倉庫によく見られる、内壁を貼らない壁になっているため、室内側には胴縁などの下地骨組が露出してくる。

❷❸胴縁にはH形鋼を用い、H形鋼のウェブ部分に外壁、サッシを差し込むという構法を使っている。実際と同じように、外壁部材やサッシ部材をH形鋼部材に差し込むという方法で組み立てると（②）、リアリティは増すが、接着部分の強度が弱く、きれいに作ることも難しい。そこで、リアリティは劣るが、1枚のボードで壁面部分を作り、表に胴縁の一部を貼って見かけだけ実際と同じようにする（③）。

❹外壁のサンドイッチパネルの厚さは45mmなので、45/50＝0.9≒1mmとなる1mmのスチレンボードを使う。強度が足りない場合は、アクリル板の1mmを使い、表面にスチレンボードを貼

るのもよいだろう。1mmのスチレンボードにカッターナイフのムネを使って600/50＝12mmピッチで横目地を入れ、立面図をもとに、外壁部材を切り出す。

❺外壁と同じ要領で、ガラス窓、ルーバー用のサッシ枠を切り出す。

❻サッシ枠裏面には、ガラス、ルーバー表現用の塩ビ板を貼るために、両面テープを貼る。

❼ガラス、ルーバー表現用の塩ビ板を切り出す。サッシ枠と同じ大きさだと、サッシ枠に塩ビ板を貼る際、枠の四周からはみ出してしまうことがあるので、各辺0.5mm程度小さめに切り出すようにする。切り出したらサッシ枠裏面に貼る。

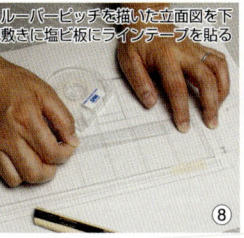

❽ルーバーを作る。実際のルーバーと同じようにルーバーの羽を作る場合もあるが、ここでは簡略化した方法で作る。塩ビ板に「ラインテープ」*と呼ばれる着色テープを帯状に貼ることで、羽の表現に代える。ルーバーのピッチを描いた立面図を下敷きにし、図面の線を目安にラインテープを貼る。

❾ラインテープを貼り終えた塩ビ板を、サッシ枠の裏面に貼る。ラインテープを貼った面を表側にするといいだろう。

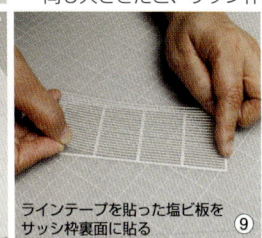

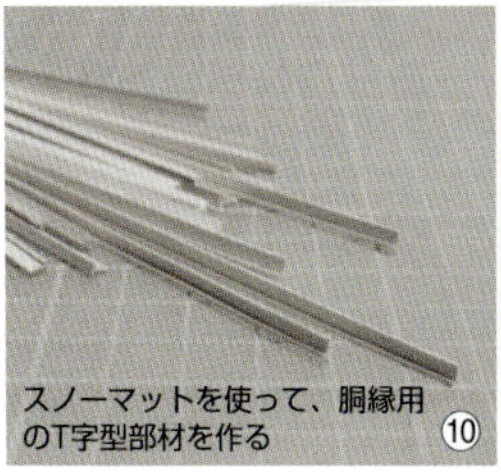

❿胴縁のH形鋼の表部分、つまり、T字型部材をスノーマットで作る。

⓫外壁部材の表面に、胴縁のT字型部材を直角、直線に注意しながら接着していく。

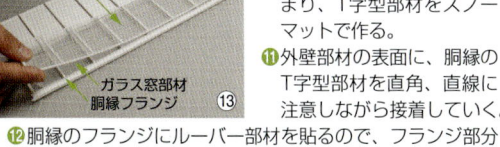

⓬胴縁のフランジにルーバー部材を貼るので、フランジ部分に両面テープを貼る。

⓭ルーバー部材を外壁部材の胴縁に貼る。このとき、ガラス窓とルーバーは二重になる。

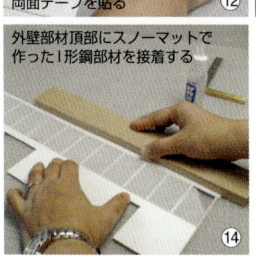

⓮外壁上部と屋根との取合い部分にはI形鋼が取り付くため、I形鋼をスノーマットで作り、外壁上部に接着する。
外壁下部には水切りが付く。1mm幅でスノーマットを切り出し、胴縁部材下部に接着する。これで外壁部材の完成である。

＊：47ページ参照

建物を組み立てよう

ここまでに作ってきた、床、外壁部材を組み立てよう。同時に階段や手すりなど、細かい部分のパーツも作り、組み込んでいこう。2階の床、屋根は取り外せるようにするので、小屋組の梁は2階の床部材に接着するようにする。

完成した建物の組立て（スケール：1/50）①

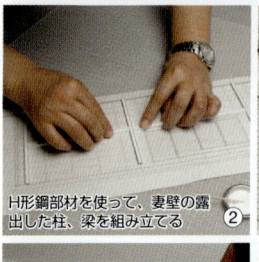

② H形鋼部材を使って、妻壁の露出した柱、梁を組み立てる

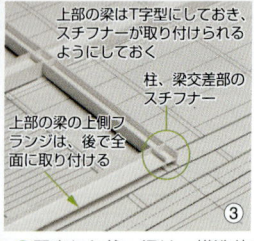

上部の梁はT字型にしておき、スチフナーが取り付けられるようにしておく
柱、梁交差部のスチフナー
上部の梁の上側フランジは、後で全面に取り付ける ③

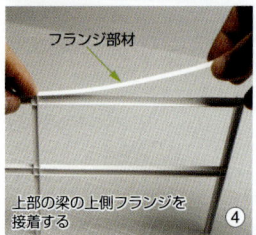

フランジ部材
上部の梁の上側フランジを接着する ④

組み上がった柱、梁部材を妻側外壁部材に接着する ⑤

❶ 妻面の外壁には、柱、梁が露出してくる。これらは、スノーマットで作ったH形鋼部材を妻側外壁に接着して表現する。

❷ 柱、梁部材のH形鋼をスノーマットで作り[*1]、図面を下敷きにしてこれらを組み立てる。

❸ 露出した柱、梁は、構造体であると同時に意匠材でもある。柱と梁が交差する部分には、スチフナー（ダイヤフラム）が取り付くので、これを作る。これを見越して、上部の梁は上側フランジの付かないT字型部材として柱、梁を組み立てておく。

❹ 上部の梁のフランジを、骨組の端から端までの一枚ものとして切り出し、蓋をするように後から接着する。

❺ 組み立てた柱、梁を妻側外壁に接着する。

❻ 外壁部材を、1階床部材の四周に接着する。外壁どうしが面する四隅のコーナーは、H形鋼の胴縁が100mm角の角形鋼管に直角に接着する。角形鋼管は100/50＝2mmとなるので、2mmのスチレンボードから2mm幅で切り出したものを100mm角の鋼管部材とする。2面の外壁部材をこの部材

*1：192ページ参照

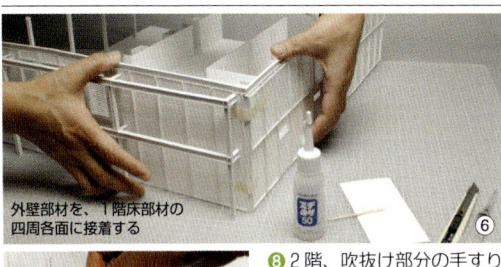

外壁部材を、1階床部材の四周各面に接着する ⑥

吹抜け部分の2階梁を柱に接着する（スタイロフォームの土台を利用するとよい）⑦

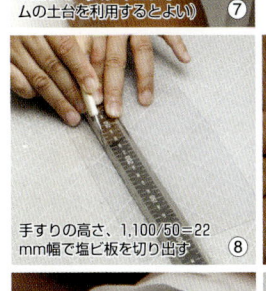

手すりの高さ、1,100/50＝22mm幅で塩ビ板を切り出す ⑧

切り出した塩ビ板に、手すりの筋目をカッターナイフで入れる ⑧

塩ビ板表面を白色の絵具で塗り、少し乾き始めたところで拭き取る ⑩

2階床部材のアトリウム部分に塩ビ板の手すりを接着する ⑪

アトリウムの階段用部材を切り出す
ささら桁：スノーマット
階段・踊り場段板：1mmスチレンボード ⑫

階段断面図
ささら桁に貼った階段断面図を定規にして段板を接着する ⑬

に接着してL字型を作り、それを1階床部材に接着していく。
❼吹抜け部分の2階梁を接着する。このとき、スタイロフォームで梁が取り付く高さのブロックを作り、それを土台にして接着すると、間違いがない。
❽2階、吹抜け部分の手すりを作る。透明塩ビ板にカッターナイフで筋目を入れ、筋目に白色の塗装をして手すりを表現する。手すりは、実際の高さが1,100mmになるので、模型だと1,100/50＝22mmになる。塩ビ板を22mm幅で切り出す。
❾切り出した塩ビ板に、カッターナイフで2mm間隔に筋目を入れていく。手すりの縦桟の筋目も1,000/50mm＝20mmで入れる。
❿筋目を入れたら、白色の絵具（ここではアクリル絵具を使用）で塩ビ板表面を塗り、その後、ティッシュなどで表面の絵具を拭き取る。筋目に入った絵具は残るので、筋目に白い色が付く。
⓫塩ビ板を、2階床部材のアトリウムに面した部分にスチのりで接着する。手すりの2辺の部材をマスキングテープでL字型に仮止めしてから接着すると接着しやすい。
⓬アトリウム部分の階段を作る。ささら桁をスノーマット、段板を1mmのスチレンボードで作る。
⓭蹴込み板のない階段なので、段板を取り付ける位置を出すのが難しい。RC壁構造の模型の項[*2]で解説したように、階段の断面図を定規にする方法を使う。階段の段板部分の断面図を、一方のささら桁にスプレーのり55で貼る。貼った図面の階段状部分を定規にして段板を接着する。

*2：181⑧⑨ページ参照

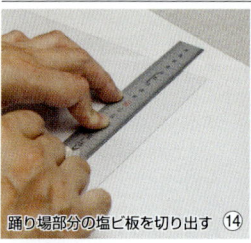

建築構造別テクニック

14 踊り場部分の塩ビ板を切り出す

15 踊り場の半径で切り出した円柱形スタイロフォームの型に、熱で軟らかくした塩ビ板を巻き付けて曲げる

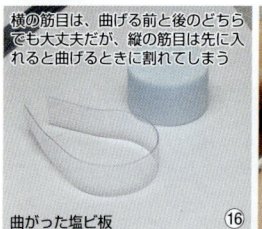

横の筋目は、曲げる前と後のどちらでも大丈夫だが、縦の筋目は先に入れると曲げるときに割れてしまう

16 曲がった塩ビ板

17 曲げた塩ビ板を、踊り場部材に接着する

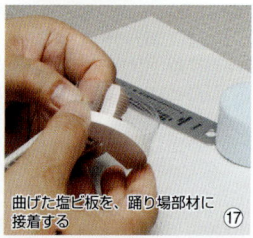

18 階段部分の手すり用の塩ビ板を切り出す

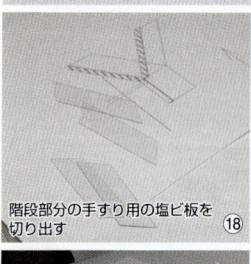

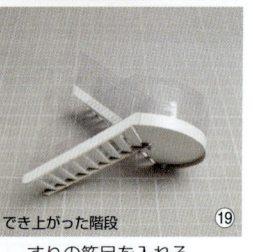

19 でき上がった階段

20 小屋梁を2階柱に接着する

21 小屋梁の棟部分の先端形状

22 スチレンボードにコルゲート紙を貼って、ルーフデッキを表現

⑭ 階段の踊り場は、半円形をしているため、手すりの塩ビ板を曲面に曲げ加工する必要がある。踊り場の半径1,350/50＝27mmなので、2×3.14×27/2＝84.78mmに、270×2/50＝10.8mmを加えて、95.58mmの長さ、高さ22mmの塩ビ板を切り出す。

⑮ ここで曲げ加工をする。熱いお湯に浸けて、軟らかくなったら引き上げ、半径27mmで切り出した円柱形スタイロフォームの型に巻き付ける。このとき、重力の力で巻き付けるようにするとよい。

⑯ 曲がった塩ビ板に、手すりを表現する筋目をカッターナイフで入れる。

⑰ 階段の踊り場部材に、手すりの塩ビ板を接着する。

⑱ 階段部分の手すりは、平行四辺形に切り出さないといけないので、図面を基に切り出す。切り出したら、手すりの筋目を入れる。

⑲ 階段の段板部分に手すり部材を接着し、それを踊り場部材に接着して階段の完成である。

⑳ 小屋梁を、2階床上に接着した柱の頭に接着していく。棟木にあたる梁なので、中央部では、梁と梁が接合される形になる。

㉑ 棟の部分で梁と梁が合わさる部分では、梁が緩い山形になっているため、その角度に合わせて梁の先端部を斜めにカットしておく。

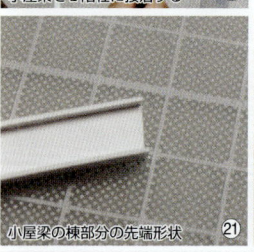

㉒ 1mmのスチレンボードを屋根版の半分の大きさで切り出し、中央で山形になるよう接着する。この形状が保持できるよう、あらかじめ、コルゲート紙を山形に折っておき、スプレーのり77を噴いてコルゲート紙を貼る。

外構を作ろう

建物部分と、前面の駐車場を含めて模型の土台とする。完成状態をホワイト模型にするため、駐車場部分に設けられた植栽やペーブメントなどの外構も、ホワイト系の素材を利用する。ここでは、S造模型の外構を作ろう。

①樹木を接着して外構の完成(スケール:1/50) これに建物を載せる

②ケント紙を水張りした木製パネル

③切り出したペーブメント用、植栽植込み用部材

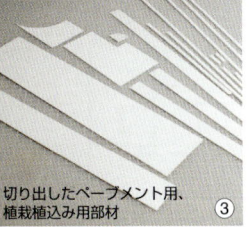

④図面のエッジを定規にしながらペーブメント用部材などを接着する

⑤電動ドリルで樹木埋込み用の穴をあける

⑥植栽植込みに貼った両面テープの上に、ランドスポンジを敷き詰める

❶❷木製パネルにケント紙を水張り*した土台を用意する。ホワイトの完成状態にするので、道路も地面もすべて白色にする。

❸道路、駐車場以外の地盤面を50mm高くする。50/50=1mm、1mmのスチレンボードを貼る。植栽植込みの壁は、幅150mm、高さ200+50(土台に接着するので地盤面の高さを加える)=250mmのコンクリート製である。150/50=3mmのスチレンボードを、250/50=5mm幅で切り出す。

❹配置平面図をスプレーのり55で土台に貼り、ペーブメント、植栽植込み部分を順次切り離し、図面のエッジを定規にして部材をスプレーのり77で貼っていく。

❺部材の接着が終わったら、ランドスポンジを接着するための両面テープを植栽植込み内に貼る。そして、樹木を差し込むための穴を電動ドリルであける。

❻❻ランドスポンジを敷いていく。両面テープだけでは定着が弱いので、水で薄めた木工用接着剤を併用する。最後に、植栽の樹木を植え込み、建物を接着して完成である。

*:128ページ参照

RC壁構造 / S造 / 木造

模型製作図面

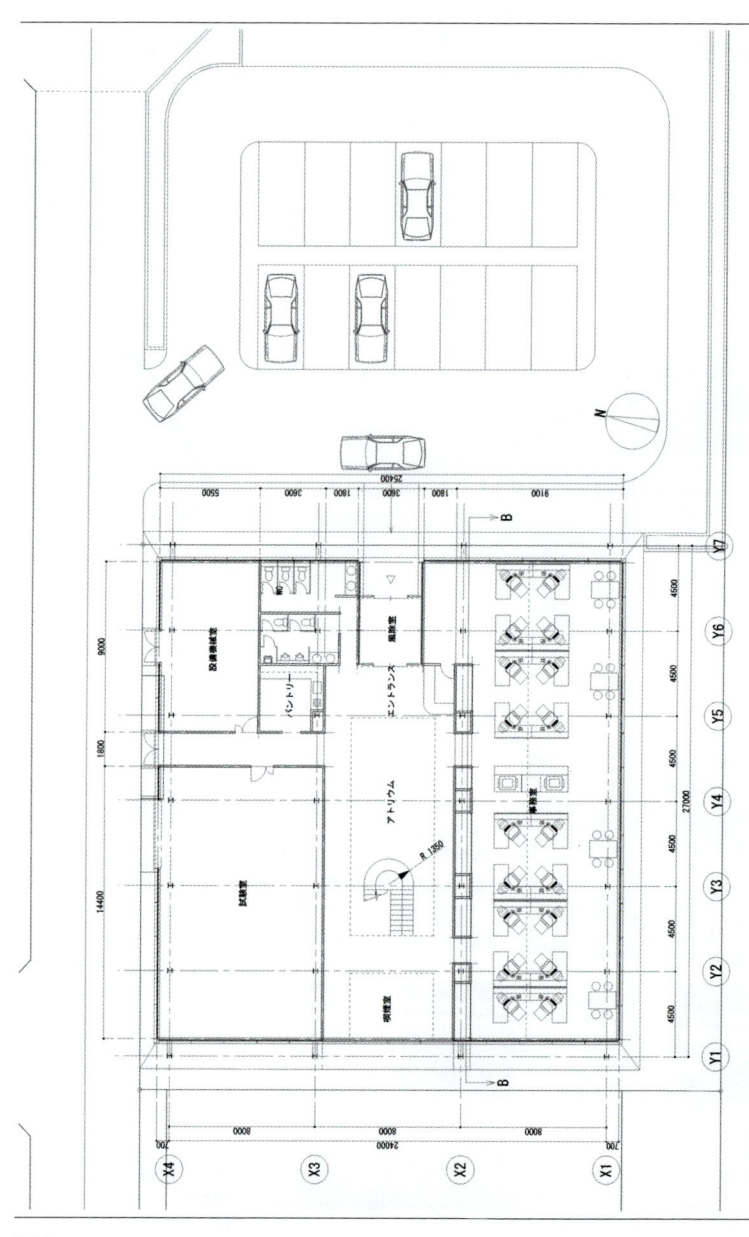

1階平面図　S1：200

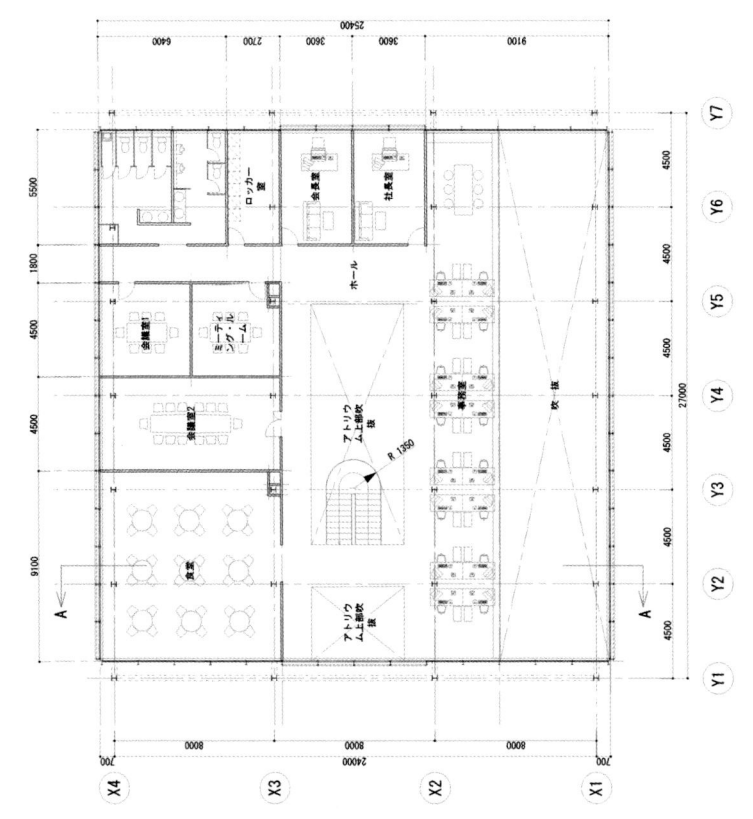

2階平面図 S1:200

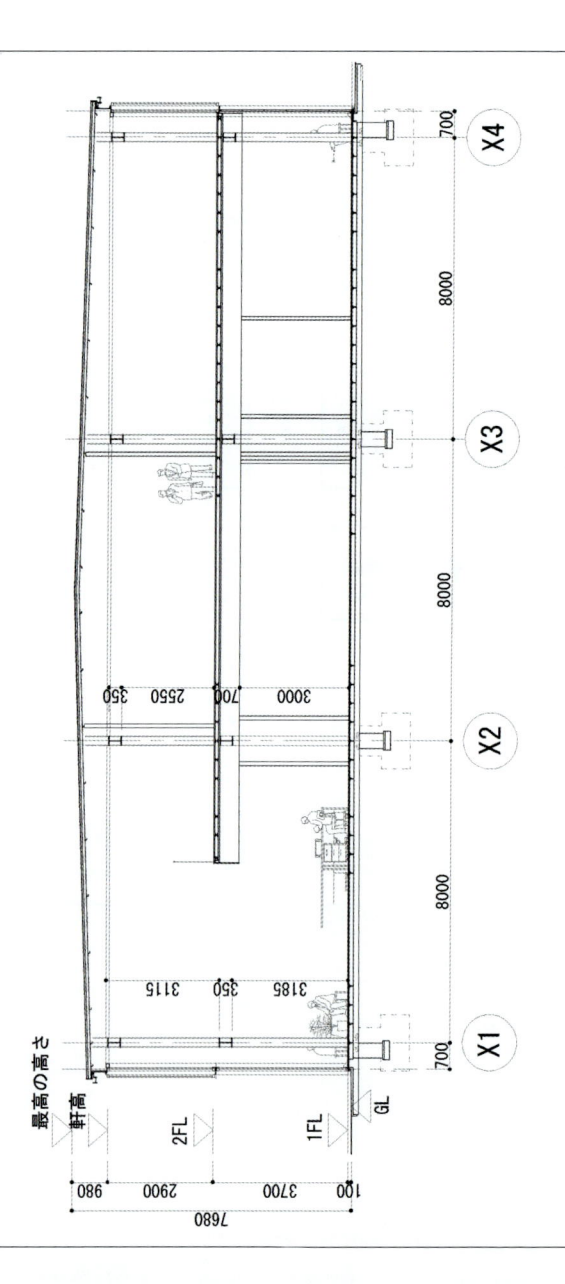

6 建築構造別テクニック

a-a断面図 S1:200

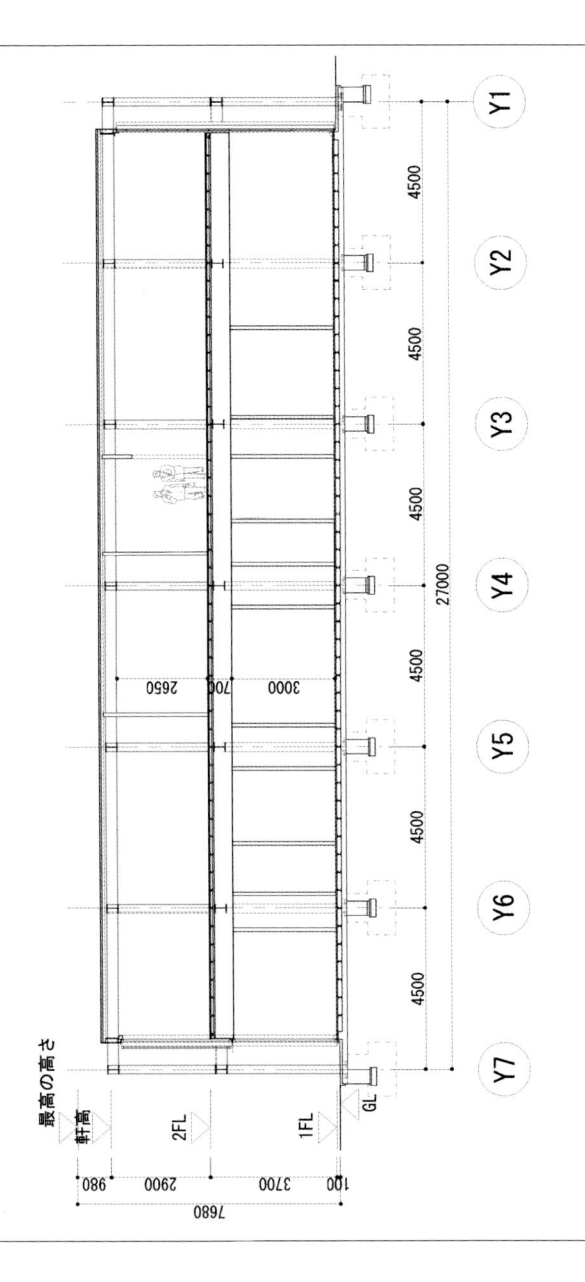

b-b断面図 S1:200

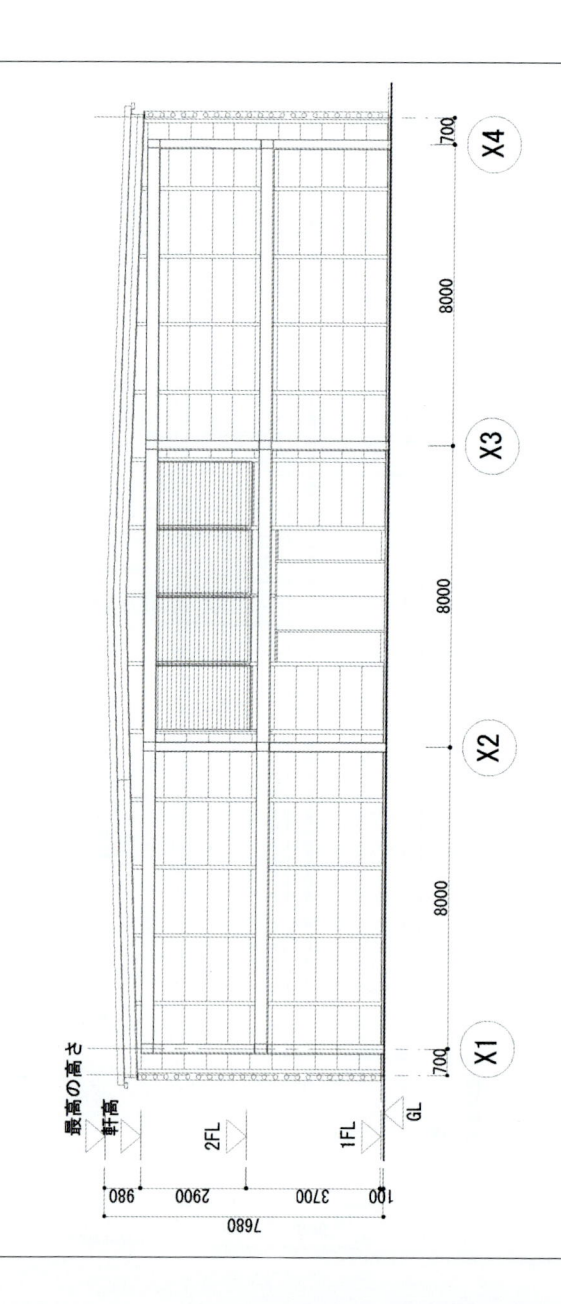

6 建築構造別テクニック

裏側立面図　S1:200

北側立面図 S1:200

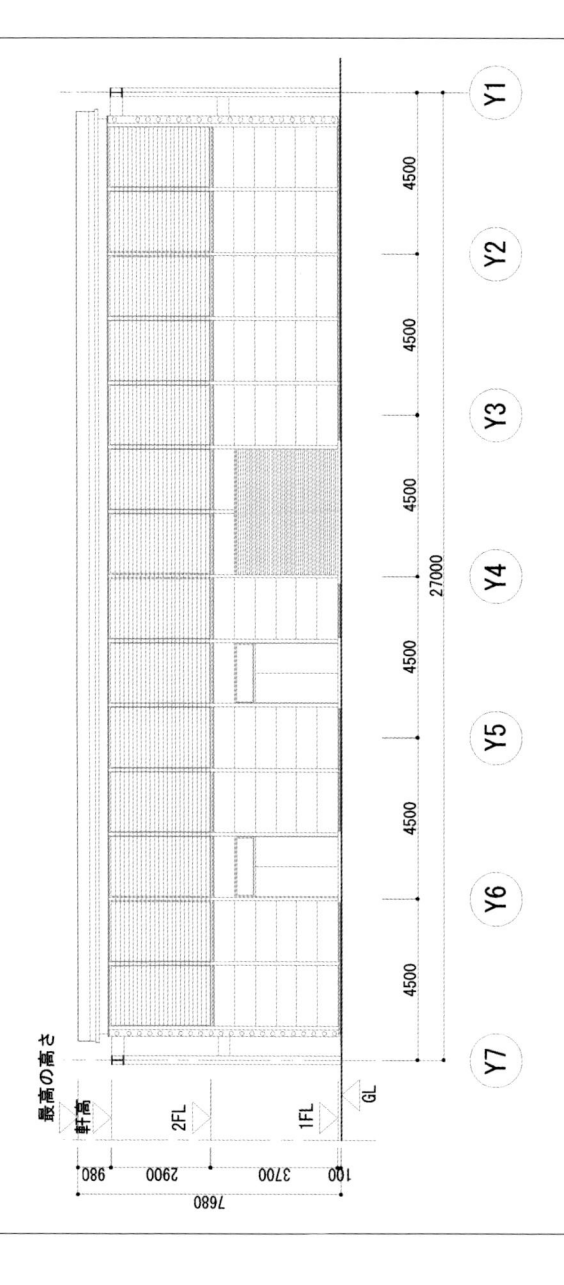

軸組各部を理解し、軸組模型を作ろう

木造の構造体（骨組）のことを「軸組」と呼んでおり、軸組模型とは木造の構造模型を指していることが多い。ここでは、木造の構造や各部名称について解説するので、これらを理解し、軸組模型を作ってみよう。

軸組模型（スケール：1/30） ①

白い壁の間に柱が見えてきている

真壁造りの例 ②

床伏図の例 ③

軸組図の例 ④

❶軸組模型とは、木造在来工法における構造体だけの模型をいう。軸組模型というときの「軸組」は概ね、木造在来工法における「軸組」を指している。鉄骨造や鉄筋コンクリートラーメン構造の骨組も軸組と呼ぶのに、なぜ、軸組模型という場合には木造を意味するのだろうか。住宅規模の木造建築（階数2以下、または延べ面積500m²以下、高さ13m以下、軒の高さ9m以下）では、構造設計を構造設計事務所に依頼せず、意匠設計事務所や工務店でやってしまうことが多く、その際、構造計画の適正を検証するために、軸組模型を用いる。

❷最近の木造在来工法は、大半が大壁造りだが、伝統的な真壁造りでは構造体が意匠として露出してくる。そのため、軸組の意匠的な検討のためにも軸組模型を用いる。このように、木造では構造と意匠が不可分であり、軸組模型は設計における有効な手助けをしてくれる道具なのである。

❸❹軸組模型を作る場合、参照する図面は構造図になる。そのため、ある程度、構造図面が読める必要がある。構造図面は、仕様書、伏図（ふせず）、軸組図、部材リ

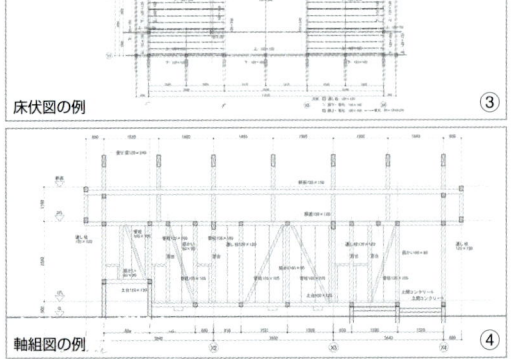

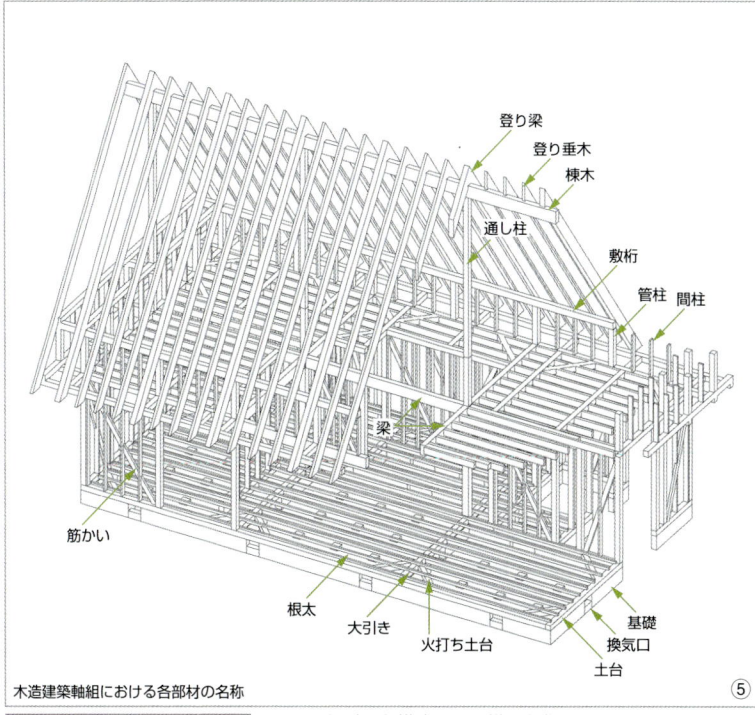

木造建築軸組における各部材の名称

図中ラベル：登り梁、登り垂木、棟木、通し柱、敷桁、管柱、間柱、梁、筋かい、根太、大引き、火打ち土台、基礎、換気口、土台　⑤

軸組の各部名称

図中ラベル：棟木、通し柱、登り垂木、管柱、間柱、梁、胴差し、管柱、間柱、管柱、通し柱、土台、筋かい、基礎　⑥

ストなどから構成され、模型を作るにあたっては、おもに伏図、軸組図を参照する。場合によっては、意匠図に該当する矩計図（かなばかりず）を参照することもある。伏図は構造体の平面図、軸組図は構造体の立面図といえるだろう。

❺構造図面が読めるためには、木造の構造部材名称を覚えている必要がある。本書でも、部材名称をそのまま用いる。

❻階をまたがない柱を管柱（くだばしら）、胴差（どうざ）しによって分断されない柱を通し柱（とうしばしら）と呼ぶ。柱間には壁面を作るための細い柱が並び、これを間柱（まばしら）という。柱と柱をつなぐ水平方向の材を総称して「横架材（おうかざい）」というが、高さ方向の位置によって名称が変る。低いほうから土台、胴差し、敷桁（しきげた）となる。横架材間に架け渡す構造材は梁（はり）。床組は大引（おおび）きと根太（ねだ）で構成され、根太に捨て合板を張って床スラブができ上がる。屋根は小屋梁の上に束（つか）を建て、束の頭をつなぐように母屋（もや）を架け渡す。母屋に垂木（たるき）を架け渡し、垂木を野地板（のじいた）と呼ばれる合板で覆って屋根版を作る。

材料の「刻み」をしよう

木造建築の工事では、現場に入る前に図面をもとに工場で部材の長さにカットしたり柄(ほぞ)を作ったりなどの加工を行う。これを「刻み」という。模型の場合も、材料をあらかじめ加工しておくほうが効率がよい。ここでは、刻みについて解説しよう。

ヒノキ小角材を使って組み立てられた木造の軸組模型(スケール：1/30) ①

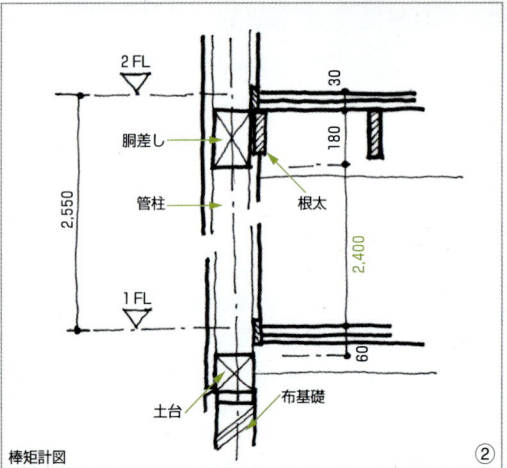

棒矩計図 ②

市販のヒノキ小角材 ③

❶軸組模型の材料にはヒノキの小角材を用いることが多い。見た目やちょっとした力のかかり具合について、実物と同様の再現ができるからである。しかし、木で模型を作るのは時間を要するため、スチレンボードを柱状に切ったものやバルサ材で作ることも多い。ヒノキの角材は画材店やホームセンターなどで入手できる。

❷❸模型を作り始める前に、材料の調達を行う。角材の場合、材寸に応じた断面寸法の材を購入し、そのまま利用する。例えば120mm角の柱を使用する場合、縮尺1/30だと120/30＝4mmになる。市販材寸表[*1]を見ると4×4mm材があるので、これを柱に使えばよいことになる。また、材料の購入本数もあらかじめ見積もっておく必要がある。実際の工事での「木拾い」「拾い」と呼ばれる作業に該当するものである。ある断面寸法の材について、その材を使用する箇所を、図面から部材の長さと使用本数を拾い出し、それらを累加した後に縮尺の逆数で割ると、必要な部材の長さを求めることができる。この値を材料の市場長さ(角材の場合は900mmが一般的)で割ると、購入本数が求まる。

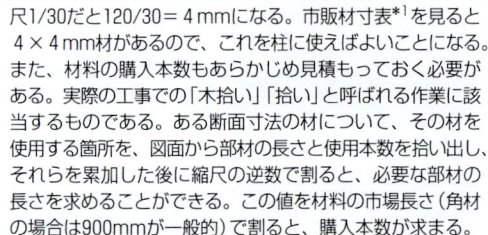

*1：78ページ参照

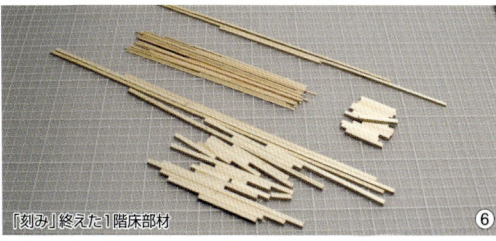

②を例として、120mm角（1/30の模型では4mm角）の1階管柱を計算してみよう。管柱1本の長さは2,550（階高）+60（1FLから土台天端まで）=2,610mm、2,610-30（2FLから胴差し天端）-180（胴差しの成）=2,400mm。1階管柱の本数は28本（浴室部分の短い管柱も同じ長さで考える）なので、総延長2,400×28=67,200mm。縮尺1/30だと67,200/30=2,240mmになる。これを角材の長さ900mmで割ると、2,240/900=2.48≒3本となる。つまり、管柱用の材は3本購入すればよいことになる。

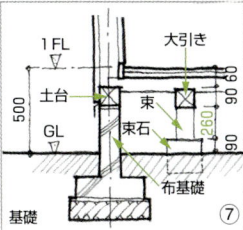

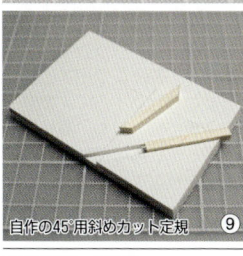

④作るための道具は、基本的なカッターナイフ、スコヤ、ステンレス定規に加え、工作用のこぎり、ヤスリ（紙ヤスリ）などが必要となる。接着は木工用接着剤を用いる。その他、ノギス（デジタル）、クランプなどがあると便利だろう。

⑤⑥材料の調達ができたら、軸組図や伏図をもとに、角材を柱、土台、大引き、束、梁、登り梁、桁、胴差し、棟木（むなぎ）などに使えるように、必要長さでカットする。火打ち梁、根太、垂木など、加工を要する部材は、必要長さに切り出した後で加工を施す。

⑦束部材を切り出す。束、大引き材は原寸で105mm角を使っており、模型では105/30=3.5mmになるが、角材の市販材寸表では該当する材がないので、3mm（正方形）角材を使うことにする。したがって、束材の高さを計算する場合には大引きを90mm（3mm）と考え、500-60-90-90=260mmになり、260/30≒8.67mmが束材の長さになる。3mm角の角材を8.67mmの長さで切り出す。

⑧火打ち材は建物のコーナー部に入れる補強材で、土台に対して45°の角度で入れることで効果を発揮する。そのため、実際の工事と同様、模型でも火打ち材端部は45°にカットし、土台に対して45°で入れるようにする。

⑨⑩45°のカットは、自作の斜めカット定規[*2]を用いてカットする。

*2：118ページ参照

建築構造別テクニック

柱
胴差し
筋かい
柱、胴差し、筋かいの接合部 ⑪

1階の根太と大引きの接合部
大引き
根太 ⑫

カッターナイフで根太に欠き込みを作る ⑬

根太の欠き込み ⑭

斜めカット定規を用いて登り梁の端部を斜めにカットする ⑮

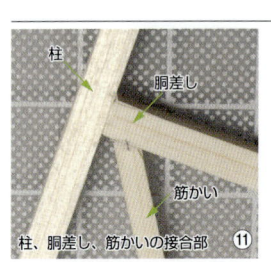

登り梁の欠き込み ⑯

工事における番付と同じように、伏図と部材の双方に部材番号を付している ⑰

❶ 筋かいは、実際の大工工事では土台や柱に欠き込んで固定するが、模型ではあまりにも作業が細かいので、土台、柱の表面で接着して固定する。そのため、柱や横架材などの面と平行になるように、図面に合わせて斜めにカットする。筋かい材は薄いので、カッターナイフでカットできる。

❷ 根太を簡単に作るには、大引き間で根太を切断し、大引き間に接着するという方法を使えばよい。しかし、根太が床材の下地であることを考えると、途中で切断されているのはとても不自然である。そのため、ここでは根太を実際の工事と同じように土台、大引きに架け渡して接着する。

❸❹ その際、根太に欠き込みが必要なので、根太1本1本に大引きと土台の位置をけがき、カッターナイフで欠き込み[*1]を作る。欠き込みの量はわずかなので、目分量でカットする。2階の根太も同じ要領で加工する。

❺ 登り梁と登り垂木に、棟木や敷桁へ架けるための欠き込みや端部のカットなどを行っていく。まず、屋根勾配が14/10(54.45°)なので、頂部は90-54.45=35.55°、軒先部は54.45°でカットする。54.45°の斜めカット定規[*2]を作り、これらの端部をカットする。

❻ 端部をカットした後、棟木と敷桁に架けるための欠き込みを行う。垂木はカッターナイフで加工できるが、梁材は硬いので、のこぎりで一方側の切込みを入れ、その後、カッターナイフで削るように切り込んでいくのがよいだろう。

❼ どこの箇所に使用する部材かがわかるように、実際の工事の刻みでも、部材に図面と同じ符号(番付)を付す。軸組模型を作る場合もこれにならって、部材と図面に同じ番号を付しておく。

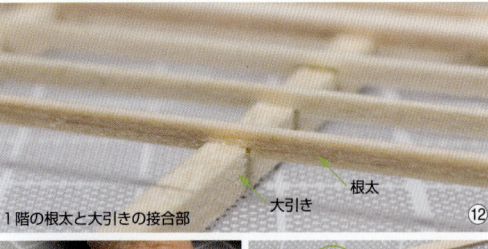

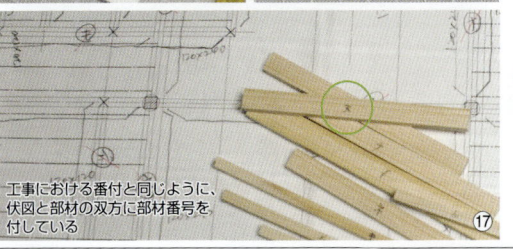

*1:121ページ参照 *2:118ページ参照

完成した軸組模型

軸組模型の基礎を作ろう

建築の構造体は基礎から始まる。そのため、軸組模型でも基礎を作ることが多い。ここで例として取り上げた住宅は、布基礎の基礎である。これを作ることから始めよう。また、模型が安定するように模型土台も作っておこう。

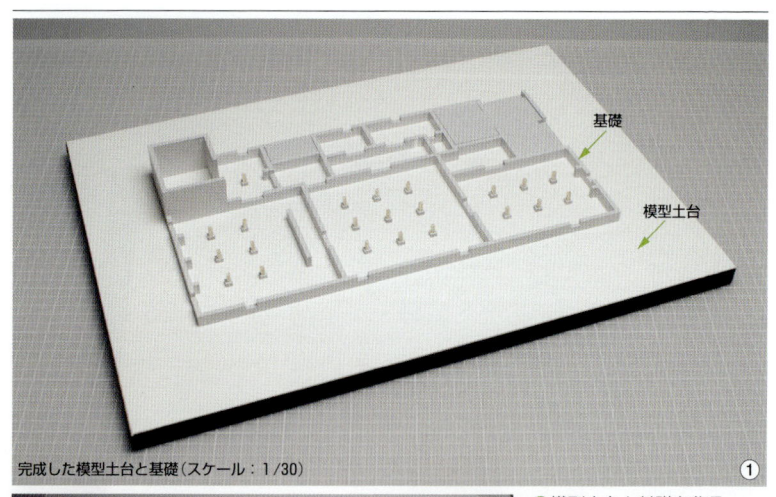

完成した模型土台と基礎（スケール：1/30） ①

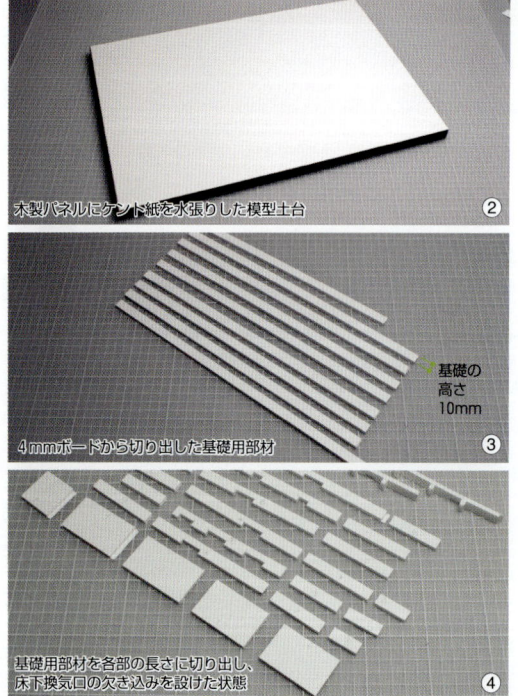

木製パネルにケント紙を水張りした模型土台 ②

基礎の高さ10mm

4mmボードから切り出した基礎用部材 ③

基礎用部材を各部の長さに切り出し、床下換気口の欠き込みを設けた状態 ④

❶模型土台と基礎を作る。
❷模型土台は、B3サイズの木製パネルに、#200程度のケント紙を水張り*1する。
❸基礎はスチレンボードで作る。布基礎の基礎幅は120mm。縮尺1/30だと120/30＝4mmになるので、2mmのスチレンボード2枚を貼り合わせた4mmボードで作る。2枚の2mmボードのそれぞれ片面の紙をはがし、はがした面どうしをスプレーのり77を使って貼り合せる。次に、貼り合せたボードから基礎用部材を切り出す。基礎の高さは、根入れ部分を省略し、GLから均しモルタル天端までの高さとする。GLから1FLまでが500mmで、基礎天端（均しモルタル天端）は1FL−200mmなので、500−200＝300mmが基礎の高さになる。したがって、300/30＝10mmの高さで基礎部材を切り出していく。

*1：128ページ参照

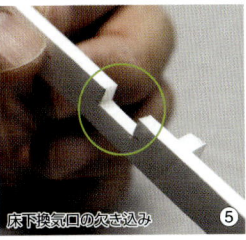

RC壁構造 S造 木造

写真内キャプション:
- ⑤ 床下換気口の欠き込み
- ⑥ コーナー部に「うす皮1枚残し加工」を施す
- ⑦ ケント紙で切り出した型紙
- ⑧ 基礎を「L字型組立て」で組み、上面に型紙を接着する
- ⑨ 床下換気口の欠き込み側面部分にケント紙の型紙を接着していく／接着後は型紙から図面をはがす
- ⑩ スプレーを噴いて塗装していく
- ⑪ ステンレス定規やスコヤを使って直線、直角に矯正しながら接着／模型土台に基礎を接着していく

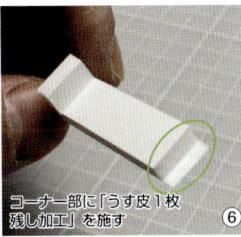

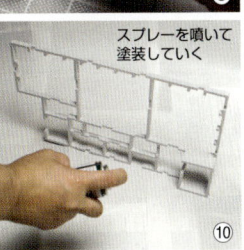

❹切り出した基礎用部材を、基礎伏図にしたがって所要長さに切る。

❺床下換気口、通風口の位置を基礎伏図から拾い、欠き込みを基礎部材に設ける。

❻L字型のコーナーになる部分には、「うす皮1枚残し加工」*2を施しておく。

❼基礎上面の小口をふさぐための型紙を作る。スプレーのり55を使って基礎伏図をケント紙に貼り、基礎の外形で切る。床下換気口や通風口の部分では型紙を切断する。切断した床下換気口や通風口部分は、この後の工程で小口をふさぐ際に利用するので、捨てないようにする。

❽基礎を組み立てる。この場合も「L字型組立て」*3で組み立てるとよいだろう。L字型、T字型になる2部材を接着し、これに型紙を接着するという手順である。

❾基礎が組み上がったら、床下換気口と通風口の小口を処理する。ケント紙を基礎幅4mmで数枚切り出し、換気口の凹み部分の側面の長さに合わせて切り、各小口面にケント紙を貼る。底面は、⑦で基礎の型紙を切り出したときの部材を利用する。

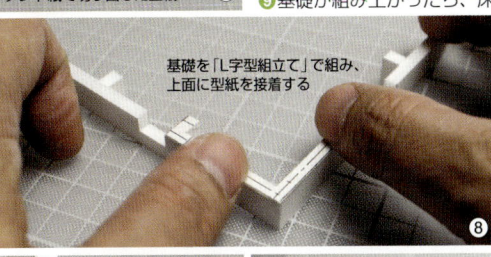

❿基礎が組み立て終わったら、コンクリートの色に近いグレー色の水性塗料スプレーで塗装する。塗料スプレーの圧力で基礎が吹き飛んでしまうことがあるので、下敷きの紙にスプレーのり55を噴いておき、その上に基礎部材を置いて塗料スプレーを噴く。そうすれば立てて噴いても大丈夫である。

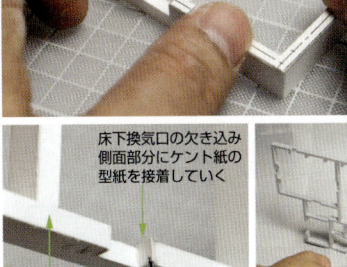

⓫塗装が乾燥したら、模型土台に基礎を接着する。基礎を組み立てた段階で、若干斜めになったり、基礎部材がたわんだりしている場合がある。そのため、接着する際はステンレス定規やスコヤを使って、直角や直線に矯正しながら行う。

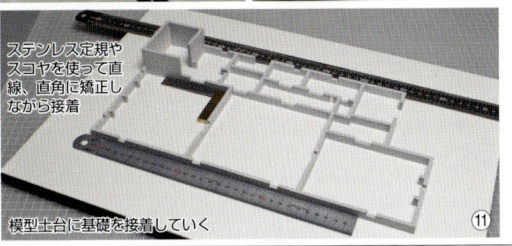

*2：112ページ⑧参照　*3：144ページ⑪参照

建築構造別テクニック

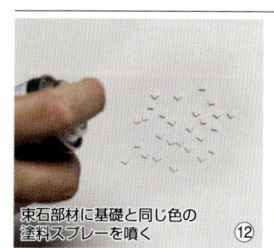

❷ 束石を作る。束石は、180mm角のコンクリートブロックを使用し、地中に90mm埋める。したがって、模型を作るときの高さはGL＋90mmになる。90/30＝3mmなので、3mmボードを使用し、180/30＝6mm角の部材を24個切り出す。切り出した部材には、基礎と同じ色の塗料スプレーで着色する。その際、部材が吹き飛ぶことがあるので、下敷きの紙にスプレーのり55を弱く噴いておくとよい。

束石部材に基礎と同じ色の塗料スプレーを噴く　⑫

❸ 束石を模型土台に接着する。接着位置を出すのが案外難しく、鉛筆で印を付けると模型土台が汚れるし、カッターナイフで印を付けると見えにくく、接着位置を間違えそうである。そこで、簡単で汚れない方法を紹介する。CAD上で基礎伏図を鏡像（ミラー）反転した図面を作成、印刷する。束石が敷かれる土間部分を基礎の外形ラインに沿って切り抜き、スプレーのり55を表面に噴く。図面にしたがい、天地を逆にした（塗装面を下）束石部材を置いていく。

ミラー反転して印刷した基礎伏図にスプレーのり55を噴き、束石部材を裏返して図面の所定の位置に置いていく　⑬

束石部材に接着剤を塗る

基礎伏図を裏返し、束石を模型土台に接着している

束石を置いた基礎伏図を裏返し、模型土台の所定の位置に束石を接着していく　⑭

❹ 次に、束石部材の裏面（上面）に接着剤を付ける。図面をひっくり返して模型土台の該当箇所に敷き、束石部材を軽く押さえながら土台に圧着する。接着剤が乾いたら図面をはがす。

❺ 固定した束石の上に、ヒノキ角材で作った束を接着する。細かい作業なのでピンセットを使うと便利である。

束部材

束石部材の上に束部材を接着していく　⑮

❻ 最後に玄関、勝手口、玄関ポーチなどの土間コンクリート部分を作る。まず、各部分の高さに応じたボードを用意する。玄関と勝手口は、基礎の高さと同じGL＋300、300/30＝10mmなので、5mmのボード2枚を貼り合わせる。玄関ポーチはGL＋250mm、250/30＝8.33≒8mmなので、5mmと3mmのボードを貼り合わせる。玄関ポーチには1段分の階段があり、蹴上げが125/30＝4.17≒4mmとなるので、2mmのボードを貼り合わせる。それぞれのボードから基礎伏図をもとに部材を切り出し、基礎と同色の塗料スプレーを噴く。乾燥後、これを模型土台に接着する。これで基礎部分が完成である。

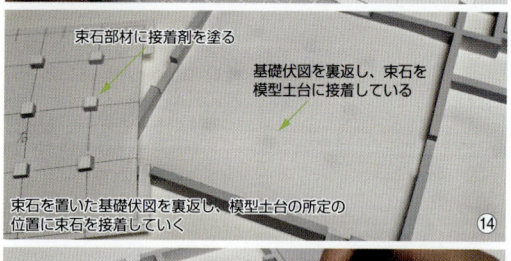

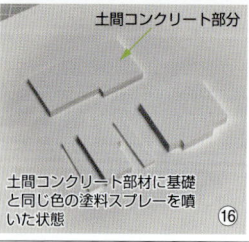

土間コンクリート部分

土間コンクリート部分に基礎と同じ色の塗料スプレーを噴いた状態　⑯

完成した軸組模型

木造

建築構造別テクニック

6 軸組を組み立てよう

実際の工事では、工場で刻みを終えた部材で軸組のパーツを組み立てる。これを現場に搬入し、基礎の上に建て込んでいく。これを「建方（たてかた）」と呼んでいる。ここでは、実際の工事同様、刻みを終えた部材で「建方」をしていこう。

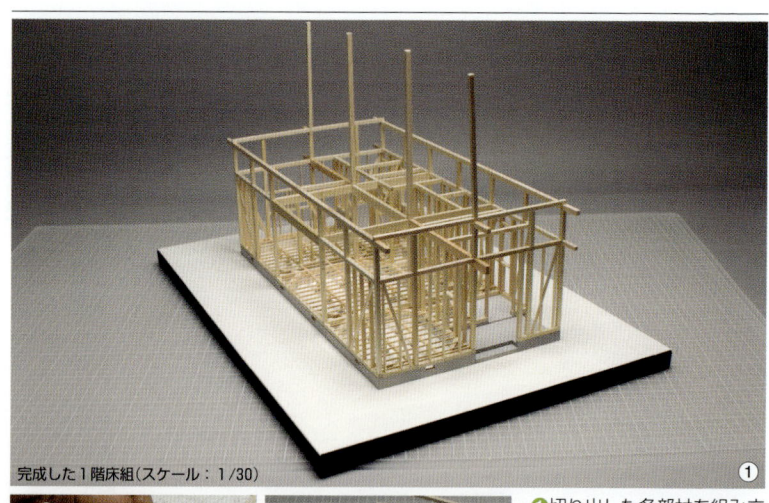

完成した1階床組（スケール：1/30） ①

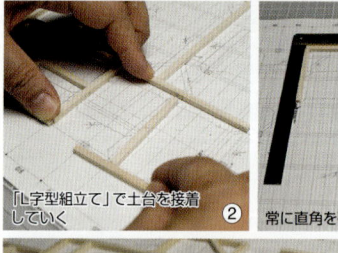

「L字型組立て」で土台を接着していく ②

常に直角を確認しながら接着 ③

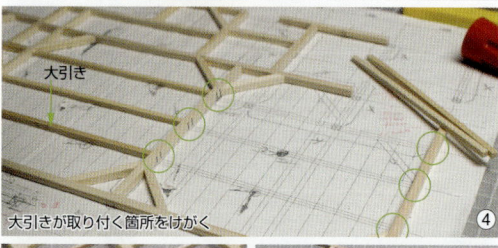

大引き
大引きが取り付く箇所をけがく ④

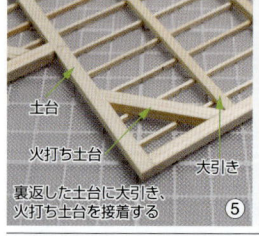

土台
火打ち土台
大引き
裏返した土台に大引き、火打ち土台を接着する ⑤

根太
土台、大引きに根太を取り付けていく ⑥

❶切り出した各部材を組み立てていく。実際の建築の工事とほぼ同じような工程で組み立てていくと効率が良いだろう。おおまかには、1階の床組→各通りの軸組→2階の床組→小屋組という順序である。

❷❸1階床伏図を下敷きにし、1階床を組み立てていく。最初に土台を組み立てる。スコヤで直角を確認しながら「L字型組立て」*で接着していく。

❹土台が組み上がったら、大引きを接着する。1階床伏図の上に組み上がった土台を置き、大引きを接着する箇所を鉛筆でけがく。

❺土台と大引きとでは材寸に1mmの差が生じるので、土台を裏返し、けがいた線を目印に大引きを土台に接着する。これで、表側から見たときに土台と大引きの天端がそろう。その後、火打ち土台を接着する。

＊：144ページ⑪参照

RC壁構造 / S造 / 木造

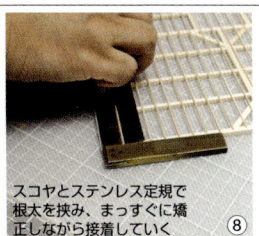

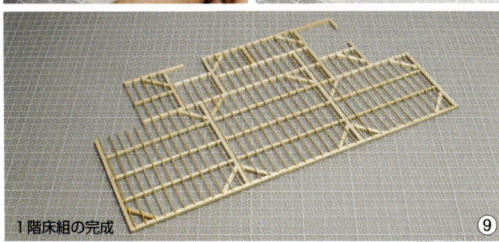

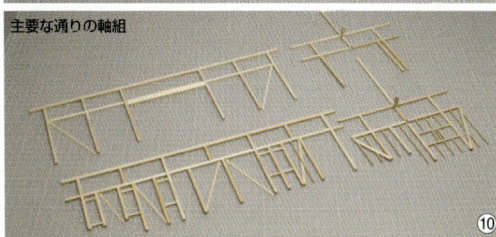

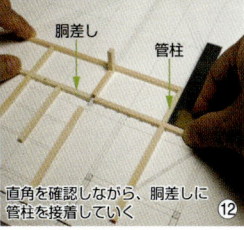

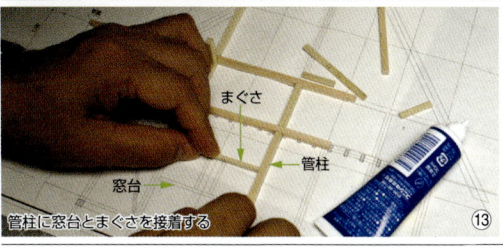

写真キャプション:
- ⑦ 根太材の欠き込みに接着剤を付ける
- ⑧ スコヤとステンレス定規で根太を挟み、まっすぐに矯正しながら接着していく
- ⑨ 1階床組の完成
- ⑩ 主要な通りの軸組
- ⑪ 通し柱に胴差しの位置をけがく
- ⑫ 直角を確認しながら、胴差しに管柱を接着していく（胴差し／管柱）
- ⑬ 管柱に窓台とまぐさを接着する（まぐさ／窓台／管柱）

❻ 土台、火打ち土台、大引きの接着が乾燥したら、根太を接着していく。根太の取付け間隔は303mmなので、303/30＝10.1≒10mmピッチで接着していく。土台に鉛筆で10mm間隔の印を付ける。

❼ あらかじめ、根太に付けられている欠き込み部分に接着剤を付け、大引き、土台に架けていく。

❽❾ 根太材は薄いので、途中でたわんでしまうことがある。そのため、スコヤやステンレス定規で直角と直線に矯正しながら固定する。根太の接着が終わったら、1階床組の完成である。

❿ 1階床組が完成したら、次に軸組図を下敷きにして、各通りの軸組を組み立てる。

⓫ 通し柱には胴差しの位置を、胴差しには管柱の位置をけがいていく。

⓬ 胴差しを基準にして各部材を接着していく。つまり、胴差しの両脇に通し柱を接着し、上下には1階と2階の管柱を接着していく。スコヤを使って常に直角を確認しながら作業を行う。

⓭ 柱と胴差しの接着が終わったら、開口部が取り付く箇所では、サッシ取付け用の窓台とまぐさを管柱間に接着する。

⓮ 窓が横並びで連続するような箇所では、窓台とまぐさを管柱間に架け、その間にサッシ取付け用の短い間柱を取り付ける。

⓯ 筋かいが入る箇所では、胴差しと管柱に筋かいを接着する。

6 建築構造別テクニック

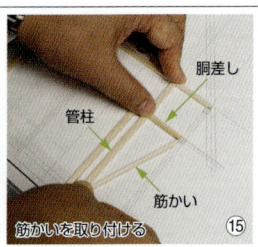

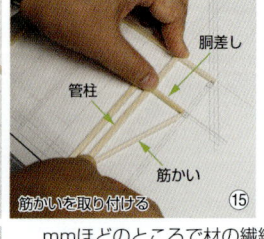

(14) 窓台とまぐさの間に間柱を接着する — まぐさ／窓台／間柱

(15) 筋かいを取り付ける — 胴差し／管柱／筋かい

(16) 間柱に欠き込みを設けて、筋かいと間柱を接着する — 欠き込み／筋かい／間柱

(17) 間柱に筋かいの欠き込み位置をけがく

(18) 間柱にカッターナイフで欠き込みを設ける

(19) 1階床組の上に主要な通りの軸組を建てていく

(20) 主要な軸組の接着が完成

(21) 軸組を基礎に接着した状態

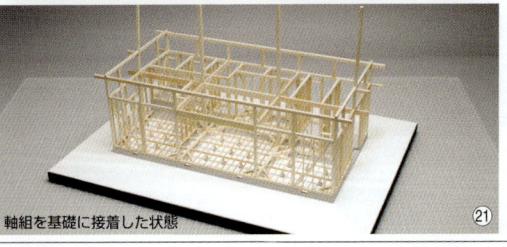

⑯ 筋かいが入る箇所では、間柱と筋かいが干渉するので、間柱に欠き込みを設ける。

⑰⑱ 図面または接着した筋かいをもとに、筋かいと間柱の交差位置をけがき、筋かいの斜めに応じて、間柱材に斜めの切り込みを入れる。その後、材のエッジから1mmほどのところで材の繊維に沿ってさきほどの切込みから切込みまで切れ目を入れ、不要部分を欠き取る。

⑲⑳ 主要な通りの軸組を組み終えたら、1階床に軸組を接着し、建方(建て起こして組み立てること)を行う。内部の間仕切り壁の軸組は、主要な軸組の建方終了後に組み立て、建てていく。つまり、例えばY1通りから、順にY2、Y3と軸組を建てていくなかで、間仕切り壁の軸組を組み立て、順次、建方を行うという手順である。

㉑ 1階床組、各通りの軸組ができ上がってくると、徐々に建物としての姿を現われてくる。少し変則的な工程になるが、ここで軸組を基礎に接着する。最も順当な工程は、1階床組ができ上がった段階で基礎に接着し、その上に軸組を建てていく工程である。あるいは、今回のように模型土台に基礎を固定している場合、模型土台を汚したくないので、小屋組まで完成させた後に基礎に接着するのが順当である。今回、変則的な工程にしたのは、部材切断時の誤差、あるいは組立て時のわずかな誤差が累積して少しゆがんでしまったため、この段階で矯正しておく必要があったからである。そのため、ここであえて接着することにした。

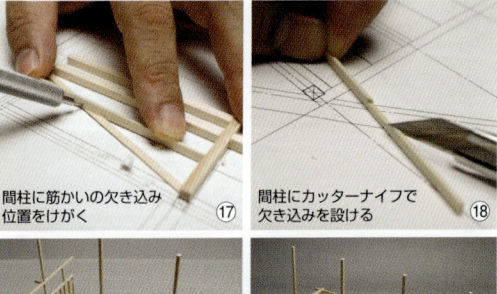

㉒㉓ 軸組の基礎への接着が終わったら、2階の根太を貼っていく。根太の間隔は303mmピッチなので、303/30≒10mmで根太位置を

写真内のラベル:
- ㉒ 2階床の根太を接着し終えた状態（梁、桁、根太）
- ㉓ 桁よりも根太の成のほうが大きいので、根太上部に欠き込みを設けて、根太と桁の上端をそろえた
- ㉔ 最長部に棟木を載せ、ほぼ骨組の完成（ささやかながら小さなワインで上棟式）（通し柱、棟木）
- ㉕ 切り出した階段用部材（ささら桁、蹴込み板、段板）
- ㉖ 階段の段状の図面を貼る（段板の接着、蹴込み板の接着、ささら桁）
- ㉗ 軸組に階段を接着する
- ㉘ 棟木と軒桁に登り梁を架ける（棟木、登り梁、軒桁）
- ㉙ 登り垂木を架けて小屋組の完成（登り垂木）

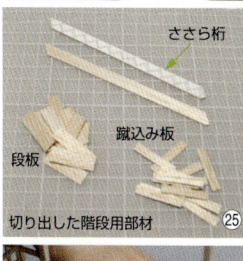

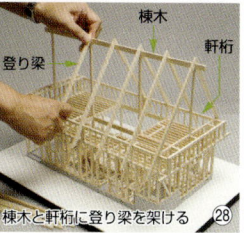

けがき、梁間の長さに切った根太を梁間に接着していく。根太の成（せい）は240mmあり、桁の成よりも大きい箇所がある。そのため、桁をまたいで根太が架かる箇所では、根太の上側に桁の成だけ欠き込みを設け、下から根太をはめ込むように接着する。

㉔ 2階床組が完成したら、柱頂部に棟木を載せる。実際の工事では、棟木を載せると骨組工事の完成になり、大工さんの労をねぎらうのと建築主のお祝いとを兼ねて、ささやかな宴を催す風習が今でも残っている。これを「上棟式」という。

㉕ 階段を作る。バルサ材を使ってささら桁、段板部材を切り出す。

㉖ 階段の断面図を用意する。断面図を段板に沿って段状にカットし、スプレーのり55を使ってささら桁部材の内側に貼る。図面の段状部分を定規にし、段板、蹴込み板をささら桁に接着する。

㉗ 段板の接着が乾燥したら、もう一方の側のささら桁を段板に接着し、図面をはがして階段の完成である。この階段を軸組に接着する。

㉘ 小屋（屋根）を組み立てる。最初に登り梁を接着する。あらかじめ梁材に設けられている棟木、桁との接合部の欠き込みを、接着箇所の状態に合わせて削るなどの微調整を行い、棟木と軒桁に登り梁を架けていく。

㉙ 登り梁と同じ要領で登り垂木を架ける。これで軸組模型の完成である。

模型製作図面

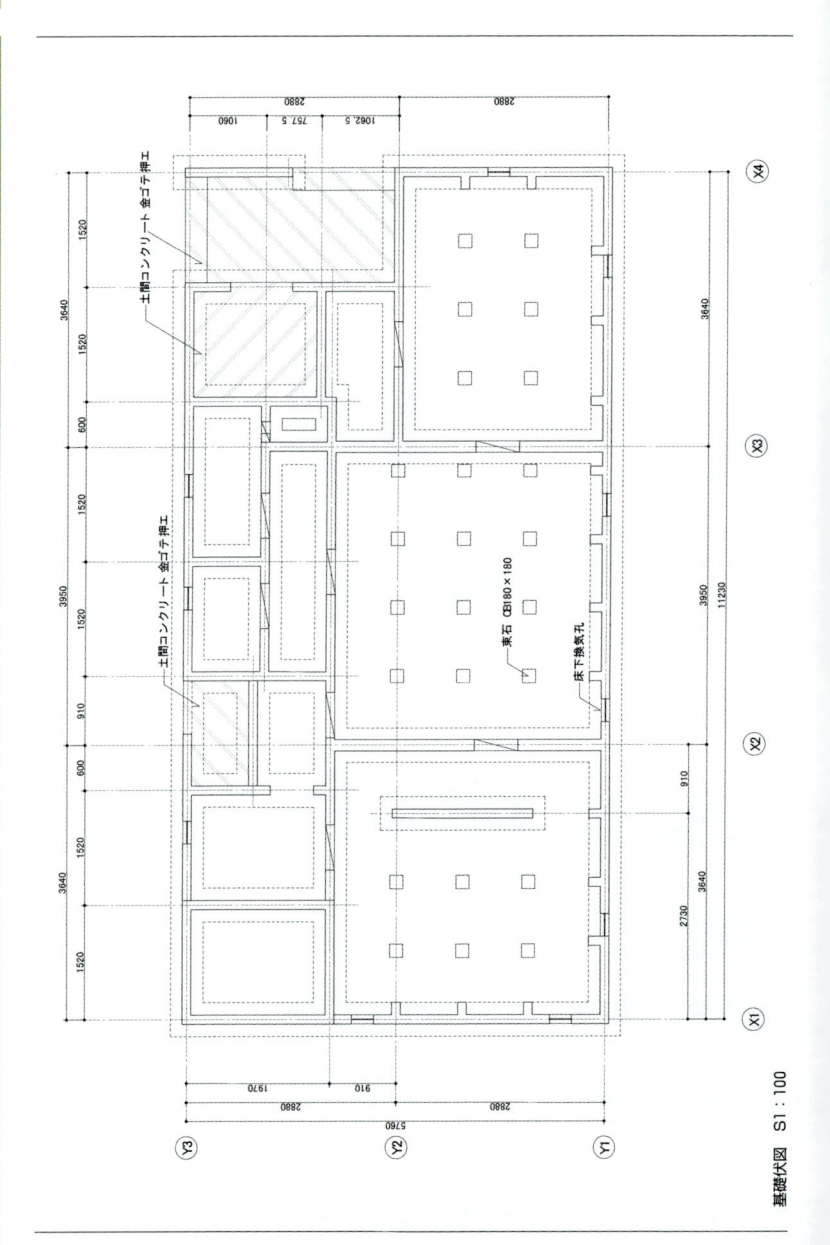

基礎状況図 S1:100

1階床伏図 S1:100

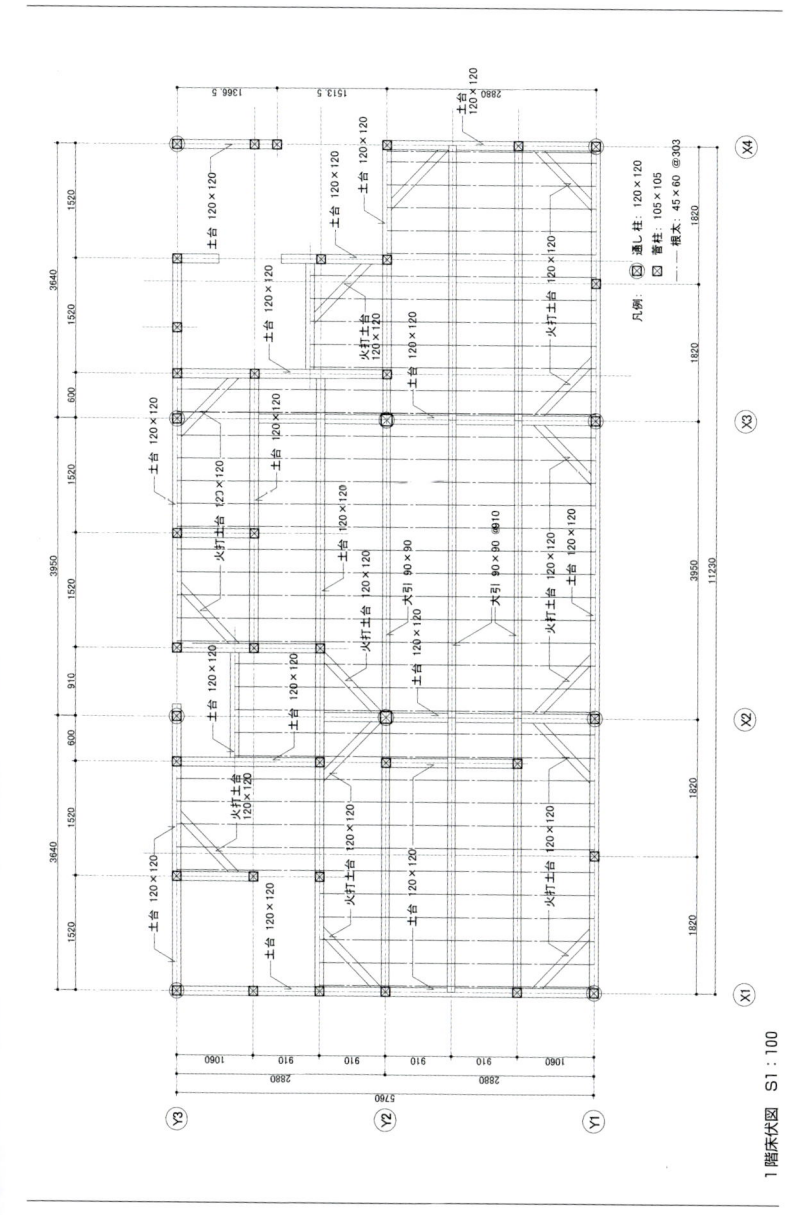

6 建築構造別テクニック

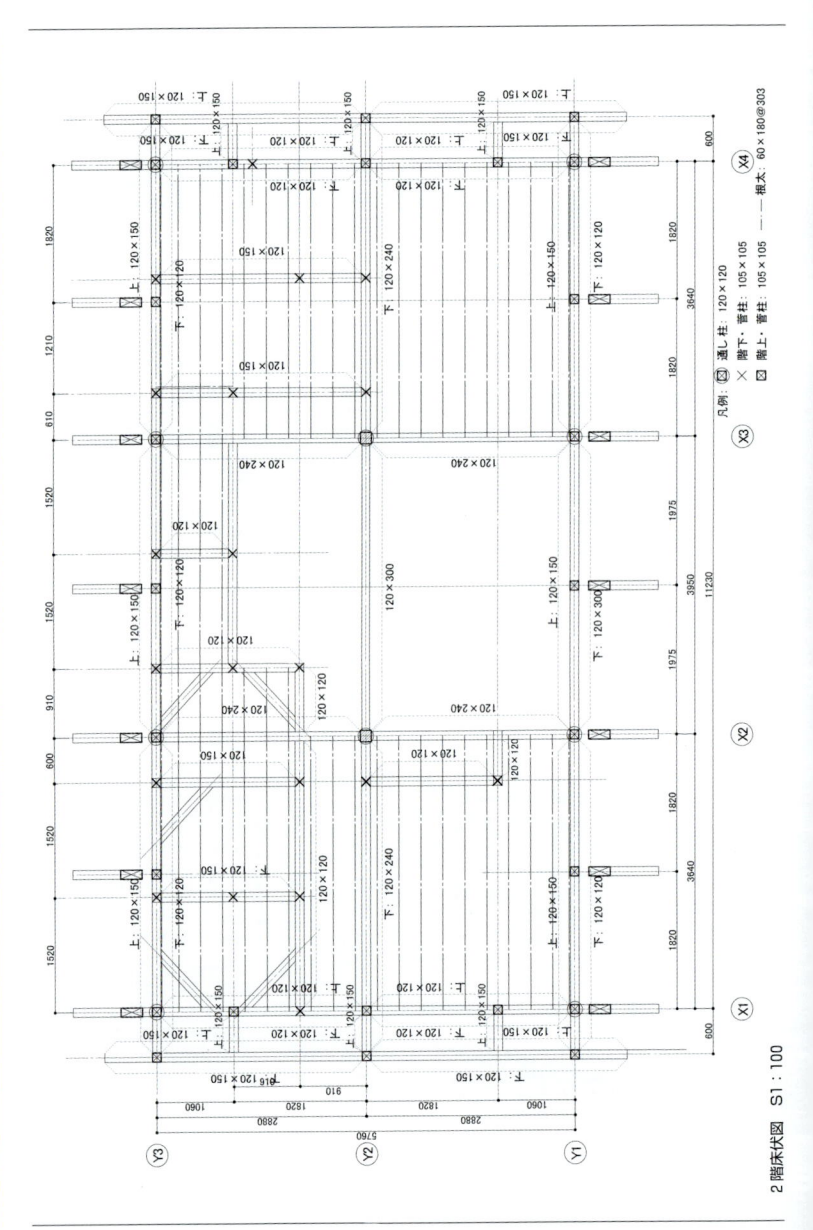

2階床状図 S1：100

226

小屋床状図 S1:100

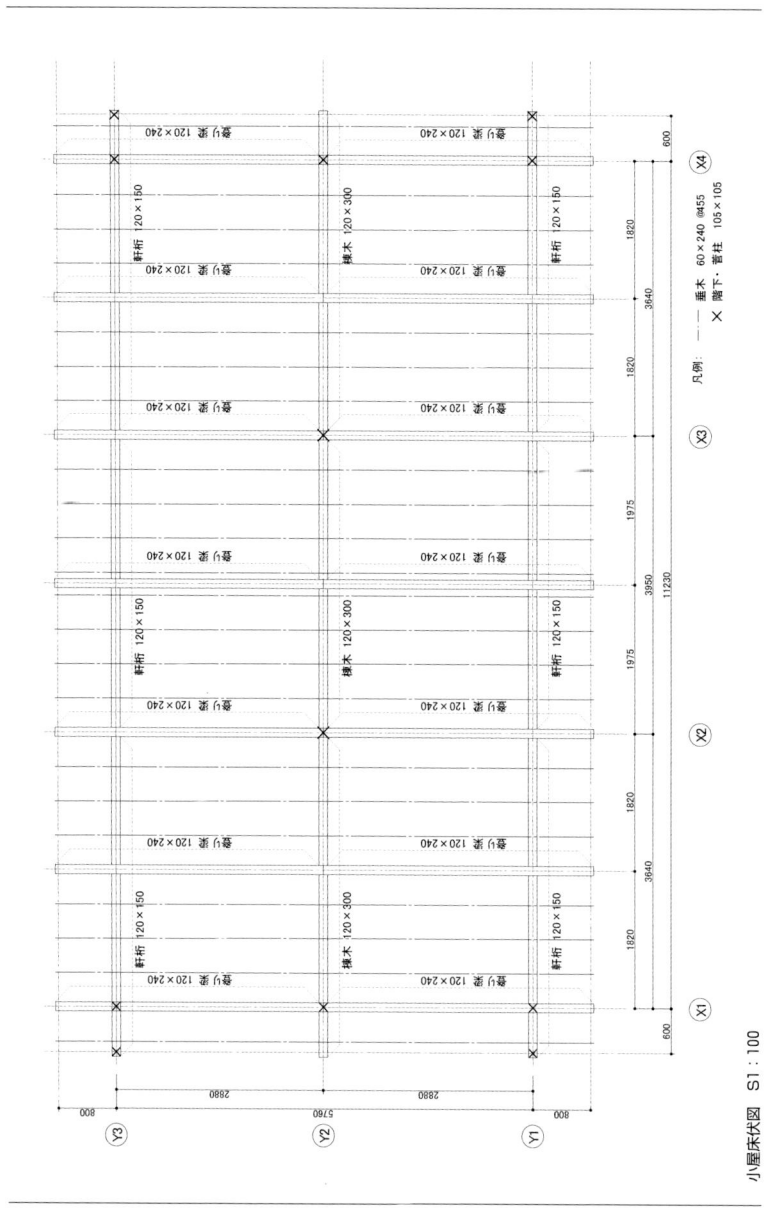

6 建築構造別テクニック

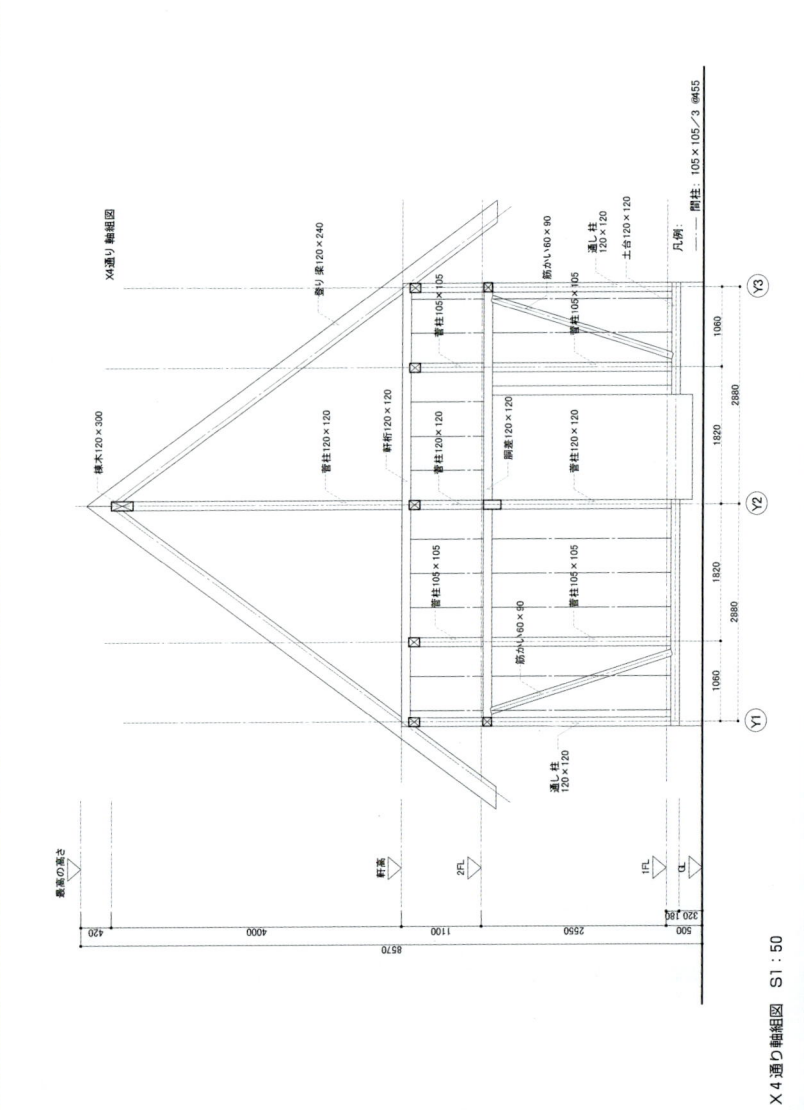

X4通り軸組図

凡例：
間柱：105×105/3 @455
土台：120×120
通し柱：120×120
筋かい：60×90
管柱：105×105
管柱：120×120
軒桁：120×120
胴差：120×120
棟木：120×300
登り梁：120×240

X4通り軸組図　S1:50

Y3通り軸組図　S1:100

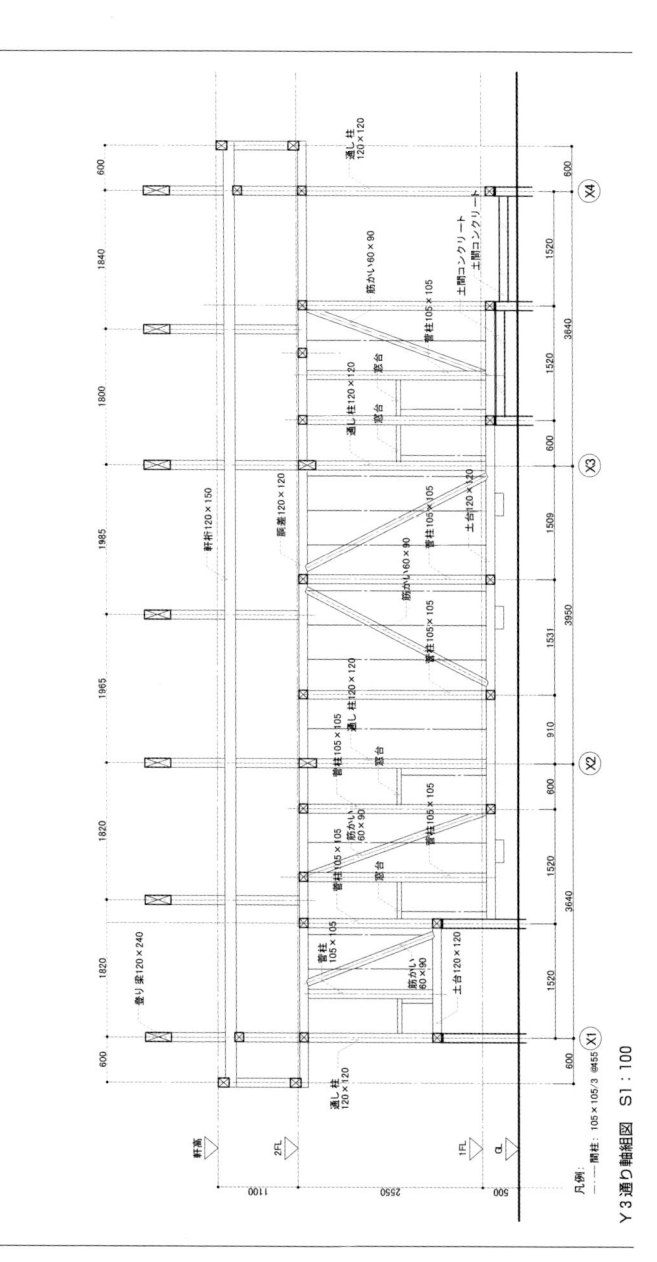

凡例：間柱：105×105/3 @455

写真撮影の道具

模型写真を撮影するのに必要な道具というのは、一般的に室内で写真撮影をする場合に必要となる道具である。ここでは、写真撮影に必要なカメラをはじめ、メディアカード、通信ケーブル、照明器具などについて解説することにする。

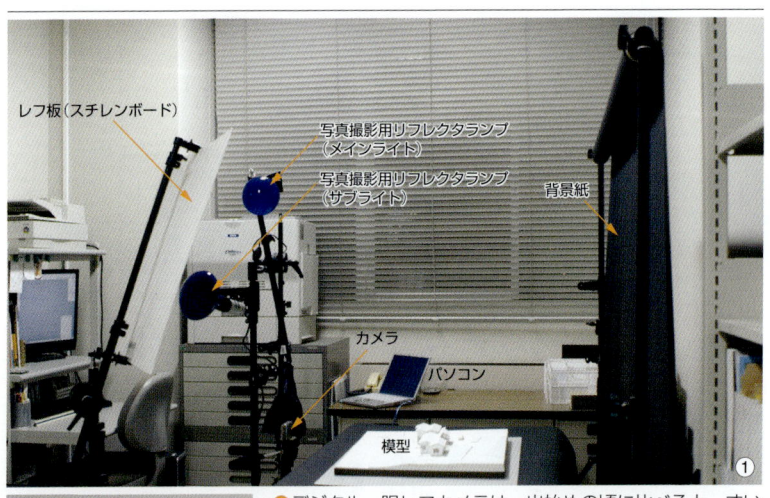

レフ板（スチレンボード）
写真撮影用リフレクタランプ（メインライト）
写真撮影用リフレクタランプ（サブライト）
背景紙
カメラ
パソコン
模型 ①

コンパクトデジタルカメラ ②

デジタル一眼レフカメラ ③

❶デジタル一眼レフカメラは、出始めの頃に比べると、ずいぶんと高性能、高画質になり、価格も下がってきた。もはやフィルムカメラに固執する理由など見当たらなくなりつつある。そのため本書では、デジタルカメラでの撮影を前提に解説する。写真は、模型写真を撮影する場合の環境例である。プロのカメラマンが利用するものとほぼ同じものを使っているが、プロ用の機材に比べるとかなり廉価にそろえてある。インターネット・オークションの普及で、一般の人たちが商品撮影をし、その写真を使ってオークションに出品することが多くなっている。そのため、かつてはプロ、あるいは一部の写真マニアしか使わなかった商品撮影用の機材がかなり廉価で手に入るようになっている。プロ用の信頼できるブランドのものだとそれなりの出費を覚悟しないといけないが、そうでなければ、かなり廉価でそろえられる。設計事務所などで定期的に模型写真を撮影するのであれば、これらの機材を常備しておくとよい。

デジタルカメラ
❷❸コンパクトタイプと一眼レフタイプに分けられる。

撮影
編集

デジタル一眼レフカメラ用交換レンズ
（28～70mmズームレンズ）

デジタル一眼レフカメラ用交換
レンズ（単焦点広角レンズ）

一眼レフカメラ用交換レンズ
（シフトレンズ）

④

⑤

⑥

レリーズ ⑦

SDカード
CFカード
メディアカード ⑧

パソコンのカードリーダー ⑨

最近はコンパクトタイプの性能も向上しているので、スタディ模型のチェック程度であれば十分である。しかし、模型写真をプレゼンテーションに使ったり、コンペのドローイングに貼り込んだりなど、大判でプリントする予定がある場合は、デジタル一眼レフカメラを利用するとよいだろう。

交換レンズ*
❹❺一眼レフタイプを利用するには交換レンズが必要になる。建築や模型写真を撮影する場合、「広角レンズ」（24mm～35mm）の利用が多くなる。そのため、広角を含んだズームレンズを1本用意しておくと便利だろう。
❻本格的な撮影には「シフトレンズ」が必要である。シフトレンズとは、3点透視を2点透視にして撮影（アオリ撮影）できるレンズである。ただ、デジタルの場合には、通常のレンズで撮影した写真を撮影後、PC上のレタッチで2点透視に修正することも可能である。

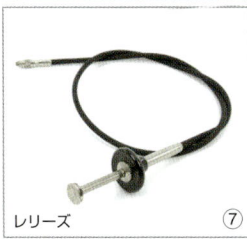

レリーズ
❼レリーズは、カメラのシャッターボタンを遠隔で押すためのもので、ボタンを押すときの指の力が直接カメラにかからない。室内撮影では、長時間シャッターボタンを押したまま開放状態にしないといけないので、指の震えがカメラに伝わり手ぶれを起こしてしまう。そのため、レリーズを用いるようにしたほうがよいだろう。

メディアカード
❽デジタルカメラにおいて、フィルムの役割をするのが各種のメディアカードである。カードの規格はさまざまあるが、コンパクトタイプでは「SDカード」、一眼レフタイプでは「CF（コンパクトフラッシュ）カード」が主流である。保存容量も種々市販されている。最近のカメラは高解像度でデータ容量が大きく、メディアカードの価格も下がっているので、できれば1GB以上の容量を用意するとよいだろう。

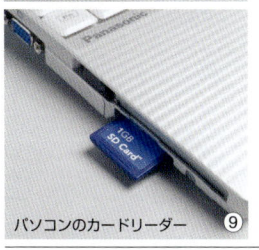

カードリーダー
❾メディアカードに保存された写真データをパソコンに取り込むために、メディアカードリーダーが必要になる。ノートパソコンであればカードリーダーの機能を有している機種も多いので、カメラのメディアカードの規格とパソコンのカードリーダーの規格に互換性があるか確認してみよう。

＊：236ページ参照

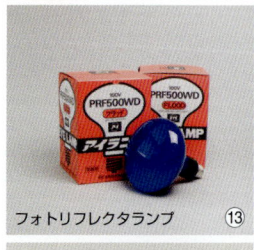

USBケーブル

⑩デジタルカメラに保存された写真データを取り出すには、USBケーブルを用いることもできる。最近のデジタルカメラは、たいてい、USBコネクタを装備しているので、パソコンとデジタルカメラをUSBケーブルでつなぐだけで、写真データを転送できる。

⑪デジタルカメラに装備されているUSBコネクタは、パソコンで一般的なコネクタではなく、小型のコネクタが採用されているので、購入時には注意しよう。

照明器具

⑫⑬室内で撮影する場合、光源となる照明器具が必要である。写真撮影用の照明器具は種々のタイプがあるが、建築の模型写真撮影では、「フォトリフレクタランプ」を使うことが多い。フィルムカメラの場合、使用するフィルムに応じた色温度のライトを用いなければならないが、デジタルカメラではホワイトバランス機能を利用するのでそれほど神経質になることはないだろう。フォトリフレクタランプは、色温度別にデイライト用とタングステン用、ビーム角度別にスポット用、フラッド用などがある。

⑭コンパクト蛍光灯を数本内蔵し、前面にディフューザーカバーが付いた「ライトボックス」という照明器具も模型の撮影に利用できる。

⑮フォトリフレクタランプを使用する場合は、「ランプホルダー」と呼ばれる電球

デジタルカメラのUSB接続 ⑩　USBケーブル ⑪
パソコン側のコネクタ形状
カメラ側のコネクタ形状

写真撮影用電球の定格表 ⑫

種類	定格電圧(V)	ランプ電力(W)	口金	初特性		
				ビーム角(度)	ビーム光束(lm)	色温度(K)
スポット(集光形)	100	150	E26	30	2,000	3,100
	100	250	E26	30	4,800	3,200
	100	300	E26	30	5,400	3,200
	100	500	E26	30	9,500	3,200
	100	500	E26	30	3,500	デイライト
フラッド(散光形)	100	150	E26	60	2,400	3,100
	100	250	E26	60	5,000	3,200
	100	300	E26	60	5,200	3,200
	100	350	E26	90	6,700	3,200
	100	350	E26	90	3,000	デイライト
ハニーソフト(超散光形)	100	500	E26	90	9,000	3,200
	100	500	E26	90	3,400	デイライト
	100	200	E26	100	3,600	3,200
	100	300	E26	100	7,800	3,200
	100	500	E26	100	12,000	3,200
	100	500	E26	100	3,500	デイライト

フォトリフレクタランプ ⑬　ライトボックス ⑭

フォトリフレクタランプ用ランプホルダー ⑮　ライトスタンド ⑯

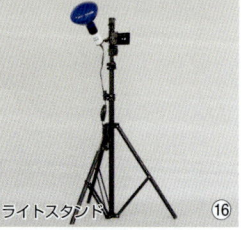

撮影／編集

カメラ用の三脚 ⑰

背景紙と背景紙スタンド ⑲

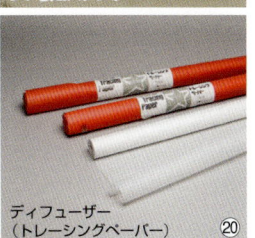

スチレンボードを使った
レフ板とスタンド ⑱

ディフューザー
（トレーシングペーパー） ⑳

写真データを取り込むためのパソコン ㉑

用ソケットが必要である。
⓰思いどおりの撮影をするには、ライトを三脚に固定して照射できるようにしたい。このようなライト用の三脚を「ライトスタンド」という。

三脚
⓱室内の撮影では三脚の使用が必須である。屋外で撮影する場合のような光量は得られないので、シャッターの開放時間が長くなり、手持ち撮影では手ぶれを起こしてしまう。必ず三脚を用いるようにしよう。

レフ板
⓲レフ板とは、反射板のことである。光源の光をレフ板に照射し、レフ板からの反射光を模型に当てることで、光を柔らかくできる。レフ板は、模型材料のスチレンボードやスチレンペーパーで代用可能である。あると便利なのはレフ板用のスタンドである。スタンドがあれば、レフ板の設置位置に制約を受けずにすむ。

背景幕
⓳撮影の際、被写体の背景を作るための紙や布のことで、建築模型の撮影では、黒、ブルー、グレーなどの色を用いることが多い。NTラシャ紙など画材として市販されている紙でも代用可能である。写真撮影専用の背景紙、背景布を用いれば、光が反射してしまうことが少なく、画材用の紙に比べてはるかに大判なので継ぎ目が出てくる心配がいらない。背景紙は、壁にドラフティングテープなどで留めることも可能だが、専用の背景紙スタンドがあると便利である。

ディフューザー（トレーシングペーパー）
⓴光を拡散し、柔らかくするための半透明の幕を「ディフューザー」という。プロ用のディフューザーが各種用意されているが、設計事務所ではトレーシングペーパーを使えば簡単に代用できる。模型とライトとの間に挟んで用いる。

パソコン
㉑デジタルカメラを使用する場合、撮影した写真データを取り込むためにパソコンが必要である。レタッチなど、写真を加工・編集する場合にも使用する。

被写界深度

ピントを合わせた箇所の前後にピントが合う範囲があり、これを被写界深度と呼んでいる。被写界深度がいい加減だと、模型写真の見せたいところがぼやけてしまい、せっかくの模型が台無しになる。ここでは、被写界深度について理解しよう。

被写界深度が浅い場合
中央の人物にだけピントが合い、手前と奥の人物はぼやけている

被写界深度が深い場合
奥と手前の人物にもピントが合っている ①

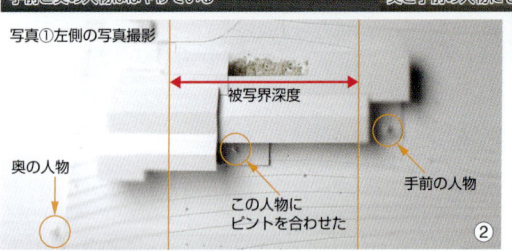

写真①左側の写真撮影
被写界深度
奥の人物　この人物にピントを合わせた　手前の人物 ②

ポートレート撮影では、被写界深度を浅くして背景をぼかす ③

絞りを開いて被写界深度を浅くすると模型の手前、奥がぼやける ④

絞りを絞って被写界深度を深くすると模型の全体にピントが合う ⑤

❶ 被写界深度とは、簡単にいうと「ピントが合っているように見える範囲」のことである。レンズの特性で、ピントを合わせた対象物の前後にピントがほぼ合っているとみなせる範囲ができ、絞り値に連動して範囲は大小する。

❷ 被写界深度は、「絞り」を絞る（絞り値を大きくする）ほど大きくなり、被写界深度が「深い」という。一方、「絞り」を開く（数値を小さくする）ほど範囲は狭くなり、被写界深度が「浅い」という。被写界深度は、ピントを合わせた対象物の前側よりも後側のほうが深く、その比率は1：2になる。

❸ ポートレートなどは絞りを開放して被写界深度を浅くし、背景をぼかすことで、ピントを合わせた対象だけをくっきりと際立たせている。

❹❺ 模型写真の撮影では、模型の前後、すべてにピントが合うようにするので、絞り値を絞り込み、被写界深度を深くする。絞りを絞るため、それにともなってシャッター速度が遅くなる。手持ち撮影が可能な限界の1/60秒よりシャッター速度が長くなってしまうことが多く、撮影には三脚が必要になる。

色温度とホワイトバランス（WB）

撮影には被写体を照射する光が必要だが、光がもっている色のために、写真に色かぶりが生じる。カメラにはこれを補正し、正しい色を再現するホワイトバランス機能が装備されている。ここでは、この機能を使いこなすために光の色について理解しよう。

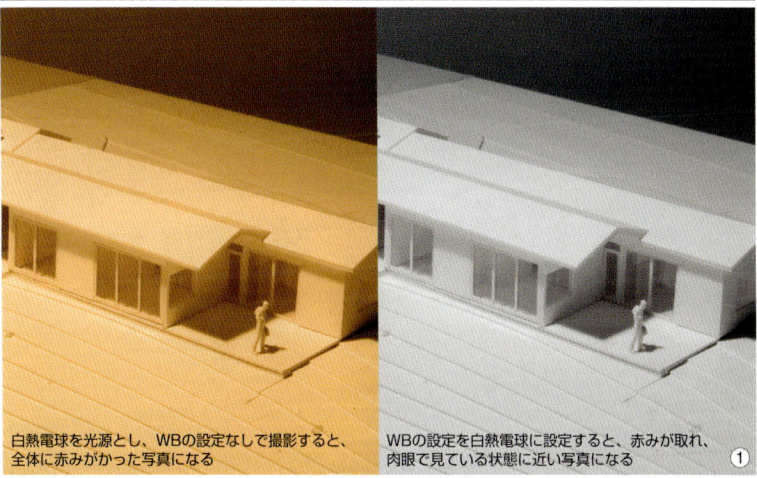

撮影

編集

白熱電球を光源とし、WBの設定なしで撮影すると、全体に赤みがかった写真になる

WBの設定を白熱電球に設定すると、赤みが取れ、肉眼で見ている状態に近い写真になる ①

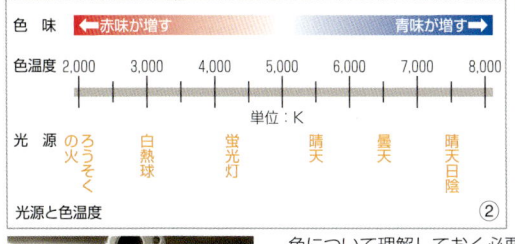

色味　←赤味が増す　　　青味が増す→
色温度　2,000　3,000　4,000　5,000　6,000　7,000　8,000
単位：K
光源　ろうそくの火　白熱球　蛍光灯　晴天　曇天　晴天日陰
光源と色温度 ②

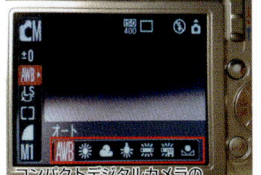

コンパクトデジタルカメラのWBメニュー ③

白熱電球と蛍光灯を混在させ、WBの設定をオートで撮影。全体にピンクがかった色になる ④

❶赤い光に対して、青いフィルターをかけると赤みが取れ、純粋な白色光になる。このような原理で、デジタルカメラでは電子的なフィルターをかける機能が、ホワイトバランス（WB）機能というものである。WBを正しく使うためには、光の色について理解しておく必要がある。

❷光源には、大きく分けて自然（太陽）光源と人工光源とがある。人工光源は、さらに蛍光灯や白熱電球など、多くの電球の種類がある。これらの電球はそれぞれ異なる光を放ち、異なった色をもっている。光の色を数値で表したものを「色温度」という。色温度は理想的な黒体の温度が上昇したときの光の色で表し、単位は絶対温度のケルビン（K）である。波長の短い光は色温度が高く、青白い。波長の長い光は色温度が低く、赤っぽくなる。真夏の南中時の太陽光は色温度が高く、5,000～5,500K、一方、白熱電球は色温度が低く、3,000～3,500Kである。

❸多くのデジタルカメラでは、主要な光源についてはWB値がプリセットされているので、光源（電球）に応じたWBを選択すればよい。「オート機能」もあり、光源が判然としないときなどは、オートを選択するとよいだろう。

❹WBを使用して撮影する場合、色温度が異なる光を混在させないことが重要である。蛍光灯で撮影する場合は補助光も蛍光灯にし、WBを蛍光灯に合わせるようにする。

焦点距離と画角

一眼レフカメラのレンズは、焦点距離の違いによって交換レンズがそろっている。焦点距離は画角（がかく）と相対的な関係にあるので、模型写真撮影に適切な交換レンズを選ぶためには、焦点距離と画角の関係についての理解が必要である。

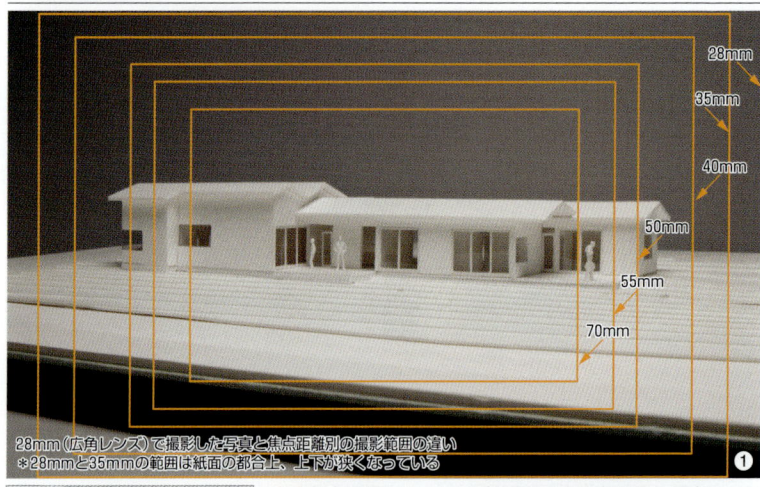

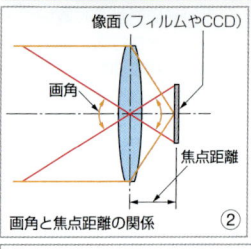

28mm（広角レンズ）で撮影した写真と焦点距離別の撮影範囲の違い
＊28mmと35mmの範囲は紙面の都合上、上下が狭くなっている ①

画角と焦点距離の関係 ②

画角と撮影距離 ③

❶❷焦点距離とは、レンズを通して対象物を見た場合に、像が結像するときのレンズから像面までの距離のことをいい、画角（がかく）とは、画面に収まる範囲を示した角度のことである。

❸焦点距離と画角とは、お互いに反比例の関係にあり、焦点距離が短くなると画角は広くなり、焦点距離が長くなると画角は狭くなる。焦点距離の短い（画角の広い）レンズを「広角レンズ」、焦点距離の長い（画角の狭い）レンズを「望遠レンズ」と呼んでいる。

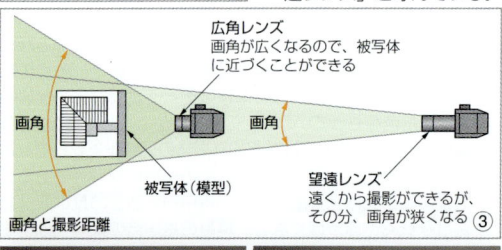

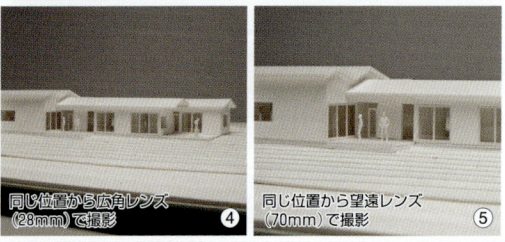

❹広角レンズは焦点距離が短いので、同じ範囲を写すのに、望遠、標準レンズよりも対象物に近づける。道路から建築物を撮影したり、室内で模型を撮影する場合など、引きが取れない場合に用いると便利である。

❺広角、望遠レンズを選択する際、焦点距離50mmのレンズを目安にするとよい。人間の視覚に一番近いことから、一般的に「標準レンズ」と呼ばれている。標準レンズよりも数値が小さい場合（24〜35mm）を広角、数値が大きい場合を望遠（85mm〜）という。

同じ位置から広角レンズ（28mm）で撮影 ④

同じ位置から望遠レンズ（70mm）で撮影 ⑤

構図の設定

模型写真を撮影する場合、その建築物の形態、用途、さらには空間の状態や雰囲気が適切に第三者に伝達できるようなアングルから撮影する必要がある。ここでは、構図設定の基本事項ついて理解しよう。

撮影

編集

鳥瞰視点　　アイレベル視点　①

アイレベル視点　②

鳥瞰視点　③　　あおり視点　④

通常のレンズは3点透視投影法で、縦方向に消失点が発生する　⑤

縦の線が平行になる

2点透視投影法に変換した写真　⑥

❶❷視点の高さ、つまりカメラの高さを決める場合、「アイレベル（eye-level）」での撮影が基本になる。アイレベルとは、人間の視点の高さのことである。完成した建築物は常に人間の視点において体験されるため、アイレベルで撮影された模型写真は、建築空間を体験している状態を再現できるので、最も基本になる構図といえるだろう。

❶❸空を飛ぶ鳥の目の位置から俯瞰してみるのが「鳥瞰視点」である。これは、空間の疑似体験というよりも、建築の全体構成を瞬時に把握したいときなどに用いる視点である。

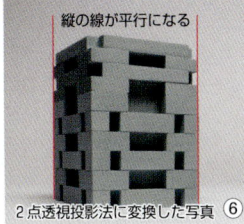

❹吹抜けなど、高さ方向に連続した空間をドラマチックに見せる視点設定が「あおり視点」である。この視点は、天井を仰ぎ見る、低い視点にカメラを据え、空間のダイナミックさを強調する。

❺❻建築、模型写真、建築パースでは「2点透視投影法」が用いられる。2点透視投影法では縦方向（Z軸方向）の消失点が発生しないため、縦の線が平行になる。カメラの3点透視を2点透視にするには「シフトレンズ」と呼ばれる特殊レンズを用いたり、フォトレタッチソフトを使って矯正する。

露出設定

写真に写った像の明るさを肉眼で見ている状態に近づけるには、CCDやフィルムにさらす光の量をコントロールしなければならない。これを「露出」と呼ぶが、ここでは、露出を設定するためのカメラのしくみについて理解しよう。

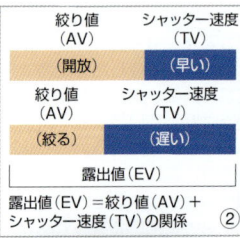

❶ 露出オーバーで白っぽくなった写真 / 露出アンダーで暗くなった写真

❷ 露出値(EV)=絞り値(AV)+シャッター速度(TV)の関係

絞り値(AV)	シャッター速度(TV)
(開放)	(早い)
絞り値(AV)	シャッター速度(TV)
(絞る)	(遅い)
露出値(EV)	

❸ レンズの絞りを設定するダイヤル

❹ 絞りを開いたときのレンズ

❺ 絞りを絞ったときのレンズ

❻ 絞り優先オートの設定ダイヤル

❶写真は、露出が高い(光の量が多い)と全体的に白っぽくなり、低い(光の量が少ない)と暗くなってしまう。

❷露出は、単位時間当たりの光の量である「絞り値」と、光を与える時間である「シャッター速度」との組合せによってコントロールする。絞り値(AV)、シャッター速度(TV)、露出値(EV)との間には、EV=AV+TVという関係がある。

❸❹シャッター速度を速くすると、絞りを開き、単位時間当たりの光の量を増やす。

❺❻模型や建築物など、静止し、奥行があるものを撮影する場合、奥行方向のすべてにピントを合わせたいので、シャッター速度よりも、被写界深度、つまり絞りが優先する。そのため、露出決定には「絞り優先オート」という撮影モードを用いる。絞り優先オートとは、絞り値を自分で決め、これに応じたシャッター速度をカメラが決める方法で、撮影モードを「A(AV)」に設定する。コンパクトデジタルカメラは露出値をカメラが決めてしまうので自分で調整できない。どのカメラも適正露出値の設定だけでは思いどおりの明るさにはならず、露出補正を併用するのがよいだろう。

露出補正

カメラが決定する露出値どおりに撮影したのでは、白いものを白く撮影したり、黒いものを黒く撮影することができない。ここが、カメラのややこしいところである。白くしたり、黒くしたりするためには、カメラの露出補正機能を利用する。

-1.0の露出補正　　±0（測光値）　　+1.0の露出補正

露出補正による写真の明るさの変化 ①

測光値のまま白い被写体を撮影するとグレー色に写る ②

測光値のまま黒い被写体を撮影するとグレー色に写る ③

白い被写体を白く撮影するには露出補正+2.0とする ④

黒い被写体を黒く撮影するには露出補正-2.0とする ⑤

設定画面 ⑥

❷❸露出値を決めるためには、被写体の明るさを測る必要がある。これを「測光」という。カメラは内蔵の露出計で測光し、その値から測光箇所が反射率18％グレーの明るさになるよう露出値を決めている。つまり、黒い場所で測光しても、白い箇所で測光しても、測光箇所はグレー色になる。

❹❺このことを逆に考えると、白い箇所を白く撮影するためには、露出値よりも多めに光を与えて（＋値）明るくしなければならない。また、黒い箇所を黒にするためには、露出値よりも少なめの光（－値）にして暗くしないといけないことになる。

❶❻露出値よりも多めに光を与えたり、少なめにする機能を「露出補正機能」という。最近では、コンパクトデジタルカメラでさえこの機能をもっている。だいたい、1/3刻みで±2.0前後まで設定できるようになっている。同じ構図で露出補正値を変えて数枚撮影しておくと、後で明るさの加減を見ながら自分のイメージにあった写真を選べる。特にデジタルカメラでは、フィルム、現像代がかからないので、この方法を使えば撮り直しという手間がなくなる。

ライティング

ライティングとは投光方法、つまり光の当て方のことである。室内で模型写真を撮影する場合、写真の良し悪しはライティングで決まるといっても過言ではない。ここでは、ライティングの基本を理解しよう。

室内での撮影の様子 ①

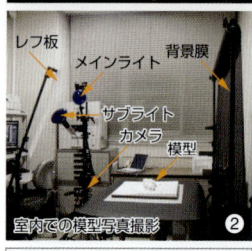

レフ板／メインライト／背景膜／サブライト／カメラ／模型
室内での模型写真撮影 ②

1灯（正面上方） ③
1灯（正面上方） ④
背景／ライト／カメラ

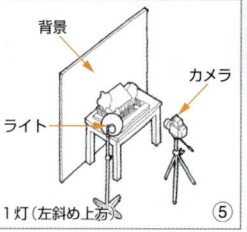

1灯（左斜め上方） ⑤
背景／ライト／カメラ
1灯（左斜め上方） ⑥

❶❷室内で模型写真を撮影する場合、写真のような環境を準備する。背景には黒や青色の背景幕を張る。テーブルにも黒い紙を敷き、その上に模型を置く。ライト、ライトスタンド、三脚に固定したカメラ、その他にレフ板、ディフューザーなどもあるとよいだろう。以下、段階的にライティング方法を変化させ、その違いを見てみよう。

❸❹1灯のライトを正面上方から当ててみる。陰影が乏しく、平板な感じがする。

❺❻1灯のライトを左斜め手前から当ててみる。陰影が出て、右後方に影も落ちている。しかし、少々、コントラストがきつく感じられる。

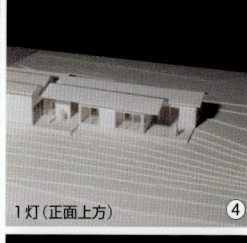

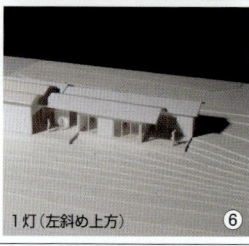

❼❽2灯のライトを使ってみる。1灯は前回と同様に左斜め前から投光し、もう1灯は右側からレフ板で反射した光が模型に当たるように投光する（バウンス）。右側の面が明るくなり、影が少し和らぐ。これでも十分だが、欲をいえばもう少し影が柔らかいほうがよい。

❾❿主光源（左側のライト）と被写体との間にトレーシングペーパーのディフューザーを置いてみる。先ほどと比べると、さらに影が和ら

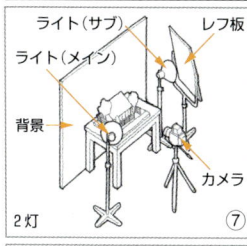

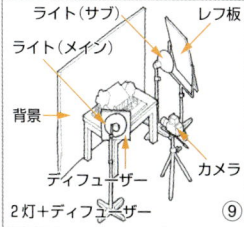

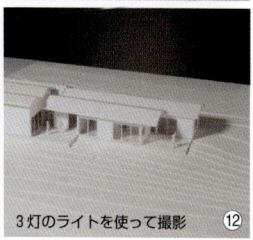

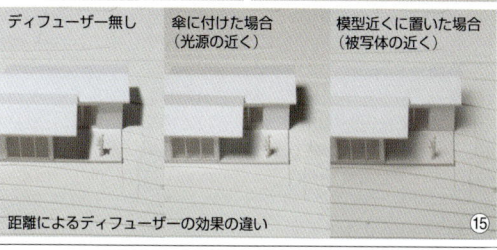

いだ。

ここまでのことから、普段、私たちが太陽の下で見ている風景は、直接光源である太陽からの光と、周囲のものからの反射光との両方によるものだということがわかる。人工光源を使った撮影では、この環境を疑似的に作ってやればよいのである。光源は2灯以上用い、1灯をメイン光源とし、もう1灯はレフ板を使った間接光源として投光する。直接光源による影がきつすぎるような場合はディフューザーを用いるとよい。

⓫⓬ 2灯でもほぼ満足のいくライティングが可能だが、もし、3灯目を使えるなら背景紙を青にし、3灯目をテーブル下部から背景紙に向かって照射する。そうすると、地面との境界線近くの空が青白くなった状態を再現できる。

⓭⓮ トレーシングペーパーを使ってディフューザーを作る場合に便利な道具がある。ランプホルダーに差し込んで使える傘が市販されている。この傘には、傘の周りに巻いた紙を固定するための簡単な輪っかが付属している。これを使えば、見た目は雑だが簡単にトレーシングペーパーを巻いて固定できる。

⓯ ディフューザーは、光源からディフューザーを置く位置までの距離によって効果が変わってくる。ディフューザーの位置が被写体に近づくにつれて、影がぼやけるようになる。

⑦ 2灯
⑧ 2灯
⑨ 2灯+ディフューザー
⑩ 2灯+ディフューザー
⑪ 背景幕に向けた3灯目のライト
⑫ 3灯のライトを使って撮影
⑬ ランプホルダーに差し込んで使う市販の傘
⑭ 傘にトレーシングペーパーを巻いた様子
⑮ 距離によるディフューザーの効果の違い

フォトレタッチ

写真を加工、修正することをフォトレタッチという。最近ではデジタルデータであることがほとんどであるため、フォトレタッチもパソコン上で行われる。ここでは、模型写真を加工・修正する場合に必要となる、主要なテクニックについて説明しよう。

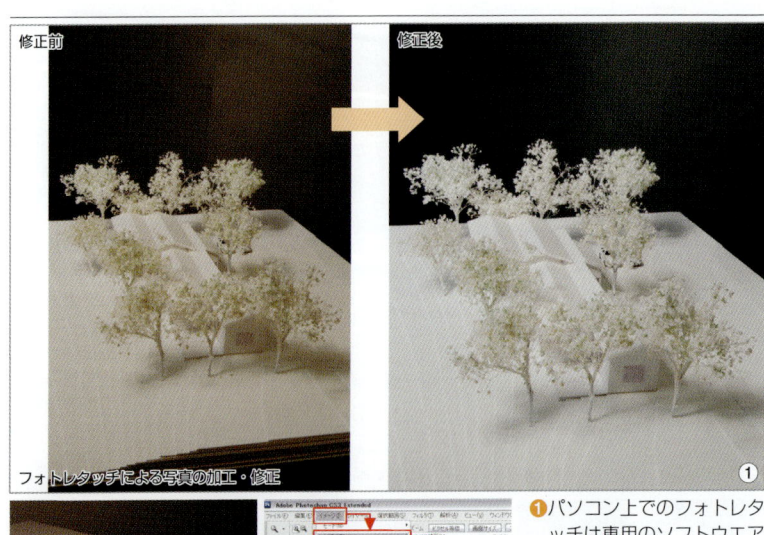

修正前 → 修正後

フォトレタッチによる写真の加工・修正 ①

赤い色かぶりが生じた写真　[バリエーション]機能 ②③

調整箇所の明るさ領域を選択する
適用量を指示する
[バリエーション]ダイアログ ④

各色のサムネールを直接クリックする
修正結果が表示される
[バリエーション]ダイアログ ⑤

[切り抜きツール] ⑥

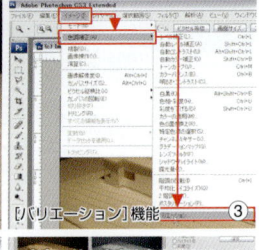

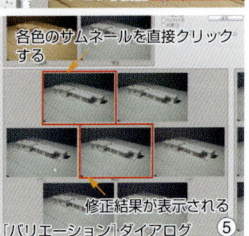

❶パソコン上でのフォトレタッチは専用のソフトウエアを利用する。ここでは、よく使われているAdobe社のPhotoshop(フォトショップ)で、例にあげた写真のように加工・修正してみよう。

❷せっかく撮影した写真も、わずかな色かぶりを生じてしまっていることがある。

❸色の補正は[バリエーション]が使いやすい。サムネールで変化を確認しながら、カラーバランス、コントラスト、彩度が修正できる。[イメージ]メニュー→[色調補正]→[バリエーション]の順に選択する。

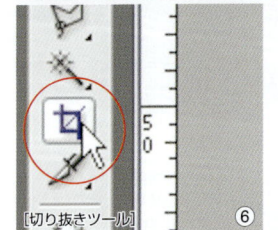

❹[バリエーション]ダイアログ上部のラジオボタンをクリックし、暗い部分、中間調、明るい部分のいずれかから、調整部分の明るさを選択する。

❺ダイアログ左下エリアに表示されたサムネールを直接クリックしてRGB、CMYのそれぞれの色を追加する。クリックと同時に中央のサムネールに補正結果が表示されるため、効果を即座に確認できる。この段階ではまだ補正は確定しておらず、OKボタンをクリックし、ダイアログを閉じると補正が確定する。

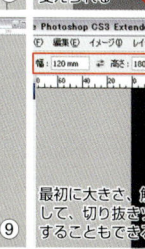

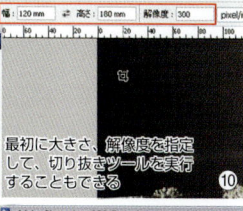

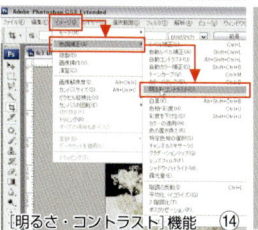

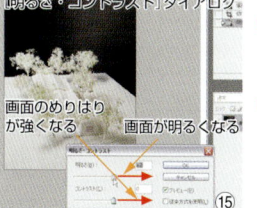

撮影

編集

(7) ドラッグ
(8) 四角をドラッグすると枠の大きさを変えられる
(9) トリミングの実行後
(10) 最初に大きさ、解像度を指定して、切り抜きツールを実行することもできる
(11) [スポット修復ブラシツール]
(12) ブラシの大きさを調整する
(13) 消したい部分の上でクリックする
(14) [明るさ・コントラスト]機能
(15) [明るさ・コントラスト]ダイアログ／画面のめりはりが強くなる／画面が明るくなる

❻画面の一部だけを切り出すことをトリミングという。トリミングにより、撮影した写真で再度絵作りができる。Photoshopでトリミングを行うには[切り抜きツール]を使う。

❼ツールボックスで[切り抜き]を選択し、画面上をドラッグして四角枠を描く。

❽描いた後、枠の内側でクリック&ドラッグすると、枠の移動ができる。枠上の四角い点を移動させると枠の大きさを変えられる。

❾切り抜き範囲(四角枠)の調整後、枠の内側でダブルクリックまたはEnterキーを押して切り抜きを実行する。

❿[切り抜きツール]を選択した際、上部のオプションバーで、縦横の画像サイズ、解像度を指定すると、トリミング枠を最終的に作りたい画像の縦横比でトリミングできる。

⓫画面上に写り込んでしまった不要物を消すには、スポット修復ブラシツール、修復ブラシツールを使うと便利である。ゴミのような小さいものを消すときには[スポット修復ブラシツール]、少し大きな範囲の場合は[修復ツール]が便利だろう。写真手前に写り込んでしまった模型に落ちたゴミを、スポット修復ブラシツールで消してみよう。ツールボックスから[スポット修復ブラシツール]を選択する。

⓬画面上部のオプションバー上の三角印をクリックし、ブラシの大きさを調整する。消そうとする部分よりも大きくなるようにする。

⓭画面上の消したい部分をクリックすると、即座に消える。

⓮⓯画面の明るさやコントラストの調整には、[イメージ]メニュー→[色調補正]→[明るさ・コントラスト]を使うとよい。

243

ion # 遠近法の修正

建築写真や建築パースでは形を正確に伝達するため、鉛直方向には消失点が発生せず縦の線が平行になる2点透視投影法が用いられる。ここでは、パソコン上で3点透視を2点透視に変換できるPhotoshopの[変形]機能を使って遠近法を矯正してみよう。

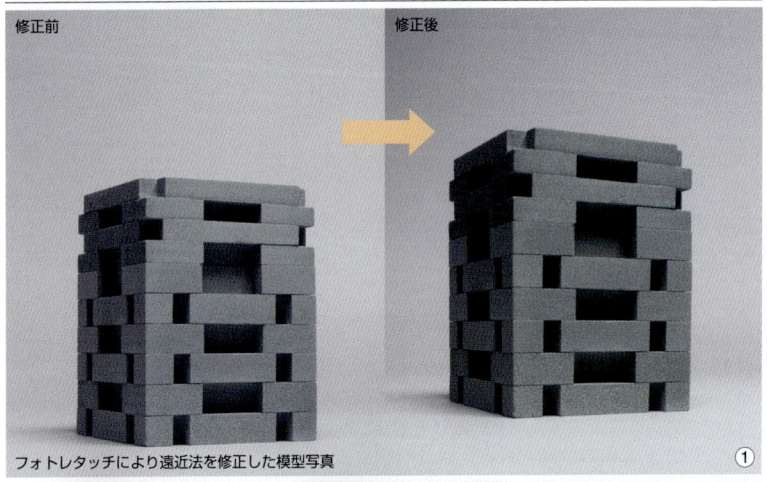

修正前　　　　　　　　　　修正後

フォトレタッチにより遠近法を修正した模型写真　①

一般的なカメラレンズで撮影した建物の写真　②

シフトレンズで撮影した建物の写真　③

アオリ機能付き交換レンズ（シフトレンズ）　④

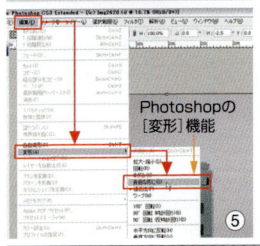

Photoshopの[変形]機能　⑤

❷❸通常のカメラレンズで撮影された写真は3点透視投影法であるため、縦方向の線が、見上げで撮影した場合は上すぼまり、見下げの場合は下すぼまりになる。
❹プロの写真家は、建築物や建築模型を撮影する場合、アオリ機能付きレンズ（シフトレンズ）を用いて撮影時の3点透視投影を2点透視投影に矯正している。パソコン上でフォトレタッチをするようになってからは、一般的なカメラレンズで撮影した写真画像でも、パソコン上で2点透視投影に修正できる（①）。
❺撮影した写真画像を少し回転したり、部分的な像の歪みを矯正したり、パースペクティブを矯正したりなど、画面の修正を行う場合は、Photoshopの[変形]機能を使って編集する。[変形]機能には、[拡大・縮小][回転][遠近法]など6種類の変形機能と、5種類の回転機能のバリエーションがある。これらの機能は個々に適用もできるし、組み合わせることも可能である。
❻Photoshopで模型写真のデータを開く。鉛直方向のラインがすべて平行になるように画像を変形するので、鉛直方向の目安となるガイドラインがあると便利である。そこで[グリッド表示]機能を利用し、グリッドの線が見やすいように線の色、間隔を設定する。[編集]メニュー→[環境設定]→[ガイド・グリッド・スライス・カウント]を選択する。
❼グリッド線に100mm（写真の解像度により数値は大小する）

撮影

編集

(6) [編集]メニュー→[環境設定]→[ガイド・グリッド・スライス・カウント]を選択。

[環境設定]ダイアログでグリッド線の間隔、色を設定する

(7) 色

(8) [ビュー]メニュー→[表示]→[グリッド]を選択

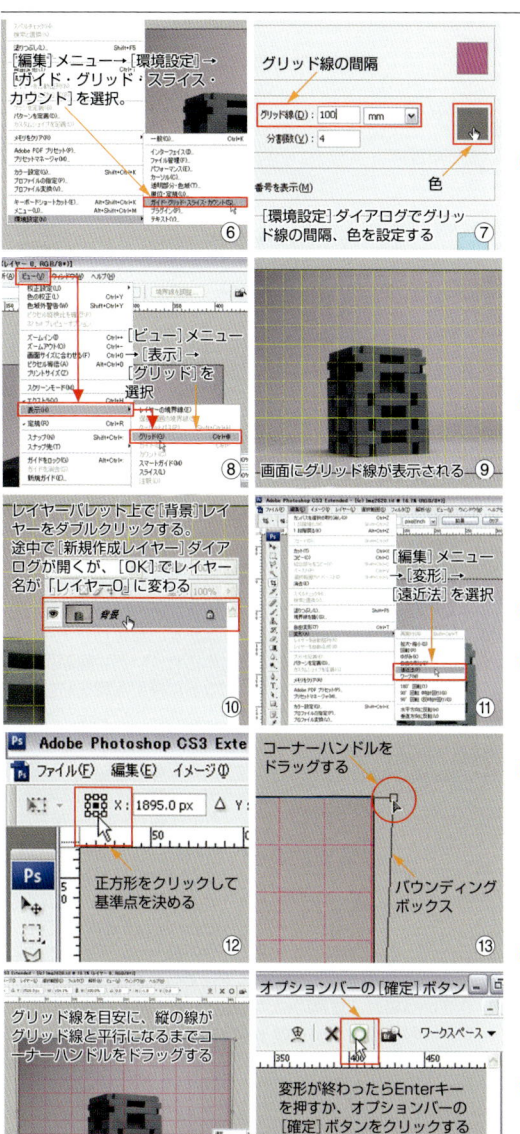

(9) 画面にグリッド線が表示される

(10) レイヤーパレット上で[背景]レイヤーをダブルクリックする。途中で[新規作成レイヤー]ダイアログが開くが、[OK]でレイヤー名が「レイヤー0」に変わる

(11) [編集]メニュー→[変形]→[遠近法]を選択

(12) 正方形をクリックして基準点を決める

(13) コーナーハンドルをドラッグする／バウンディングボックス

(14) グリッド線を目安に、縦の線がグリッド線と平行になるまでコーナーハンドルをドラッグする

(15) オプションバーの[確定]ボタン／変形が終わったらEnterキーを押すか、オプションバーの[確定]ボタンをクリックする

を入力し、右側のグレー色の四角い部分をクリックし、グリッドカラーを選択する。赤や黄など、目立つ色がよいだろう。

❽❾色を選択したら[OK]ボタンをクリックして[グリッドカラー選択]ダイアログを閉じ、[環境設定]ダイアログも[OK]ボタンをクリックして閉じる。[ビュー]メニュー→[表示]→[グリッド]を選択すると、画面にグリッドが表示される。

❿[変形]機能を使うためにレイヤーのロックを解除する。レイヤーパレット上で、[背景]レイヤーをダブルクリックする。途中で、[新規作成レイヤー]ダイアログが開くが、[OK]ボタンをクリックして閉じる。

⓫[編集]メニュー→[変形]→[遠近法]を選択する。

⓬画面上部のオプションバーで基準点(変形の基準とする部分)となる正方形をクリックする。

⓭画面上に表示されたバウンディングボックス四隅のコーナーハンドルをドラッグして変形する。遠近法の場合、合、バウンディングボックスが連動して台形状に画像が変形する。

⓮画面に表示されたグリッド線を目安に、写真画像の縦の線がグリッド線と平行になるように、コーナーハンドルをドラッグする。

⓯画面上での変形が完了したら、変形を確定するためにEnterキーを押すか、オプションバーにある[確定]ボタンをクリックする。

デジタル写真の解像度

コンピュータ上で絵柄を表現するには、ベクトルデータとラスターデータというデータ形式があり、CAD図面は前者、模型写真データは後者になる。図面レイアウトを作る際、2つのデータ形式を扱ううえで、画像解像度について理解しておく必要がある。

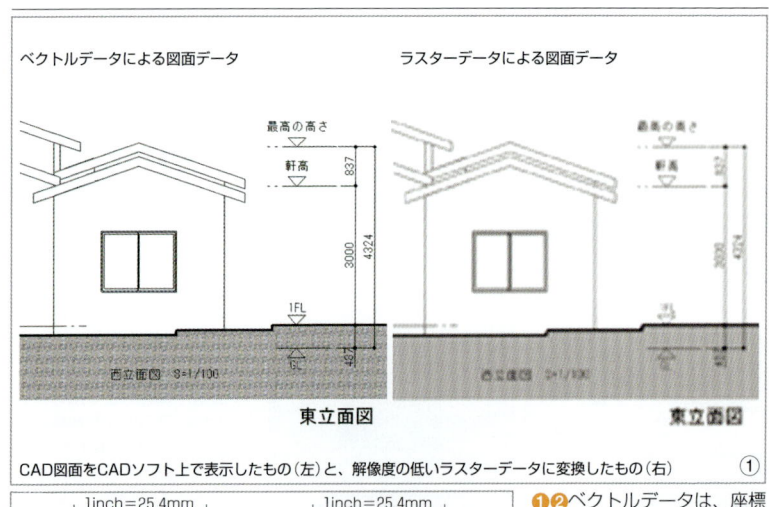

CAD図面をCADソフト上で表示したもの（左）と、解像度の低いラスターデータに変換したもの（右）　①

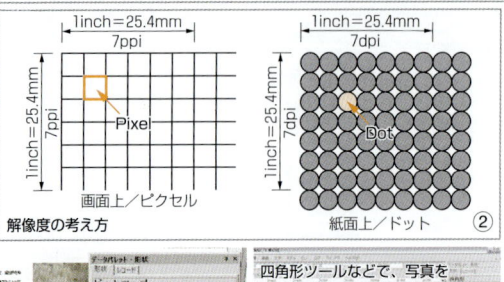

解像度の考え方　②

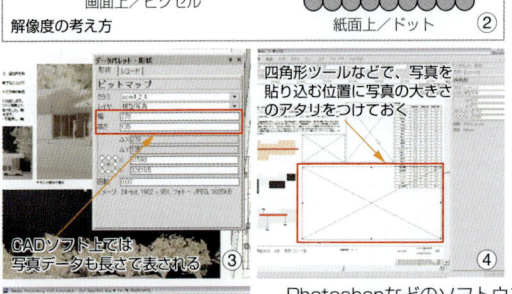

CADソフト上では写真データも長さで表される　③

四角形ツールなどで、写真を貼り込む位置に写真の大きさのアタリをつけておく　④

Photoshopで開いた模型写真のデータ　⑤

❶❷ベクトルデータは、座標値と線、面の方程式をデータとして保持しているのに対し、ラスターデータは、ピクセルという色情報をもった点の集まりでデータが作られている。図面レイアウトに模型写真を貼り込むことは、ベクトルデータにラスターデータを取り込むことであるといってもよい。ディスプレイ画面に表示された画像（ラスターデータ）の美しさは、「画面解像度」（ppi：pixels per inch）という単位で表す。直訳すると「1インチ当たりのピクセル数」という意味である。Photoshopなどのソフトウエア上で写真画像データの大きさをいう場合、縦横のピクセル数で表すことが多い。プリンターの場合はdpi（dots per inch）という単位になる。点の粗密で画像の美しさを表すという考え方では、両者は同じで、数値が大きいほど美しい画像になる。

❸一方、CADソフトで作られた図面上で模型写真をレイアウトする場合、解像度ではなく、cmやmmなど、長さの単位を使う。そのため、2つの単位間での換算が必要になる。Photoshopの［画像解像度］機能は、この間の換算を行っ

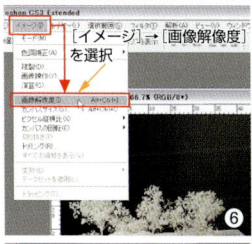

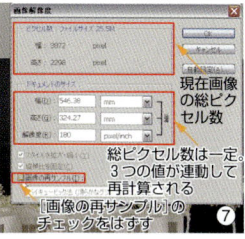

撮影

編集

てくれる。Photoshopを使って、模型写真の解像度の修正をやってみよう。

❹CADソフト上の図面レイアウトで、模型写真を貼り込む位置、大きさのアタリをつける。四角形ツールなどでアタリを示す図形を描いておくとよいだろう。

❺模型写真のデータをPhotoshopで開く。この画像の大きさを180ppi、270×135mmに加工・修正する。

❻[イメージ]メニュー→[画像解像度]を選択する。

❼[画像解像度]ダイアログの[ドキュメントのサイズ]エリアで、幅、高さの単位を「mm」、解像度を「pixel/inch」を選択する。[画像の再サンプル]のチェックをはずすと、現在画像の総ピクセル数を維持したまま、幅、高さ、解像度を変更できる。このサンプル画像の場合、解像度に180と入力すると、幅546.38mm、高さ324.27mmに再計算される。しかし、546.38÷25.4＝21.51(inches)、21.51×180÷3,872(pixels)となり、ダイアログ上部に表示されている幅のピクセル数と一致する。つまり、総ピクセル数は変化していないことがわかる。解像度180ppiは、写真画像をインクジェットプリンタで印刷する際、画面で見ている状態に近い状態で印刷できる解像度の目安である。

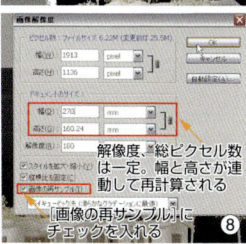

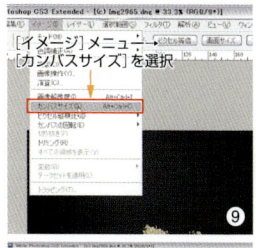

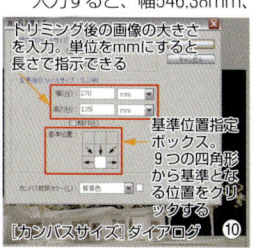

❽[画像の再サンプル]にチェックを入れると、総ピクセル数は可変的になるが、現在画像の縦横比を維持したまま、縦、横、解像度のうち、いずれかの値を変更できる。幅に270と入力すると、入力と同時に高さが160.24と計算される。これを135mmにするには、トリミングを行う。

❾トリミングは[切り抜きツール]でもよいのだが、ここでは、[カンバスサイズ]を用いる。[イメージ]メニュー→[カンバスサイズ]を選択する。

❿⓫[カンバスサイズ]ダイアログで、基準位置指定ボックスの中央下をクリックし、高さに135を入力する。実行とともに画像の上側だけが切り取られ、高さが135mmになる。

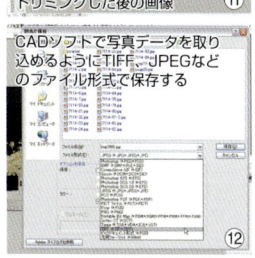

⓬加工・修正が終わった写真画像データは、CADソフトで取り込めるように、JPEG、TIFFなどのファイル形式で保存する。JPEG形式は圧縮率が高いが、非可逆圧縮であるため、圧縮時にデータの損失が起きる。そのため、後の編集がない最終段階で使うようにしたほうがよいだろう。

写真データの挿入

コンペ（設計競技）や学校の設計課題では、A1、A2版にレイアウトした図面の提出を求められることが多い。こうしたとき、模型写真は図面を作成したCADデータ上に貼り込むのが一般的である。ここでは、CAD図面に模型写真を貼り込む方法を理解しよう。

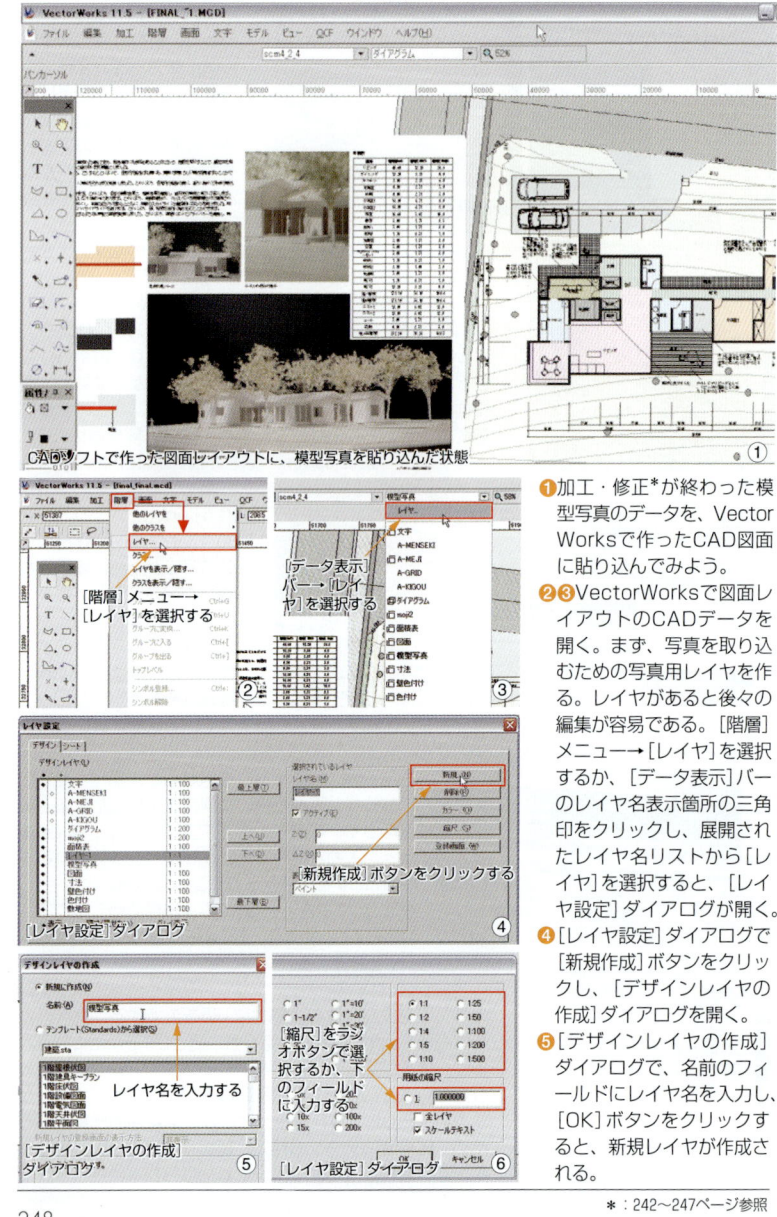

CADソフトで作った図面レイアウトに、模型写真を貼り込んだ状態　①

❶加工・修正*が終わった模型写真のデータを、VectorWorksで作ったCAD図面に貼り込んでみよう。

❷❸VectorWorksで図面レイアウトのCADデータを開く。まず、写真を取り込むための写真用レイヤを作る。レイヤがあると後々の編集が容易である。[階層]メニュー→[レイヤ]を選択するか、[データ表示]バーのレイヤ名表示箇所の三角印をクリックし、展開されたレイヤ名リストから[レイヤ]を選択すると、[レイヤ設定]ダイアログが開く。

❹[レイヤ設定]ダイアログで[新規作成]ボタンをクリックし、[デザインレイヤの作成]ダイアログを開く。

❺[デザインレイヤの作成]ダイアログで、名前のフィールドにレイヤ名を入力し、[OK]ボタンをクリックすると、新規レイヤが作成される。

＊：242〜247ページ参照

撮影

編集

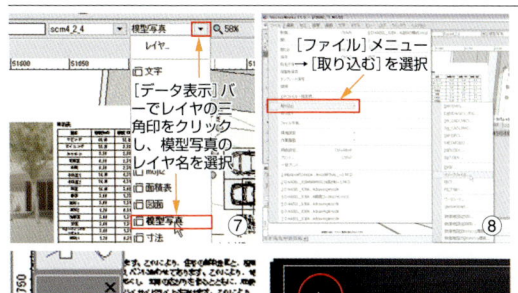

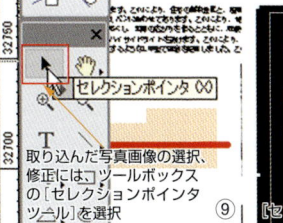

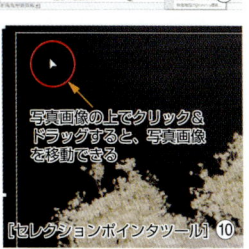

❻[レイヤ設定]ダイアログで[縮尺]ボタンをクリックすると、[縮尺]ダイアログが開く。VectorWorksではレイヤ個々に縮尺設定が可能である。模型写真を貼り込むレイヤは、縮尺1：1にしておくと、写真画像を原寸で取り扱えるため、わかりやすい。[縮尺]ダイアログの右側で、主要な縮尺のラジオボタンをクリックするか、[用紙の縮尺]フィールドに直接数値を入力する。ただし、縮尺が異なるレイヤ間では、[階層]メニュー→[他のレイヤーを…]→[表示＋スナップ＋編集]など、いくつかのコマンドが使えなくなるので注意しよう。

❼❽VectorWorksに模型写真のデータを取り込む。[データ表示]バーのレイヤ名表示箇所の三角印をクリックし、展開されたレイヤ名リストから「模型写真」のレイヤ名を選択し、アクティブレイヤにする。その後、[ファイル]メニュー→[取り込む]→[イメージファイル]を選択し、写真データの保存場所を指示すると、ただちに画像が取り込まれる。

❾❿取り込んだ写真画像は、[セレクションポインタツール]で選択し、ドラッグすれば移動できる。

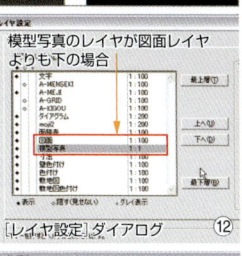

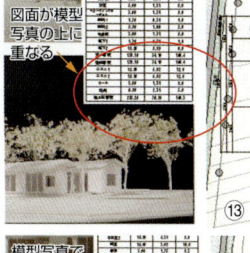

⓫[セレクションポインタツール]を写真画像の四隅コーナーにもっていくとカーソル表示が変わり、画像の伸縮が可能である。しかし、VectorWorks上での画像の伸縮はできるだけ避けたほうがよい。印刷時に画像が荒れる原因になる。

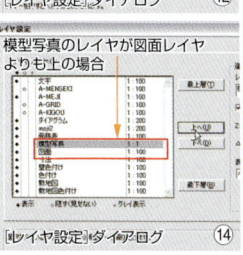

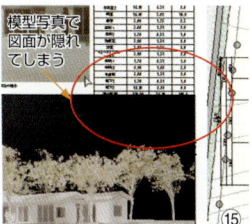

⓬⓭⓮⓯VectorWorksではレイヤの上下関係が影響し、上のレイヤから順に表示される。写真画像の上に図面を重ねて表現したいときに、写真画像用のレイヤが図面レイヤよりも上だと、写真画像で図面が隠れてしまうので注意しよう。

249

PCによる3D造形

建築設計におけるBIM（Building Information Modeling）という考え方は、3次元（以下、3D）CAD設計が前提になっている。3DCAD設計がここ数年、急速に普及し始めたが、設計のデジタル化プロセスに必須となる入力、出力機器について解説しよう。

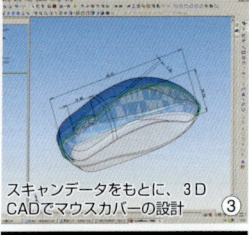

③Dスキャナーでスキャン（左）したマウスをCADで整形した後、光造形RP（右）で出力 ①

③Dスキャナーでスキャンして得られたマウスの点群データ ②

スキャンデータをもとに、3DCADでマウスカバーの設計 ③

歴史的建築物を3Dスキャナーでスキャンして図面を作成する ④

左の建築物を全周スキャンして得られた点群データ ⑤

接触式の3Dスキャナー ⑥

非接触式の3Dスキャナー ⑦

❶❷❸ 3DCADおよび3Dプリンターが普及し、設計の方法論が変わると、模型の作り方も大きく変わる。模型は3Dプリンターが作ってくれるので、模型を作る行為は3DCAD入力操作に還元される。こうなると、既存のものを手間暇かけて入力することの煩わしさが増してくるし、コンピューター内に良い設計ができると、そのままの状態で出力したくなる。つまり、入力、出力機器の重要度が増してくる。本項では3D入力機器、次項では3D出力機器について概説する。

❹❺ 実世界をデジタルデータ化するための入力機器には、デジタイザやスキャナーなどがある。とりわけ、建築設計、建築模型を作るうえでは、3Dスキャナーやイメージ・ベースド・モデリング・アプリケーションの利用が想定される。

写真提供：①②③⑩藤井光学、④⑤東芝、⑧⑫⑬Zコーポレーション

模型と3DCAD

3Dスキャナー

❻❼ 3Dスキャナーには接触式と非接触式があり、最近では非接触式が主流になりつつある。

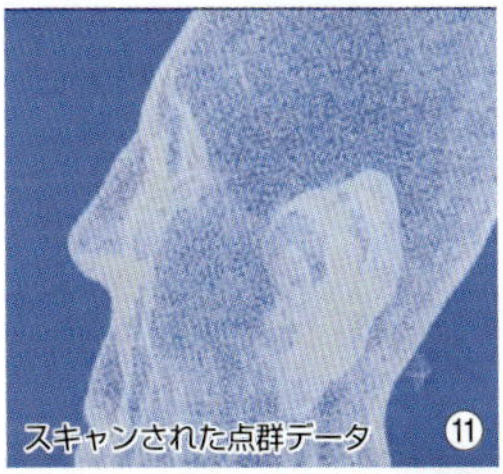

❽ 非接触式には、測定機器を手に持ってスキャンするハンディタイプと、対象物のほうを移動(回転)させる据置きタイプとがある。後者は、スキャン対象物が装置の大きさに限定される。

❾ 接触式は、3次元立体表面をxy方向の格子に区切り、その格子点にプローブと呼ばれるボールペンの先のようなものを当てて格子点の深さ方向の値を読み取り、格子点の3次元座標(x、y、z)値を取得する。ローランドディー.ジー.の接触式3Dスキャナーの場合、xy方向、最小0.05mm間隔でスキャンでき、時間はかかるが精度は高い。

❿ 非接触式は、レーザー光、赤外線などを3次元立体に照射し、反射してきた光線をCCDカメラで読み取り、光線の時間差から座標値を計算する。

⓫ いずれの方式も、3次元立体表面の3次元座標値を細かく取得する。これを「点群データ」といい、このデータの相隣接する3箇所のデータからSTLデータ、つまりポリゴンデータを得る。これをIGESなどのデータ形式に変換し、CADデータを得る。

⓬⓭ 建築設計や建築模型の製作でも3Dスキャナーの利用法はいろいろと想定される。例えば、建築模型の添景を作る場合に、ミニチュアモデルの車や家具などを3Dスキャンすれば、3DCGパースの添景としても使えるし、縮尺に合った模型用の添景を3Dプリンターで出力できる。アイデアスケッチ感覚で作ったスタディ模型の3DCADデータが必要な場合も、3Dスキャナーで読み取れば得られる。

イメージ・ベースド・モデリング

⓮ 数枚の写真画像から3次元モデリングデータを作成することのできるアプリケーション、あるいはその考えを「イメージ・ベースド・モデリング」という。歴史的建造物など、図面がない建築物の図面作成や模型製作の場合に便利である。

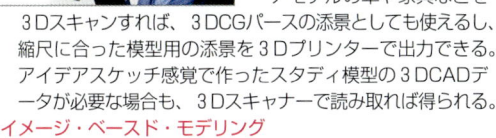

RP機器による3D造形

3次元(以下、3D)CADにより3D入力されたデジタルデータは、「3Dプリンター」や「RP機器」と呼ばれる機器を使うと、紙に図面を印刷するような感覚で3次元立体を出力することができる。ここでは、これらの機器を使った出力プロセスを概説しよう。

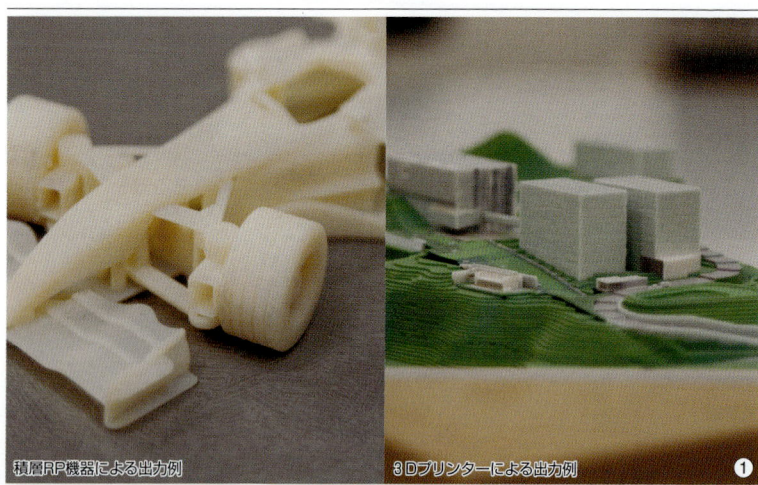

積層RP機器による出力例

3Dプリンターによる出力例 ❶

積層RP機での加工 (OBJET社 Connex350/500) ❷

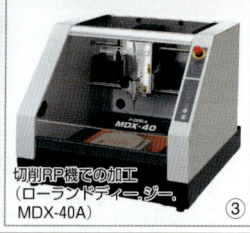

切削RP機での加工 (ローランドディー.ジー. MDX-40A) ❸

積層造形方式の種類 ❹

名称	造形方式	積層ピッチ	おもな材質
光造形法	光で硬化する液状樹脂に、レーザーで一層ずつ断面を描いて固め、積層する。	0.05〜0.015	アクリル系硬化樹脂
シート積層法	シート状の材料を断面形状に切断し、積層する。		紙など
押出し法 (FDM)	熱で溶かした金属や樹脂を、ノズルから線状に射出して一筆書きに断面を描く。		ABS樹脂
インクジェット法	インクジェットプリンターと同じ要領で、熱で溶かした樹脂などを一層ごとに射出し、造形する。	0.032〜0.016	石膏、セラミック、でんぷんなど

3DCADで作成されたCADデータ ❺

❶「3Dプリンター」とも「RP機器」とも呼ばれるCADデータの3D出力機器を、ここではRP機器と総称して解説する。RP(アールピー)は Rapid Prototyping の略で、文字通り、短時間で試作モデル(模型)を作ることを目的とした機器のことである。3DCAD入力されていれば、建築模型もプリンターが作ってくれる。

❷❸RPは、「積層RP」と「切削RP」とに大きく分けられる。積層RPは、断面形状を積層して造形する「積層造形法」であるのに対し、切削RPは、材料となる塊から切削工具を使って削り出す「除去造形法」になる。

❹積層造形法には、光造形法、粉末法、シート積層法、インクジェット法、押出し法などがある。どの方式を選択するかは、造形物の使い道、造形時間、積層ピッチ、造形精度、サポート材の簡便さ、機器の大きさ、機器の価格、材料費などの項目を比較検討し、決定することになる。

❺3DCADで作成された3DモデリングデータをRP機器で出力する場合、CADデータをSTLデータ形式で保存する。

❻STL (Standard Triangulation Language：標準三角パ

取材協力：①左②⑪⑫⑬⑭ファソテック、①右 Zコーポレーション、③⑨⑩ローランドディー.ジー.

CADデータの利用

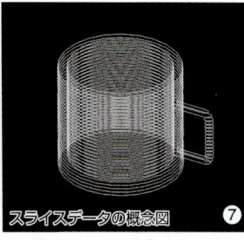

STLデータの概念図 ❻
スライスデータの概念図 ❼

ッチ言語）データとは、3つの頂点座標と、法線ベクトル、すなわちポリゴンで構成されたデータである。

❼STLデータに変換、保存されたデータを、各RP機器メーカーが用意しているプリントソフトに取り込む。そこでスライスデータに変換され、印刷命令とともにRP機器に送られる。

光硬化性樹脂 / 造形物の断面形状 / スライスレイヤ / レーザー光などの光
積層RP（光造形法）の概念図 ❽

❽積層RPの場合、スライスデータの下層から順に何らかの形で断面形状を描き、それをスライスデータの1層ごとに積み重ねることで3次元形状を作っていく。造形時間は、機種や造形物の大きさにもよるが、建築模型を出力する場合、おおよそ数時間～半日のオーダーが目安になる。

❾❿切削RPは、エンドミルと呼ばれる切削工具を、NC（Numerical Control：数値制御）コードと呼ばれる制御コマンドによって動作させる。プリントソフトウエア上では、STLデータからNCコードが自動生成され、プリント命令とともにNCコードがプリンターに送られる。

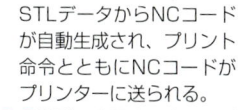

ローランドディー.ジー.の専用CAM（MODELA PLAYER）でSTLデータからエンドミルの切削パスを計算させたところ ❾

切削パスに基づいて削り出しを行っているところ ❿

❶❷造形できる大きさは、プリンターの印刷領域と同じで、基本的にはRP機器の造形エリア、機器の大きさに依存し、機器の大きさはほぼ価格に比例する。建築模型などの場合は、縮尺で造形物の大きさをコントロールしたり、部分ごとに出力し、後で接合するという方法をとる。

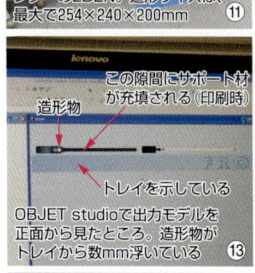

OBJET社の中級クラス光造形プリンターのEDEN。造形サイズは、最大で254×240×200mm ⓫

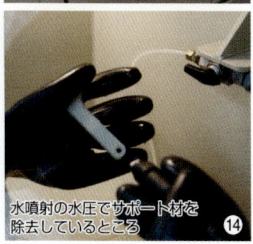

EDEN（OBJET社）の造形トレイの大きさ ⓬

⓭造形物をトレイなどの上に置いた状態では、底面がトレイに接触してしまい造形できない。そこで、後で取ったり、はがしたりできるサポート材で造形物を支持し、宙に浮いた状態を作り、この状態を保持しながら出力する。そのため、サポート材を用いる方式では、出力後にサポート材の除去が必要になる。

造形物 / この隙間にサポート材が充填される（印刷時）/ トレイを示している
OBJET studioで出力モデルを正面から見たところ。造形物がトレイから数mm浮いている ⓭

水噴射の水圧でサポート材を除去しているところ ⓮

253

3Dプリンター

積層RPの中でも、インクジェット方式は、「3Dプリンター」と呼ばれるように、紙に印刷する感覚で3D造形物の出力が可能で、今後、急速に普及すると思われる。ここでは、ZコーポレーションのZ Printerを例に、3Dプリンターを解説しよう。

等高線の敷地、道路、建物を一体で出力できる

斜面地に建つ建築計画を3Dプリンターで出力した例 ①

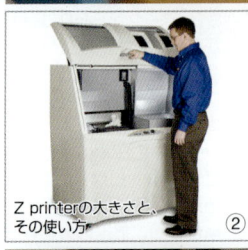

Z printerの大きさと、その使い方 ②

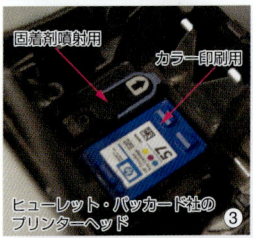

固着剤噴射用　カラー印刷用

ヒューレット・パッカード社のプリンターヘッド ③

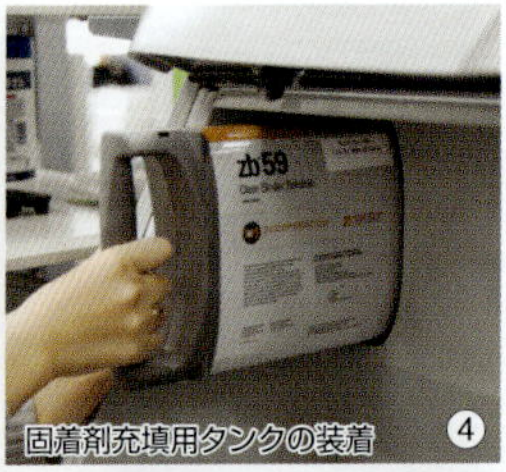

固着剤充填用タンクの装着 ④

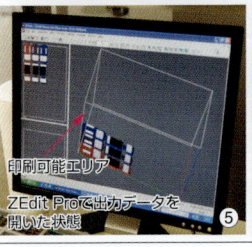

印刷可能エリア
ZEdit Proで出力データを開いた状態 ⑤

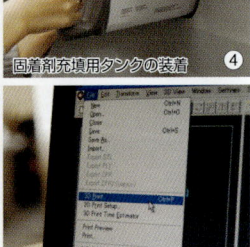

ZEdit Proで出力データを開き、[ファイル]メニュー→[印刷]を指示する ⑥

❶❷インクジェット方式のZ Printer（Zコーポレーション）は、材料の石膏パウダーが転用できるため、ランニングコストが低い、インクジェットプリンターと同様の方式で着色が可能、出力時間が他の方式に比べて短い、などの特徴をもっている。

❸印刷には、ヒューレット・パッカード社製インクジェットプリンターのプリンターヘッドを用いる。インクカートリッジとして市販されているものを買ってきて装着すればよい。CMYカラーのインクカートリッジは着色用、黒のインクカートリッジは固着剤噴射用である。

❹黒のカートリッジは、中味の黒インクを抜き取り、別タンクに充填された接着剤を噴射するためのプリンターヘッドとして用いる。

❺出力するためのデータは、3DCAD、CGデータであれば出力可能である。3DCADアプリケーションでデータをSTL、VRML、3DSなどの形式で書き出す。STL形式はモノクロ印刷の場合にのみ使える。着色する場合には、VRMLか3DS形式を使う。書き出したデータは、無償で提供さ

取材協力：①〜⑭Zコーポレーション　写真提供：②⑩Zコーポレーション

CADデータの利用

れるZEdit proアプリケーションに取り込み、データの不具合箇所を修正する。CADアプリケーション上では問題なく見えていても、面の不整合など、印刷するには問題がある場合があるためである。修正は手動で行うことも可能だが、自動で不具合部分の検出、修正ができる。ZEdit proで修正したデータはZPR形式で保存される。

❻❼Z Printerのプリントソフトウエアである Z Printでこのデータを開き、印刷コマンドを選択するとプリントが実行される。全体印刷だけでなく、部分印刷も可能である。

全体印刷
部分印刷
印刷は、データの一部分だけを造形することも可能 ⑦

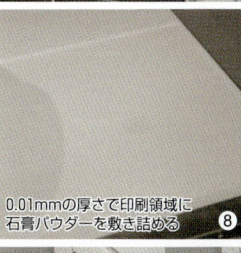

0.01mmの厚さで印刷領域に石膏パウダーを敷き詰める ⑧

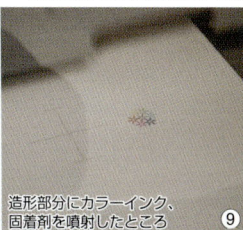

造形部分にカラーインク、固着剤を噴射したところ ⑨

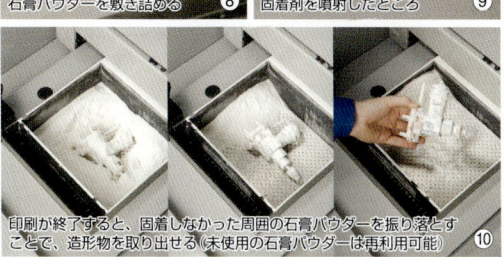

❽プリントが実行されると、印刷領域全面に、最薄0.01mmの厚さで石膏の粉末を敷き詰める。

❾次に、プリンターヘッドからインクジェットプリンターと同じ方式で造形部分に接着剤を噴出し、粉末を硬化させる。これを数千レイヤ分繰り返すことで硬化した部分が積層され、3次元造形となる。造形スピードは機種にもよるが、Z方向（高さ）25mm/時間である。

印刷が終了すると、固着しなかった周囲の石膏パウダーを振り落とすことで、造形物を取り出せる(未使用の石膏パウダーは再利用可能) ⑩

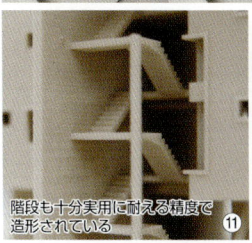

❿印刷が終わると、硬化しなかった部分の粉末がふるい落とされ、造形が取り出せるようになる。未使用の石膏パウダーは再利用できる。

階段も十分実用に耐える精度で造形されている ⑪

ルーバーなどの細い材、斜めの柱も、ほぼデータに忠実に造形されている ⑫

⓫⓬基本的には石膏であるため、持つとかなりの重みである。階段やルーバーなど細かい部分もかなりの精度で表現される。

壁面の装飾や瓦の目地などの造形、マッピングの色も再現されている ⑬

等高線の地形や道路も造形可能 ⑭

⓭CADデータ上でマッピング、着色してある場合、それがそのままカラーで印刷される。

⓮斜面地に建つ建築物の場合、等高線の地形から道路、建築物まで一体で印刷してくれる。手作業で作る場合、斜面地の道路はかなり難しいが、3Dプリンターなら CADで入力されていれば、難なく出力可能である。

255

INDEX

あ

RC壁構造 …………………………… 164
RP機器 ……………………………… 252
I形鋼 ………………………………… 199
アイボリーケント …………………… 69
アイレベル …………………………… 237
アオリ撮影 …………………………… 231
アクリサンデー ……………………… 45
アクリルカッター …………………… 19
アクリル樹脂 ………………………… 56
アクリル樹脂絵具 ……………… 56、59
アクリル樹脂エマルジョン ………… 57
アクリル樹脂系粘着剤 ……………… 48
アクリル樹脂塗料 ……………… 52、183
アクリル定規 ………………………… 31
アクリル専用カッターナイフ ……… 123
アクリル専用接着剤 ………………… 45
アクリル板 ………………… 19、82、123
あさり ………………………………… 116
アセテートフィルム ………………… 48
圧搾コルク …………………………… 85
アッシー ……………………………… 22
油絵具 ………………………………… 50
アルコール ……………………… 41、42
アルミ色 ……………………………… 176
アルミ定規 …………………………… 31
アンカー効果 ………………………… 39
アングル ……………………………… 237

い

鋳型素材 ………………………… 86、87
池 ……………………………………… 88
井桁 …………………………………… 117
石張り目地 …………………………… 182
意匠設計 ……………………………… 142
1階床組 ……………………………… 221
1階床伏図 …………………………… 220
糸のこ …………………………… 77、81
イメージ・ベースド・モデリング … 251
入隅 ……………………… 101、159、194
色温度 …………………………… 232、235
色かぶり ………………………… 235、242
色紙 ……………………… 70、164、165
色の補正 ……………………………… 242
引火性 ………………………………… 42
インフィル ……………… 154、158、160

う

ウェブ …………………………… 192、198
うす皮1枚残し加工 ………………… 112
うすめ液 ………………………… 55、166
打放し紙 ……………………………… 167
ウッドデッキ ………………………… 177
ウレタン樹脂 ………………………… 87

え

エア缶 ………………………………… 59
エアゾール方式 ……………………… 40
エアブラシ …………………………… 59
永久接着 ……………………………… 46
A列本判 ……………………………… 66
S造 …………………………………… 192
STLデータ …………………………… 252
SDカード …………………………… 231
エタノール …………………………… 42
エッジ ……………… 102、109、112、193
H形鋼 …………… 83、192、193、198、200
エナメル ……………………………… 51
エナメル塗装 ………………………… 182
NCコード …………………………… 253
NTラシャ紙 …… 70、132、165、169、171
絵具 …………………………………… 50
エポキシパテ ………………………… 55
エマルジョン化 ………………… 43、56
L字型組立て ………………………… 144
L字型コーナー ……………………… 112
L字型接着 …………………………… 45
円切りカッター ……………………… 19
遠近法の修正 ………………………… 244
円形定規 ……………………………… 94
円柱 …………………………………… 94
鉛直方向 ……………………………… 197
塩ビ板 ………………………………… 176
塩ビ専用接着剤 ………………… 45、122
塩ビ板 ……………………… 19、82、122

お

オイルステイン ……………………… 54
オイルステイン塗装 …………… 165、166
横架材 …………………………… 211、214
応力集中 ……………………………… 38
大壁造り ……………………………… 210

オート機能	235	曲尺	34
大引き	211、213、230	壁	112、174、176、178
オープンタイム	41、44	壁構造	164
押し出し速度	26、27	壁材	84
押出法ポリスチレンフォーム	72	壁部材	176
踊り場	145、177、180、202	紙の酸性劣化	67
同じ幅	106	紙の目	66
鬼目	62	紙ヤスリ	63、110
温度切替スイッチ	22	紙ヤスリ定規	120
		画面解像度	246

か

カードリーダー	231	カラーケント紙	69、70、71
街区	132	カラーテープ	47
街区ブロック	133	ガラス板	86
街区模型	132、140	ガラス表現	82、122、176、199
外構	180、182	空焚き	27
開口部	147、176、221	空砥ぎ	63
階数	141	仮組み	170
解像度	246	仮止め	40、44、46、48、49
階段	144、176、177、191、223	川	88
ガイド	153、157	感圧形接着剤	36
外階段	144	環境	132
外壁	174、198	完成模型	11、75、88、164
外壁材	82	顔料	50
界面活性剤	56	顔料系絵具	50
画角	236	顔料系塗料	50、54
欠き込み	98、121		
家具	89		

き

角形鋼管	200	機械的結合	39
角材切断用架台	117	菊判	66
角度切りガイド	28	基材	37、48、49
角棒	83	刻み	212
かさ上げ	168	基準切断面	103、104、106、107
笠木	180	基準点	245
画像の伸縮	249	基準面	82、90
型紙	98、100、158	キシラデコール	166
型枠材料	86	基礎	216
型枠のコンパネ割付け目地	167	基礎天端	216
カッター定規	31	基礎伏図	217、218
カッターナイフ	16、18、20、65、102	キッチン	178
	103、104、105、106、107、108、109、110	キッチンカウンター	178
カッターバー	22、90、92	木拾い	212
カッターマット	65、103、104	基本設計	10、138、142
金切りばさみ	80	逆作動ピンセット	61
矩計図	211	CAD	108、114、145、174、218
金ヤスリ	62	CAD図面	108、145、147、246
金ヤスリの形状	62	CADデータ	251
金ヤスリの目	62	キャンソン ミ・タント紙	70、71、75
		球形	95

曲線状のエッジ	111
凝結硬化	86
共重合体	56
凝集力	37
鏡像反転	111、145、174
曲面	98、114
きり	60
切り口	152
切り代	116
切妻屋根	110
切り抜き範囲	243
金属線	29
金属素材	80
金属板	29、80
金属棒	81
金属用エポキシ系接着剤	80、81
金属用のこぎり	81
近隣関係	132
近隣建物	132、134、140

く

空間模型	13
躯体	156
管柱	211、213、221
クチバシ	33
クリーナー	41、55
クリープ	37
クリヤー	51、54
グレー台紙	68
クレープ紙	47、49
軍手	176

け

蹴上げ	144、177
計画建物	140
景観	132、140
形態	138
形態の簡略化	135
軽量鉄骨下地	175、196
KMKケント	69
蹴込み	180
蹴込み板	223
桁	213、223
ケルビン	235
原紙の寸法	66
玄昌石	177
玄昌石張り	165、177、180

建築可能範囲	138、140
建築設計	250、251
建築主	12、164
建築パース	71、237
建築模型	10、12、14
建築要素	144
現地調査	133、134
検討模型	10
ケント紙	66、68、132、171

こ

広角レンズ	231、236
硬化剤	87
交換レンズ	231
航空写真	135
航空ベニヤ	77
航空ベニヤの材寸	77
光源	235
工場	198
構図	237
合成樹脂	87
合成樹脂絵具	50
合成樹脂塗料	50
合成有機顔料	56
構造検討模型	10
構造図	210
構造設計	142
工程表	164
高分子化合物	56
ゴールデンボード	68
小型電動丸のこ	79、80、81、82、123
小形ヤスリ	62
小口	110、157、168、177、195
小口面	105
誤差	106、107、155、222
戸境壁	156、157、159
ゴム系接着剤	83
小屋	223
小屋組	220、222
小屋梁	211
コラージュ	57
コルク	85
コルクシート	85、136
コルクシートの材寸	85
コロイド粒子	56
コンクリート打放し仕上げ	164、167、170、180
コンクリート打放し表現	165、173

コンクリートブロック	218
コンセプト	142
コンセプト模型	69
コンター模型	75、84、111、136
コンパクトフラッシュカード	231
コンパス	94
コンパスカッター	19
コンプレッサー	59

さ

サーフェーサー	55
採光	142
再湿形	37
彩色筆	58
裁断方向	67
棹（さお）	34
下がり壁	149
酢酸樹脂系エマルジョン形接着剤	38、39
酢酸ビニル系接着剤	73
酢酸ビニル樹脂系接着剤	37、42
酢酸ビニルモノマー	42、43
削用筆	58
ささら桁	200、223
サッシ	174、191、221、260
サッシ表現	122、165
サッシフレーム	161
三角定規	32
三角スケール	30
三脚	240
3次曲面	86
3次元立体表面	251、252
サンデーシート	45
3点透視投影法	244
サンドイッチパネル	191
サンドパウダー	89
サンドペーパー	62、79

し

仕上材表現	165
CFカード	231
C型クランプ	64、153
シークエンス	148
CCDカメラ	251
CGデータ	254
Cチャン	83、193
ジェッソ	57、58、133
ジェルメディウム	57

敷桁	211、214
色材	50
敷地	130、168、182
敷地図	136
敷地表現	149
敷地模型	8、132、138
軸組	210、220
軸組図	210、221
軸組模型	14、78、79、118、121、210、212、214
支持体	37
自然景観	88
自然光源	235
下地	57
下地調整材	55
下地塗材	55
下地骨組	198
実施設計	10、142、147、164
自動車	89
シナ合板	77
シナリーパウダー	89、165、169、171、182
地塗り剤	57
芝張り	165、182
地盤表現	89
地盤面	168、169
シフトレンズ	23、237
四方きり	60
絞り	234、238
絞り値	238
絞り優先オート	238
シミュレーション	11、134
車庫のシャッター	165
写真撮影	128、134、169、230
写真データ	248
斜線制限	135、141
斜線制限検討模型	140
シャッター速度	234、238
斜面地	136
砂利敷き	165、182
集合住宅	164
重合反応法	43
周辺街区	132
周辺街区地図	133
周辺環境	13、140
ジュール熱	73
主剤	87
樹木表現	89
ジョウ	33
詳細設計	142

障子	159
抄紙機	67
抄紙方法	67
仕様書	210
焦点距離	236
上棟式	223
情報収集	134
照明器具	232
除去造形法	252
植栽	88、156、157、180、182、203
シリコン	125
シリコン型枠	86
シルバー色塗装	165
四六判	66
白ボール紙	68
しわ	128
真壁造り	210
人工光源	235、241
浸透性塗料	166
シンナー	39、55
人物	89

す

水彩絵具	50
水彩紙	66
水盤	89
水溶性樹脂塗料	73
透かし文字	69、71
スキップフロア	148
スキャナー	250
スクリーントーン	19
スケルトン	154、156、158、161
スコヤ	34、65、104、107、113
筋かい	121、214、221
筋かいバケ	58
筋目	176
スタイロフォーム	24、25、26、72、90、92、93、94、95、96、98、100、132、134
スタイロフォーム型枠	86
スタイロフォームの表記方法	72
スタイロフォームの目	26
スタディ	132、138
スタディ模型	11、12、13、142、164、231、251
スチのり	37、42、73、75、169
スチフナー	200
スチレンペーパー	75、164、172、174、177、180、194
スチレンボード	15、74、102、103、104、105、106、107、108、109、110、111、112、114、115、130、168、196、198
ステンレス定規	20、30、102、103、106、110、197
ストレート型	61
スノーマット	68、190、192、199
スプレー	50
スプレー塗料	53
スプレーのり	36、40
スプレーのりの構造	40
スプレーブース	41
スポット修正	243
図面レイアウト	246
スラブ	150、156、172
3DCAD	15、250、252、254
3DCAD設計	250
3DCAD入力操作	250
3D出力機器	250、252
3Dスキャナー	251
3D造形	250、252
3D入力機器	250
3Dモデリングデータ	252
3Dプリンター	15、250、252、254
スロープ	148、149
寸胴バケ	58

せ

成型素材	124
製図用三角定規	32
製図用紙	66
製本テープ	131、136
精密ヤスリ	62
積層RP	252、254
積層造形法	252
施工計画	164
設計説明	11
設計プロセス	10
石膏	14、86、124、255
接合	36
接合箇所	121
接合部	121
石膏模型	15
石膏モデル	14
切削RP	252
接触式3Dスキャナー	251
絶対温度	235
切断位置	107

切断面	26、27、104、105、153
接着	36
接着剤	36、38
接着剤の形	36
接着のしかた	36
接着のしくみ	38
設備設計	142
セパレーター	167
セロハンテープ	36、48
せん断	78、121
千枚通し	60、99
染料	50
染料系塗料	54、79

そ

総厚	84
造形	86、87
倉庫	198
測光	239
則妙筆	58
素地着色	51
速乾タイプ	43
外階段	180
ソルベント	41、44、110

た

台	35
耐火被覆	190
ダイヤフラム	200
耐水ペーパー	63、120
代替フロン	40
台付きサンドペーパー	63
台付きスコヤ	34
対比効果	152
耐力壁	164
高さ	135
卓上丸のこ盤	28
多孔質	73
多孔質材料	39
建方	220、222
縦目	66
建物の裏側	134
だぼ穴	125
垂木	211、213、223
垂れ壁	143、147
段板	144、177、180、223
段差寸法	33

炭酸カルシウム	57
段高	84
断熱材	72
段ボール原紙	84
段ボールシート	84、149、152
単目	62
断面図	148、154
断面模型	11、13、148

ち

地下	168
地階	168、169、170
地形	88
チタニウムホワイト	57
着色砂	89
着色スポンジ	89
着色の道具	50
注射器	42
中性紙	67
鳥瞰視点	237
直尺用ストッパー	106
直定規	30
直線切りガイド	28
直角	90、104、105、109、178、195、196、197
直角線	32

つ

通風口	217
束	211、213、223
束石	218
土の表情	85
坪量	67
艶消し表現	48
つる首型	61

て

T	66
T字鋼	22
	25、27、83、90、92、94、96、101、169、173
T定規固定ねじ	22
T目	66
呈色成分	50
ディテール検討	11
ディフューザー	233、240
テクスチュア	165、167

デザインナイフ	18	道路部材	130
デジタイザー	250	胴差し	221
デジタルカメラ	230	通し柱	221
デジタルノギス	33、74	ドーム	95
出隅	101、180	特殊ゴム系粘着剤	49
手すり	81、145、191、200	都市	140
手すり表現	122	塗装	166、182
鉄筋コンクリート壁構造	164	塗装かく拌アタッチメント	60
鉄骨造	192	土台	130、168、182、211、213、216、220
鉄骨柱	81	土地部材	130
鉄骨部材	192	ドット	246
手ぶれ	231、233	塗膜	51
テラス	146、156、182	塗膜面	51
展開図	148	土間コンクリート	165、182、218
電気のこぎり	60	トラス梁	83
点群データ	251	ドラフティングテープ	49、173
添景	88、182、251	ドラムサンダー	60
添景素材	88	トリミング	243
添景表現	88	塗料	50
展示模型	183	トレーシングペーパー	48
天井	162		
天井高	158、162、172、175、196	**な**	
天井ふところ	162、163、194	内部空間	162
展色剤	51、56、57	中庭	138
電動ドリル	60	斜め	92
電動のこぎり	28	斜めカット定規	118
天然ゴム系粘着剤	48	斜め小口	110
天然樹脂塗料	50	斜め線	92
天板	22、23、25、90	斜め部材	22、92
転用	128	均しモルタル	216
と		**に**	
ドア	158、175、176、179	二塩化メチル	45
ドア表現	122	ニクロム線	22、23、26、90、92、96、98、99、100、101、109、173
等高線	85、136	ニクロム線温度	26
等高線間高低差	136	ニクロム線の掃除	27
等高線ピッチ	136	ニス	54、166
等高線表現	84	ニッパー	29
胴差し	211、213、223	2点透視投影法	237
動線	148、149	乳化	43
同面	121、150	入力機器	250
等幅	108		
投錨効果	39	**ぬ**	
胴縁	190、193、198	布基礎	216
透明アクリル板	123	ぬれ	38
透明塗料	51		
道路	130、132、170		
道路境界線	133		

ね

根入れ	216
根太	121、211、213、214、222
熱溶融形	37
燃焼遅延剤	73
粘着剤	36、37、48、49
粘着テープ	37、48、49
粘着力	37
粘土	86

の

軒桁	223
軒先	214
ノギス	33、35
ノギスの目盛りの読み方	33
軒天部材	179
のこぎり	116
のこぎり刃	116
のこぎり刃カッター	19、79
野地板	211
登り垂木	214
登り梁	213、214、223

は

パーゴラ	144、146、182
背景幕	233、240
媒材	51
ハイサイドライト	142、147
バイス	64
配置計画	138
配列複写コマンド	108
バインダー	51
バウンス	240
はく離紙	46
刷毛	50、54、57、58、166、182
刷毛ムラ	54
はさみ	29
柱	112、213
柱部材	107、197
ハタガネ	64、153
パタパタ踏み	27、96
発色	52、56
発泡系材料	52
発泡スチロール	15、57、72、75
発泡スチロール板	74
発泡スチロール用接着剤	75
発泡プラスチック保温材	72
パテ	55
ハトロン判	66
パラペット	144、150、180
梁	193、197、211、213、214
針金	29
バルサ	76
バルサ角棒	76
バルサ材	15、54、76、165、166、172、177
バルサ材の材寸	76
バルサシート	173
バルサ板	76
バルサブロック	76
パレットナイフ	58
ハレパネ	63
バロンケント	69
版下用紙	66、69
反射板	233
半水石膏	86
半地下	148
パンチカーペット仕上げ	169
パンチングシート	80
パンチングメタル	80
番付	214
番手	63
ハンドピース	59
万能はさみ	29

ひ

BIM	250
Pコン	167
ヒートカッター	22、23、24、26、90、92、93、94、95、96、99、101、109、111
BBケント	69
B列本判	66
火打ち材	213
火打ち土台	220
火打ち梁	213
光庭	138
光の量	238
ピクセル	246
被写界深度	234、238
被写体	233、239、240
歪み矯正	244
非接触式3Dスキャナー	251
被着体	37、38、44、45
引張り力	128

被塗材･････････････････････････････ 50、51
被塗物の保護･･･････････････････････ 51
ヒノキ角材･･････････････････････････
　　　････････ 78、116、117、118、120、182、212
ヒノキ角材の材寸･････････････････ 78
ビヒクル･･････････････････････････ 51
平型････････････････････････････････ 61
平鋼････････････････････････････････ 83
平バケ･････････････････････････････ 58
平筆････････････････････････････････ 58
ビル風･･･････････････････････ 11、134
拾い･･･････････････････････････････ 212
ピン角････････････････････････････ 110
ピンセット････････････････ 61、145、193
ピンセットの先端形状････････････ 61
ピント･･･････････････････････････ 234

ふ

風洞実験･･････････････････････ 11、134
フォトリフレクタランプ･･･････････ 232
フォトレタッチ･････････････････････ 242
深さ測定用ディプスバー･･･････････ 33
ふかし材･･････････････････････････ 146
俯瞰視点･･････････････････････････ 237
拭き取り･･････････････････････････ 166
複雑な形･････････････････････ 98、100
副尺･･････････････････････････････ 33
複目･･････････････････････････････ 62
符号･････････････････････････････ 214
部材リスト････････････････････････ 210
伏図･････････････････････････ 146、210
フットスイッチ･･････････････ 22、26、97、101
筆･････････････････････ 50、54、55、57、58
不飽和結合･･･････････････････････ 48
踏面･････････････････････････ 177、180
不要物･･･････････････････････････ 243
プライマー･････････････････････････ 55
プラスターボード張り･･･････････ 196
プラスチック系板状素材･･････ 82、83
プラスチック成型板････････････････ 82
プラ板･･････････････････････････ 82
プラモデル用塗料･･･････････ 52、53、55
プラン案検討･･･････････････ 154、162
フランジ･････････････････････ 192、200
プラントボックス････････････････ 182
フルーテッド･･･････････････････････ 84
ブレードホルダー･･････････････････ 17
プレカット･･･････････････････････ 78

プレゼンテーション････････ 147、164、231
プレゼンテーション模型･････････････
　　　････････････････････ 12、75、81、88、183
フローリング･････････････････････ 166
フローリング貼り･････････････ 165、172、177
フローリング表現･････････････････ 166
ブロック･･･････････････ 149、178、196、197
ブロックプラン･･････････････････ 138
分度器･････････････････････････････ 92

へ

平行線･････････････････････････････ 32
平面計画･･････････････････････････ 148
平面構成要素･･････････････････････ 138
平面図･････････････････････ 148、153、172、211
ペインティングナイフ････････････ 58
ペーパークラフト････････････････ 70
ペーパーセメント･･･････････ 44、101
ベクトルデータ･････････････････ 246
凹み････････････････････････････････ 96
ベニヤ板･･････････････････････････ 86
変形敷地･････････････････････････ 138
ペンチ･････････････････････････････ 29
ペントハウス･････････････････････ 134

ほ

望遠レンズ････････････････････････ 236
法規･･････････････････････････････ 132
補助光････････････････････････････ 235
補助接着剤･････････････････････････ 40
補助線･････････････････････････････ 92
補助線面･･････････････････････････ 92
補助塗料･･････････････････････････ 55
柄･････････････････････････････････ 212
ホチキス･････････････････････････ 129
ポリスチレン製法･･･････････････････ 72
ポリパテ･･･････････････････････････ 55
ボリューム･･･････････････････････ 135
ボリュームの分割･･･････････････ 135
ボリューム模型･･･ 10、13、57、96、138、143
ホワイトバランス･･････････････････ 235
ホワイトバランス機能････････････ 232
ホワイトピーチケント･････････････ 69
ホワイト模型････････････ 12、148、152、190
本尺････････････････････････････････ 33

ま

マーメイド紙……………………………
　　………70、75、128、165、177、180、182
まぐさ……………………………………221
曲げくせ…………………………………115
間仕切り壁………………………………149
　　159、172、174、175、178、196、197、222
マスキングテープ…………………49、125
マット艶消し加工………………………48
窓…………………………………………158
窓台………………………………………221
間取り検討………………………………172
間柱……………………………121、211、221
マルチカット……………………………62
丸棒………………………………………83

み

水…………………………………………88
水切り……………………………………199
水砥ぎ……………………………………63
水張り………………128、132、168、169、216
水張りテープ…………128、132、136、169
水表現……………………………………88
三目きり…………………………………60
ミニサーキュラーソウテーブル………28
ミューズコットン紙…………………70、71

む

無機顔料…………………………………56
無機系接着剤……………………………37
棟木…………………………………213、214、223
無発泡ウレタン…………………………87
無発泡ポリウレタン樹脂…………124、126
ムラ………………………………………128

め

目…………………………………………114
メディアカード…………………………231
目止め………………………………57、125
面接合……………………………………38
面相筆……………………………………58
メンディングテープ………………48、94

も

毛細管現象………………………………45
木材…………………………………19、28
木製パネル………………………………170
木造在来工法……………………………210
木目………………………………………166
模型写真…………………………………230
模型写真加工・修正……………………242
模型写真データ…………………………246
模型土台…………………………128、168、171
模型用ヤスリ……………………………62
木工用接着剤……………………37、38、43
モデリングペースト………………57、58
母屋………………………………………211

や

ヤスリ……………………………………79
屋根……………………………144、162、180、199
屋根勾配…………………………………214
屋根材……………………………………82
山数………………………………………84

ゆ

USBケーブル……………………………232
有機系接着剤……………………………37
有機溶剤…………………………………52
有色塗料…………………………………51
床……………………………………172、176、178
床組………………………………………220
床材………………………………………85
床下換気口………………………………217
床部材…………………………………149、197
床面積……………………………………140
油性塗料…………………………………50

よ

溶剤揮発形………………………………37
洋紙………………………………………66
容積検討ボリューム模型………………140
容積率……………………………………140
横目………………………………………66
45°面取り………………………………109

265

ら

- ラーメン構造 ………………………… 164
- ライティング ………………………… 240
- ライト ………………………………… 240
- ライトスタンド ………………… 233、240
- ライトボックス ……………………… 232
- ライナー ……………………………… 84
- ラインテープ …………………… 47、199
- ラジオペンチ ………………………… 29
- ラスターデータ ……………………… 246
- ラッカーパテ ………………………… 55
- ラバークリーナー …………………… 44
- ランドスポンジ ………………… 89、182
- ランプホルダー ……………………… 232

り

- 離型剤 ………………………………… 124
- 離型紙 ………………………………… 46
- リターダー …………………………… 55
- 立面図 …………… 174、176、197、198、211
- リフォーム …………………………… 160
- リフォーム計画 ……………………… 154
- 硫酸カルシウム ……………………… 86
- 両面テープ ………………… 37、46、173
- 臨場感 ………………………………… 88

る

- ルーバー ………………… 146、182、191、199

れ

- レイヤ …………………………… 245、248
- レーザー距離計 ……………………… 135
- レジン …………………………… 124、126
- レジンキャスト ……………………… 87
- レタッチ ……………………………… 231
- レフ板 …………………………… 233、240
- レリーズ ……………………………… 231
- レリーフ模型 ……… 10、13、148、154、162
- 連量 …………………………………… 67

ろ

- 陸屋根 ………………………………… 180
- ロゴマークの印刷面 ………………… 90

露出

- 露出 …………………………………… 238
- 露出値 …………………………… 238、239
- 露出補正 ……………………………… 239
- 露出補正機能 ………………………… 239

わ

- Y ……………………………………… 66
- Y目 …………………………………… 66
- 和紙 …………………………………… 66
- ワニス ………………………………… 51
- 割付け目地 …………………………… 167

［参考文献］

1) 大脇賢次『イラストでわかる建築模型のつくり方』彰国社，2007
2) 阿部貴日呼・和泉富夫 他著『ラクラク建築模型マニュアル』エクスナレッジ，2009
3) 「建築知識」エクスナレッジ，2007・12
4) 野本憲一『NOMOKEN1 野本憲一モデリング研究所［増補改訂版］』ホビージャパン編集部，2008
5) CRISS B.MILLS "designing with models -A Studio Guide to Making and Using Architectural Design Models- second edition" John Willy & Sons, Inc 2005
6) Wolfgang Knoll Martin Hechinger "ARCHITECTURAL MODELS Construction Techniques SECOND EDITION" J.ROSS PUBLISHING, 2006
7) 森田恒之 他著『絵画表現のしくみ』美術出版社，2000
8) 植木憲二『塗料のおはなし』日本規格協会，1986

●著者略歴

遠藤義則（えんどう よしのり）

1963年，兵庫県西脇市に生まれる。
東京藝術大学大学院美術研究科建築専攻博士後期課程修了。岡本宏平一級建築士事務所，東京電機大学情報環境学部情報環境学科講師を経て，現在，アトリエエンドウ一級建築士事務所主宰。
著書に日本建築学会編『建築系学生のための卒業設計の進め方』井上書院

●取材・撮影協力／写真提供

株式会社植野石膏模型製作所
鵤工舎・小川三夫
栃木県さくら市ミュージアム
菊竹清訓建築設計事務所
川澄建築写真事務所
豊田市美術館
谷口建築設計研究所
株式会社清水建設
近藤潤
水野悠一郎
株式会社光栄堂
ホルベイン画材株式会社＋ホルベイン工業株式会社
オルファ株式会社
エヌティ株式会社
住友スリーエム株式会社
Ｚコーポレーション
株式会社東芝
株式会社ファソテック
株式会社藤井光学
ローランドディー.ジー.株式会社
国立国会図書館
遠藤昌子

（順不同）

建築模型をつくろう

2010年6月30日　第1版第1刷発行
2024年3月10日　第1版第5刷発行

著　者　遠藤義則　Ⓒ
発行者　石川泰章
発行所　株式会社 井上書院
　　　　東京都文京区湯島2-17-15　斎藤ビル
　　　　電話(03)5689-5481　FAX(03)5689-5483
　　　　https://www.inoueshoin.co.jp
　　　　振替00110-2-100535
印刷所　株式会社ディグ
製本所　誠製本株式会社
装　幀　川畑博昭

- 本書の複製権・翻訳権・上映権・譲渡権・公衆送信権（送信可能化権を含む）は株式会社井上書院が保有します。
- JCOPY〈（一社）出版者著作権管理機構 委託出版物〉
本書の無断複写は著作権法上での例外を除き禁じられています。複写される場合は，そのつど事前に，(一社)出版者著作権管理機構（電話03-5244-5088，FAX03-5244-5089，e-mail：info@jcopy.or.jp）の許諾を得てください。

ISBN 978-4-7530-1619-8　C3052　Printed in Japan

模型で学ぶ 建築構法入門 [改訂版] 在来木造編

森永智年・京牟禮実　定価3740円
- テキスト（A4・52頁）
- スチレンボード7枚
- 部材切り出し用型紙

スチレンボードを使い、実際の施工手順に沿って模型を作製することにより在来軸組工法の基本が学習できる。また、各工程での現場状況や知っておきたい基礎知識などもわかりやすく解説。

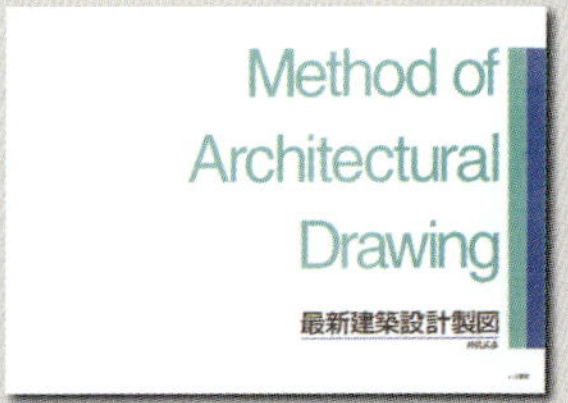

学生の補助教材、若手社員の研修教材に最適の模型キット

最新建築設計製図

神代武彦
A3・240頁（3色刷）　定価4180円

木造住宅、鉄筋コンクリート造、集合住宅を例にあげ、28の課題図面を描くことを目的としてまとめたテキスト。完成図面では使用する線の太さをカラーで区別し、「描法をサポートするページ」では課題を描くプロセスを何段階にも分解してわかりやすく解説。

建築系学生のための 卒業論文の書き方

山口廣・笠井芳夫・浅野平八
A5変・154頁　定価1980円

卒業論文に関して、テーマの設定方法や資料の収集・整理といった準備段階から、実際の書き方・まとめ方まで、「技術系」と「計画系」に分けてまとめた好手引書。

建築系学生のための 卒業設計の進め方

日本建築学会編
B5・192頁　定価2970円

卒業設計に向けた計画案作成、準備、進め方について、基本的事項やノウハウを体系的に整理した。課題設定の手がかりとなる各種テーマや参考事例を多数収録。

空間五感 ―世界の建築・都市デザイン

日本建築学会編
B6変・330頁（カラー）　定価2750円

人間が持つさまざまな感覚に着目し、空間の魅力を特徴的な写真とともに紹介する。世界の建築・都市デザイン134事例と感覚論に影響を与えた人々14人を収録。

空間デザイン事典

日本建築学会編
A5変・228頁（カラー）　定価3300円

覆う、積む、つなぐなど、空間を形づくる20の概念を軸に整理した98のデザイン手法について、写真で例示した建築・都市空間を手がかりに解説（700事例収録）。

＊上記定価は消費税10％を含んだ総額表示です。